es 1243

edition suhrkamp

Neue Folge Band 243

W0245318

Neue Historische Bibliothek
Herausgegeben von Hans-Ulrich Wehler

Die vorliegende Abhandlung geht davon aus, daß der Parlamentarismus ein einzigartiges historisches Phänomen ist, dem man nur gerecht werden kann, wenn man seine einmalige und einzigartige Entstehungsgeschichte im Auge behält. Es gibt eine solche Geschichte nur an einer Stelle und nur in einem einzigen Land. Die meisten Länder sind nicht über Ansätze oder Fragmente hinausgekommen oder haben in jüngerer Zeit erst parlamentarische Formen nachträglich übernommen. Nur England hat eine kontinuierliche Geschichte des Parlamentarismus aus eigenen Wurzeln und eigener Rechtskonstitution hervorgebracht, die sich vom Mittelalter bis zur Gegenwart erstreckt und sogar den Umbruch zur industriellen Massengesellschaft überdauert hat. An der Geschichte Englands läßt sich ablesen, welche Voraussetzungen und Bedingungen notwendig waren, um einen lebens- und wandlungsfähigen Parlamentarismus zu entwickeln.

Im zweiten Teil des Buches wird der Parlamentarismus in der Bundesrepublik Deutschland behandelt, der das Ergebnis von Rezeption und Konstruktion ist. Am Anfang stand hier keine bewährte Tradition, sondern der Nullpunkt in Form weitläufiger Diskussionen. Die Väter des Grundgesetzes hatten lediglich das Lehrstück vom Untergang des Weimarer Systems vor Augen und fühlten sich als Treuhänder eines verschütteten moralischen Potentials, welches nach ihrem Willen jeglicher Verfügbarkeit und künftiger politischer Manipulation entzogen bleiben sollte. Ihre Ablehnung der kontinentalen Identitätsdemokratie und ihr Rekurs auf die repräsentative parlamentarische Demokratie hatten die Bewahrung der menschlichen Grundwerte und der konkreten Rechtsidentität Westdeutschlands im Auge, denen gegenüber der Politik nur treuhänderische Aufgaben zustehen sollten.

Die hier gewählte Form eines (zweiteiligen) historisch-genetischen Traktats auf analytisch-kritischer Grundlage hat den Vorzug, ohne Verpflichtung zur Vollständigkeit die wesentlichen Perspektiven aufzeigen zu können, die erkennen lassen, daß die Funktionsfähigkeit eines parlamentarischen Systems von den diskutierbaren Alternativen abhängt, die von der umgebenden Lebenswelt freigesetzt werden und zur Verfügung stehen.

Kurt Kluxen, geb. 1911, ist Ordinarius (em.) für mittlere und neuere Geschichte an der Universität Erlangen.

Kurt Kluxen
Geschichte und Problematik
des Parlamentarismus

Suhrkamp

edition suhrkamp 1243
Neue Folge Band 243
Erste Auflage 1983
© Suhrkamp Verlag Frankfurt am Main 1983
Erstausgabe
Satz: Georg Wagner, Nördlingen
Druck: Nomos Verlagsgesellschaft, Baden-Baden
Umschlagentwurf: Willy Fleckhaus
Printed in Germany

1 2 3 4 5 6 – 88 87 86 85 84 83

Inhalt

Vorbemerkung

Diese Abhandlung erscheint in der ›Neuen Historischen Bibliothek‹. Im Mittelpunkt steht mithin das parlamentarische System als historisches Phänomen, dessen Genese im ersten und dessen Problematik im zweiten Traktat verfolgt werden. Die historische Darstellung des ersten Teils beschränkt sich auf die englische Geschichte, was die Parlamentarismustheorie im engeren Sinne ohnehin nahelegt. Nur hier ist das Phänomen Parlament zur nationalen Tradition geworden, und nur hier als dem einzigen Königreich in Europa gelang es König Heinrich II. (1154-1189), eine nationale Rechtskonstitution durchzusetzen, nämlich die Rationalisierung von Herrschaft durch ein von allen erreichbares Recht, die ein Jahrhundert später die Grundvoraussetzung für »King's Parliament« als oberste Beschwerde- und Gerichtsinstanz war.

Die Einschränkung auf England dient zudem der Zuspitzung der Problematik im Eingangskapitel des zweiten Traktats, der sich vorwiegend auf deutsche Staatsdenker bezieht, die in der Auseinandersetzung mit britischen Verhältnissen ihre Argumente ins Spiel bringen. In den folgenden Kapiteln kommen Vorgänge und Probleme der Bundesrepublik Deutschland zur Sprache, die sich dem Zeitgenossen aufdrängen und – ohne Anspruch auf Vollständigkeit – als neuralgische Punkte ins Spiel gebracht werden. Die Form des Traktats hat ihr Eigentümliches darin, daß eigene Perspektiven und neue Schlaglichter gesetzt, also besondere Denkanstöße und kritische Hinweise vermittelt werden, ohne zu einer erschöpfenden Darstellung des Gesamtzusammenhangs verpflichtet zu sein.

Einleitung

Montesquieu: De l'esprit des lois, XI. Buch 20. Kap.:
»Mais il ne faut pas toujours tellement épuiser un sujet,
qu'on ne laisse rien à faire au lecteur. Il ne s'agit pas de
faire lire, mais de faire penser.«
(Man soll den Gegenstand nicht immer derart erschöpfen, daß man dem Leser nichts zu tun übrig läßt. Es
kommt nicht darauf an, zum Lesen anzuregen, sondern
zum Denken.)

Es bleibt vergebliches Bemühen, den Parlamentarismus in England auf einen Generalnenner oder auf einen Begriff zu bringen –
auch nicht, insoweit er sich in einer gewissen Kontinuität vom
Mittelalter bis in die Gegenwart entfaltet hat. Dies ist seit Montesquieu oft genug versucht worden und hat mancherlei Mißver-
ständnisse hervorgerufen. Man sollte nicht suchen, was es gar
nicht gab. Aus der englischen Entwicklung kann nämlich kein
»fester Begriff von parlamentarischer Regierung« entnommen
werden[1]. Zu einer ideellen Rechtfertigung dieses Systems oder
einer verbindlich gewordenen Parlamentstheorie ist es in England
selber kaum gekommen. Eine Verfassung im kontinentaleuropäischen Sinne hat es nie gegeben. Das praktische Vorbild war entscheidender als die geistesgeschichtliche Verortung des Parlamentarismus, die mehr dem französischen und deutschen Bildungs-
bürgertum überlassen wurde. Gewiß gab es in England zahlreiche
bewußte Schritte auf eine Parlamentarisierung hin. Was aber im
einzelnen und im ganzen zustande kam, wurde nicht im eigentlichen Sinne »gemacht«, sondern wuchs mehr »in a fit of absence of
mind« zusammen. Gewissermaßen ex post facto ergab sich eine
bestimmte Entwicklungslogik, die aber von den Engländern mit
Unbehagen beobachtet und oft sogar als Gefahr empfunden
wurde. Die Engländer hielten an den Ungereimtheiten des Systems fest und entwickelten geradezu einen Instinkt für die »dig-
nitary parts« (Bagehot) der nationalen Verfassung. Was nicht auf-
geschrieben war, also das Selbstverständliche an ihr, blieb vielen
fremden Beobachtern verborgen.

Die Frage nach der Genese des englischen Parlamentarismus aus
den Eigentümlichkeiten der englischen Entwicklung führt mithin

zu Gesichtspunkten, die eine Kritik jener weitläufigen kontinentaleuropäischen Literatur herausfordern, die seit zwei Jahrhunderten um eine sittliche oder naturrechtliche Rechtfertigung dieses Parlamentwesens bemüht ist, an welcher den Engländern selber scheinbar weniger dringend gelegen ist als den fremden Zuschauern.

Trotz des großen Umfangs dieser Literatur ist die Parlamentarismusforschung nach Meinung mancher Politologen noch nicht aus ihren Kinderschuhen herausgekommen[2]. Das lag vielleicht daran, daß die Rezeption des englischen Parlamentarismus in Deutschland und Frankreich bis auf unsere Tage nur das politische Establishment im Auge hatte und allzu wenig »the Political Nation« im ganzen bedachte, welche jenem Establishment überhaupt erst seine Funktionsfähigkeit verschaffte. Noch bedenklicher war, daß die Vertreter des liberalen Bürgertums beider Länder ihre Vorstellungen im Blick auf die Glorreiche Revolution von 1688/89 und die Folgezeit bildeten, also den ständig ins Feld geführten Rekurs auf »Common Law« und »Magna Carta« als romantischen Mythos beiseite ließen, obgleich die Engländer sich ausgerechnet hier in einer sonst seltenen Einmütigkeit selber zu Wort gemeldet hatten.

Noch nach dem Ersten Weltkrieg verkannten *Robert Redslob* und *Hugo Preuß* (vgl. Kap. 6) mit ihrer Betonung von Gleichgewicht, Gewaltenteilung und Appell an die Wählerschaft die englische Regierungspraxis gründlich. Dies gilt auch für so verschiedene und scharfsinnige Denker wie Carl Schmitt und Jürgen Habermas, die das englische Parlament als ein heute nicht mehr zeitgerechtes Mittel zur Ermöglichung eines »Government by Discussion« ansahen.

Jener Rekurs ist in der vorliegenden historischen Abhandlung jedoch mit Bedacht ins Spiel gebracht worden, um der schon mit Stubbs und Maitland inaugurierten Revision der »English Constitutional History« Genüge zu tun und der Einzigartigkeit der englischen Parlamentsgeschichte gerecht werden zu können. Erst der Rückgriff ins 12. Jahrhundert deckt jenen Bedingungszusammenhang in Recht und Politik auf, der das Werk Heinrichs II. (1154-1189) war und ihn vom *König der Engländer* zum *König von England* machte.

Das Entscheidende war dabei die Rationalisierung von Herrschaft durch ein von allen Freien erreichbares Recht, das nicht gesetzt war, sondern im kommunikativen Handeln als normative Überlieferung anerkannt und nun vom König gegen das seit 1066 bestehende Lehnssystem durchsetzbar gemacht wurde. Den grundherrlichen Feudalgewalten setzte sich die königliche Justiz für alle Freien und für das ganze Königreich entgegen.

Dies geschah einmal dadurch, daß jede Veränderung in der Landhaltung gegen den Willen des bisherigen Besitzers (novel disseisin) oder dessen Erben (mort d'ancestor) als Friedensbruch und Rechtsverweigerung aufgefaßt werden konnte, also auf Anzeige hin sofort vor das Gericht des Königs gehörte. Ferner dadurch, daß als Nachweis einer solchen rechtswidrigen Veränderung das Zeugnis einer Geschworenenbank (Jury) genügte, die auf den König vereidigt war und für lokale Tatsachenfragen (custom), bald auch für Kataster- und Besteuerungsfragen, zuständig war.

Die Verbindung der königlichen Justiz mit der lokalen Rüge-Jury als repräsentativer Öffentlichkeit – nicht nur in der ohnehin dem König vorbehaltenen Hochgerichtsbarkeit, sondern auch in der freien Landhaltung – brachte jene Zweiheit hervor, die von der Magna Carta (1215) verteidigt wurde und im überregionalen *»King's Parliament«* als *»High Court«* und *»Grand Inquest«* schon unter Edward I. (1272-1307) deutlich zum Ausdruck kam.

Das Parlament Edwards I. und deutlicher noch Edwards III. (1327-1377) war nicht nur oberster Gerichtshof wie der »Grand Conseil«, sondern galt darüber hinaus als Quelle der Gerechtigkeit, hier fanden die Beschwerden und Petitionen der »Commons« unmittelbar das Ohr des Königs bzw. seines Kanzlers, und einem jeden mußte nach Recht oder Billigkeit (Equity) Gerechtigkeit zuteil werden.

Gewiß waren die mittelalterlichen Parlamente vom Gefallen des Königs abhängig, also »King's Parliaments«. Aber die königliche Justiz, seit den Assisen von Clarendon (1166) und Southampton (1176), verwaltete das Volkrecht als national geltendes Recht, und die lokale Jury repräsentierte die allgemeine Rechtsüberzeugung. Das Parlament war erst als »King's Parliament« ein überregionales, also nationales Parlament.

Die Anerkennung und Durchsetzung eines nationalen Rechts im 12. Jahrhundert, das im Gegensatz zum Kanonischen und Römischen Recht kein *Gelehrten-* oder *Obrigkeitsrecht* war und im Verfahren sich an der volksrechtlichen Gerichtsverfassung orientierte, wies dem englischen Parlament seinen eigenen und einzigartigen Weg, der mit einer Ständevertretung im üblichen Sinne wenig zu tun hatte. Das frühe Ausscheiden des Klerus und das Zusammenwirken von Rittern und Bürgern als »*Commons*« im Unterhaus und schließlich die Initiative der Commons als »*Petitioners*« oder »Demandants« bei der Rechtsfindung und Rechtssetzung ließen das Unterhaus als Erben der Gesamtheit der Juries und als organisationsinterne Repräsentation der allgemeinen und damit nationalen Rechtsüberzeugung erscheinen.

Der Rückgriff auf die vornormannische Zeit oder auf die »Leges Edwardi Confessoris« (im Krönungseid der Könige) und der Vorgriff der Justiz auf eine nachnormannische oder antifeudale Zeit deuteten bereits im Mittelalter »une tradition révolutionnaire«[3] an, deren Bändigung endgültig erst in der Neuzeit über den Weg einer fortschreitenden Parlamentarisierung erreicht wurde.

Das sechste Kapitel des zweiten Teils führt direkt in die gegenwärtige *Parlamentarismus-Diskussion* ein, zu welcher Carl Schmitt, Gerhard Leibholz, Wolfgang Abendroth und Johannes Agnoli sowie schließlich Hans Kelsen, Joseph A. Schumpeter, Ernst Fraenkel, Wilhelm Hennis u. a. herangezogen werden. Die Kritik an dieser Diskussion erweitert sich in den folgenden Kapiteln zur Analyse oder Diagnose einiger Chancen und Gefahren des parlamentarischen Systems im heutigen Westdeutschland.

Dabei wird die Auffassung vertreten, daß die Chance für die Bewahrung von Freiheit unter dem Dach eines funktionierenden Parlamentarismus nur dann gegeben ist, wenn der legitimierende Konsens sich auf politische Maßnahmen beschränkt, also auf Fragen, welche die menschliche Existenz, Selbstbehauptung und Freiheitsbehauptung, betreffen. Staat und Regierung haben sich um die nächsten Daseinsfragen zu kümmern. Die genuine Ordnungsleistung eines modernen Staates ist die Ausklammerung des Nicht-Politischen, das seinem Schutz untersteht, aber nicht seiner Kompetenz. Religionen, Kirchen, Weltanschauungen, Wissenschaft, Kultur und Kunst werden von ihm gefördert, stehen aber außerhalb seiner unmittelbaren Verfügbarkeit. Dies gilt auch für die Substanz des Rechts, das nicht nur Leben, Sicherheit und Wohlergehen sichert, sondern auch das Eigentum, welches eine individuelle Lebensführung ermöglicht. Hier gilt das berühmte Wort des älteren Pitt im britischen Unterhaus: »Der englische Bauer ist arm; Sturm und Regen schlagen in seine Hütte. Aber der

König darf sie nicht ohne seine Erlaubnis betreten!«

Die Legitimität einer politischen Herrschaftsordnung innerhalb des parlamentarischen Systems gründet sich auf den allgemeinen Konsens, auf das formale Prinzip der Vernunft und auf vernünftige Vereinbarungen über legitimierende Verfahrensweisen. Aber das ist nicht alles! Wohlweislich behält das Parlament stets das Monopol der Legitimierung politischer Entscheidungen und fügt der Politik inhaltliche Bestimmungen hinzu, die sich aus der Identität des Gemeinwesens und seiner Situation unter anderen Gemeinwesen ergeben. Das Parlament macht in England englische und in Westdeutschland deutsche Politik, was nicht ganz selbstverständlich ist. Wichtig ist dabei nur, daß wirkliche Politik gemacht wird, über die sich reden läßt.

Die Suspendierung letzter Wahrheits- und Menschheitsfragen, das Provisorium jeder menschlichen Ordnung und die zeitliche Begrenzung jeder parlamentarischen Herrschaft, der Fortbestand und die Anerkennung von *Alternativen* machen erst demokratisch zustande gekommene Entscheidungen möglich. Eine Politik ohne Alternative wäre überhaupt keine Politik mehr. Die Beschränkung auf Politik für das Hier und Jetzt schließt die Anerkennung der geistig-kulturellen Güter nicht aus, sondern lehnt nur ihre Politisierung, ihre Auslieferung an Majoritätsbeschlüsse ab. Sie schließt die Bejahung identitätsstiftender Traditionen ein, und zwar nicht aus der Evidenz guter Gründe, sondern aus der Evidenz der Unmöglichkeit, ohne sie auszukommen (H. Lübbe). Parlamentarismus im genuinen Sinne gibt es nur als *politische* Einrichtung zur Ermöglichung legaler politischer Herrschaft und nur im Rahmen einer partikularen Lebenswelt, die politisch handeln kann und will.

Grundzüge
der geschichtlichen Entwicklung
des englischen Parlamentarismus

1. Das Parlament von England im Mittelalter

1.1. Der Begriff ›Parlament‹

Die Frage nach dem Aufkommen des Begriffs ›Parlament‹ erscheint auf den ersten Blick vordergründig. Denn der Begriff ist noch nicht die Sache selber, und erst dessen Füllung mit bestimmten Inhalten und Formen macht ihn zu einem ›terminus technicus‹. Indessen begrenzt diese Frage unser Thema auf das, was Parlament und Parlamentarismus historisch bedeuten. Das Wort hat dieselbe Wurzel wie das französische ›parler‹ und das italienische ›parlare‹ und geht auf das spätlateinische ›parabolare‹ zurück. Es bedeutete ursprünglich lediglich Besprechung oder Beratung über einen bestimmten Gegenstand. In dieser Primärbedeutung begegnet der Begriff in Frankreich und Spanien bereits in der zweiten Hälfte des 12. Jahrhunderts, ohne jedoch mehr zu sein als ein Begriff neben anderen, gleichfalls möglichen. Erst allmählich scheint es üblich geworden zu sein, formelle Besprechungen zur Beratung öffentlicher Angelegenheiten durch verantwortliche und dazu ermächtigte Personen als Parlamente zu bezeichnen. Mit der Häufigkeit und schließlich Regelmäßigkeit solcher offiziellen Zusammenkünfte läßt sich von einem ›terminus technicus‹ sprechen, ohne daß eine sichere Festlegung des Ursprungs oder eine Fixierung auf gleichbleibende Kriterien erlaubt oder möglich ist.

Das Aufkommen dieses Ausdrucks im England des 13. Jahrhunderts war also nichts Einzigartiges, sondern lediglich die nationale Version einer ganzen Reihe von Parlamenten, die überall im 13. und 14. Jahrhundert auftauchten und bei allen Unterschieden gewisse gemeinsame Züge hatten. Dabei soll nicht geleugnet werden, daß es schon in der vorfeudalen Zeit vergleichbare Versammlungen von Magnaten oder Vasallen gegeben hat, gewissermaßen Präparlamente aus der germanischen Zeit und Landnahme. Aber gerade dort, wo dieser neue Begriff in den Sprachgebrauch gelangte, ließ sich nicht, über eine nebulose Kontinuität im Habitus der Völkerschaften hinaus, von einer strikten, institutionell fixierbaren Kontinuität sprechen.

Das verbreitete Auftreten von sog. ›Parlamenten‹ in ganz Europa, von Schottland bis Ungarn und von Portugal bis Rußland, sowohl als General- wie auch als Regional-Versammlungen, um fast dieselbe Zeit, läßt vielmehr vermuten, daß hier über landschaftliche und territoriale Grenzen hinausreichende strukturelle Notwendigkeiten bestanden, die ein neues, postfeudales Phänomen hervorbrachten, nämlich außerordentliche Versammlungen mit außerordentlichen Zielen. Diese Versammlungen sollten offenbar dazu dienen, die Herrschafts- und Gerichtsgefüge den gewandelten Verhältnissen anzupassen, und wurden schließlich reguläre Institutionen.

In der mittelalterlichen Entwicklungsgeschichte der europäischen Mächte läßt sich zwischen dem älteren Lehnssystem und dem späteren Aufkommen neuzeitlicher Machtstaaten eine Phase unterscheiden, die quasi konstitutionelle Institutionen und Verfahrensweisen mit justiziellen, administrativen und exekutiven Funktionen hervorbrachte. Hier spielten Parlamente allenthalben eine wichtige Rolle, in denen eine Herrschaftsordnung oder ein administratives System über einen ganzen Bereich sich Geltung verschaffen wollte oder seine Geltung durch äußere oder innere Umstände in Frage gestellt war.

Solche Versammlungen mit ähnlichen Funktionen wurden unterschiedlich benannt. ›Parlamente‹ (parlamento; parlement; parliament) gab es in England, Irland, Schottland, auf Sizilien, in den oberitalienischen Stadtstaaten und in den päpstlichen Ländern sowie in den Regionalversammlungen von Aragonien, Katalonien und Valencia. Die Parlamente von Portugal und der spanischen Königreiche hießen ›Cortes‹, in Frankreich und in den Niederlanden sprach man von ›Generalstaaten‹ und ›Provinzialständen‹ (états généraux; états provinciaux); in Piemont von ›stati‹ oder auch für die Stände aller Territorien des Hauses Savoyen von ›Congregazioni generali‹. Es gab ›Reichstage‹ im Heiligen Römischen Reich und ›Landtage‹ in den deutschen Territorien, den ›Righsdag‹ in Dänemark und Norwegen, einen ›Riksdag‹ in Schweden, den ›Snem‹ in Böhmen und den ›Sejm‹ in Polen oder ähnliche Bezeichnungen in Ungarn und Rußland. Alle Zusammenkünfte dieser Art hingen mit dem Bedürfnis der Fürsten zusammen, ihre Territorien besser in den Griff zu bekommen und ihren gestiegenen Finanzbedarf befriedigen zu können. Die Initiative lag stets beim Fürsten. Anlaß waren äußere Bedrohung, innere Wirren, Thronfolgefragen, päpstliche Ansprüche, eigene militärische Unternehmungen, Revolten einzelner Magnaten oder

Städte. Tiefere Gründe waren die Entwicklung der Märkte und Städte, des Fernhandels, des Geldwesens, des Verkehrs, die Mobilisierung großer Bevölkerungsteile durch die Kreuzzüge, die Ost- und Binnenkolonisation, die Weiterentwicklung des Kriegswesens vom Lehnsaufgebot zum Söldnertum u. a. – Veränderungen, die sich mit dem eigentlichen Lehnswesen als Machtgrundlage nicht mehr vertrugen.

Als berufener Zeuge für das Phänomen ›Parlament‹ in ganz Europa kann Humbertus Romanus (gest. 1277) gelten, von 1254 bis 1263 fünfter General der Dominikaner, die seit 1220 überall als städtischer Bettelorden Fuß faßten und eine neue Zeit ankündigten, und zwar mit seiner Schrift »De Eruditione Praedicatorum« (1263/77). Ein Kapitel dieser Schrift handelt über Parlamente, zu deren Eröffnung jedesmal ein Dominikaner predigen solle. Humbert berichtet, daß die regelmäßige Abhaltung von Parlamenten in den größeren Königreichen Europas allgemein üblich sei. Er rechnet zu den Funktionen eines Parlaments die Beratung von Staatsaffären, die Gesetzgebung und die Kritik administrativer oder richterlicher Mißbräuche, wobei er aber offensichtlich den Begriff als landläufigen Begriff für große Versammlungen verwendet, die auf Geheiß des Fürsten zusammenzukommen haben. Zu seiner Zeit bezeichneten auch andere, lateinisch schreibende Chronisten die großen Versammlungen der Curia Regis oder auch das erweiterte Magnum Concilium ohne klare Unterscheidung als Parlamente.

In England erscheint der erste amtliche Gebrauch des Terminus im Jahre 1236 auf einer ›Plea Roll‹ (Gerichtsrolle); dann im Jahre 1242 in der ›Chancery Roll‹ (vgl. Kap. 1. 3.). Offenbar handelt es sich jedesmal um eine exzeptionelle Veranstaltung des Hofes, zu der neben den Magnaten, Kanzler und Schatzmeister, auch die obersten Richter der zentralen Gerichtshöfe, die Barone des Exchequer und hohe Hofbeamte des Haushalts geladen wurden. In den Provisionen von Oxford (1258) wird das Parlament schon als regelmäßige Versammlung genannt, die jährlich dreimal stattfinden sollte. Es galt hier als Gerichtshof (Court) über allen anderen Höfen, aber nur wenn der König entschied, daß die Versammlung ein Parlament darstellen sollte, also größere Entscheidungen zu treffen waren.

Dabei scheint die Zusammensetzung des Parlaments weniger entscheidend gewesen zu sein als seine Funktion, die über die alte

Beratungspraxis der Curia Regis oder des Concilium Magnum hinausreichte und sich auf Angelegenheiten erstreckte, die das Lehnssystem und das vasallitische Verhältnis nicht berührten. Die Mittel- und Unterschichten, also die Ritter (Gentry) und die Burgesses, wurden nur herangezogen, wenn ihre Anhörung bzw. Mitarbeit oder auch ihre Konzessionsbereitschaft erforderlich waren. Die Beratungen gingen dabei naturgemäß meist in Verhandlungen über, wobei aus königlichen Zugeständnissen und parlamentarischen Bewilligungen Vereinbarungen getroffen wurden, die für alle galten, also mit den feudalen Verpflichtungen nichts zu tun hatten. Zu solchen Vereinbarungen gehörten auch allgemeine Steuern und Sonderabgaben, soweit sie nicht bereits im Lehnsnexus festgelegt waren, darunter auch in England schon sehr früh das ›Danegeld‹ des 11. Jahrhunderts und ferner für ganz Westeuropa der ›Saladin-Zehnte‹ im 12. Jahrhundert, später aber auch der Zehnte, Fünfzehnte und Zwanzigste als Steuer auf bewegliches Eigentum.

Fast überall – außer in Rußland, Dänemark und Norwegen – setzte sich der Grundsatz durch, daß über die feudalen und domanialen Einkünfte hinaus keine Abgaben ohne die Zustimmung der Betroffenen erhoben werden dürften. Nicht nur das englische Parlament, sondern auch die kontinentaleuropäischen Ständeversammlungen nutzten das Recht auf die Börse aus, um sich unentbehrlich zu machen. In den meisten Ländern blieb das Steuerbewilligungsrecht der Stände bis ins 17. Jahrhundert hinein erhalten. Bekannte Ausnahme war Frankreich, wo die Generalstände im Jahre 1440 diese Macht einbüßten und die noch bestehenden Provinzialstände nur über Steuerverteilung und Zahlungsweise debattieren durften.

Ein wichtiger Tätigkeitsbereich der Parlamente ergab sich aus dem Recht auf Beschwerden und Petitionen, über welches es besonders in England gelang, Einfluß auf die Gesetzgebung zu nehmen, indem die Finanz- und Steuerbewilligungen vom Erfolg der Beschwerden (redress of grievances) abhängig gemacht wurden. Allerdings war das englische Parlament keineswegs die einzige Versammlung, welcher dies gelang. Nur ging England auf diesem Gebiet voran, insofern schon im ›Council‹ von Merton (1236) eine geregelte Form gemeinsamer Gesetzgebung befolgt wurde, in welcher der König den Magnaten erstmals ein ›Statut‹ über die Rechte der Landeigentümer und ihrer Erben zugestehen mußte.

Vielleicht lag hier jedoch ein Rückgriff auf jenes ›Government by Council‹ vor, das zur Zeit der Minderjährigkeit König Heinrichs III. in Kraft gewesen war. Erst ein Jahrhundert später erreichte das englische Parlament, daß seine Forderungen in die Form von ›Bills‹ gekleidet wurden und mit der königlichen Sanktion sogleich Gesetze (Acts) werden konnten.

In vielen kontinentalen Parlamenten wurde Vergleichbares erreicht, etwa in den östlichen spanischen Königreichen, auf Sizilien, in vielen deutschen Territorialländern sowie in Schweden, Polen, Böhmen und Ungarn. Dies schloß natürlich nicht königliche Gesetzgebung ohne Mitwirkung der Parlamente aus, wie es ja auch in regionalen Bereichen ständische Gesetzgebung ohne die Krone gab. Allgemein setzte sich der Grundsatz durch, daß die wichtigsten Gesetze nur mit Beteiligung der Stände bzw. des Parlaments beschlossen werden sollten. Gelegentlich errangen die Parlamente in Zeiten der Krisen oder kriegerischer Verwicklungen für sich ein Mitspracherecht oder eine Konsultationspflicht der Regierung und wirkten sogar bei der Absetzung des Königs oder der Fürsten mit. Damit wurden Rechte praktiziert, die weit über die späteren Forderungen im dualistischen Ständestaat oder im frühneuzeitlichen Parlament hinausgingen und eher ein Symptom der mangelnden Konsolidierung oder gar einer Regression waren. Selbst die Königsabsetzungen von 1327 (Edward II.) und 1399 (Richard II.) zeigten nicht die Macht des Parlaments, sondern eher seine Ohnmacht als Spielball der Magnatenkämpfe. Auch die Magna Carta (1215), das Statut von Merton (1236) und die Provisionen von Oxford (1259) waren unter dem Druck der Magnaten zuwege gebracht worden.

Es gab im Mittelalter in den großräumigen Königreichen oder Fürstentümern noch keine ›parlamentarische Monarchie‹ und kaum eine ›gemischte Regierung‹; auch der Weg zum ›dualistischen Ständestaat‹ war noch weit. Es darf nicht vergessen werden, daß die Prärogative der Krone weithin unumstritten war. Auch in England entschied allein der König, ob und wie ein Parlament zustande kam. Sein Entschluß verlieh der Versammlung ihre Kompetenz. Er konnte seine Zustimmung verweigern und hatte unbegrenzte Macht, Gesetze zu suspendieren oder Begnadigungen auszusprechen. Auch das Besteuerungsrecht aus königlicher Prärogative, in England etwa das Recht auf ›donum‹ und ›tallagium‹ von den Domanialbauern und den Städten des Königreichs, durfte nicht verweigert werden. Alle, die über die Magnaten hinaus ins Parlament kamen, taten dies nach Gefallen und auf Befehl des Königs. Das mittelalterliche Parlament war und blieb, ausgerechnet in England, bis ins 16. Jahrhundert hinein »King's Parlament«[1]. Daraus aber zu schließen, daß das Mittelalter bestenfalls zur Vorgeschichte des Parlamentarismus gehört und für die eigentliche Parlamentsgeschichte unerheblich sei, ist völlig verfehlt und verleitet zu Kurzschlüssen, die das Wesen des englischen Parlamentarismus verkennen. Das englische Parlament wurde weder ein Gerichtshof von Rechtsexperten wie in Frankreich noch eine Ständeversammlung wie in fast allen anderen Herrschaftssystemen. Ein Drei-Stände-System hätte in England die Entfaltung parlamentarischer Einrichtungen sehr erschwert. Das Ausscheiden des Klerus als ganzer Stand und sein Rückzug in die beiden Konvokationen von Canterbury und York sowie die Vereinigung von Rittern und Bürgern im Unterhaus zu ›Commons‹, also die Reduktion des Parlaments auf König, Lords und Commons, machte die alte Unterscheidung von Kronvasallen und Untervasallen bedeutungslos. Das war bereits unter König Edward I. (1272-1307) der Fall, der im Grunde nur Untertanen vor sich sah und es verstand, die ›Countryside‹ an seine Parlamente und damit an sein Interesse zu binden. Darin verfolgte er eine Politik, die ohne das Werk des ersten Plantagenet, König Heinrich II. (1154-1189), nicht möglich gewesen wäre.

1.2. Common Law und Magna Carta

Die normannischen Könige in England (1066-1154) hielten an dem bisherigen Zeremoniell von Salbung, Krönung und Eidesleistung, also an den bisherigen Gebräuchen (custom) der englischen Könige, fest. Sie verpflichteten sich auf die Gesetze Edwards des Bekenners (1042-1066), was angesichts der Tatsache, daß Edward nie Gesetze gegeben hatte, nur eine Verpflichtung auf die unter seiner Herrschaft geltenden »Customs« heißen konnte, sich also auf das allgemein anerkannte »Jus« in England bezog. Im Krönungseid Heinrichs I. (1100-1135) war außerdem deutlich ausgesprochen, daß Änderungen der Gesetze nur im Einklang mit dem einmütigen Rat der Barone erfolgen sollten (communi consilio baronum nostrum). Damit war ein älterer Rechtsbestand ausdrücklich anerkannt, der sich unterhalb des schroffen normannischen Feudalsystems behauptete.

Nach den Wirren unter König Stephan von Blois (1135-1154) leitete König Heinrich II. von Anjou-Plantagenet (1154-1189) eine bedeutsame Entwicklung ein, die gegen die herrschende Lehnsanarchie auf die allgemeine Durchsetzung des königlichen Friedensbannes bedacht war und sich auf die vornormannischen Volksrechte der Engländer berief: auf jene »Leges Edwardi Confessoris«, die kurz vor 1154 als anglosächsisches Recht aufgezeichnet worden waren. Sein Ziel war eine Einschränkung des herrschenden Lehnssystems durch einheitliche Justiz und Verwaltung, die kein eigenes Recht befolgen, sondern nur die Rechtssicherheit des Status quo im Auge haben sollten.

Diesem Ziel dienten bereits die Konstitutionen von Clarendon (1164), die das Verhältnis zur Kirche regelten und alle Bischöfe und Prälaten, die eine Baronie innehatten, zur Teilnahme am königlichen Hofgericht verpflichteten und die Verdrängung der kirchlichen Jurisdiktion aus dem allgemeinen Gerichtswesen einleiteten. Der direkte Schlag gegen die feudale grundherrliche Justiz erfolgte in der Assise von Clarendon (1166), die die oberste Rechtshoheit des Königs gegen alle anderen Ansprüche festlegte und durch die Assise von Southampton (1176) ergänzt wurde[2]. Die hier formulierten Instruktionen des Königs hatten Gesetzeskraft und hießen ebenfalls »Assisen«.

Die Assise von Clarendon »zur Erhaltung des Friedens und zur Durchsetzung der Gerechtigkeit« (pro pace et iustitia) kündigte im Grunde schon das Ende des normannischen Lehnswesens an, das in reiner Form gerade hundert Jahre Bestand gehabt hat (1066-1166)[3]. Einmal mußten alle, die im Königreich wohnen wollten, einen allgemeinen Eid (fealty) auf den König schwören, und zwar Earls, Barone, Ritter, Freeholder und Bauern. Ferner blieb die Hochgerichtsbarkeit für Kapitalverbrechen und damit das Recht, Todesurteile zu fällen, künftig ausschließlich dem König bzw. den Assisen der königlichen Richter vorbehalten. Nur die Sheriffs (bzw. seit 1194 die »Coroners«) durften Voruntersuchungen und Haft anordnen.

Der König ernannte außerdem aus seiner Curia Regis Reiserichter, die für ganz England zuständig waren und in regelmäßigem Turnus (circuit; eyre) das Königreich bereisten, administrative und fiskalische Kontrollen durchführten und Strafurteile aller

Grade fällen durften. Während eines »Eyre« ruhten die normalen Grafschaftsgerichte. Diese Reiserichter (später: Assisenrichter) erhielten ihre Informationen von den Sheriffs und den lokalen Rüge-Juries, die bisher nur der lokalen Schlichtung dienten, jetzt aber verantwortliche Enquete-Rechte innehatten und alle Vorfälle und Mißstände vor den Sheriff bzw. die Reiserichter bringen mußten. Diese Geschworenen (homines legales) mußten freie Leute aus der Grafschaft sein und waren mit ihrem Eid, den sie vor dem Sheriff oder dem Grafschaftsgericht auf den König ablegten, in das neue Rechtsverfahren eingebunden. Die von ihnen angezeigten oder vorgeführten Verbrecher durften nur von den königlichen Reiserichtern abgeurteilt werden. Wer aber bereits auf die bisher übliche Weise, also »in flagranti«, ergriffen worden war, konnte nach dem geltenden Gewohnheitsrecht behandelt werden. Diese durch einen besonderen Eid geschaffene Jury wurde bleibender Bestandteil im königlichen Rechtsverfahren und war ausdrücklich aus anderen Rechts- und Immunitätskreisen ausgeschieden, wie ja auch der Sheriff die ganze Grafschaft als seinen Exekutivbereich betrachtete. Hier schloß Heinrich II. offenbar an jenes fränkisch-normannische Rügeverfahren an, das schon Wilhelm der Eroberer (1066-1087) als Feststellungsverfahren für sein »Domesday Book« (1086) eingeführt hatte. Dieses Verfahren störte sich nicht an den baronialen Immunitäten und war bei den geistlichen Gütern (zur toten Hand!) weiter in Übung geblieben. Jetzt ließ sich dadurch das ganze Land als geschlossenes Rechtsgebiet behandeln. Die weisungsgebundenen Reiserichter und Sheriffs dehnten jedenfalls ihre Tätigkeit beim großen »Inquest« von 1170 auf Lehen und feudale Gerichtsbezirke aus und nahmen sogar Einblick in die baroniale Finanzverwaltung und die Lehnsverhältnisse. Der König richtete seine »brevia« sogar an die Stewards, Bailiffs und Seneschalls der Barone, bei deren Gerichtssitzungen die Reiserichter anwesend sein durften. Ausgenommen blieb davon nur das »Hallengericht« im Gutshof für die unfreien Gutsbauern.

Diese inquisitorischen Verfahren dienten anfangs der Revindiktion des Königsgutes, das unter König Stephan von Blois (1135-1154) verschleudert worden war; sie brachten jedoch mit sich, daß auch andere Besitz- und Pachtstreitigkeiten der freien Landhalter durch königliches »Writ« an den Sheriff (praecipe) sogleich vor das Königsgericht gezogen werden konnten. Dabei hatten die

Rüge-Juries ihr Wort in die Waagschale zu werfen, indem sie unter der Immunität des Königs ihr Verdikt (veredictum) aussprachen. Unter solchen Auspizien erschienen die »General Eyres« von 1168, 1170, 1176, 1177 und 1194 wie nationale Offensiven für Recht und Gerechtigkeit, und sie waren es auch. Sie erreichten unter Edward I. (1272-1307), dem »englischen Justinian«, ihren Höhepunkt, wurden unter Edward III. (1327-1377) seltener und verschwanden unter Richard II. (1377-1399), was mit der Entwicklung des Parlaments und der Common-Law-Gerichtshöfe zusammenhing[4].

Es war eine große Sache, daß man jetzt wirksam bei Rechtsverweigerung oder Rechtsmißbrauch der seigneurialen Justiz ein »breve de recto« (writ of right) oder später ein »breve de cursu« (writ of course) erwirken konnte. Aber dies war nicht neu und mündete meist am Ende in einen Zweikampf, der von geheuerten Champions ausgefochten wurde. Für solche Fälle begründete Heinrich II. in der Assise von Windsor (1179) die »Grand Assize«, in welcher eine Geschworenenbank von zwölf Rittern auf Eid das bessere Recht auf Land ein für allemal zu bestimmen hatten. Damit war der Zweikampf zwar beseitigt; aber es war ein umständliches und unsicheres Verfahren, an dessen Ende sich beide Seiten meist zu einer gebührenpflichtigen Vereinbarung bequemen mußten, die endgültige Klarheit über die Eigentumsverhältnisse schaffte.

Dieses Verfahren war deshalb umständlich, weil es sich um eine Eigentumsfrage (proprietory action) handelte, die zum Bereich der Feudaljustiz, unmittelbar ins Lehnswesen, gehörte und die Feudalherren anging, mithin auch nur von Gleichgestellten beurteilt werden durfte. Ganz anders war es, wenn nur Besitzfragen betroffen waren, also das letzte Eigentumsrecht gar nicht zur Debatte stand. Das eigentlich Neue und Durchschlagende lag darin, daß dringliche und schuldrechtliche Ansprüche der Freien gegen die Barone vor das Königsgericht gezogen werden konnten. Die Inanspruchnahme der (Petty) Jury in Fragen der zivilrechtlichen Landhaltung brachte den Streitfall sogleich auf die Ebene der überregionalen königlichen Justiz.

Alle Grundbesitzveränderungen der freien Landhaltung ließen sich nunmehr auf Antrag des Geschädigten auf die Ebene der königlichen Justiz bringen, durch ein »Breve«, das den »Inquest« der Jury in Gang setzte. Jedenfalls beanspruchten die königlichen

Richter am Ende der Regierungszeit Heinrichs II., daß jede Frage des freien Bodenbesitzes, nicht des Eigentums, durch beantragtes königliches »Breve« (oder »Writ«) aufgerollt werden konnte. Damit waren alle Bodenbesitzveränderungen praktisch den feudalen Gerichten entzogen, und der König nahm den »Freehold« unter seinen besonderen Schutz.

Der Witz der Sache lag darin, daß bei den »Petty Assizes« oder »Possessory Assizes« nicht Rechtsfragen, sondern Besitzfragen behandelt wurden, die weit leichter zu lösen waren und zudem ohne vorheriges Gerichtsverfahren unmittelbar durch ein »original writ« an den Sheriff vor die Jury der Freeholders gebracht werden konnten. Die Begründung dafür lautete, daß es sich bei Veränderungen wie »novel disseisin« (kürzliche Enteignung) oder »Mort d'ancestor« (Verhinderung des Erbgangs) um einen Friedensbruch handelte, dessen Beilegung Sache des Königs war. Ein »breve de recto« ging auf Anzeige an den Grundherrn, dem Kläger sein Recht zu geben, andernfalls der Sheriff eingreifen würde. Das »Praecipe« war eine Instruktion an den Sheriff, das enteignete Land sogleich dem Kläger zurückzugeben, und zog sofort den Fall über den Sheriff an das Königsgericht und seine Jury der Freien. Im Verlauf des 12. Jahrhunderts setzte sich sogar die Regel durch, daß kein Mensch für seine freie Landhaltung vor dem grundherrlichen Gericht Rechenschaft abzulegen brauchte, wenn kein königliches Writ vorlag (Glanville).

Damit gelangten alle Streitfälle des »Freehold Property« vor die Jury der Freien, weil nicht eine Rechtsfrage von ihnen entschieden wurde, sondern eine Tatsachenfrage, an welche sich die Richter bei ihrem Urteil hielten. Dieses Verfahren stand zudem allen freien Leuten offen und stellte daher ein »Common Law« dar, das mit der Rüge-Jury an volksrechtliche Verhältnisse anknüpfte. Es bestand aus judizialisierten königlichen Interventionen, die allmählich alle Aspekte der Landhaltung erfaßten, und war das Ergebnis administrativer Prozesse aus der Curia Regis (oder der Bench Coram Rege). Es war ein praktisches, am Status quo orientiertes Recht und diente nach einer langen Periode völliger Anarchie einer Beruhigung und Stabilisierung der Besitz- und Rechtsverhältnisse durch Exekutivmaßnahmen, die im Grunde als Schutz gegen die allgemeine Rechtsunsicherheit gemeint waren, also dem ›Königsfrieden‹ dienten.

Damit war der Grund zu einem englischen Laienrecht gelegt, das als das älteste Nationalrecht in Europa anzusehen ist und sich gegen Römisches und Kanonisches Recht behaupten konnte. Schon Heinrich II. fügte den Reiserichtern einen stationären Gerichtshof in Westminster (1178) hinzu, dem letztinstanzlich die zweifelhaften Fälle und die Ausstellung der »brevia« überlassen blieben, die zu festen Preisen erworben werden konnten. Dies war der spätere »Court of Common Pleas«. Daneben entwickelte sich wegen der vielen Kronprozesse vor der reisenden »Curia Regis« ein gesondertes »Bancum Regis«, das sich 1234 als »Court of King's Bench« in Westminster verselbständigte und dem alle Fälle vorbehalten waren, die die Rechtssphäre der Krone berührten. Außerdem gab es schon seit den Tagen Heinrichs I. (1110-1135) den »Court of Exchequer« (Scaccarium), der sich als eigenes Tribunal für fiskalische Streitfälle von der »Curia Regis« abgesondert hatte. Alle drei Gerichte waren oberste Common-Law-Gerichte. Sie hatten formell mit dem Feudalsystem nichts zu tun. Wohl aber mit dem Status quo, von dem sie bei der Rechtsfindung ausgingen. Ihre Materie umfaßte auch Feudalrecht, aber Gerichtsherr war der König, und zwar nicht als »Overlord«, sondern als ›König von England‹.

Die neue Rechtsprechung war der bisherigen überlegen, weil der Feudalherr sie nicht aufhalten konnte und mit ihrer Hilfe sich die »Customs« der Landhaltung gegen die Lords durchsetzen ließen. Die Schale des Feudalismus blieb zwar erhalten, aber die ihm inhärente Anarchie wurde durch die Nationalisierung des Rechts beseitigt, die zwar nicht die unfreien und abhängigen Leute erreichte, aber auf die Dauer eine antifeudale Wirkung hatte. Das Common Law trat an die Stelle einer völlig unzureichenden Justizmaschinerie, erbrachte die absolute Vorherrschaft der zentralen königlichen Gerichtshöfe für das ganze Land und betraf alle wichtigeren Fragen der Landhaltung und auch fiskalische Maßnahmen. Im Kern war das Common Law ein feudales Landrecht, »secundum consuetudine Regni« (Glanville). Das Magnatentum behielt seine grundherrlichen Rechte, verlor aber seine Gerichtshoheit und mußte sich den Regeln der Landhaltung fügen. Der König inkorporierte mit der Zeit alle Gerichtshöfe des Landes in das königliche System, die bald auch ihre noch verbliebenen niederen Hoheitsrechte im Namen des Königs von England ausübten[5].

Das Rückgrat der Neuordnung war das Geschworenenwesen, die *Große Jury* der Ritter für Kapitalverbrechen und Eigentumsfragen (real property) und die *Kleine Jury* der Freeholder für Besitzfragen. Dieses erwies sich als erstaunlich lebensfähig. Bei den mit Vollmachten ausgestatteten Reiserichtern setzte sich der Brauch durch, ihre vereidigten Informanten vorher von der einheimischen Bevölkerung wählen zu lassen. Diese Jury der »homines legales« repräsentierte über bloße Zeugenschaft hinaus die Meinung der Nachbarschaft und der »Countryside«: die allgemeine Rechtsüberzeugung. Ihre Sprüche waren gewissermaßen »Weistümer«. Als Informationsinstanz waren die Geschworenen auch Wissende, die an der Regelung öffentlich-rechtlicher Fragen und an der Beseitigung von Mißständen und Unrecht beteiligt waren und zur Verantwortung gezogen werden konnten.

Es lag nahe, daß diese Gremien mit öffentlichen Aufträgen betraut waren, etwa der Verteilung der Steuerlasten, der Kontrolle der örtlichen Milizen, der Forst- und Wege-Aufsicht, mithin in Frühformen der Selbstverwaltung tätig wurden – und sogar später ins Parlament geschickt wurden. Durch den Rekurs auf die Jury als Basis der Rechtsfindung im Königsgericht schien die alte Identität von Volksrecht und Königsrecht wiederhergestellt zu sein. Der Spruch der Geschworenen ersetzte außerdem Reinigungseid und Gottesurteil, vorerst in Bodenfragen, dann auch in Straf- und Beleidigungssachen und schließlich in bezug auf Kapitalverbrechen. Damit gerieten Gremien ins Spiel der Justiz, die als Ausdruck der »Realm« galten. Man kann auch sagen, daß alles in England anders wurde, als die Assisen Heinrichs II. die Grundzüge des Common Law und der zentralen Common-Law-Gerichtsbarkeit für mehrere Jahrhunderte festlegten. Die Hütung des Rechts und die Wiedergutmachung von Unrecht wurden von den Assisenrichtern mit Hilfe der Jury besorgt.

Das war der Sieg eines vernünftigen Beweismodus und auch einer Standardtechnik für die Verfolgung von Missetaten, bei der die »presenting Jury« das populare Element darstellte. Heinrich II. schuf hiermit im Bereich der Evidenzbeschaffung ein dem Kontinent überlegenes System insofern, als ein Mitspracherecht konstituiert war, das im römisch-kanonischen Verfahren und im Römischen Recht als Gelehrten- und Obrigkeitsrecht fehlte.

Die Magna Carta (1215) bezeugt den allgemeinen Konsens mit der Neuordnung Heinrichs II. Sie setzte fest, daß neben dem vorgeschriebenen Siebenjahres-Turnus der Reiserichter jedes Jahr besondere »Assisenrichter« in die Grafschaften reisen sollten, um an

Ort und Stelle den um Landbesitz streitenden Parteien das neue Beweisverfahren zu ermöglichen. Das Verfassungswerk Heinrichs II. erschien hier als das tragende Gerüst, das eine Aussöhnung ermöglichte. Weder die Barone noch König Johann Ohneland (1199-1216) siegten dabei, sondern die obersten Behörden, denen zugute kam, daß in den Assisen, Geschworenengerichten und Lokalverwaltungen die Öffentlichkeit mitwirken konnte.

Die Magna Carta, die 1216, 1217, 1225, 1237 und weiter bis in die Zeit Edwards III. immer wieder erlassen und bestätigt wurde (confirmationes Cartarum), galt als »reformatio pacis«, deren bleibender Wert darin lag, daß sie die Herrschaft des Rechts zu einem nationalen Ziel erhob und dessen Grundsätze in einigen Punkten so definierte, daß der momentane Anlaß gegenüber dem Prinzip des »Rule of Law« bei den Nachgeborenen zurücktrat. Im Statut von Merton 1236 begründeten die Barone ihre Ablehnung der vom Klerus vorgeschlagenen Heiratsgesetze mit dem fundamentalen Satz: »Nolumus leges Angliae mutari!«

Das Königreich England hatte offenbar von der Assise von Clarendon (1166) bis zur Magna Carta (1215) eine eigenständige *Rechtskonstitution* entwickelt, mit welcher es an einem Scheideweg gegenüber dem europäischen Kontinent stand. Im Ganzen gesehen sah diese Konstitution aus wie eine Abwehrmaßnahme gegen die normannische Überschichtung mit Hilfe des anglosaxonischen Gewohnheitsrechts. Grundlagen waren in bezug auf die Landhaltung die alten Freiheiten der Rechtsgenossen. Ferner war der Nachweis des Rechtstitels, der rechtliche Status quo, wichtiger als der Rekurs auf den Willen des einzelnen wie im Römischen Recht. Seine weitere Eigenart lag im Vorrang des Präjudizienrechts aus dem Gedanken vom Recht als gefundenem Herkommen, ferner in der Annäherung von Öffentlichem Recht und Justizrecht, dann in der Kontrolle der öffentlichen Funktionen durch die ordentlichen Gerichte und schließlich in der Erhaltung der Geschworenengerichtsbarkeit – auch im Privatrecht[6].

Allerdings blieben unter Heinrich III. (1216-1272) Wirren und Konflikte nicht aus, aber sie wurden mit Berufung auf die Rechtskonstitution Heinrichs II. von dem jungen Edward schon vor dem Ableben seines Vaters beigelegt. Er griff die Reformforderungen der aufständischen Barone auf und suchte als König den Vorrang der königlichen Rechtsprechung endgültig durchzusetzen. Er begann seine Regierung mit einer allgemeinen Inquisition, einem ›Grand Inquest‹ (1274), wobei alle Rechtsansprüche künftig urkundlich (quo warranto) nachzuweisen waren. Diese kommissarische Gerichtsinquisition (»Grand Eyre«) brachte die »Hundred Rolls«, eine Art zweites Domesday-Book, zustande.

Edward I. (1272-1307) gelang es, die bis dahin nur lose miteinander verbundenen Vorkehrungen und Maßnahmen zur Rechtssicherheit und Rechtdurchsetzung in ein kohärentes Ganzes zu bringen und für das ganze Königreich verbindlich zu machen. Eine Eliminierung der feudalen Gerichtsbarkeit war nicht zu erreichen, aber der anerkannte Vorrang der königlichen Rechtskonstitution blieb künftig unbestritten. Dieser Vorrang fand in einer neuen Praxis Ausdruck, die es Edward I. ermöglichte, das ganze Königreich an seinen Entscheidungen zu beteiligen: Er berief Parlamente, und zwar sein erstes noch als Prinz im Jahre 1268, nach dem Vorbild seines besiegten Gegners Simon de Montfort, und in der Absicht, seinen Willen zur Gerechtigkeit und Zusammenarbeit zu dokumentieren. Das Parlament war für ihn das geeignete Mittel, seine klärenden und rechtsetzenden Maßnahmen bestätigen zu lassen und damit besser durchsetzbar zu machen. Dies galt insbesondere für geschriebene und vom Parlament bestätigte Gesetze, die zwar deklaratorisch gemeint waren, in Wirklichkeit aber rechtsetzend waren. Die Anfänge des sog. »Statute Law« fanden sich unter Edward I., der solche Gesetze ausarbeiten und vom Parlament beschließen ließ.

1.3. The King's Parliament

Die Normandie, die seit 1106 dem Königreich angegliedert war, ging im Jahre 1204 verloren. Damit änderten sich die Regierungsformen, da der König nunmehr immer in England weilte und sein ständiger Vertreter (Justitiar), der bisher die Routinegeschäfte zu erledigen hatte, unnötig wurde. Es dauerte jedoch dreißig Jahre, bis der Verlust hingenommen und das Amt des Justitiars abgeschafft war (1234). Inzwischen hatte sich ein innerer Zirkel von ständigen Ministern, Räten und Richtern entwickelt, so daß man nach 1204 weniger von der »curia regis« und häufiger vom »consilium regis« hörte, dem jene Routinegeschäfte nunmehr oblagen. Außerdem ergaben sich aus dem Verlust der Normandie im Verein mit der langen Minderjährigkeit König Heinrichs III. eine zunehmende Differenzierung der Verwaltung und eine deutlichere Organisation der oberen Gerichte. Die Profilierung der drei obersten Common-Law-Gerichte und des Kanzleramtes, ausgestattet mit Beamten und Juristen, mit Schriftlichkeit und abgegrenzter Routinearbeit, vollendete sich in der Abtrennung eines persönlichen, mehr privaten Haushalts des Königs (1234). Das war das Ergebnis einer Revolte der Barone gegen die frankophile Personalpolitik Heinrichs III.[7]

Über diesem Verwaltungssystem stand der Große Rat, eine erweiterte Hof- und Magnatenversammlung, die nur »coram rege« tagte und strittige Punkte beraten sollte, vor allem aber bei wichtigen politischen Entscheidungen mitzuwirken hatte. Hier saßen Magnaten, Bischöfe, Barone, zusammen mit dem Kanzler, dem Schatzmeister, den Richtern der beiden Bänke und anderen Ministern von Kammer und Haushalt, wobei der politische Sachverstand weniger bei den Magnaten als bei den Amtsträgern zu finden war. Diese Versammlungen des Großen Rates wurden von den königlichen Schreibern (Clercs) schon um 1230 als »parliaments« bezeichnet, ein Ausdruck, der damals in fast ganz Westeuropa in Gebrauch gekommen war[8].

Der Gebrauch dieses Begriffs für eine feierliche Sitzung des Großen Rates (magnum concilium; concilium generale) sollte offenbar einen Unterschied im Verfahren andeuten, das nicht auf ein gerichtliches Urteil gemünzt war, sondern auf eine Diskussion oder gar Verhandlung (deliberatio). Es handelte sich dabei um ein Vulgärwort, das nur langsam in die offiziellen Dokumente vordrang. Er erscheint jedenfalls erstmals 1236 in einem amtlichen Dokument, in einer Gerichtsrolle (Plea Roll), und sollte besagen, daß es sich um eine nach dem Willen des Königs erweiterte Zusammenkunft (afforced meeting) des Rates handelte, die auf Verhandlungen gerichtet war, aus denen heraus erst eine Entscheidung erwartet wurde; in diesem Falle war es die Zusicherung einer Sonderabgabe an den König gegen dessen Bestätigung der »Great Charter«[9]. Weiterhin wird der Begriff recht spärlich und mehr zufällig gebraucht. Erst aus den Provisionen von Oxford (1258) ergibt sich, daß für die Zeitgenossen Parlamente zu einer wohlverstandenen Einrichtung geworden waren.

Das Parlament war eine Schöpfung des Königs und nicht der Barone. Es hatte mit den Grafschaftsversammlungen (Country Courts) nichts zu tun, und von einer Verwurzelung des englischen Parlaments in den Grafschaften kann nicht gesprochen werden. Keineswegs konnte die Grafschaftsversammlung (shiremoot) – wie bei William Stubbs – als ›House of Commons‹ im kleinen angesehen werden[10]. Nur gelegentlich wurden aus praktischen Gründen Ritter oder Bürger nach Westminster geladen, um dem Rat Auskunft zu geben. Bisher hatte der König nach seinem Belieben und Bedarf Volks- oder Berufsgruppen eingeladen, seien es Kaufleute, Forstleute, Juden, Grafschafts- oder Stadtvertreter, oft sogar regional beschränkt auf Hafenstädte und Grenzbezirke[11]. Simon von Montfort lud erstmals Ritter und Borough-Vertreter gleichzeitig ein, um sich breiteren Anhang zu verschaffen (1265). Jedenfalls hielten es die Chronisten kaum für notwendig, ihre Anwesenheit oder Abwesenheit im Parlament zu erwähnen.

Unter den 34 Parlamenten von 1258 bis 1272 gab es nur eins, in welchem »Burgesses« anwesend waren, und nur vier mit Grafschaftsrittern[12]. In den 50 Parlamenten unter Edward I. waren in 14 »Knights« und in 11 »Burgesses« vertreten[13]. Alle fanden auf Befehl des Königs statt und waren Informationsmittel, aber noch mehr Herrschaftsmittel der Krone, da diese Vertreter von Grafschaften und Boroughs mit Vollmachten der Vertretenen ausgestattet sein mußten und Sicherheit für sie zu leisten war. Das ergibt sich eindeutig schon aus den »Writs« zum Parlament von 1268, für das der junge Edward nach dem Vorbild seines Gegners Simon de Montfort auch Repräsentanten der Städte einberief[14]. In den »Writs« wurden eine genaue Formulierung und die Siegelung der Bevollmächtigten erstmals vorgeschrieben, »Letters patent of credence« mit dem kommunalen Siegel. In den königlichen Schreiben an die Kommunitäten (1268) wird von einer Sonderberatung und Konferenz gesprochen, deren »brennende Affären« (arduous affairs) ohne diese Personen aus den Cities und Boroughs nicht geregelt werden könnten[15].

Dieses Verlangen nach einer »plena potestas« der Grafschafts- und Borough-Vertreter war kein Einfall Edwards oder Simon de Montforts (in seinen Parlamenten von 1264 und 1265), um generelle Steuern zu legalisieren, sondern eine Praxis, die in Westeuropa seit Beginn des 13. Jahrhunderts allgemein bekannt war[16]. Selbst der berühmte Satz in den Ladungen Edwards I. zum »Model Parliament« von 1295: »Quod omnes similiter tanget, ab omnibus comprobetur«, hatte keineswegs eine Volkssouveränität im Sinn, sondern war ein Gemeinplatz, der nur festhielt, daß die

Regierung das Recht auf Befragung anerkannte[17]. Obgleich die Anhörung von Betroffenen im Feudalrecht enthalten war und in den Stipulationen der Magna Carta leidenschaftlich verfochten wurde, soweit es sich um außerordentliche Steuern handelte, gab es kein unmittelbares Verweigerungsrecht. Das Besteuerungsrecht gehörte zur königlichen Prärogative, weil ohne es das Königreich weder verwaltet noch verteidigt werden konnte; selbst die Einziehungsweise war Sache des Königs. Andererseits waren auch Diskussionen über Ausmaß, Verteilung und Erhebung der Steuern erlaubt und üblich. Dennoch gab es für den König keinen zwingenden Grund, sein Steuerverlangen von einer Zustimmung abhängig zu machen. Die Frage der Zustimmung war vielmehr schon entschieden, bevor sie ans Parlament gelangte.

Oft wurden vorher vereinzelte Grafschaften oder Städte angesprochen, manchmal auch Handelsleute und Hafenstädte, wenn Zoll- und Handelsschutzfragen anstanden. Die Kommunitäten verdankten ihre Anwesenheit im Parlament dem Gutdünken des Königs. Sie waren nicht anwesend, um die königliche Autorität in Frage zu stellen, und ursprünglich auch nicht, um ihre Sorgen vorzubringen, geschweige denn um als Balance gegen die Macht der Barone zu dienen. Vor dem Jahre 1272 gab es nicht einmal Petitionen, die die Merkmale einer parlamentarischen Petition gehabt hätten[18]. Bis dahin konnten nur Minister oder Richter des Königs Rechtsfragen zur Diskussion stellen, die sich aus der Gerichts- und Verwaltungspraxis ergaben.

Das königliche Parlament war von vornherein und für längere Zeit nur ein Gerichtshof über allen anderen Gerichten und Verwaltungsstellen. Der König allein entschied, was sonst noch zu tun war, und auch, ob der erweiterte Rat ein Parlament sein sollte. Dieses Parlament unterschied sich von denjenigen in Irland, Wales und Frankreich dadurch, daß den königlichen »writs« im ganzen Königreich Folge geleistet wurde. Unter Edward I. war das Parlament schon eine feste Einrichtung; denn es wurde üblich, eine Vertagung mit dem Vermerk »to the next Parliament« zu versehen.

Die Zusammensetzung der ersten Parlamente Edwards I. oder überhaupt der ersten siebzig Parlamente (1258-1327), von denen nur zehn populare Repräsentanten hatten, läßt erkennen, daß der repräsentative Charakter keineswegs konstitutiv für Parlamente war. Jedenfalls ist seine Entstehungsgeschichte nicht mit der Geschichte der Volksrepräsentation gleichzusetzen. Erst seit dem Statut von York (1322) war die passive Anwesenheit der »Commons« erforderlich, und erst seit dem Jahre 1327 mußten sie anwesend sein, weil sie nunmehr am parlamentarischen Regelspiel beteiligt waren, insofern ihnen die Pflicht zum Petitionieren in Form der Präsentierung von »Bills« vor König und Rat im Parlament aufgetragen wurde. Das war zugleich ein erster Schritt zur Zweiteilung des Parlaments in die »Commons« als Petitioners und die »Peers« als Richter (Judges). Künftig sollten Petitionen als Basis von Statuten gelten, also eine wichtige Initiative zur Gesetzgebung an die Commons fallen.

Gleichzeitig wurde festgesetzt, daß eine Änderung im Recht oder Gesetz nur mit der Zustimmung von König, Prälaten, Earls und Baronen sowie dem anderen Volk des Landes, in »full parliament«, möglich war. Damit gehörte »the Commonalty of the Realm« (die Kommunitäten des Königreiches) endgültig dazu. Vorher hatte die Rechtspolitik Edwards I. das Parlament zu einer festen Institution für die Belange des ganzen Herrschaftsbereichs gemacht, zum »High Court of Parliament«, der als oberste Instanz allein in der Lage war, auch Irrtümer von »King's Bench« zu revidieren.

Wie das neue Recht Heinrichs II. seinen jeweiligen Ausgang vom »Writ« des Königs nehmen mußte, das über Verhandlungssache und Verfahrensweise entschied, hatte das Parlament seinen Ursprung in den »Writs of Summons« des Königs, durch welche für die nächsten sechs Jahrhunderte einzig und allein ein Parlament zustande kommen konnte. Diese »Writs« entschieden und schrieben vor, wer kommen sollte und was zu verhandeln war. Die »Peers« wurden einzeln und namentlich nach Westminster eingeladen, während die »Commons« über die Sheriffs dorthin befohlen wurden, welche für Wahl und Absendung geeigneter Ritter aus den Grafschaften und geeigneter Bürger aus den Boroughs und Cities (Bischofsstädten) zu sorgen hatten. Die Anwesenheit in Westminster war kein Recht, sondern eine Pflicht und ein Dienst. Nicht die Nation verlangte eine Repräsentation, sondern der König machte eine gelegentliche Aushilfe zur Regel, um seine effektive Macht zu stärken. Er brauchte die Vertreter der Kommunitäten, weil ihre Mitwirkung die Zahlung und Einziehung der vereinbarten Steuern und Abgaben bedeutend erleichterte.

Die von ihnen im Namen der Grafschaften und Städte oder auch im eigenen Namen vorgebrachten Petitionen vermittelten zudem Einblick in den wahren Zustand des Königreichs und gaben Gelegenheit, den Rechtsfrieden wiederherzustellen.

Im »Full Parliament« sollten jetzt Machtmißbrauch oder Rechtsverweigerung der großen Herren, aber auch Rechtsverweigerung durch Kronbeamte· oder Mißachtung der königlichen Rechtssphäre zur Sprache kommen, wenn sie nicht den Weg zu den obersten Common-Law-Gerichten finden konnten oder in den üblichen Rechtsformen nicht zu fassen waren.

In etwa war das »Full Parliament« ein festgefrorener oder stationärer »Grand Inquest« und das (spätere) Unterhaus ein nationaler »Umstand« von »homines legales« vor dem »High Court« der Peers. Natürlich bleibt außerdem zutreffend, daß die königliche Regierung und Verwaltung komplizierter geworden war und einer zentralen »Clearing-Stelle« bedurfte, die nicht nur rechtliche und fiskalische Funktionen innehatte, sondern darüber hinaus auch gelegentlich unspezifische Funktionen ausübte.

Die nach Westminster entsandten Commons mußten in der Lage sein, die Parlamentsergebnisse daheim zu erläutern und durchzusetzen. Damit wurde gewissermaßen die ganze Bevölkerung der Freien und der Stadtbürger an der Feudalhierarchie vorbei für das Interesse der Krone und ihres Rechts ins Spiel gebracht. Die von Heinrich II. seit der Assise von Clarendon (1166) betriebene Verdrängung der Feudalhierarchie wurde von den Commons fortgesetzt, da sie vorzüglich für die neuen antifeudalen Besteuerungsformen verwendbar waren, die als »Impositions« für bewegliches Eigentum erhoben wurden. Schon 1225 wurde die Erneuerung und Bestätigung der Magna Carta mit einem »Fünfzehnten« auf bewegliches Eigentum honoriert, der alle Untertanen betraf, die ein gewisses Vermögen besaßen. Dazu kam aus dem ersten Parlament König Edwards I. (1275) noch ein permanenter Zoll auf Wolle. Diese beiden »Impositions« waren der Grundstock der königlichen Finanzen, hatten mit den »Incidents« (Gefällen) des Feudalsystems nichts zu tun und machten den König von England zum reichsten Monarchen von ganz Europa. Es war daher kein Wunder, wenn Edward I. mit dem »Model Parliament« von 1295 allen Sheriffs von England den Befehl gab, angesichts drohender Gefahren ohne jegliche Verzögerung dafür Sorge zu tragen, daß von jeder Grafschaft zwei gewählte

Ritter, von jeder City zwei gewählte Citizens und von jeder Borough zwei gewählte Burgesses mit entsprechenden Vollmachten zu entsenden seien. Geladen wurden damals neben dem Episkopat noch Repräsentanten des Klerus und der Orden, die später ausschieden und – als die Commons sich verselbständigten – in den beiden Konvokationen von Canterbury und York zusammenkamen. Im Parlament gab es danach nur noch Lords und Commons.

Die Lords tagten in der großen Halle des königlichen Rates, sie bildeten vor dem 16. Jahrhundert kein eigenes Oberhaus; jedenfalls erscheint der Begriff »House of Lords« erst im 16. Jahrhundert. Dagegen berieten die Commons gesondert im Kapitelhaus der Westminster Abbey, stellten aber vorerst mehr ein Komitee des Parlaments dar als ein wirkliches Haus (Pollard). Indessen hätte der Bürgerstand allein gegenüber dem König und gegenüber der hochfahrenden Nobilität, die sich auf den Trümmern des alten Lehnssystems etablierte, eine mitleiderregende Figur gemacht. Dies wurde durch die ungewöhnliche Verbindung der Ritter mit den Bürgern vermieden, welche den Commons erst ihre Bedeutung sicherte.

Ursprünglich waren ›Knights‹ und ›Barons‹ weit enger miteinander verbunden als Ritter und Bürger. Aber die Tendenz der Peerage zu kastenmäßiger Abschließung gegen die Gentry und mehr noch die gemeinsame Verpflichtung, den größten Teil des Steueraufkommens aufzubringen und gemeinsame Petitionen zu vereinbaren, banden beide Seiten zusammen. Ganz sicher wurden die Magnaten den Commons als den »knights of the shires, citizens, and burgesses« seit dem Jahre 1341 gegenübergestellt. Die Zusammenarbeit ließ anfangs zu wünschen übrig, weil die Regierung oft noch getrennt mit ihnen verhandelte und die Städte bei den Hilfsgeldern (aids) durchweg stärker belastet wurden, nicht wegen einer etwaigen Inferiorität, sondern weil sie als »demesnes« des Königs galten und der König als Domanialherr und Verleiher des Stadtrechts nach seinem Ermessen ein »Tallagium« erheben konnte, das ihnen erst 1332 erlassen wurde.

Die starke Hervorhebung der Kronmacht und der königlichen Prärogative bei der Entstehung des englischen Parlaments, die heute am konsequentesten von Sayles und Richardson als allein entscheidend für die Zeitgenossen herausgestellt wird[19], widerspricht den Mythen vom freiheitlichen Ursprung des Parlaments.

Auf dem Königtum beruhte der ganze rechtliche und soziale Zustand des Landes. Das Parlament konnte nur als »*King's Parliament of England*« eine nationale Institution sein, genau wie das Recht erst ein »Common Law« durch den König wurde. Dieser war der alleinige Garant für Friede, Recht und Freiheit und blieb allein maßgebend für die Einberufung von Parlamenten – strenggenommen sogar über 1689 hinaus.

Es fragt sich aber, was das Parlament Edwards I. der alten Curia Regis und dem ›Grand Conseil‹ voraus hatte. Die Antwort ist überraschend einfach und von den genannten Historikern selber gegeben worden. Im Großen Rat nach 1204 (Verlust der Normandie) gab es alles das, was später im Parlament verhandelt wurde, auch schon, jedenfalls bis zum Jahre 1353. In diesem Jahr schieden alle gewählten Elemente, die Repräsentanten der Grafschaften und Städte, aus dem »Magnum Concilium« aus. Die Zeitgenossen wußten jedoch schon vorher zwischen Council und Parlament zu unterscheiden. Was das englische Parlament seit Edward I. von anderen europäischen Parlamenten und allen anderen Gerichtshöfen und Versammlungen in England unterschied, war die individuelle Möglichkeit und auch die generelle Freiheit, eine Sache vor den König oder den Kanzler als dessen »alter ego« zu bringen.

Im Großen Rat hatten Petitionen und Beschwerden keine Gelegenheit oder jedenfalls keine Gewißheit, gehört oder gar beantwortet zu werden. Nur im Falle eines Parlaments wurden besondere »Receivers« und »Auditors« bestellt, denen die Bearbeitung und Weiterleitung der Eingaben an die »Chancery« anvertraut waren. Hier tut sich im Grunde erst der Bereich auf, der verständlich macht, wo das Einmalige des königlichen Parlaments von England zu suchen ist.

Eben dieses Petitionswesen, das erst nach den weitgreifenden Ordnungsmaßnahmen Edwards I. geregelt und sinnvoll zu bewältigen war, verlangte die Kompetenz-Kompetenz des Königs. Je mehr Rechtsfälle das Common Law sich aneignete und je mehr Formen seiner »Writs« (brevia) entwickelt wurden, desto dringender erschien das Bedürfnis, alle noch nicht berücksichtigten Rechtsfälle, die nicht erfaßbar waren oder aufgrund von Sondersituationen aus dem Common Law hinausfielen – denen dieses also nicht »gerecht« werden konnte –, anderweitig einmal über die Gesetzgebung und dann über den Weg der Billigkeit (equity) zu erledigen. Der erste Weg von den Petitionen der Commons zur

Statuierung neuer Gesetze (statutes) war im 14. Jahrhundert die übliche Art der Gesetzgebung, soweit König und Lords zustimmten. Der zweite Weg wurde begangen, wenn die Rechtsanwendung selber als Unrecht erschien.

Der hierfür allein geeignete Ort war das Parlament, von dem aus das Ohr des Königs als letzte Instanz für Recht und Billigkeit erreichbar war. Hier bestand die Aussicht, über den Buchstaben des Gesetzes hinaus mit Rekurs auf das Gnadenrecht oder das »Gewissen des Königs« Ausnahmeregelungen zu erwirken. Das Mittel dazu waren nicht Beschwerden (Gravamina), sondern Petitionen an den König oder seinen Kanzler. Rat und Kanzlei beantworteten diese Petitionen häufig im Sinne des Gnadenrechts. Seit dem Jahre 1349 sollten derlei Gnadensachen in erster Instanz stets vom Kanzler oder vom Siegelbewahrer (privy seal) bearbeitet werden – und zwar nach »Equity« (Billigkeit). Das Kanzleigericht fungierte hier als »Court of Equity« aufgrund der königlichen Prärogative, ausgestattet mit einer indefinablen Kompetenz über das Common Law hinaus, wo im Namen des Königs nach Wissen und Gewissen abgewogen und geurteilt wurde – und zwar nur in Individualurteilen, die keine Präzedenzien sein konnten, daher auch nicht registriert wurden (dies geschah erst seit 1540).

Die königliche Prärogative hütete dort ein höheres Recht, wo das geltende Recht in seiner starren Anwendung zu Unrecht geworden wäre. Das Gewissen des Königs, das der Kanzler als »Keeper of King's Conscience« hütete, verband den legitimen Herrscher mit der Substanz des Gemeinwesens, das mit dem »tacitus consensus« der »Commonalty of the Realm«, d. h. Englands, in eins gesetzt wurde. König und Land waren moralisch identisch. Die eigentliche Glorie des Parlaments beruhte folglich darauf, daß hier die Quelle der Gerechtigkeit lag, die dem Gewissen des Königs entsprang. Eine solche unangreifbare letzte Instanz wurde mit dem Königseid gewissermaßen in das Innere des Königs verlegt und sollte die ganze Herrschafts- und Rechtsordnung auf einen letzten Punkt beziehen, nämlich auf den inneren Gerichtshof des Königs vor Gott. Daß der König in diesem letzten Punkt nicht mehr war als jeder andere Mensch auch, qualifizierte ihn gerade dazu, Anwalt der Menschlichkeit in ihrer Schwachheit zu sein. Das war jene Position, die später Jakob I. Stuart so heftig vor seinem Parlament verfocht, dem er in dieser Beziehung jede Kompetenz und Diskussionsfähigkeit abstritt.

Der König regierte normalerweise mit seinem Rat und seinen Peers, auf die er angewiesen blieb, nicht jedoch mit dem ganzen Parlament. Im Verlaufe des 14. Jahrhunderts ergab sich als anerkannte Konvention, daß bestimmte Materien nur noch im Parlament behandelt wurden, nämlich allgemeine Steuern für alle, wie der »Zehnte« oder das »Fünfzehntel« oder »Zwanzigstel«, Subsidien für Wein oder Wolle und schließlich die Inkraftsetzung von »Statutes« als Ausfluß einer außerordentlichen Rechtsetzungskompetenz.

Alles dieses konnte der König noch lange Zeit ohne das Parlament tun, wenn er nicht gerade dringend auf parlamentarische Steuern angewiesen war. Von einer Nötigung der Krone zu einer ständigen Regierungsweise mit den repräsentativen Elementen konnte im Mittelalter nicht gesprochen werden, auch unter Heinrich IV. (1399-1413) nicht, zumal nach den Konflikten des 15. Jahrhunderts die Monarchie gestärkt war und neben ihr bis in die Mitte des 16. Jahrhunderts die erbliche »Peerage of the Land« das Sagen hatte. Das beste Beispiel dafür bietet Heinrich VII. Tudor (1485-1509), der während seiner Regierungszeit von 24 Jahren insgesamt nur sieben Parlamente berief, von denen nur eins in die letzten zwölf Jahre fiel; und von seinen 114 Gesetzen stammten nur siebzehn von den Commons. Von einer zunehmenden Parlamentarisierung oder gar Demokratisierung ließ sich also nicht sprechen. Wohl aber von einer verstärkten Verbindung des Parlaments mit der Rechtskonstitution, was jedoch die völlige Abhängigkeit vom König als Quelle des Rechts nicht ausschloß. Man sollte nicht vergessen, daß die Richter noch bis 1701 ihr Amt nur innehatten »durante bene placito regis«.

Statt von Demokratisierung sollte man lieber von einer stärkeren Verrechtlichung des Parlaments sprechen, aus der heraus den Commons im Laufe des 15. Jahrhunderts zeitweilig eine stärkere Position zufiel und von der aus später im 17. Jahrhundert die Basis für einen Widerstand von Rechts wegen gefunden wurde. Sie wurden erstmals 1407 in einem wichtigen amtlichen Dokument als »Procurators and attorneys of all the counties, cities and boroughs and of all the people of the realm« bezeichnet[20]. Im weiteren Verlauf des Jahrhunderts verfochten die Commons den Anspruch, daß kein Statut und Gesetz ohne ihre Zustimmung zustande kommen könne, sie nicht nur »Petitioners«, sondern auch »assentors« seien. Gegen Ende der Regierung Edwards IV. (1461 bis

1483) war es anerkannte Doktrin, daß die Gesetzgebung durch die Commons alle königlichen Untertanen band, weil alle Kommunitäten im Parlament vertreten seien und deshalb das ganze Land als communitas communitatum verpflichten oder entpflichten könnten. Dies war eine Feststellung im Kronrat von 1482 vor allen oberen Richtern[21]. Im Jahre 1488/89 akzeptierte sogar Heinrich VII. eine Verfügung der Richter, daß ein Gesetz von König und Lords ohne Commons kein eigentlicher »Act« sei[22].

Das wachsende Gewicht der Commons zeigte sich auch daran, daß private Petitionen oft statt an König und Kanzler sofort an die Commons gerichtet waren, um deren Unterstützung zu gewinnen. Wichtiger noch war die Änderung der Mitgliedschaft im Unterhaus. Hier wurden die eigentlichen »burgesses« immer mehr ersetzt durch Landbesitzer (Gentry), Juristen, Beamte der Krone oder der Magnaten, so daß schließlich die »landed Gentlemen« dominierten und unter Edward IV. zwei Drittel der MPs ausmachten[23].

Wirklich neu waren die zahlreichen Statuten über die Parlamentswahlen (1406, 1410, 1413, 1429 und 1445), von denen das Gesetz von 1429 über das Stimmrecht der »Forty-Shillings-Freeholder« am bekanntesten ist. Von den Wählern wurde eine Property-Qualifikation von mindestens 40 sh Jahreseinkunft aus Freehold verlangt. Es war die gleiche Qualifikation, die seit 1293 auch für die Geschworenenbank gefordert wurde. Der Ausgang der Wahlen war zwar meist durch den Vorschlag der Notablen im Shire-Court präjudiziert, aber bei umkämpften Wahlen konnte der Sheriff die Wahlberechtigung überprüfen. Das Gesetz richtete sich indessen weniger gegen Leibeigene und Copyholders der Grundherren als gegen die abhängigen Gefolgsleute (retainers) der Adelscliquen, die den Wahlgang durch ihre Zahl oder auch durch Terror manipulierten. Das Unterhaus war ein Forum der Freien wie die Jury. Allein derjenige, der parlamentarisch ausgehandelte Steuern zahlte, war ein wahlberechtigter freier Mann, wenn es auch nur, wie beim ›Zwanzigstel‹, 2 sh waren. Bemerkenswert ist die Gleichstellung der Wahlberechtigten in den Grafschaften mit dem Geschworenenstatus und die Zuständigkeit des Parlaments für alle Freien des Landes. Der »Freehold« ließ sich an der freiwilligen, also vom Parlament gewährten Steuerleistung ablesen, deren Höhe nach den zeitgenössischen Aufstellungen als Maßstab für den sozialen Rang des unabhängigen einzelnen diente. Dieser Bezug des Wahlrechts auf das »Freehold« macht deutlich, daß die Rechtskonstitution Heinrichs II. die Basis der Freiheit der Commons geblieben war.

Das Parlament war »High Court« und »Grand Inquest«. Worauf es den Commons ankam, war »the dispensing of Justice« und nicht »politics«. In Fragen der Politik traten sie notgedrungen hinter die Lords zurück, schon weil sie nicht regelmäßig und nur nach dem Gefallen des Königs zusammentraten. Wenn der König das Parlament auflöste, war das Leben des Unterhauses erloschen, das Oberhaus jedoch nur vertagt (adjourned), wenn auch auf unbestimmte Zeit[24]. Solange dies galt, war das Oberhaus den Commons bei politischen Entscheidungen überlegen. Zusammenfassend läßt sich sagen, daß das Parlament mit einer Ständeversammlung nichts gemein hatte. Die obersten Stände wie Nobilität und Prälatur waren in der »Peerage« zusammengeschlossen; zwei andere Stände, nämlich Ritter und Bürger, waren in den Commons vereinigt, und der Klerus war ausgeschieden. Die Bauernschaft, insoweit es sich um »Freeholders« handelte, wurde von den Rittern vertreten. Das Parlament mit Lords und Commons war eine königliche und nichtfeudale Einrichtung und zudem auch, trotz der Prälaten, die als Inhaber von Baronien angesehen werden konnten, eine säkulare Einrichtung. Ohnehin war England im Investiturstreit als erstes Land zu einer Scheidung von Spiritualia und Temporalia gelangt (1107), die für den Kontinent als Vorbild diente. Die Basis dieses säkularen Parlaments war eine Rechtskonstitution, als deren Exponent das Parlament als »High Court« und als »Grand Inquest« fungierte. Diese Doppelstellung entsprach der Verbindung der königlichen Richter mit der Geschworenenbank, wobei das Unterhaus als der »Umstand« angesehen werden konnte. Die Commons waren Informanten des »High Court«, aber auch Anwälte ihrer Kommunitäten. Im Dienste ihrer Grafschaft oder Stadt waren sie Mandatare, im Dienste des Königs aber dem Recht und dem Ganzen verpflichtet. Die Angabe des Verhandlungsgegenstandes in den königlichen »Writs« machte dieses Doppelverhältnis deutlich. Das Parlament war wie das Recht eine nationale Institution, deren Mitwirkung das ganze Königreich anging. Dieser Bezug nach oben zum König als Quelle des Rechts und nach unten zum Land und seiner ›Gerechtigkeit‹ drückt sich am treffendsten darin aus, daß dieses Parlament »*The King's Parliament of England*« war.

2. Der Weg zum modernen Parlament

2.1. The King in Parliament

Die Formel vom King-in-Parliament taucht erstmals im Jahre 1534 auf, als England sich mit der Suprematsakte (1533) von Rom getrennt hatte. Sie findet sich im Dispensation Act, wonach die gesetzgeberische Souveränität des Landes einzig und allein bei König, Lords und Commons liegt, die im »most High Court of Parliament« den gesamten »Realm« (Royaume) repräsentieren[1]. König Heinrich VIII. (1509-1547) unterstrich diese außerordentliche Stellung des Parlaments im Jahre 1543: »Wir sind durch unsere Richter belehrt worden, daß wir zu keiner Zeit so hoch in unserem königlichen Rang stehen wie zur Zeit des Parlaments, in welchem Wir als Haupt und Ihr als Glieder verbunden und zusammengeknüpft sind in einem Body Politic.«[2]

Bisher stand der König über dem Parlament, das ein Court war wie andere königliche Gerichtshöfe auch. Nun aber war er selber ein Teil dieses Parlaments, dessen Akte Maßnahmen des Königs und seines ganzen »Realm« waren. Später nahm Sir Thomas Smith in seiner Schrift »De Republica Anglorum« (1565) dies als selbstverständlich an. Nach ihm bestand das Parlament aus König, Lords und Commons, und seine Akte waren »the Prince's and Whole Realm's deeds«[3]. Der König war ein »principal part of the Parliament«, das als »a single mixed sovereign body« mit vollem legislativen Supremat anzusehen sei. Das Parlament galt schon im 15. Jahrhundert als »Body of the whole Realm«, aber ohne den König. Nun wurde der König als Faktor der Legislative einbezogen, also nicht in bezug auf Administration, Jurisdiktion und Prärogative. Jetzt gehörten auch die Commons als ständiger Faktor hinzu, die früher nicht zum High Court gezählt wurden und sonst im Grunde nur bei außerordentlichen Gelegenheiten anwesend sein mußten, etwa bei der Erhebung allgemeiner Steuern und bei dem Erlaß neuer Statuten, die unbedingt der Zustimmung der Commons bedurften und nicht möglich waren »sine concessione vel assensu totius regni suo in parlamento suo expresso«, wie Oberrichter Sir John Fortescue formulierte[4].

Für alle »Statute Acts« war seit der Mitte des 15. Jahrhunderts die Formel üblich: »by authority of Parliament«. Das Parlament galt als repräsentativ, aber nicht wegen der tatsächlichen Gegenwart der drei üblichen Stände (Lehrstand, Wehrstand, Nährstand), sondern wegen der »plena potestas« der Knights und Burgesses, mit welcher sie ihre Wahlbezirke auf die im Parlament statuierten Beschlüsse verpflichten konnten. Die Lords waren in keiner Weise repräsentativ für andere; sie waren vom König persönlich geladen und berieten ihn im eigenen Namen. Das galt auch für die geistlichen Peers, die als Grundherren (in capite tenentes) und Berater ebenfalls persönlich geladen waren. Der Klerus, der völlig fehlte, erlangte erst nach der Restauration das aktive Wahlrecht fürs Unterhaus. Die Bürgerschaft war völlig unterrepräsentiert, da die Borough-Vertreter zum weit geringeren Teil »Burghers« waren und in der Mehrzahl aus der Gentry oder aus der Umgebung der Magnaten stammten. Nur die vier Vertreter von London City waren immer residente Bürger.

Immerhin war das House of Commons die größte repräsentative Körperschaft, die es je gegeben hatte. Es vertrat unter Heinrich-VIII. 37 Counties und 112 Boroughs und zählte 298 Knights und Burgesses; es kamen unter den Tudors noch Wales, Chester und Durham sowie viele Boroughs hinzu; 1558 zählte das Unterhaus 398 Sitze; später ernannte König Karl II. eine große Zahl weiterer Boroughs, so daß das Unterhaus schließlich 462 gewählte Mitglieder hatte. Es gab keinen Rivalen im Lande, da es weder Provinzialstände noch getrennte Ständeversammlungen gab wie etwa auf dem Kontinent. Es existierten nur noch die meist gleichzeitig mit dem Parlament tagenden Konvokationen, die als kirchliche Organe galten und seit 1533/34 der Prärogative der Krone unterstanden. Im 15. Jahrhundert wurde das Parlament zu Recht als Verkörperung der »politischen Nation« angesehen.

Das Unterhaus hatte unter den Tudors Züge einer selbstregierenden Institution angenommen. Es durfte Anwesenheit und Lebensführung seiner Mitglieder kontrollieren und setzte ihren Schutz vor Inhaftnahme aufgrund von Privatklagen durch; es erreichte das Recht zur Gefangensetzung von Personen wegen »Contempt of the House«, ferner das Recht auf freie Rede und Meinungsäußerung bei allen Fragen, die zur Debatte standen. Es erzwang durch Präzedenzien das Recht zur Bestrafung von Unterhausmitgliedern, das bisher nur der Kronjustiz zustand. Schließlich gewann es 1547 das Recht, ein Journal zu führen, das die Peers schon seit 1510 besaßen.

Diese Errungenschaften waren bemerkenswert, standen aber einem Court ohnehin schon zu. Das Unterhaus war nur ein innerorganisatorisches Forum und noch lange keine Plattform der Öffentlichkeit. Im Gegenteil: wer zum Fenster hinaus sprach oder innerparlamentarische Vorgänge ausplauderte oder behauptete, das Haus sei gespalten und keine Einheit mehr, mußte mit dem gravierenden Vorwurf des »Contempt of the House« rechnen. Dies alles war schon im Mittelalter vorgebildet und veränderte nicht die Sonderstellung des Königs und die Vorrangstellung der Lords im High Court of Parliament, nicht die Rolle des Unterhauses als nur mitwirkende Instanz für außerordentliche Fälle.

Dies änderte sich erst mit den acht Sessionen des Reformationsparlaments (1529-1536), welches die radikale Trennung von Rom gesetzlich erzwingbar machte. Hier waren die Commons das natürliche Sprachrohr eines Antiklerikalismus, der Heinrichs Absichten entgegenkam. Genau besehen fixierten die im Parlament zustande gekommenen Gesetze einen bereits erreichten Zustand, den Heinrich vorher gegen die Konvokationen unter Übernahme der monarchischen Befugnisse des Papsttums und durch Praemunire und Verhängung von riesigen Geldbußen durchgesetzt hatte. Die Partnerschaft zwischen König und Commons und darüber hinaus die Idee einer »Commonalty of the Realm«, einer Communitas Communitatum im Parlament, entsprachen der mittelalterlichen Idee einer moralischen Identität von König und Land, ergaben sich jedoch auch aus den Notwendigkeiten einer pragmatischen Politik.

Heinrichs nationale Reformationspolitik zog eine qualitative Veränderung des parlamentarischen Betriebs nach sich. Während das Parlament sich noch bis 1531 vorwiegend mit Gesetzesanträgen seiner Mitglieder befaßte, beschäftigte es sich danach unmittelbar mit königlichen Regierungsvorlagen. Die Krone selber ließ die von ihr eingeleiteten Veränderungen samt und sonders durch »Acts of Parliament« legalisieren. Damit verwandelte sich das Unterhaus von einer Beschwerdeinstanz in ein Instrument der Regierungspolitik, was die Vorbereitung und Begründung der Gesetze innerhalb des Parlaments mit sich brachte und erstmals die Bildung von parlamentarischen Ausschüssen (Committees) erforderlich machte. Die im König seit jeher verkörperte Souveränität als Gesetzgeber wurde erst im Parlament effektiv. Im geregelten Zusammenwirken von König, Lords und Commons über mehrere Verfahrensstufen hinweg kamen der Wortlaut und die Artikel eines Gesetzes zustande, und die Richter hatten sich bei ihrer Urteilsfindung an diesen Wortlaut zu halten. Jetzt erst handelte es sich um sorgsam fixierte und auf Dauer berechnete Gesetze mit automatischer Allgemeingültigkeit für den ganzen Herrschaftsbereich. Die königliche Rechtshoheit dehnte sich mit den Gesetzen von 1539 – mit geringfügigen Ausnahmen – gleichmäßig über das ganze Königreich aus, d. h., alle Richter und Rechtspfleger konnten nur noch im Namen des Königs ernannt werden und alle Schwerverbrecher einzig und allein durch königlichen Gnadenerweis ihrer vollen Sühne entgehen.

Der Sprung in eine neue Qualität ergab sich daraus, daß der König gar nicht anders konnte, als in den Commons einen gleichberechtigten Partner zu sehen – schon darum, weil ihre Domäne, der Ausnahmefall des »Statute Law«, nunmehr das wichtigste Mittel der gesamten Staatspolitik geworden war. Der Fortgang der Reformation war es eigentlich, der das Parlament unentbehrlich machte. Nur zusammen mit dem Unterhaus, durch den King-in-Parliament, war die einzige Möglichkeit gegeben, diese vom König angezettelte Revolution in Übereinstimmung mit Common Law und Statute Law durchzusetzen. Deswegen gab es in den wechselvollen Jahren von 1529 bis 1559 nur sechs Jahre ohne Parlamentssitzung.

Das Wesentliche des King-in-Parliament lag darin, daß das Prinzip der legislativen Souveränität einer gemischten Versammlung von König, Lords und Commons zugeschrieben wurde, die alle drei unentbehrlich und gleichberechtigt im Gesetzgebungsprozeß waren. Diese Gleichberechtigung äußerte sich in den Verfahrensweisen, von denen keine Stufe ausgelassen werden durfte. Im Grunde war es ungeheuerlich, daß die gewählten Laien mit den berufenen Staatspolitikern auf gleicher Stufe verhandelten. Dagegen wirkte eine deutlichere Differenzierung der Geschäftsbereiche. Der innere Ring des königlichen Rates wurde als »Privy Council« institutionalisiert (1534/36) und zu einem Gremium von Berufspolitikern, denen Elisabeth I. eine klar umgrenzte Geschäftsorganisation mit Stab und Protokollführung gab. Die Peers, die sich bisher als erweiterter königlicher Rat betrachtet hatten, bildeten seit 1539 ein exklusives erbliches »House of Lords«, in welchem die königlichen Räte, soweit sie nicht Lords waren, kein Sitz- und Stimmrecht mehr hatten.

Heinrich VIII. und sein Minister Thomas Cromwell wollten ihren revolutionären Plänen gesetzliche Autorität verleihen und gleichzeitig an der bisherigen legalen Basis festhalten. Darum hatten sie keine andere Wahl, als das Parlament bei ihren Entscheidungen mitwirken zu lassen. Nur das ganze Parlament konnte den Umbruch und die Bestrafung seiner Gegner legalisieren. Hinter dem Prinzip des King-in-Parliament verbarg sich keine theoretische Programmatik, sondern praktische Notwendigkeit.

Durch Heinrichs Ehescheidung und seine Trennung von Rom wurde die Existenz des Parlaments als unentbehrlicher Bestandteil des »Body Politic« gesichert. Alle Lebensbereiche, auch die Kirche, waren der Autorität des Statute Law unterworfen. Jetzt erst war das Wort berechtigt, daß die englischen Parlamentsgesetze »omnipotent« seien. Wenige Jahre später befreite sich Heinrich VIII. als »oberstes Haupt« der Kirche von England im »Statute of Proclamations« von 1539 aus seiner allzu offensichtlichen parlamentarischen Abhängigkeit, ohne jedoch das Statute Law ersetzen oder den legislativen Supremat des Parlaments in Frage stellen zu wollen. Vielmehr sollten die königlichen Proklamationen nicht weniger sorgfältig von den Richtern behandelt werden wie die statuierten Gesetze des Parlaments.

Indessen ist einschränkend daran zu erinnern, daß das Parlament unter den Tudors noch als außerordentlicher Teil der Verfassung galt, dessen Geschäft keinesfalls etwa die ständige Kontrolle der königlichen Regierung war. Gerade das obige Wort Heinrichs VIII. vom Jahre 1543 weist darauf hin, daß die Zeit des Parlaments für den König Hoch-Zeit war. Die Gesetzgebung war immer noch die Ausnahme. Nur ließ die Zunahme der Gesetzgebung seit Heinrich VIII. erkennen, daß in absehbarer Zeit die Ausnahme zur Regel werden würde.

Ferner ist zu beachten, daß das Reformationsparlament vom König zur Hilfe und Mitarbeit einberufen worden war. Widerstand gegen königliche Willkür oder parlamentarische Opposition waren ebenfalls Ausnahmen. Andererseits läßt sich nicht leugnen, daß der legislative Supremat des King-in-Parliament gleichbedeutend war mit der Institutionalisierung eines im eigentlichen Sinne »mixed, limited and constitutional Government«. Späterhin erwies sich diese auffällige Modernisierung als vorteilhaft, da die Kirche von England unter Königin Elisabeth diesem legislativen Supremat und nicht dem persönlichen königlichen Supremat unterstand. Dieser moderne gemischte Souverän des King-in-Parliament wurde kreiert, indem den beiden großen Errungenschaften des Mittelalters, dem Common Law und dem Parlament als »Body of the whole Realm«, das moderne Prinzip der Souveränität hinzugefügt wurde[5].

Darum sei hier die entscheidende Stelle im Dispensation Act von 1534 (25 Henry VIII c. 21) im Wortlaut wiedergegeben: »In allen und jedem solcher menschlichen Gesetze innerhalb dieses Realm ... haben Eure Königliche Majestät und Eure Geistlichen und Weltlichen Lords und Commons, die den gesamten Status Ihres Realm in diesem Eurem Höchsten Hof des Parlaments repräsentieren, volle Macht und Autorität ... die genannten Gesetze ... aufzuheben, zu annullieren, zu erweitern oder zu verkürzen.«[6].

In der vollentwickelten Doktrin des King-in-Parliament dominierte die Repräsentationsidee deutlich gegenüber dem Begriff des »High Court of Parliament«, wie sich am deutlichsten aus dem staatsrechtlich maßgebenden Traktat von Sir Thomas Smith, Elisabeths Staatssekretär, ergibt: »Die allerhöchste und absolute Macht des englischen Reichs liegt beim Parlament ... Denn jeder Engländer wird als dort anwesend verstanden, entweder in Person oder durch Bevollmächtigte und Vertreter, gleichgültig was sein Rang, Status, Würde oder Eigenschaft auch sein möge, vom Fürsten (mag es ein König oder eine Königin sein) bis zur niedrigsten Person in England. Und die Zustimmung des Parlaments gilt als die Zustimmung von jedermann.«[7]

Solch eine Argumentation war nicht völlig neu und reichte zurück bis ins 14. Jahrhundert; aber erst im 16. Jahrhundert diente die Vorstellung vom Parlament als dem »Body of all the Realm« als gängige Rechtfertigung des Anspruchs des Parlaments auf unbedingten Gehorsam gegenüber seinen Beschlüssen. Im Grunde war das auch der ursprüngliche Sinn der Hinzuziehung gewählter Vertreter, die seit Edward I. ihre Bevollmächtigung nachweisen mußten, mit der sich die Wählerschaft zu solchem Gehorsam verpflichtete. Das Unterhaus sicherte also die Regierbarkeit des Landes. Thomas Cromwell war der erste Minister, der daraus entsprechende Folgerungen zog. Er spielte mit Erfolg das (spätere) Spiel des eigentlichen »Parlamentarismus«, nämlich über das Management des Unterhauses das Geschäft der königlichen Regierung weiterzutreiben. Seit den Tagen des Thomas Cromwell traten die Commons auf die Szene und übernahmen im Laufe der Zeit ihre Rolle als Stimme der Nation.

Von einem Tudor-Despotismus zu sprechen, wird nicht der Tatsache gerecht, daß hier die Zusammenarbeit mit dem Parlament gesucht und erreicht wurde. Wahrscheinlich war es mehr Thomas Cromwell als Heinrich selber, der als Praktiker die volle Konsequenz aus dem Bruch mit Rom zu ziehen wagte. Im Grunde wurde damit erst das Parlament auf den Weg gebracht, der zum Sieg von 1688/89 führte. Solange allerdings der König ermächtigt blieb, das Parlament nach seinem Belieben einzuberufen und aufzulösen sowie seine Prärogative ins Feld zu führen, wenn ihm die Opposition des Hauses unerträglich wurde, blieb die Macht der Commons kaum mehr als eine königliche Konzession; sie hing wie das Unterhaus selber letztlich vom Willen des Königs ab. Die Partnerschaft des Königs mit der »Commonalty of the Realm« stärkte beträchtlich die Macht des Königs, ohne die Kompetenz des Unterhauses merklich zu erweitern.

Aber das Unterhaus war dem politischen Entscheidungsprozeß zugeordnet und mit einer Masse von neuen Geschäften betraut, wodurch sich seine Bedeutung gewissermaßen von selbst vermehrte. Bezeichnend für die Veränderung der konstitutionellen Verhältnisse zugunsten des Unterhauses war der Machtverlust des Oberhauses, dem noch unter Heinrich VIII. die Effizienz der Tudor-Gesetzgebung zu verdanken war. Unter Maria Tudor (1553–1558) verstrickte sich das Oberhaus in eine Sabotagepolitik, durch die es das Vertrauen der Königin und auch der Öffentlichkeit verlor. Das Oberhaus behielt zwar seine Funktionen, aber seine Exklusivität und der Verlust an öffentlichem Vertrauen brachten es gegenüber dem Unterhaus ins Hintertreffen[8].

Die Tudors verstanden es, das Parlament zur Mitverantwortung heranzuziehen. Jedoch betonte Königin Elisabeth ihr grundsätzliches Recht, allen Beschlüssen des Parlaments gegenüber ihr Veto einlegen zu können. Auch seine Redefreiheit mußte sich das Unterhaus bitter erkämpfen. Dreimal wanderte Peter Wentworth, der Verteidiger der parlamentarischen Redefreiheit, in den Tower (1576, 1587, 1593); das letzte Mal blieb er dort bis zu seinem Lebensende (1597). Bei der Eröffnung des Parlaments von 1593 definierte Elisabeth diese Redefreiheit in einer Weise, die einer Ablehnung gleichkam. Der Lord Keeper (Großsiegelbewahrer) erklärte dabei dem Speaker des Unterhauses, daß »licentious speech« verboten, »liberal speech« jedoch erlaubt sei, also angemessen begrenzte Freiheit. Die wahre Freiheit des Hauses sei, ja oder nein zu den Bills zu sagen, wobei ein Unterhausmitglied die Gründe für seine Entscheidung nennen dürfe; aber seine Redefreiheit erstrecke sich nicht darauf, über alles Beliebige beliebig zu sprechen. Gerade weil die Königin die Commons zu »partakers of her entent and meaninge« gemacht habe, dürften Loyalität und Diskretion nie fehlen[9].

Ein grundsätzlicher Anspruch auf Redefreiheit bestand offenbar nicht. Überhaupt gewannen unter Elisabeth Regierung und Verwaltung den Vorrang vor der Gesetzgebung, so daß ihr Parlament mehr als High Court und weniger als souveräne gesetzgebende Versammlung tätig war. Wohl deshalb auch berief sie in den 45 Jahren ihrer Regierungszeit (1559-1603) nur dreizehnmal das Parlament. Krone und Parlament stellten nach allgemeiner Auffassung zwar den »body politic« dar; Elisabeth vermied jedoch geflissentlich, Ausmaß und Grenzen ihrer Prärogative zu definieren, zumal sie mehr als bisher regierte und im Normalfall nicht auf die Mitwirkung des Parlaments angewiesen war.

Die königliche Machtfülle ließ sich an den Gerichtshöfen der königlichen Prärogative ablesen; darunter fielen der »Court of Chancery« als Equity Court, der »Court of Request« gegen Fehlverhalten und Fehlurteile der königlichen Beamten, die Handels- und Seegerichte nach Römischem Recht, die *Hohe Kommission* als außerordentliche Instanz der Krone für das kirchliche Rechtswesen und die *Sternkammer* (seit 1500/1529) als effektive Verfolgungsbehörde, die nach jus strictum gegen Aufruhr, Verschwörung, Gewalttätigkeit, Bestechung der Geschworenen usw. einzuschreiten hatte, also der Wahrung des öffentlichen Friedens und als Custos morum diente – mit dem Recht, hohe Geldstrafen und Haftstrafen zu verhängen. Die Krone beaufsichtigte ferner über die Friedenskommissionen und ihr jährliches Ernennungsrecht die Friedensrichter, die seit 1495 statt der Sheriffs die richterlichen, polizeilichen und pfarrgemeindlichen Befugnisse ehrenamtlich ausübten. Es gab in jeder Grafschaft etwa 30 bis 50 von ihnen, die meist der Gentry entstammten und in den Quartersessions zusammen mit der lokalen Jury Verwaltung und unteres Rechtswesen innehatten. Damit hatte die Krone über die beiden Konvokationen der Kirche hinaus auch Einfluß auf die Pfarrgemeinden. Strenggenommen waren auch Oberhaus und

Privy Council sowie der Speaker des Unterhauses Stützen der Krone, ganz zu schweigen von dem Rechtswesen als solchem.

Der Gesamtzustand der Nation beruhte immer noch in erster Linie auf dem Königtum. Das Unterhaus war demgegenüber wieder mehr zum Geldbewilliger geworden. Trotz der beträchtlichen Aufwertung des Unterhauses zu einem unabdingbaren Bestandteil des legislativen Supremats und eines faktischen Bedeutungszuwachses war es nicht oder nur in Teilbereichen Ursache der Gesetzgebung, sondern lediglich Bedingung für ihr Zustandekommen[10].

2.2. Richter Coke und das Prinzip der Rechtsstaatlichkeit

Bis zum Ersten Bürgerkrieg (1642-1646) war die Regierung (the Government) Sache des Königs – Ausfluß seiner Prärogative und seines Herrscherrechts, das von König Jakob I. Stuart (1603-1625) als Göttliches Recht (Jus Divinum) ausgelegt wurde. Dieses Jus Divinum diente der theologischen Abrundung des königlichen Supremats über die Anglikanische Bischofskirche und zog kirchliche Verwaltung und Gerichtsbarkeit in den Bereich der königlichen Prärogative. Diese enge Verbindung mit der Staatskirche war die stärkste Säule des Stuart-Absolutismus. Nach der Hampton Court Conference von 1604, zu der Jakob vierzehn hochkirchliche und vier puritanische Kleriker eingeladen hatte, stellte er sich eindeutig auf die Seite der Bischofskirche mit der bedeutsamen Bemerkung: »No Bishop, no King!«. Fortan suchte er die puritanische Opposition im Pfarrklerus zu eliminieren und die Ortspfarrer als »King's Servants« auf die Hochkirche zu verpflichten. Das Vordringen der königlichen Prärogative in die Pfarrgemeinden lieferte späterhin den Zündstoff, der den politischen Konflikt verschärfte und über das ganze Land ausdehnte. Daraus ergab sich, daß die revolutionären Gegenkräfte sich unter puritanischen Vorzeichen vereinigten.

Das Parlament war in den Augen Jakobs nur »King's Council« (1605), also nicht mehr die Stätte legislativer Souveränität[11]. Von Anfang an versäumte es Jakob, das Haus von den Regierungsvertretern über seine Absichten informieren zu lassen oder auch nur ihre Stimmung auszuloten. Und von Anfang an zog er vor[12], persönliche Botschaften mit grundsätzlichen Erklärungen an das Haus mündlich oder schriftlich zu richten, die naturgemäß auch grundsätzliche Antworten von seiten des Hauses provozierten. Das ging jedesmal weit über die an Vorlagen und Geschäftsordnung gebundenen Beratungen ob Ja oder Nein hinaus und nötigte die Rechtsexperten des Unterhauses, sich über konstitutionelle Prinzipien und rechtliche Verfahrensmodi kompetent zu äußern. Die Entgegnungen der Juristen auf die weitausgreifenden Argumentationen Jakobs erweiterten unter dem Beifall des Hauses die Diskussionsebene und ließen den Regierungsvertretern kaum Raum für eine Initiative. Mehr als je zuvor brachten diese Common-Law-Juristen ihre Rechtsauffassung zur Geltung und bahnten damit den Weg zum modernen Rechts- und Verfassungsstaat. Aus diesen Erörterungen im Parlament und auch in der begleitenden Publizistik ergaben sich die zahlreichen Grundsatzerklärungen, in denen der unbedingte Vorrang von »the Rule of Law« bzw. »by due process of Law«, die Geltung des »Birth Right« für jeden Engländer und die Unantastbarkeit des »Property« als des materiellen und sozialen Besitzstandes behauptet wurden.

Dies kam schon in der ersten Grundsatzerklärung der Commons unzweideutig zum Ausdruck, nämlich in der »Apology of the Commons« von 1604, wo es heißt: »unsere Privilegien und Freiheiten sind unser Recht und unser wahres Erbe, nicht weniger als unser Land und Gut«. Diese Privilegien waren also nicht, wie Jakob I. mehrfach betonte, Gunsterweise oder Konzessionen der Krone, sondern wurden vom Unterhaus ausdrücklich dem »Property« gleichgestellt. Danach sprach der König spöttisch von »my masters of the Lower House«. Dasselbe Thema wurde in der spektakulären »Protestation« des Hauses vom 18. Dezember 1621 aufgegriffen, mit welcher sich die Commons gegen Jakobs Ansprüche auf Alleinkompetenz in Hinsicht auf die Geheimnisse der Hohen Politik wehrten und seine Polemik gegen »den neuen Stil von den alten Geburtsrechten der Engländer« abwiesen. Bisher hatte man solche Fragen klugerweise auf sich beruhen lassen. Jetzt verteidigte das Unterhaus sein »ancient and undoubted right« auf völlig freie Debatte ungeniert gegen die königlichen Behauptungen, trotz seines Verbots über die Prärogative zu debattieren.

Dabei erstand dem Stuart-König ein großer Gegner in dem Richter Sir Edward Coke, der als Verteidiger des Common Law und Wegbereiter moderner Rechtsstaatlichkeit in die Geschichte eingegangen ist. Coke hatte bisher als »Lord Chief Justice of King's Bench« zwischen Krone und Unterhaus oder zwischen »Government« und »Property« zu vermitteln. Seine Absetzung im November 1616 eröffnete ihm die Möglichkeit, im dritten Parlament Jakobs als parlamentarischer Widerpart der Krone aufzutreten und von den Rechtskontroversen her zu politischen Grundsatzfragen zu kommen, die den Verfassungsstaat vordeuteten[13]. Sofort nach Zusammentritt des Parlaments (1621) veranlaßte Coke die Bildung eines Untersuchungsausschusses gegen den Mißbrauch von Monopolen durch Kaufleute, die vom König gegen Geldzahlung ein Patent für den Alleinvertrieb bestimmter Waren erwirkt hatten. Das Unterhaus erhob dann Anklage vor dem Oberhaus gegen die betreffenden Einzelpersonen wegen Monopolmißbrauch, Bestechung und Korruption, worauf das Oberhaus Haft, Geldbußen und Degradation verhängte. Hier nahm das Parlament für sich das Recht eines parlamentarischen »Impeachment« in Anspruch.

Es berief sich auf ein Verfahren, das erstmals 1376 gegen Kronminister angewandt worden war und seit 1399 sich in Form einer Klage des Unterhauses als »Prosecutor« vor den Lords als prozeßführendem »Court of Suitors« vollzog. Es war seit 1450 außer Gebrauch gekommen und wurde seit den Wirren der Rosenkriege durch »Acts of Attainder« ersetzt, d. h. durch Strafgesetze von Krone und Parlament wegen Hochverrat gegen Einzelpersonen und deren Eigentum – und zwar ohne formelle Anklage und ohne Verteidigungsmöglichkeit, vorwiegend dann, wenn eine gesetzliche Handhabe fehlte. Sie kamen in etwa einer Ächtung nahe[14].

Dieses »Impeachment« wurde von Richter Coke in Erinnerung gerufen und von ihm als mittelalterliches Rechtsmittel verstanden, bei welchem die Commons sich als Jury des gesamten Realm betrachteten, welche die Öffentlichkeit repräsentierte, ähnlich wie die lokalen Juries in den Hundertschaften, Grafschaften und Boroughs die »Countryside« darstellten. Die Initiative lag hier ausschließlich bei den Commons, und das zuständige Tribunal war das gesamte Oberhaus, alle anwesenden Lords, unabhängig davon, ob sie Richter waren oder nicht. Das Impeachment wurde eine parlamentarische Waffe, um die Bestrafung von Amtsträgern, aber auch von Missetaten gegen Krone und öffentliches Wohl durchzusetzen.

Erst nach vier Impeachments gegen Einzelpersonen schritten die

Commons dazu, den obersten Amtsträger, nämlich den Lord-kanzler Francis Bacon, anzuklagen und vom Oberhaus verurteilen zu lassen. Drei Jahre später (1624) erfolgte das Impeachment gegen den Lord Treasurer von England, Lionel Cranfield, Earl von Middlesex. Beiden wurden außer Geld- und Haftstrafen auch noch – erstmals in der Parlamentsgeschichte – die Eignung für einen Parlamentssitz aberkannt. König Jakob begnadigte Francis Bacon nach kurzer Haft.

Diese Form des parlamentarischen Impeachments wurde bis 1688 etwa vierzigmal angewandt, besonders häufig im »Langen Parlament« gegen Strafford, William Laud, Finch, Windebank, ferner dreizehn Bischöfe und sechs Richter. Im Act of Settlement von 1701 wurde dem König das Recht genommen, ein Impeachment durch Gnadenerweis unwirksam zu machen. Es blieb ihm nur dessen Verhinderung durch Vertagung oder Auflösung des Parlaments. Beim Impeachment gegen Warren Hastings im Jahre 1791 konnten weder Vertagung noch Auflösung den Fortgang des Impeachments verhindern.

Das Impeachment beschränkte sich auf die strafrechtliche Verantwortlichkeit der Amtsträger vor dem Parlament, das hier als das Große Rügegericht Englands fungierte. An eine politische Verantwortlichkeit vor dem Parlament war dabei nicht gedacht. Allerdings war eine klare Scheidung zwischen strafrechtlicher und politischer Verantwortlichkeit in Krisenzeiten und bei vielen Streitfällen kaum möglich. Zweifellos war die Wiederbelebung dieses Verfahrens eine beträchtliche Machterweiterung für das Unterhaus, dem damit der Hebel in die Hand gegeben wurde, der den großen Umbruch von 1641/42 einleitete.

Geschichtliche Bedeutung erlangte Richter Coke als Urheber der »Petition of Right« von 1628, die vom dritten Parlament König Karls I. (1625-1649) verabschiedet wurde. Ihre außerordentliche Bedeutung lag darin, daß sie trotz des Bezugs auf verschiedene Gravamina sich nicht auf Einzelrecht bezog, sondern auf Recht überhaupt. Dies ergibt sich aus dem Singular »Right«, in Parenthese gesetzt zum »Writ of Right« (breve de recto), wonach es sich nicht um irgendwelche Besitzrechte (possessio; saisin) handelte, sondern um Eigentum (proprietas; right), das seit jeher unter königlichem Schutz stand und bei Verletzung die unmittelbare Intervention der königlichen Richter erwirken konnte[15].

Im Protest gegen die Geldbeschaffungs- und Besteuerungsmaßnahmen des Königs und andere Zwangsmaßnahmen (Verhängung von regionalem Kriegsrecht, Einquartierungen, Inhaftnahmen) beriefen sich die Commons auf die Magna Carta, die sie als die verbriefte Suprematie des Rechts interpretierten. Eingriffe in den Besitzstand der Untertanen seien nur Rechtens, soweit sie »by due process of Law« vereinbart worden seien. Im Gegensatz zu dieser Regel sei wegen des Krieges mit Frankreich (seit 1626) die parlamentarische Zustimmung nicht eingeholt worden. Wie gewöhnlich drehte sich auch diesmal alles um die königliche Steuer- und Abgabenpolitik; aber das Unterhaus argumentierte anders als bisher, nämlich in der Sprache und in den Rechtsbegriffen von Sir Edward Coke. Im Grunde lief die »Petition of Right« darauf hinaus, die staatspolitischen Maßnahmen der Krone einem kontrollierbaren Rechtsverfahren zu unterwerfen und jedes Kriegs- und Notrecht im Lande abzulehnen, sobald es sich auch auf die Zivilisten erstreckte. Eine dem geltenden Recht zuwiderlaufende Machtpolitik sollte für immer ausgeschlossen sein. Der Eigencharakter der Politik und die Notwendigkeiten, die sich aus der politischen Selbstbehauptung eines Gemeinwesens ergeben, die »arcana imperii«, blieben bewußt auf der Strecke.

Richter Coke wandte sich entschieden gegen den Vorschlag der Lords, im Text der Petition die »souveräne Gewalt« des Königs anzuerkennen. Dies sei kein parlamentarischer Begriff und er würde die ganze Petition umwerfen; selbst die königliche Prärogative sei nur als Teil des Rechts anzusehen. Magna Carta und die Statuten dagegen vertrügen keine einschränkende Klausel[16].

Diese Petition durchlief ordnungsgemäß die für die Gesetzgebung üblichen drei Lesungen, und der König gab notgedrungen seine Zustimmung: »Soit droit fait, comme est désiré«. Diese Form der königlichen Zustimmung verlieh ihr lediglich den Charakter einer »Private Bill«, die vor Gericht geltend gemacht werden mußte und nicht automatisch Gesetzeskraft für die Richter besaß. Karl I. hatte nur die Berechtigung der Bitte anerkannt. Sie verstand sich außerdem als deklaratorisches Statut, das keine Änderung bestehender Gesetze beabsichtigte, sondern sie lediglich erläuterte. Danach waren jedem Untertan im Königreich seit jeher Freiheit und Eigentum nach dem Recht des Landes zugebilligt. Der Triumph des Common Law über die königliche Prärogative stand nur auf dem Papier, weil keine »Bill of Right« erreicht worden war. Diese wegweisende Verfassungsvereinbarung blieb mithin vorläufig ohne praktische Folgen. Indem von einem universalen Geburtsrecht aller Engländer die Rede war, ging die Petition über die Praxis des Common Law in der Tat hinaus.

Sie griff jedoch auf alte Vorstellungen zurück, nach denen das Common Law Volksrecht und Königsrecht zugleich war und die königliche Rechtspraxis das vorgegebene und jederzeit verfügbare Recht aller freien Leute über die Jury anerkannte. Der im Common Law seit König Heinrich II. praktizierte und im Westminsterstatut II (1285) auf die bisherige Praxis eingeschränkte Rechtsbestand wurde von Richter Coke in der Weise kanonisiert, daß statuierte Parlamentsgesetze nicht ipso facto mit der Eintragung ins »Statute Book« der Justiz einverleibt waren, sondern durch die Gerichtshöfe des Common Law, durch Gerichtsentscheid, ausdrücklich als »Statutum« anerkannt sein mußten. Die Anwendung der Dispositionen statuierter Gesetze durfte nicht im Widerspruch zur bisherigen Rechtspraxis stehen. Die Richter akzeptierten und sanktionierten die Statuten aber nicht nach ihrer subjektiven Vernunft, sondern aus ihrer Rechtskenntnis heraus, also aus einer »artificial reason«, wie Richter Coke betonte – aus jenem Corpus von Prinzipien, Regeln und Verfahrensweisen, das sich in der Praxis bewährt hatte und als unantastbare »Inheritance« der Engländer betrachtet wurde. Neue Regelungen mußten diesen alten Prinzipien entsprechen, damit sie als Recht identifizierbar waren. Was sich nicht in diesen Bestand inkorporieren ließ, blieb unjustiziabel.

Daraus folgerte Richter Coke, daß die Richter des Common Law nicht »Löwen unter dem Thron« (Francis Bacon) sein sollten, sondern die amtlichen Hüter einer Rechtssubstanz waren. Für Coke war das Common Law die Regel von Recht überhaupt, die eine über König und Parlament hinausreichende Kompetenz der Richter in Rechtssachen verlangte. Alle auf Rechtsverbindlichkeit gerichteten politischen Handlungen sollten sich nach Coke einem Verfahren unterwerfen, das den Richtern als unabhängigen Hütern des Rechtswissens anzuvertrauen sei.

Für Coke stand das Common Law zwischen Naturrecht und positivem (statuierten) Recht, zwischen den Normen der Vernunft überhaupt und den Normen von Gesetzestexten, als ein transpositives Recht, das zwischen beiden vermittelte und der Identität und Kontinuität der englischen Gesellschaft zu verdanken sei. Damit erhielten die Richter eine Sonderstellung: Weder

der Wille eines einzelnen noch der Wille einer Mehrheit, weder die Souveränität des Fürsten noch die des Volkes waren für ihn Seele und Substanz von Politik und Recht und Gesetz, sondern allein »the Rule of Law«. Alle Maßnahmen mußten begründbar sein, und zwar »by due process of Law«, nur durch gesetzliches Urteil und nach dem Recht des Landes. Dieser Begriff in Art. IV der Petition of Right ist zuerst von Richter Coke geprägt worden und wurde später die zentrale Formel für den westlichen Rechtsstaat.

Über Coke als Vorläufer und Vordenker des modernen westlichen Verfassungsstaates geben weniger seine umfangreichen juristischen Abhandlungen Auskunft als seine öffentliche Tätigkeit als Kronanwalt, als Chief Justice im Court of Common Pleas und im Court of King's Bench, vor allem aber als Parlamentsmitglied in den Jahren 1621 bis 1629. Hier läßt sich am besten verfolgen, wie bei ihm aus Rechtskontroversen politische Grundsatzfragen wurden, die seinen Kampf gegen Staatssouveränität und Staatsräson bestimmt haben. Indessen preist ein großer Rechts- und Verfassungshistoriker wie W. S. Holdsworth auch seine Schriften und findet in ihnen die Grundlagen des modernen Verfassungsrechts. Theodor F. T. Plucknett rühmt ihn als großen Philosophen, dessen Sendung gewesen sei, Mittelalter und Neuzeit zu versöhnen[17].

Cokes Verneinung einer souveränen letztverantwortlichen obersten Stelle im Staatswesen blieb das Herzstück des kommenden Konstitutionalismus und der liberalen politischen Philosophie. Danach sei keine Macht befugt, anderen ihren Willen aufzudrücken, es sei denn im Einklang mit dem vorgegebenen Recht (Jus). Darin war sich Coke sogar mit Suarez, Mariana und Bellarmin einig. Nur war bei ihm nicht die Kirche, sondern der Richterstand in England die unabhängige und unabsetzbare Instanz, die bereits als »Dritte Gewalt« konzipiert ist, die neben Legislative und Exekutive die höchste Autorität darstellte, deren völlige Machtlosigkeit sie für diese Rolle qualifizierte, weil damit jede rechtsfremde Bindung von vornherein ausgeschlossen war. Sie war, wie später Montesquieu formulierte, ein »pouvoir en quelque façon presque nul«. Diese judiziäre Gewalt sollte keine Kompetenz zum Handeln, wohl aber die Kompetenz-Kompetenz zum Urteilen haben, sowohl innerhalb der Rechtsprechung als auch darüber hinaus in öffentlichen Rechtserklärungen. Davon machte Richter Coke ausgiebigen Gebrauch, nämlich in den »Protestations« von 1621 und 1629 sowie in der »Petition of Right« von 1628. Das waren deklaratorische Offensiven gegen die Jus-Divinum-Lehre Jakobs I. und gegen die Regierungspraxis Karls I. (1625-1649). Damit wurde Coke zum Vater der modernen Rechtserklärungen.

Richter Coke verschaffte dem Common Law bei den Zeitgenossen höchstes Ansehen, indem er es enthistorisierte und das Geburtsrecht (Birth Right) aller Engländer wie ein subjektives öffentliches Menschenrecht behandelte. Die Magna Carta war für ihn ihrem Inhalt nach kein Feudalvertrag, sondern eine Carta der menschlichen Freiheit, die keinen Souverän über sich anerkennt: »Magna Carta is such a fellow that he will have no sovereign.«[18] – Diese Fehldeutung war bereits ein Schritt vom korporativ denkenden Mittelalter zum liberalen Individualismus der Neuzeit. Das läßt sich deutlich an Cokes Projekt eines Gesetzes zum Schutz von Freiheit und Eigentum für jedermann (»for every free man«) nachweisen, welches er einige Tage vor der »Petition of Right« entworfen hatte. Im Grunde appellierte auch diese Petition an ein ererbtes Universalrecht aller Untertanen im Königreich England, das für den Gesetzgeber verbindlich blieb. Coke bezog sich stets nur auf die englische Rechtswelt, aber unterderhand trieb ihn der politische Kampf zu Grundsatzerklärungen, die naturrechtlich klangen oder jedenfalls ein historisch gewachsenes Naturrecht im Auge hatten. Diese Petition galt zu Recht als zweites Grundgesetz Englands und kann sogar als geschichtlicher Wendepunkt angesehen werden[19], da hier der Supremat des Rechts oder das Prinzip der Rechtsstaatlichkeit verkündet wurde, dessen Berechtigung der König wohl oder übel anerkannte.

Cokes geschichtliche Nachwirkung war groß. Sein Mythos von Common Law und Magna Carta[20] diente in der Puritanischen Revolution der Rechtfertigung des Widerstandes; mitten in der Revolution wurden seine »Institutiones« publiziert (1642/44). In der Glorreichen Revolution wurde die Unabhängigkeit der Dritten Gewalt und die Balance der drei Gewalten zum Verfassungsgrundsatz erhoben in der »Act of Settlement« von 1701, und mit der »Bill of Rights« von 1689 die königliche Prärogative den Regeln des Common Law unterworfen. Noch nachhaltiger wurde Cokes Apotheose des Common Law in Nordamerika aufgenommen und mit den protestantischen Freiheiten in eins gesetzt, was bei den Neusiedlern selbstverständlich war, die aus dem englischen Mutterland in die Freiheit geflüchtet waren. Schon 1647 wurden die Schriften Cokes in Massachusetts publiziert. Die Begründung des amerikanischen Widerstandes aus dem Common Law in der Cokeschen Interpretation wies erst den Weg zur Unabhängigkeit.

Die amerikanische Verfassung von 1787/1791 ist ohne die Wegweisungen von Sir Edward Coke nicht denkbar, da sie mit dem Supremat von Recht und Verfassung und der Trennung der drei Gewalten eine oberste souveräne Gewalt verhindert und außerdem im V. bzw. XIV. Amendment (1791 bzw. 1868) die Verrechtlichung der Politik »by due process of Law« vorschreibt. Auch die Umdeutung des Common Law in ein Natur- und Menschenrecht sowie die Rechteerklärungen der Einzelstaaten mit der Aufstellung »subjektiver öffentlicher Rechte« bewegten sich in der Ideenwelt Edward Cokes. Dazu gehört auch, daß diese Verfassung nicht elementarer Ausdruck einer revolutionären »volonté générale« oder des nationalen Ganzen war, sondern ein von Experten ausgetüfteltes und institutionalisiertes Mißtrauensvotum gegen die jeweiligen Inhaber von Macht darstellte, gewissermaßen der Korruptibilität der menschlichen Natur den Prozeß machte.

Nordamerika zog die Summe aus der englischen Geschichte des 17. Jahrhunderts. Seine liberale Verfassungsidee war angelsächsischen Ursprungs und behielt aus der Vorstellung von der Hinfälligkeit der gefallenen menschlichen Natur einen puritanischen Einschlag. Beide Länder, England und Nordamerika, beriefen sich außerdem auch auf John Locke, stellten aber auf unterschiedliche Weise eine klare und gleichwertige Alternative gegenüber den kontinentalen Aufklärungs- und Revolutionsideen und gegenüber der französisch-jakobinischen Verfassungsidee dar, von denen sie verbale Rituale übernahmen, ohne im entferntesten identitäts-demokratische Folgerungen in Betracht zu ziehen.

Die Schlüsselrolle Cokes für die Heraufkunft der modernen atlantischen Demokratie und auch für den englischen Parlamentarismus wurde lange Zeit unterschätzt, obgleich sein Mythos von Magna Carta mit der Gleichsetzung von Recht und Freiheit die meisten Argumentationen beherrschte. Selbst Jeremy Bentham bezog sich trotz seines rigorosen Utilitarismus auf die Magna Carta, wenn er Mißstände anprangern wollte, und noch Blackstone wollte die Souveränität des Parlaments in Westminster durch die Magna Carta beschränkt wissen. Erst John Austin gab im 19. Jahrhundert der Magna Carta als »Fundamental Law« den entscheidenden Todesstoß, indem er das Recht nicht mehr von seinen Quellen, sondern von seinen Sanktionen her begründete. Heute ist die Magna Carta dem effektiven Rechtsbereich entrückt, aber immer noch als regulatives Prinzip ein wirksamer »stumbling block« gegen abstraktes Theoretisieren über Politik und Recht. Das beweist die Wiederentdeckung von Richter Coke, der verwunderlicherweise lange Zeit von der politischen Ideengeschichte übersehen worden war.

2.3. Rechtsreform und das Prinzip der Gewaltentrennung in der Puritanischen Revolution

Karl I. Stuart (1625-1649) regierte seit 1629 ohne Parlament, nachdem das renitente dritte Parlament seinem Befehl zur sofortigen Vertagung offen getrotzt hatte. Der Speaker des Hauses, der den königlichen Befehl verkündigt hatte, wurde in seinem Stuhl festgehalten, bis das Unterhaus seine Beschlüsse gefaßt und dann auf eigenen Beschluß sich vertagt hatte. Das Parlament hatte Gewalt gebraucht; der König war empört und löste das Parlament auf. Einige Rädelsführer wurden verhaftet und wegen »Contempt of the King and His Government and stirring up sedition« abgeurteilt.

Die folgenden »Eleven Years of Tyranny« (1629-1640) waren Jahre äußeren Friedens und wachsenden Wohlstandes. Der König nahm für seine Geldpolitik vorwiegend die besitzenden Klassen, Großgrundbesitz und Großhandel, in Anspruch und ließ die ärmeren Schichten unbehelligt. Die Kirchenpolitik William Lauds, seit 1633 Erzbischof von Canterbury, erstrebte in allen Gemeinden eine hochkirchliche Uniformität und suchte den Puritanismus auszumerzen. Die Abwanderung nach Nordamerika aus religiösen Gründen nahm zu. Aus Protest gegen die königliche Finanzpolitik neigten viele Handelskreise dem Puritanismus zu. Ohne die Religionsfrage wäre eine revolutionäre Erschütterung der Herrschaftsverhältnisse kaum möglich gewesen. Sie wurde zudem von außen her vehement ins Spiel gebracht, nämlich von Schottland und dann von Irland aus.

In diesem halkyonischen Sommer der Prosperity erhob sich im Norden eine Wolke, die zum Gewitter wurde. Anlaß war die

Einführung einer neuen Liturgie in Schottland nach hochkirchlichem Muster. Die Schotten antworteten mit »the Solemn League and Covenant« (1638) und dem Einmarsch nach England. Der Krieg (1639) war entschieden, bevor er begonnen hatte. Karl bequemte sich zu Zugeständnissen und verpflichtete sich, das schottische Heer im Norden Englands zu besolden und zu verpflegen. Seine Finanzen waren jedoch schon erschöpft. Er mußte ein Parlament berufen, zuerst das »kurze Parlament«, das nur drei Wochen tagte, und dann das »Lange Parlament« vom November 1640, das seit 1648 als »Rumpf« bis 1653 bestand und 1659 nochmals für fünf Monate zusammengerufen wurde.

Dem Langen Parlament waren jene revolutionären Änderungen zu verdanken, die über die Commonwealth-Zeit Bestand hatten und dem selbstherrlichen Regiment der ersten Stuartkönige den Garaus machten. Es hatte durch die Notlage des Königs alle Vorteile in der Hand und war entschlossen, eine grundsätzliche Klärung aller Streitfragen zu erreichen. Erster Punkt war für die Commons die Bestrafung der Schuldigen. Schon in der ersten Sitzung wurde ein Impeachment gegen den Earl von Strafford als ersten Ratgeber des Königs eingeleitet, der sogleich auf Befehl der Lords in den Tower wanderte. Nach dem Scheitern des Impeachments griffen die Commons zur gesetzlichen Ächtung (Bill of Attainder) des Ministers, der am 21. Mai 1641 enthauptet wurde. Danach beraubte das Parlament über weitere Impeachments den König seiner Stützen in Verwaltung, Kirche und Justiz. Im ganzen wurden 98 Personen von den parlamentarischen Impeachments betroffen, darunter 25 Bischöfe, sechs Richter, viele Lords und schließlich sogar die Königin (1643). Viele konnten rechtzeitig fliehen angesichts der Vorboten einer Tyrannei des omnipotenten Parlaments, das auch den König aufs Schafott brachte (1649) und vielen schlimmer erschien als Mißstand und Korruption.

Einen ersten Markstein in bezug auf Reformen setzte der König selber, als er am 15. Januar 1641 die Unabhängigkeit und Unabsetzbarkeit der Richter »during good behaviour« verkündete. Gleichzeitig brachte das Unterhaus das erste Reformstatut ein, nämlich die Triennial Bill, die den König verpflichten sollte, innerhalb von drei Jahren mindestens eine Session von fünfzig Tagen Dauer anzusetzen. Am 16. Februar stimmte der König notgedrungen zu. Darauf beschloß das Parlament ein Gesetz, das

Aufschub, Vertagung und Auflösung des Parlaments ohne seine eigene Zustimmung verbot. Der König stimmte am 10. Mai 1641 diesem Gesetz und damit der Machtergreifung durch das Parlament zu.

Dieses Parlament beseitigte die wichtigsten Gerichtshöfe der Prärogative und verschaffte damit der Common-Law-Justiz den Sieg über jegliche konkurrierende Gerichtsbarkeit. Zuerst wurde die Sternkammer aufgelöst und dem Privy Council jegliche Kompetenz in Fragen der Eigentumsrechte einzelner entzogen und Haft ohne Gerichtsbefehl über drei Tage hinaus verboten (Habeas Corpus). Ein weiteres Gesetz schaffte die Hohe Kommission als königliche Rechtsinstanz für die Staatskirche ab. Ferner wurde die kirchliche Gerichtsbarkeit auf geistliche Belange eingeschränkt und den Bischöfen weltliche Justiz mit Haft-, Leibes- und Geldstrafen untersagt. Alle Regierungsakte sollten den obersten Common-Law-Gerichten unterliegen.

Dies waren Bestimmungen, die späterhin nicht mehr widerrufen wurden. Dazu gehörten auch die Bestimmungen über das Feudalsystem. Im Dezember 1642 wurde die Pflicht von »Purveyance« suspendiert, die Belieferung des königlichen Haushalts mit verbilligten Waren und mit dem erforderlichen Fuhrwerk eingestellt und 1657 abgeschafft. Im Februar 1646 wurden durch Ordre des Parlaments alle militärischen Feudalbeziehungen und die daraus sich ergebenden Feudalpflichten (incidents) aufgehoben (1656 durch Gesetz bestätigt). Die Landhaltung durch Homagium (persönliche Bindung durch Eid) und Ritterdienst wurde in »Freehold« verwandelt. Auch die Vormundschaft (Wardship; Court of Wards) entfiel. Der Wegfall betraf nur Nobilität und Gentry. Für die untere Schicht (Copyhold; Base Tenure) blieb das alte Landrecht in Kraft.

Wenn man die Zehn Propositionen vom 24. Juni 1641 hinzunimmt, die in Nr. 3 dem König nur solche Beamte und Ratgeber zugestanden, die das Vertrauen des Parlaments hatten, läßt sich sagen, daß das eigentliche Ziel des Langen Parlaments, nämlich eine beschränkte Monarchie zu errichten, durch die Gesetzgebung von 1641 bereits erreicht war. Aber das aufbrechende Schisma zwischen Puritanismus und Bischofskirche (1641), die Nachricht von der irischen Rebellion (November 1641), dann das Eindringen des Königs ins Unterhaus am 4. Januar 1642 und seine Abreise am 10. Januar nach York trieben die Konflikte auf den

Höhepunkt.

Was danach kam, war das Ergebnis eines permanenten Belagerungszustandes, den weder die Monarchie noch die parlamentarische Republik noch das Protektorat überstehen konnten. Man darf nicht vergessen, daß nach dem »First Bishop's War« (1639) die irische Rebellion (1641), dann der erste Bürgerkrieg (1642-46) und der zweite Bürgerkrieg (1648) kamen; danach die Kriege in Irland (1649) (1650-1651), in Schottland (1650-1651), dann mit Holland (1652) und schließlich mit Spanien (1655). Dazu gab es im Innern eine anhaltende Spannung zwischen radikalem millenarischen Puritanismus einerseits und gemäßigtem Konstitutionalismus andererseits. Es kam zu einer Serie von konstitutionellen Experimenten, die im Grunde mehr eine Folge von Aushilfen (expedients) waren, um Anarchie und Zusammenbruch zu vermeiden. Nach der Abschaffung der Monarchie und des Oberhauses erklärte sich England im Mai 1649 zum Commonwealth und Freistaat. Das Commonwealth war aber eine Republik ohne Republikaner. Alle legitime Gewalt sollte nach der Abstimmung des Rumpf-Parlaments vom 4. Januar 1649 vom Volke abgeleitet werden und die höchste Autorität im Parlament als seinem Repräsentanten liegen; aber angesichts der hin- und herwogenden Stimmungen im Volke setzte das »Instrument of Government« als erste geschriebene Verfassung (16. 12. 1653) der drohenden Anarchie eine Schranke, indem ein ausgeklügeltes System von »Checks and Balances« sowohl das Parlament als auch den Lord Protektor Oliver Cromwell daran hindern sollte, die absolute Macht zu erringen. Die höchste legislative Autorität lag im Zusammenwirken des Lord Protektors mit dem im Parlament repräsentierten Volk, im King (Lord) in Parliament. Die Exekutive lag beim Lord Protektor mit seinem Council. Eine gerechtere und repräsentativere Sitzverteilung im Unterhaus wurde vorgesehen und die Freiheit der Religionsausübung für alle – außer »Papisterei und Anglikanismus« – ausgesprochen. Später erfolgte in »the Humble Petition and Advice« (1657) ein weiterer Versuch, die politischen Verhältnisse durch Angleichung an die alte Landesverfassung zu beruhigen und eine konstitutionelle Regierungsweise zu ermöglichen. Dem Parlament war hier jegliche Exekutivgewalt entzogen und sogar die Legislative nur mit dem Protektor zusammen möglich. Das bemerkenswerteste Ergebnis der Commonwealth-Epoche war, daß man sich künftig hütete, jemals dem Parlament die exekutive Gewalt zu überlassen. Die Serie konstitutioneller Experimente war eine stufenweise Rückkehr zu einer Balance-Politik der unterschiedlichen Gewalten, etwa von King (Lord Protektor), Council und Parlament im Sinne einer gemischten Regierung, und zwar nicht zwischen Monarchie, Aristokratie und Demokratie, wohl aber zwischen Legislative, Exekutive und Judikative, wobei die Judikative jetzt erst allein durch das Common Law geprägt war[21].

Bisher konnte man nur von »gemischter« (mixed) Regierung sprechen, da der Vollzug der von ihr geforderten »Gerechtigkeit« durch das Zusammenwirken der königlichen, der parlamentarischen und der lokalen Justiz zustande kam. Gemischt war die Legislative mit exekutiven und judikativen Elementen, und umgekehrt galt dies für Exekutive und Judikatur, deren Zusammenwirken vor 1640 unvermeidbar war. Aber davor schreckte man nun zurück. Die Übertragung von exekutiven Vollmachten an die parlamentarischen Komitees, etwa an das »Committee of Both Kingdoms« (1644/45), erwies sich als verhängnisvoll. Ferner wandten sich die Armeeoffiziere strikt dagegen, daß eine legislative Versammlung wie das Rumpfparlament mit seinen achtzig Mitgliedern das Land verwalten sollte (1649). Zum Zeitpunkt der Restauration im Jahre 1660 glaubte niemand daran, daß das Parlament für die tagtäglichen Verwaltungsgeschäfte in Frage käme, zumal gerade seine exekutiven Ausschüsse der Fraktionsbildung und dem Interessenklüngel Vorschub geleistet hätten[22].

Das Unterhaus von 1660 schreckte geradezu davor zurück, die Verantwortung für die Ernennung der Staatsminister zu übernehmen, weil kein Engländer sich nochmals der Willkür solcher Parlamentsausschüsse ausgeliefert sehen wollte. Statt dessen erfreute sich ein anderes Prinzip allgemeinen Beifalls, das nach den Errungenschaften der Jahre 1641 und 1642 überhaupt erst ins Spiel gebracht werden konnte, nämlich das Prinzip der Trennung der Gewalten, zuerst vor allem der Legislative und der Exekutive.

Erster Ansatz einer solchen Entwicklung zur Gewaltentrennung war vielleicht die »Self-Denying Ordinance« des Unterhauses vom Juni 1641, welche den Commons verbot, Hofämter anzunehmen, sowie die »Self-Denying Ordinance« von 1644 betreffend den Armeeoberbefehl. Grundsätzlicher äußerte sich das »Agreement of the People« vom Jahre 1648: »Um alle Amtsträger eindeutiger verantwortlich machen zu können und keine Faktionen sich um korrupte Interessen bilden lassen zu können, darf kein Mitglied eines Staatsrats und kein besoldeter Offizier in Feld oder Garnison, kein Finanzbeamter oder Steuereinzieher in die Repräsentative hineingewählt werden«[23]. Zunehmend meldeten sich Stimmen, die die Tyrannei eines souveränen Parlaments für schlimmer hielten als irgendwelche administrativen Mißstände oder persönliche Korruption[24]. Vor allem Oliver Cromwell geißelte solche mit souveräner Exekutivgewalt ausgestattete Parlamente: Wenn dann einer kommt und fragt: »What are the rules you judge by?«, lautet die Antwort: »Why? We have none! . . . we are supreme in legislature and judicature«. Und Cromwell fuhr fort: »This was the state of the case . . . And it will be so while and whensoever . . . the legislative and executive powers are always the same«[25].

Das war an sich nichts Neues. Selbst ein royalistisches Pamphlet wie »The Kingdom's Brief Answer« (1648) verteidigte die wohltätige Balance der alten englischen Verfassung. »Das Schwert und die Macht, Geld zu erheben, sind immer geschieden gewesen; das eine war des Königs Größe und das andere des Volkes Freiheit. Wenn beide verbunden sind, ist alle Freiheit verloren!«[26] Dem Volke behagte weder die Herrschaft des Schwertes noch die Herrschaft des Demos. Die Royalisten und Cromwell-Anhänger dachten ebenso wie die Leveller und Presbyterianer an eine Balance der Regierung, gegründet auf der Trennung der Gewalten. Die einzige Entgegnung der Verfechter der Parlamentssouveränität war die Berufung auf die Unfehlbarkeit des Parlaments als Quelle von Recht und Gesetz. John Lilburne z. B. glaubte, in einer weiteren Demokratisierung, etwa jährlich neu gewählten Parlamenten, oder in einer Rotation der Ämter ein geeignetes Mittel gegen parlamentarische Tyrannis gefunden zu haben. Aber am Vorabend der Restauration glaubte ihm niemand mehr, und jedermann – außer John Milton – sah in der Gewaltentrennung das »große Geheimnis von Freiheit und guter Regierung«[27]. Die republikanischen Armeeoffiziere, die im Dezember 1659 Whitehall besetzt hatten, erklärten sogar als Grundgesetz (fundamental law), daß legislative und exekutive Gewalt nie in einer Hand vereinigt sein dürften. Selbst das im Jahre 1659 wieder zusammengerufene »Lange Parlament«, welches sich im Januar 1660 verzweifelt an die Macht klammerte, versprach hoch und heilig, sich niemals in die Exekutive einzumischen[28]. Der Royalist Roger L'Estrange formulierte in seiner Schrift »A Vindication of Limited Monarchy« (1660): »the Senate proposing, the People resolving, and the Magistrate executing«[29]. Nach ihm besaß das Volk die Legislative und der König die Exekutive. Bei den Royalisten erschien es bisweilen so, als ob das Königtum aus der Notwendigkeit einer Balance legitimiert werden sollte.

Das Prinzip der Gewaltentrennung zog das Prinzip der »Checks and Balances« in die Diskussion. Je mehr »Checks«, um so besser die Konstitution, meinte Colonel Gorges im Parlament von 1659. Um den König in dieses Spiel einbeziehen zu können, knüpften manche an die Tudor-Doktrin von den »two bodies« des Königs an und unterschieden zwischen natürlicher Person und politischem Amtsinhaber oder zwischen dem unscheltbaren König und seinem verantwortlichen Council: Das Volk habe dem König seine Macht anvertraut; seine Repräsentanten im Parlament könnten diejenigen Personen zur Verantwortung ziehen, denen er die Ausübung dieser Macht in seinem Namen anvertraut habe[30]. Über diese Thematik entwickelte sich eine uferlose Diskussion in der Öffentlichkeit. Jeder, der auf sich hielt, beteiligte sich an der Konstruktion eines konstitutionellen Mechanismus, der Freiheit und Macht gleichzeitig ermöglichen sollte. Einer der bedeutendsten Verfassungskonstrukteure war James Harrington mit seinem Opus »The Oceana« (1655), wonach die höchste legislative Gewalt im Parlament, die ganze exekutive Gewalt in der Magistratur ruhen und die Judikative außerhalb des Parlaments bleiben müsse. Bei ihm wird die Legislative in zwei aufeinander bezogene Faktoren aufgeteilt, in »Interest« und »Wisdom«, deren Zusammenwirken die souveräne Gewalt automatisch auf das allgemeine Beste hin lenkt.

Was hier erfunden wurde, war das Gewaltentrennungsprinzip, das nichts mit dem Status mixtus zum Ausgleich der Interessen zu tun hatte, sondern mit den Rechtsvorstellungen in England zusammenhing. Nur hier wird der Grundgedanke der gewaltentrennenden Verfassungsorganisation, der Schutz der individuellen Rechtssphäre durch institutionelle Einschränkung der obersten Gewalt, Angelpunkt der Verfassungsordnung[31]. Die Gewaltentrennung wurde als Erbgut der Verfassung und alte Form der Rechtssicherung angesehen. Selbst die Theorien der Volkssouveränität im England des 17. Jahrhunderts dachten nicht an eine technische Souveränität des Volkes im Parlament, sondern an eine

Sicherung der Rechte des Volkes gemäß den »Customs« des Common Law. Der Einfluß des Common Law auf die konstitutionelle Entwicklung war seit Richter Cokes Argumentationen über den Supremat der Common Law beträchtlich. Er war nun übermächtig, insoweit seit 1641 die rivalisierende Justiz von König und Kirche ausgefallen und das Common Law allein maßgebend geworden war. Die Juristen redeten schon immer vom »Fundamental Law«, das Parlament und König binde; aber erst jetzt war damit nur das Common Law gemeint. Die Verknüpfung des politischen Freiheitsgedankens mit dem Rechtsgedanken, von Libertas und Law, war das Leitthema aller Verfassungsentwürfe. Die ganze Verfassung galt als angewandtes Recht und ihr Grundprinzip war »the Rule of Supremacy of Law« (Dicey).

Danach konnten die Richter des Common Law die höchste Autorität im Staate beanspruchen. Wenn behauptet wird, daß kein Mensch in Stuart-England an eine richterliche Oberaufsicht dachte[32], schließt das nicht das Bemühen aus, die Politik einem Rechtsverfahren zu unterwerfen. Die in England fehlende strenge Unterscheidung von öffentlichem und privatem Recht begünstigte die Auffassung, daß auch die Politik sich »by due process of law« gestalten müsse und die im englischen Recht geübten Verfahren mit ihrer Trennung der Funktionen sich infolgedessen auch im staatlichen Leben zeigen müßten. Vom Recht her ist das Gewaltentrennungsprinzip in die politische Theorie und in das Verfassungsrecht hineingeraten[33]. Gerade bei den führenden Commonwealth-Theoretikern wurde diese Lehre zum nie fehlenden Bestandteil ihrer Verfassungsentwürfe. Die »procedures« des Common Law wurden dabei aus dem allgemeinen naturrechtlichen Grundsatz gedeutet und begründet, daß niemand Richter in eigener Sache sein dürfe. Er diente freilich auch als Ansatzpunkt für die technisch-institutionellen Sicherungen zur Ordnung des Gemeinwesens.

Die im »High Court of Parliament« sich entwickelnden »Procedures« wurden von vornherein als rechtsverbindlich angesehen und orientierten sich an Aktionsstufen der Justiz. Hier gab es den ursprünglichen (original) Kanzleibefehl, mit dem jeder Rechtsakt begann, den richterlichen Befehl vor und nach dem Urteil und den Vollstreckungsbefehl. In diesem Sinne sprach schon der »Modus Tenendi Parliamentum« (ca. 1300) von der »original, judicial and executive« Seite der Gesetzgebung. Daraus folgerte Henry Parker

1642: »without some magistracy to provide new orders, and to judge of old, and to execute according to justice, no society could be upheld«[34].

Die Verbindung der geläufigen Rechtsverfahren mit Theologie und Naturrechtsprinzipien findet sich eindeutig bei John Sadler (1649). Nach ihm sind die drei Formen der richterlichen Writs, also »original, judicial, executive writs«, Abbilder des göttlichen Seins, der göttlichen Weisheit und des göttlichen Lebens. Entsprechend müsse man den Commons »original power«, den Lords »judicial« und dem König »executive power« zugestehen. Außerdem sollten die legislative, judikative und exekutive Gewalt »distinct subjects« sein »by the law of nature«[35]. Hier wirken Common Law, Naturrecht, Verfassungsrecht und Theologie zusammen. Der Grundsatz, daß niemand Richter in eigener Sache sein darf, begründet nicht nur die Unabhängigkeit des Richterstandes, sondern ist das Grundprinzip der dreiteiligen Aufgliederung überhaupt.

Die Trennung der Befugnisse ist entscheidend und wird am eindringlichsten gegen den Gewaltenmonismus des Langen Parlaments ins Feld geführt. Am radikalsten argumentierten dazu die Leveller, die eine Trennung von Legislative und Exekutive verlangten. Isaac Pennington trat in seiner Schrift »A Word of the Commonwealth« (1650) ausdrücklich für eine reale, d. h. subjektive und objektive Gewaltentrennung ein, bei welcher getrennte Gewaltenträger getrennte Funktionen ausübten[36].

Leveller und Rumpf-Republikaner sprachen übrigens nicht von der Balance der Stände im Sinne des Status mixtus, sondern immer nur von der Trennung der Funktionen, weil sie ausschließlich vom Recht her argumentierten und »Common Right and Freedom« in eins setzten. Ihr Prototyp war John Lilburne, der dem Parlament jede Kompetenz als Gerichtshof bestritt und nur vor einem ordentlichen Gericht sich verantworten wollte. Er berief sich auf das »Common Birthright of Englishmen« und sah in der Jury als Geschworenenbank den Hort des Volksrechtes und die Stimme des Volkes[37].

Lilburnes Auffassungen deckten sich in hohem Maße mit dem, was Richter Coke und John Eliot behauptet hatten. Auch sie verteidigten die Trennung von Krone und Parlament und sahen die Common-Law-Gerichte als Schiedsrichter über beiden an[38]. Allgemein läßt sich sagen, daß die ganze Diskussion über Gewaltentrennung von allen geführt wurde, die im althergebrachten Recht Schranke und Richtschnur der Politik erblickten, und von dem Grundsatz aus, daß niemand Richter in eigener Sache sein dürfe, die Verfahren des Common Law interpretierten. An die damalige Diskussion knüpfte später ausdrücklich Lord Bolingbroke, das Haupt der Opposition gegen Walpole, an, als er die Trennung von »the making« und »the executing« der Gesetze mit der altsächsischen Verfassung in Verbindung brachte.[39]

Es kamen noch andere Antriebe hinzu, die dem Gewaltentrennungsprinzip seine zentrale Bedeutung für die konstitutionelle Theorie gaben. Aber der hier zur Geltung kommende Ideengehalt schloß ursprünglich an Common Law und zeitgenössisches Naturrecht an. Im 18. Jahrhundert griff die parlamentarische Opposition im Kampf um ihre Legalisierung und auch im Kampf gegen den Souveränitätsanspruch der parlamentarischen Mehrheit auf das 17. Jahrhundert zurück. Es entsprach der Herkunft des Common Law und wohl auch der Interessenrichtung der Wissenschaften im 17. Jahrhundert, daß man mehr die Methode der Rechtsverwirklichung als die Substanz des historisch vorgegebenen Rechts im Auge behielt. Die Gewaltentrennung verlor die konkrete Einbettung in englische Rechtsverhältnisse und wurde zu einem allgemeinen konstitutionellen Prinzip formalisiert oder zu einem rechtstechnischen Mittel, bei dem der jeweils privat uninteressierte Teil zur Kontrolle des anderen autorisiert war.

Seitdem war die exekutive Gewalt nie mehr unmittelbar im Unterhaus, d. h., das Parlament übernahm für sich keine Verantwortung für eine bestimmte Politik. Wer als Parteiführer etwa eine Mehrheit im Unterhaus hinter sich brachte, trug die Verantwortung für die Ausübung der Exekutive; das Unterhaus tat das keineswegs, sondern behielt sein Recht zu kritisieren, zu fragen, zu untersuchen und abzulehnen.

2.4. Die Restauration 1660-1688

Die Restauration des Königtums wurde von einem »Konventionsparlament« in die Wege geleitet, das im Frühjahr 1660 ohne Mitwirkung der Krone gewählt worden war und König Karl II. (1660-1685) zur Rückkehr nach England einlud. Der König wandte sich noch von Holland aus in der Deklaration von Breda an Parlament und Volk, versprach religiöse Toleranz (liberty to tender consciences) und überließ das »Settlement«, darunter die Religionsfrage und die Regelung der Eigentumsverhältnisse, dem Parlament. Die noch von Karl I. bestätigte Reformgesetzgebung von 1641/42 (außer Triennial Act und Ausschluß der Bischöfe) blieb in Kraft. Damit war die Monarchie konstitutionell geworden. Im eigentlichen Sinne restauriert wurde lediglich das Parlament, dessen altes Wahlrecht mit den alten Wahlbezirken wieder gelten sollte. Im Frühjahr 1661 trat das erste, regulär – also aufgrund königlicher »Writs« und nach altem Wahlrecht – gewählte Parlament zusammen, das sogenannte »Kavaliersparlament«, das bis 1679 sich nur durch Nachwahlen ergänzte, da der König nicht zu neuen Gesamtwahlen verpflichtet war.

Das Parlament nahm für sich die Kirchenhoheit in Anspruch und stellte die Anglikanische Bischofskirche wieder her. Seine Kirchengesetzgebung, der sog. »Clarendon Code« (1661-1665), stieß die anderen Denominationen in die »Nonkonformität«. Mit der »Act of Uniformity« (1662) verloren 2000 Kleriker ihre Pfarrstellen. Das parlamentarische Kirchenmonopol verstrickte den Pfarrklerus ins Interesse der lokalen Gentry, und der »Parson«, früher »the King's Servant«, wurde jetzt der Kaplan des allgewaltigen Squire. Das Parlament ging noch weiter und bestimmte in der Testakte von 1673, daß jeder Amtsträger über seine Konformität im anglikanischen Abendmahlsritual hinaus noch vor den öffentlichen Gerichten den Suprematseid zu leisten habe. Damit wurde die kirchliche Uniformität auf das gesamte behördliche Leben ausgedehnt. Demgegenüber waren die Indulgenzerklärungen des Königs wirkungslos. Sie setzten ihn sogar dem Verdacht aus, mit der katholischen Seite zu konspirieren.

Nachdem der leitende Minister Clarendon vergeblich eine »Comprehension« der abweichenden Bekenntnisse im Rahmen einer weitgefaßten Episkopalordnung angestrebt hatte, erzwang das Parlament durch seine Konformitätsgesetzgebung eine Identität von politischer und kirchlicher Verfassung. Der Episkopalismus wurde Landesgesetz und die Teilnahme an Legislative und Verwaltung vom Bekenntnis abhängig. Mit der Austreibung der Presbyterianer aus Kirche, Parlament und öffentlichem Leben war die Versöhnungs- und Ausgleichspolitik des Königs und Clarendons gescheitert. Der vom Parlament betriebene Sturz Clarendons (1667) bedeutete das Ende der Regierungsweise durch einen nur dem König verantwortlichen Minister und unterstrich den faktischen Supremat des Parlaments. Der Staatsmann Clarendon wich den Parteien-Managern Danby und Shaftesbury.

Das Parlament oktroyierte dem König erstmals seinen eigenen Mann, den Earl of Danby (1674-1678), der eine Politik der exklusiven Berechtigungen trieb und nur linientreue Hochkirchler und Kavaliere favorisierte. Im Sinne der royalistisch-anglikanischen Ideen vom Göttlichen Recht (Divine Right) des Königs und dem leidenden Gehorsam (Passive Obedience) der Untertanen betrieb er die parlamentarische Statuierung eines »Non-Resistance-Test«, der Kritik und Opposition als Eidverletzung brandmarken sollte. Gleichzeitig entwickelte er als erster ein System der Ämterverteilung und Bestechung mit Abstimmungsverpflichtung. Unter ihm vermehrten sich die »Placemen« (Posteninhaber) im Unterhaus von 40 (1661) auf 200 (1675). Danby erwies sich als Parteimann, der seinen Einfluß zu monopolisieren suchte. Seine Sammlungspolitik stieß auf wachsenden parlamentarischen Widerstand. Indessen stürzte er 1678, weil er als Sündenbock für die unglückliche Außenpolitik König Karls II. herhalten mußte.

Der Friede von Nymwegen (1678) war ein Triumph für Frankreich und ein Tiefpunkt für England. Nur unter englischer Deckung hatte Ludwig XIV. seine großen Erfolge gegen Spanisch-Flandern und Holland erringen können. Karls frankophile Politik wurde als geheimes Einverständnis mit den Hegemonialbestrebungen Ludwigs XIV. ausgelegt. In der Tat war im englisch-französischen Geheimvertrag von Dover (1670) von der Rekatholisierung Englands und einem Angriffskrieg auf Holland gesprochen worden, gegen gewaltige Subsidien an Karl II., die ihn vom Parlament unabhängig machten. Das Doppelspiel des Königs war nicht verborgen geblieben und untergrub das Vertrauen der Öffentlichkeit, die durch die »katholische Drohung« von außen aufgeschreckt war. Der europäische Machtkampf wurde in England als protestantischer Verteidigungskampf angesehen, der dem Vordringen der Gegenreformation sich entgegenstellte. Die anschwellende anti-französische Stimmung bewog den König, einen Seitenwechsel zu vollziehen und seine Nichte Maria, die Tochter seines Bruders Jakob von York, mit Wilhelm von Oranien, dem Statthalter der Niederlande und Heros des protestantischen Widerstandes gegen Frankreich, zu verheiraten (1677).

Der allgemeine Verdacht gegen eine Verschwörung der katholischen Kräfte steigerte sich zu einer antipapistischen Hysterie, als Titus Oates, ein ehemaliger Jesuitenzögling, der entsetzten Öffentlichkeit von einem gigantischen Jesuitenkomplott berichtete, das die Gegenreformation in England vollenden sollte (1678). Dazu kamen andere Entdeckungen, die die Familie des Thronfolgers Jakob von York in Verdacht brachten, der bei seiner zweiten Ehe katholisch geworden war (1673). Das Parlament beschloß eine verschärfte Testakte (Oktober 1678), die die katholischen Lords aus dem Oberhaus vertrieb. Gleichzeitig verlangte Graf Shaftesbury, der Wortführer der protestantischen Sache, den Ausschluß Jakobs aus dem königlichen Rat. Als das Parlament die Entfernung der katholischen Königin Katharina (von Braganza) aus England und das Impeachment Danbys verlangte, löste Karl II. das »Kavaliersparlament« auf. Damit rettete er die Königin und seinen Bruder Jakob. Aber die Wahlen von Februar 1679 steigerten die Erregung, so daß Jakob auf den Rat seines Bruders hin sich außer Landes begab. Was nun kam, war geradezu ein neuer Zustand und eine neue Form von Politik, die mit ältesten Motiven und Argumenten ausgefochten wurde, aber einen wichtigen Schritt auf den modernen Parlamentarismus hin darstellt.

Im ganzen Land lautete die Parole: »No Popery!« Mit ihr verbunden war die Frage der Thronfolge: Das Erbrecht des katholisch gewordenen Jakob Stuart sollte annulliert werden. Die erregte Öffentlichkeit unterstützte diese Forderung und beteiligte sich an Katholikenjagd und spektakulären Papstverbrennungen. Das angebliche Papistenkomplott veranlaßte eine verschärfte Strafgesetzgebung gegen Verschwörer. In einer Kette von mehr oder minder fragwürdigen Mordprozessen fanden viele führende Katholiken den Tod.

Dazu kamen die drei dicht aufeinanderfolgenden Parlamentswahlen im Frühjahr 1679, im Herbst 1679 und im Frühjahr 1681. Alle drei Parlamente wurden vom König jedesmal wegen der Einbringung einer »Exclusion Bill« gegen Jakob Stuart mehrmals vertagt und dann aufgelöst. Sie hießen deswegen »Exclusion-Parliaments«. Nur das erste davon ist bekannt geworden durch »the Habeas Corpus Amendment Act« von 1679, wonach königliche Zwangsgewalt als solche kein ausreichender Rechtsgrund für eine Inhaftnahme war, sondern ausschließlich der richterliche Entscheid. Das letzte Parlament, auch »Oxford Parlament« genannt, wurde wegen der Unruhen in London von Westminster nach Oxford verlegt. Die Befreiung vom Druck der Straße leitete den Sieg der Krone ein, weil die Whigs sich als laute Minderheit erwiesen hatten, die nur in London größere Erfolge buchen konnte.

Im Oxford-Parlament 1681 kamen die Pläne von Shaftesbury und anderen Whig-Führern zutage, nach welchen ein bewaffneter Widerstand in Verbindung mit dem Herzog von Monmouth als künftigen Thronfolger und mit den schottischen »Covenanters« geplant war. Die Flucht Shaftesburys nach Holland verschaffte der Krone einen billigen Triumph. In Wirklichkeit gaben die Exzesse der Whigs und die Willkürprozesse gegen die Katholiken den Ausschlag. Dazu kam eine unheilvolle Polarisierung, die das Land unregierbar zu machen drohte und durch Shaftesburys Parteipolitik auf die Spitze getrieben worden war. Die »Exclusionists« standen gegen die »Anti-Exclusionists«, die »Whigs« gegen die »Tories«, die »Country-Party« gegen die »Court-Party«, die »Petitioners« gegen die »Abhorrers«, die Anhänger des protestantischen Widerstandsrechts gegen die Anhänger des »Divine Right«, die Protestler gegen den Konformismus.

Der endgültige Umschlag zugunsten Karls II. erfolgte mit der Aufdeckung des »Rye-House Plot« 1683, das gegen das Leben Karls und Jakobs gerichtet war, aber angeblich nur den König zwingen wollte, ein neues Parlament einzuberufen. Dieses Komplott wurde den konspirierenden Whig-Führern zum Verhängnis. Die verschärften Gesetze gegen Verschwörer wurden jetzt gegen sie angewandt, da man belastendes Material entdeckte. Was den Katholiken mit Billigung der Whigs als Verrat ausgelegt worden war, nämlich eine Versammlung Gleichgesinnter, brachte ihnen nun selbst den Tod. Lord Essex beging Selbstmord im Tower. Lord Russell hätte sein Leben retten können, wenn er die Unvereinbarkeit von Widerstandsrecht gegen die Obrigkeit und christlicher Religion anerkannt hätte. Aber Widerstand aus Gewissensgründen war für ihn Bestandteil seiner Religion, die ihm grundsätzliche Konzessionen verwehrte. Das brachte ihn auf das Schafott. Seine Überzeugungstreue erhob ihn über den Parteienstreit und machte ihn mit Recht zu einem Märtyrer der Freiheit, der für die Whigs das war, was für die Tories der Märtyrer-König Karl I. war.

Der König schloß nunmehr konsequenter als bisher die Whigs von Ämtern und Lokalbehörden aus. Das Gericht von King's Bench erklärte die Londoner Freiheitsurkunde für verwirkt, und eine neue Korporationsakte (1683) gab dem König ein Approbations- und Vetorecht bei der Ernennung von Amtsinhabern. Nur noch strenge Anglikaner waren zu städtischen Würden zugelassen, und selbst die whiggistischen Geschworenenbänke wurden aufgelöst. 1683 war ein Höhepunkt der Tory-Herrschaft im Lande. Danach betrieb der Bruder, König Jakob II. (1685-1688), eine Toleranzpolitik, die die Dissenter gewinnen wollte und zugleich den Katholiken zugute kam, jedoch den etablierten Tories mißfallen mußte. Der offene Gegensatz zur Staatskirche wurde dann auch der Anstoß für das Scheitern Jakobs.

Der religiöse Hintergrund kam in den Parteinamen »*Whig*« und »*Tory*« gut zur Geltung. Als »Tories« bezeichnete man ursprünglich irische Banditen, die außerhalb von Kirche und Recht heimlich von den Eingeborenen unterstützt wurden. Mit diesem Ausdruck wurden zunächst jene bezeichnet, die nicht an das Papisten-Komplott des Titus Oates glaubten, und schließlich alle diejenigen, die gegen den Ausschluß Jakobs von der Thronfolge waren. »Whigs« war ein Spitzname für rebellische schottische Pferdetreiber, der im Verlauf des verschärften Parteienkampfes den freiprotestantischen Gegnern der Anglikanischen Bischofskirche von den Tories beigelegt wurde, die zuerst »Presbyterianer« genannt worden waren.

Beide Spitznamen waren dem Straßen- und Kneipenjargon entnommen und auf außerenglische und außergesetzliche Zustände bezogen. Ein irischer und ein schottischer Typ repräsentierten die Extreme oder die schrillen Obertöne im Gezänk der Parteien. Die Namengebung war nicht ohne Sinn, denn Irland, das Extrem des »Papismus«, und Schottland, das Extrem des »Covenantismus«, verkörperten beide »Popery«, nämlich Herrschaft eines klerikalen Systems über den Staat. Beide deuteten außerdem auf den Gegensatz zwischen katholischer Herrschaftsidee und protestantischer Freiheitsidee hin. Beide bezeichneten die Amplitude jener Erregungswellen, die ihre Höhepunkte im Papistenkomplott (1678) einerseits und im Republikanerkomplott (1683) andererseits erreichten.

Die Whigs errangen ihre Erfolge, weil sie es verstanden, als allgemein protestantische Partei aufzutreten, welche auch für den Nonkonformismus zu sprechen wagte. Parlamentarismus und protestantische Freiheit waren für sie identisch. Das Widerstandsrecht erschien ihnen als Wesensgrund des Protestantismus über haupt, welches im »Covenant« der Gemeinde mit Gott impliziert war und im »Urvertrag« sein säkulares Pendant hatte.

Die Vertragslehre der Whigs, soweit sie sich nicht mehr auf den alttestamentlichen »Bund« bezog, wurde naturrechtlich begründet. Die mit der Vertragsidee eingeleitete Rationalisierung des Staatswesens zersetzte die Königs- und Staatsmystik des hochkirchlichen Torismus. Dem Divine Right von Erbrecht und Krongewalt setzten die Whigs die Auffassung entgegen, daß der König nur Glied des Body Politic sei und aus ihm seine Legitimation erhalte.

Die Tories hatten stets ihre konkrete Kirche mit monarchischer Spitze im Auge, während die Whigs sich mit einem unbestimmten Protestantismus begnügten, den sie fast in eins mit ihren politischen Rechten setzten. Ihre Politik war säkular und latitudinarisch, d. h., die Kircheninstitution war für viele ihrer Führer keine dogmatisch belangvolle Frage, sondern eine Sache der Konvenienz, der Tradition und der Zweckmäßigkeit. Damit befanden sie sich im Widerspruch zur breiten Masse, die ein starkes Gefühl für das durch Tradition und Religion geheiligte Ganze des monarchisch-anglikanischen Gemeinwesens hatte. Darum blieben die Whigs trotz der Gunst der Umstände eine laute Minorität, die einer relativ stummen Majorität sich verständlich machen mußte.

Es war eine Revolution, daß Sachen des Parlaments nunmehr auf der Straße ausgetragen wurden. Das Parlament war keine offene Walstatt und beratschlagte unter Ausschluß der Öffentlichkeit. Dagegen suchten nunmehr die Whig-Führer, die schon aufgeputschte Öffentlichkeit auf ihre Seite zu ziehen. Der Inaugurator dieses neuen politischen Stils war der Erste Graf von Shaftesbury, dessen Parteipropaganda den lärmenden Auftakt zum Parteiengetriebe eines ganzen Jahrhunderts bildete. Er war ein moderner Demagoge, ein Organisator und Drahtzieher, »der erste große Parteiführer der modernen Politik«[40].

Shaftesbury organisierte die Wahlkämpfe durch Instruktionen, Wahlfonds, Mitgliederlisten, Vertrieb von Parteiliteratur, Einsatz von Wahlagenten. Er lenkte die von der Wählerschaft verfaßten Adressen, Petitionen und Instruktionen, arrangierte Aufmärsche, Freudenfeuer und Preßkampagnen, gründete den »Green Ribbon Club« und verband sich mit dem London-Mob. Er sorgte für die Verbreitung geeigneter Parolen wie »No Popery! No Slavery!«

oder »Life and Fortune!« oder auch »No Courtier! No Pensioneer! No Black Coat!«. Große Volksteile, besonders in London, nahmen an den Auseinandersetzungen lebhaften Anteil. Die Kaffeehäuser wurden zu Debattierplätzen, an denen die nicht-stimmberechtigten, aber zur Unterzeichnung von Petitionen befugten Engländer die Rudimente der Politik sich aneigneten.

Es war höchst beunruhigend, daß Shaftesbury sich mit der City London zu verbinden verstand, die mit ihren Privilegien fast eine Republik neben der Krone war, und er mit seinem Wahlbetrieb die Mehrheit der Wählerschaft hinter sich brachte. Anderswo wurde sein politischer Stil als Einbruch in die alten Eigentums- und Abhängigkeitsverhältnisse betrachtet, da nun fremde Kandidaten angeboten wurden, die den »virtual owners« die Parlamentssitze wegnehmen wollten. Das Partei-Management durchbrach die alten Loyalitätszusammenhänge und die geheiligten Grundsätze der Wahletikette. Das rief die Entrüstung der lokalen Wahlpatrone hervor. Indem Shaftesbury jedoch das Königtum unter das Gesetz stellte und das Parlament allein als den berufenen Hüter von Recht und Gesetz betrachtete, zog er eine Linie, die 1688 richtunggebend wurde.

Trotz solcher Gegensätze kam es in England nicht zu einem Bürgerkrieg. Die kriegerischen Verwicklungen blieben an der Peripherie, in Schottland und Irland. Die gemäßigten Elemente erlangten bei den Führungsschichten beider Gruppen die Oberhand. Es gab außerdem gemäßigte Mittelgruppen, die von politischen und nicht von kirchlichen Gesichtspunkten geleitet wurden. Es gab »Trimmer« (Schaukler) wie Lord Halifax und Sir William Temple. Beide Parteien hielten außerdem an der Idee eines Rechts fest, das jeder Regierungsform zugrunde liegen müßte. Schließlich gab es gemeinsame Feinde, die zur Mäßigung nötigten.

Der Ansatz zum Umschwung kam auch nicht aus der Gegnerschaft der beiden Parteien, sondern aus der Differenz zwischen dem katholischen König und der Anglikanischen Kirche. Schon der Kampf Karls II. gegen die Testakte und in stärkerem Maße die Personal- und Dispensationspolitik Jakobs II. sowie dessen Indulgenzerklärungen von 1687 tasteten die privilegierte Stellung der Kirche an und kamen einer Aufhebung von Gesetzen nahe. Dies brachte die streng kirchlich gesinnten Amtsträger in Gewissenskonflikte, insofern sie den mit dem Großen Siegel ausgestatteten Test- und Uniformitätsakten zuwiderhandeln sollten. Die Indulgenzerklärung Jakobs II. zugunsten des Dissent und des Katholizismus forderte eine Petition der Bischöfe heraus, die sich weigerten, diese gegen sie selbst gerichtete Erklärung von ihren Kanzeln zu verlesen. Damit waren die »Abhorrers« aller Petitionen gegen die Sache der Krone selbst zu »Petitioners« geworden. König Jakob II. nannte ihre Petition vom 18. Mai 1688 eine »Standarte der Rebellion«. Das Unterbleiben der Verlesung war der erste offene Widerstand und widersprach dem unbedingten Gehorsamsprinzip der Bischofskirche.

Die königliche Botschaft brachte die Bischöfe in einen Loyalitätskonflikt: Episkopalismus und königliche Autorität gerieten in offenen Gegensatz. Der »Sieben-Bischofs-Prozeß« durchbrach das Eis, in welches die »Non-Resistance«-Idee die widerstrebenden Elemente eingeschlossen hatte. Er befreite die angesammelten Gegenkräfte, die in ihrer Gesamtheit den schnellen Sturz Jakobs bewirkten. Die Bischöfe führten plötzlich die gemeinsame Sache und fanden sich unvermittelt sogar im Bunde mit der Bevölkerung von London. Die Glorreiche Revolution kam dadurch zustande, daß Whigs und Tories sich im Widerstand vereinigten.

Der innere Widerspruch, der 1688 zum Austrag kam, lag darin, daß ein katholischer König die durch Trennung von Rom gewonnenen Rechte als Oberhaupt der englischen Staatskirche ausüben sollte. Der Umsturz hatte ein inneres Recht und folgte einer Notwendigkeit, die die ideelle Selbstaufgabe des Torismus und der Staatskirche erforderte, nämlich einen Widerstand, der ihrer Doktrin und dem Verständnis der Allgemeinheit zuwiderlief. Das patriarchalisch-unitarische Kirchen- und Staatsideal mußte einem moderneren protestantisch-parlamentarischen Staatsideal weichen. Von diesen ideellen Momenten her gesehen, stand der Umsturz in England in Zusammenhang mit den kontinentaleuropäischen Ereignissen, die mehr als je zuvor im Zeichen des Kampfes gegen den kirchlich-politischen Staatsmonismus Ludwigs XIV. standen. Die Glorreiche Revolution entsprach vollkommen den europäischen Notwendigkeiten und schaffte erst die Grundlagen für die anti-hegemoniale Gleichgewichtspolitik Wilhelm von Oraniens, in welcher sich Parlament, Nation und die Mächte des Festlandes vereinigten.

Der offene Gegensatz zur Staatskirche entzog Jakob die Grundlagen seiner Herrschaft. Die Kirchenpartei war der Herd des Widerstandes, und durch die Konzentration der städtischen und kommunalen Ämter in hochkirchlichen Händen entstanden ringsum sogleich Zitadellen der Opposition, so daß die Revolution wie eine Erhebung der örtlichen Behörden gegen das Zentralorgan aussah. Der entscheidende Schritt wurde getan, als sieben Peers, darunter drei Tories, sich zusammentaten und Wilhelm von Oranien nach England einluden. Damit straften die Tories ihre eigenen Prinzipien Lügen, während die Whigs sich gerechtfertigt sahen.

Im Text der Resolution des Konventionsparlaments vom 29. Januar 1689 standen Whig- und Tory-Ideen nebeneinander. Die Whigs legitimierten ihren Widerstand durch die Vertragsbruchstheorie, während die Tories sich an die Fiktion einer Abdankung Jakobs klammerten. Der Thron wurde gleichzeitig für vakant erklärt, eine legale Unmöglichkeit, aber notwendig, um den Anspruch des Sohnes von Jakob auf den Thron auszuschalten. Praktische Notwendigkeit triumphierte über das »Divine Right«, das durch die Kontrakttheorie und die Fiktion der Thronvakanz außer Kraft gesetzt worden war. Tatsache blieb, daß Jakobs Ausschluß von der Thronfolge, den die Whigs seit 1680 betrieben hatten, nur durch Mithilfe der Tories zustande kommen konnte. Die Politik der Whigs sah sich gerechtfertigt, denn indem die Idee des Urvertrags in die Formel aufgenommen wurde, durch welche England sich vom legitimen Königtum losriß, erschien diese Theorie als Basis der Monarchie. Dadurch verschoben sich die ideellen Voraussetzungen der Herrschaftsordnung grundlegend und wurden vom 17. ins 18. Jahrhundert verrückt.

Die Tories fühlten sich desavouiert. Ausgerechnet sie, die sich nie als Partei, sondern als Gruppe der Königs- und Staatstreuen gefühlt hatten, gerieten später in Opposition zu Regierung und Dynastie, während die Whigs als Beschützer der Dynastie (Hannover) und des monarchischen Kirchenwesens erschienen. Das Schicksal beider Parteien lenkt den Blick auf den Charakter der Glorreichen Revolution, deren Geheimnis darin zu suchen ist, daß ihr revolutionäres Element, die Neuregelung der Erbfolge, notwendig war, um den konservativen Grundzug der Konstitution zu wahren und gegen Jakobs Ausdehnung der Prärogative den Sieg des Gewohnheitsrechts zu erzwingen. Sie war eine konservative Revolution, und der Whig-Sieg wurde durch Tory-Motive entschieden.

2.5. Die Glorreiche Revolution

Die Glorreiche Revolution wurde von jenen sieben Peers eingeleitet, die den holländischen Statthalter Wilhelm III. von Oranien
zum Eingreifen einluden. Als Wilhelm mit einer gewaltigen Hee-
resmacht unbehelligt in England bei Torbay ans Land ging, war
dies in den Augen der Zeitgenossen bereits die »Revolution«,
nämlich die Wiederherstellung des rechten Zustandes. Niemand
trat Wilhelm entgegen; König Jakob II. konnte nach Frankreich
entfliehen, nachdem er das Große Siegel in die Themse geworfen
hatte, um allen weiteren Maßnahmen die Legitimität zu nehmen.

Ohne König und ohne Parlament war das Land ohne obersten
Schiedsrichter, also – nach John Locke – im Naturzustand. Auf
den Rat der Lords, der Vertreter der Londoner Stadtverwaltung
und einiger ehemaliger Unterhausmitglieder stellte Wilhelm die
»writs« für neue Parlamentswahlen aus. Gewählt wurde jedoch
kein reguläres Parlament, sondern nur ein »Konventionsparlament«. Dieses erklärte sich bei seinem ersten Zusammentritt aus
eigener Machtvollkommenheit zu einem regulären Parlament mit
legislativer Souveränität. Diese Verschiebung der Souveränität auf
das Parlament war das eigentlich revolutionäre Ereignis. Der
zweite Schritt war die Absetzung Jakobs in der Resolution des
Parlaments vom 29. Januar 1689. Der dritte Schritt war die parlamentarische Regelung der Erbfolgeordnung, die den 1688 geborenen Sohn Jakobs II. ausschaltete. Es war nur eine geringe Abwei-
chung, zumal der Oranier der Enkel König Karls I. und seine
Frau Tochter Jakobs II. war. Bei den Verhandlungen über die
Krongewalt wurde die Krone als ein Amt oder Staatsorgan angesehen und in den späteren Nachfolgegesetzen (1701; 1707) sogar
den Regeln der üblichen Ämterverleihung unterworfen. Die Tories taten sich dabei schwer; sie sahen nicht mehr im Willen des
Königs das Gesetz, sondern eher im Gesetz den König und definierten ihren Gehorsam kaum anders, als ihre Gegner es taten.
Für die Engländer stellte die Revolution den Sieg des Gesetzes
und auch des Gewohnheitsrechts gegenüber persönlicher Willkür
dar. John Locke fand die rechte Formel, indem er das Verhältnis
zwischen König und Volk als einen »Trust«, eine Treuhandschaft,
definierte, in deren Obhut die Gesellschaft mit ihren Grundrechten und alten Verträgen stehe und deren Behauptung der Sinn der

Revolution gewesen sei.

Mit der Bill of Rights von 1689 gab das Parlament dem Königtum eine konstitutionell umschriebene Grundlage. Sie stellte eine Art Wahlkapitulation dar, auf die sich das Herrscherpaar, Wilhelm und Mary, verpflichten mußte. Die alten Rechte und Freiheiten von Parlament und Nation wurden bestätigt, Katholiken von der Thronfolge ausgeschlossen und das königliche Recht zur Suspendierung oder zum Dispens von Gesetzen für ungültig erklärt. Gesetze konnten nur noch gemeinsam von König, Lords und Commons erlassen und zurückgenommen werden. Das Parlament bestimmte demnach über die Grundlagen der Verfassung und maßte sich die höchste Kompetenz an, da es nunmehr zusammen mit den Gerichtshöfen den Inhalt der königlichen Prärogative bestimmte und insofern nicht mehr der König, sondern seine Untertanen im Parlament definierten, was das Gemeinwohl war. Der Königstitel beruhte auf dem allgemeinen Konsensus, und sein Erwerb setzte den vorgeschriebenen Eid auf Religion und Statuten voraus.

Recht und Gesetz standen also über der Krone, die zum Staatsorgan geworden war. Trotzdem blieb die Regierungsbasis erhalten, weil Wahl und Ernennung der Minister, die Ämtervergabe und die hohe Politik wie bisher bei der Krone lagen. Das Parlament gab der königlichen Regierung ausdrücklich die politische Initiative zurück und war bemüht, den alten Zustand zu bewahren. Im Grunde ließ das Parlament unklar, wo eigentlich der oberste Sitz der Souveränität künftig liegen sollte. Man half sich – im deutlichen Anklang an den »King-in-Parliament« der Tudorzeit – mit der Balance der gesetzgebenden Gewalten von König, Lords und Commons. Die Kanonisierung der Balance als Verfassungsgrundsatz war das Mittel, die Fixierung der souveränen Spitze zu umgehen und die tatsächliche Verlagerung der Kompetenz-Kompetenz auf das Parlament zu verdecken.

Alle Rechte, die der Krone noch 1660 zugebilligt worden waren, blieben erhalten, außer dem Recht, ein stehendes Heer in Friedenszeiten auszuheben und zu halten. Dieses Verbot war von erheblicher Bedeutung für die Parlamentarisierung des politischen Lebens, insofern die Größe der im Lande stehenden Militäreinheiten jedes Jahr vom Parlament erneut statuiert werden und das militärische Disziplinarrecht innerhalb der Landesgrenzen durch eine jährliche »Mutiny Act« bestätigt werden mußte. Das Parlament mußte dafür jährlich zusammentreten. Die Triennial Act von 1694 verfügte außerdem, daß alle drei Jahre Neuwahlen stattfinden sollten. Das gab Gelegenheit zu häufigen Unruhen und Tumulten, da während der Wahlhandlungen jegliche militärische Schutzausübung suspendiert war. Dieses Gesetz wurde durch die Septennial Act von 1716 abgelöst, wonach alle sieben Jahre allgemeine Neuwahlen abzuhalten waren, angeblich, um die ständige Beunruhigung der Öffentlichkeit zu vermeiden, in Wirklichkeit jedoch, um angesichts der Whig-Minderheit außerhalb des Parlaments dessen Autonomie gegen die Öffentlichkeit stärker abzusichern.

Der Verlust der Dispens- und Suspendierungsgewalt des Königs ließ diesem keinen Raum mehr für diskretionäre Befugnisse aus der Subjektivität des königlichen Gewissens heraus. Allein das Gnadenrecht blieb ihm erhalten, da es sich nicht auf Gesetz und Urteil erstreckte, sondern nur auf die Strafe, also keine Präzedenzien schaffen konnte.

Bemerkenswert ist, daß die Revolution an der Fiktion einer Identität von Staat und Kirche festhielt, von der in Wirklichkeit nur noch in den unberührten Landgemeinden gesprochen werden konnte. Die politisch-religiöse Einheit wäre nur durch Verdünnung der Glaubenssubstanz zu retten gewesen, gegen welche sich die Mehrheit der Bevölkerung auflehnte. Jeder Engländer war, wenn er sich nicht ausdrücklich zu einer anderen Denomination bekannte, Anglikaner und abgabepflichtiges Glied seiner Pfarrgemeinde. Erst seit 1718 wurden Nonkonformisten als Amtsträger zugelassen, und erst ab 1727 erlaubten jährliche Indemnitätsgesetze ihnen den Einzug ins Unterhaus. Das Unterhaus verwarf jegliche »Comprehension« der christlichen Bekenntnisse in einer »Broad Church«.

Die Toleranzakte von 1689 scheint dem zu widersprechen. Aber sie hatte nichts mit einer Gleichberechtigung der Bekenntnisse zu tun und beseitigte nicht einmal die Rechtsnachteile des Dissent. Sie hob nur die Kirchenstrafen wegen Fehlens beim Gottesdienst für die protestantischen Sekten auf und erkannte lediglich die Rechtsfähigkeit nonkonformistischer Denominationen als privater Vereinigung an. Die Dissent-Gruppen waren nicht als Religionsgemeinschaften, sondern nur als rechtsfähige Körperschaften anerkannt, die sich an bestimmten, von den Bischöfen lizensierten Orten versammeln durften. Landesrechtlich waren Staat und Kirche dem Anglikanismus vorbehalten. Faktisch war der Ausschließlichkeitsanspruch der Staatskirche allerdings durchlöchert und sogar gesetzlich in Frage gestellt, nämlich durch die Unionsakte mit Schottland 1707, mit welcher 16 Peers und 45 Unterhausmitglieder ins Parlament von Westminster einzogen, wobei viele schottische Boroughs ihre bisherige Repräsentation im Parlament verloren. Dafür erkannte das Parlament die presbyterianische »Kirk« als schottische Staatskirche an, der gegenüber die Anglikanische Kirche in die Nonkonformität gedrängt wurde. Großbritannien hatte daher zwei territorial getrennte Staatskirchen.

Das Außerordentliche dieser widerspruchsvollen Situation lag darin, daß der benachteiligte Dissent in England als außerstaatliche Gesellschaft anerkannt war. Von ihm aus entdeckte England, daß auch außerhalb der Handelswelt und innerhalb der Grenzen des Gemeinwesens das Eigenrecht und die Handlungsfähigkeit einer staatsfreien Gesellschaft praktiziert werden konnten. Als Religionsgemeinschaft war der Dissent an keinerlei Parlamentsgesetze gebunden, und er konnte ein eigenständiges religiös-geistiges Leben entfalten. Die Bedeutung der Toleranzakte von 1689 liegt darin, daß sie gegenüber der notorischen Reformunfähigkeit der »Established Church« dem Aktivismus der Sekten gesellschaftlichen Spielraum ließ und über den religiösen Pluralismus sich Formen staatsfreier Gesellung bilden konnten, welche breitere Volksschichten erfaßten und neben den freien Geschäfts- und Kommunikationsformen der bürgerlichen Handelswelt eine frei bewegliche Gesellschaft auf der Ebene des »Common People« überall da hervorbrachten, wo sich neue Bevölkerungsschwerpunkte bildeten.

Die Bill of Rights garantierte die Rede- und Debattierfreiheit im Parlament, nicht aber die Pressefreiheit. Das Unterhaus verweigerte zwar die Erneuerung der Licensing Act von 1662 im Jahre 1695 und beseitigte die Vorzensur. Damit war ein Eckpfeiler des Überwachungssystems gefallen, aber die Möglichkeiten einer scharfen Nachzensur blieben bestehen, zumal über den Tatbestand eines »Libel« nur die Richter und nicht die Geschworenen entschieden. Erst 1792 erhielten diese die Kompetenz über die Quaestio Juris. Bis dahin konnte sich die Regierung über Strafjustiz und Subventionen oder auch durch Steuergesetze (Stamp Acts) ein Meinungsmonopol sichern.

Die Glorreiche Revolution vollendete sich verfassungsrechtlich gesehen in der Act of Settlement von 1701, welche im Grunde erst die Krone in die Obhut des Parlaments legte und einen Antagonismus von Krone und Parlament eigentlich ausschloß. Hier wurde das lutherische Haus von Hannover für erbberechtigt erklärt, da die Kurfürstin Sophie eine Enkelin Jakobs I. Stuart war. Außerdem mußte nun – nach dem Tode des calvinistisch gebliebenen Wilhelm von Oranien – jeder Throninhaber Mitglied der Staatskirche werden.

Das Gesetz von 1701 enthielt ferner Verfassungsklauseln, welche die Verteilung und Ausübung der Macht betrafen. Danach sollte kein Amtsträger der Krone für das Unterhaus wählbar sein. Staatsgeschäfte sollten nur der königliche Rat, der Privy Council, abwickeln, wobei die Zustimmung und Verantwortlichkeit der Minister durch Unterschriften erkennbar gemacht werden sollte. Ein verborgenes und damit unverantwortliches »Kabinett« sollte es nicht geben. Ferner wurde die Unabsetzbarkeit der Richter »during good behaviour« statuiert, was eine Absetzung im Alleingang der Krone ausschloß. Die Ministerverantwortlichkeit, die Inkompatibilität von Amt und Unterhaussitz und die Eigenständigkeit der Judikative führten das Gewaltentrennungsprinzip in die Verfassung ein, das als Argument der Opposition gegen die jeweilige Regierung jahrzehntelang paradierte, ohne der Verfassungswirklichkeit zu entsprechen. In den Regency Acts von 1705 und 1707 wurden diese Bestimmungen widerrufen oder modifiziert.

Außerdem bestimmte die Act of Settlement, daß England nicht ohne Zustimmung des Parlaments in Kriege verstrickt werden dürfe wegen Territorien, die nicht der englischen Krone gehörten. Schließlich wurde festgelegt, daß ein Impeachment nicht mehr durch ein königliches Pardon unter dem Großen Siegel inhibiert werden könne. Hier fand sogar das königliche Gnadenrecht seine Grenze. Das Parlament stellte damit neben die Herrschaft der Gesetze einen unantastbaren Bereich seiner Kompetenz-Kompetenz.

Die Trennung von Regierung (Privy Council) und Parlament erwies sich bald als unmöglich, da die Regierung über die Routinegeschäfte hinaus keine Politik machen konnte ohne Rekurs auf das Parlament. Unter Anna betrieb das Privy Council die laufenden Geschäfte, während in einem »Cabinet Council« unter dem

Vorsitz der Königin auch Unterhausmitglieder als Räte und Minister zugelassen waren. Dies wurde in der Regency Act von 1705 erlaubt, und durch ein Statut vom Jahre 1707 wurde ausdrücklich die Inkompatibilität von Amt und Abgeordnetensitz nur auf neu eingerichtete Ämter bezogen; die bisherigen Amtsträger konnten nunmehr wieder im Parlament sitzen. Eine solidarische Verantwortung der Minister gegenüber der Krone fehlte allerdings. Königin Anna wählte die einzelnen Minister nach ihrem Gutdünken aus, wenn sie auch auf das Unterhaus Rücksicht nehmen mußte. Das königliche Veto wurde seit 1707 nicht mehr ausgesprochen, weil unbequeme Bills im Oberhaus abgelehnt werden konnten, bei dem notfalls die Drohung eines Peerschubs genügte, um den Willen der Krone durchzusetzen.

Die Überantwortung der Krone an das Parlament wurde durch die Regency Act von 1707 unterstrichen, wonach bei Ableben der Königin Privy Council und Parlament weiterbestehen sollten und ein Gremium der höchsten Richter die Angelegenheiten der Prärogative (Gnadenrecht) verwalten sollte. Das Parlament war dadurch der souveräne Wächter über die Krone geworden und hatte jeden grundsätzlichen Gegensatz zum Kronträger eliminiert, der erst nach Vereidigung auf Gesetz und Kirche aus eigenem Rechtsgrund herrschen konnte.

2.6. Die Finanzrevolution

Die im Act of Settlement von 1701 intendierte Trennung der Gewalten ging nicht in die Verfassung ein. Auch die Unabsetzbarkeit der Richter schloß den Kroneinfluß über Dotierung und Beförderung nicht aus, und eine Absetzung blieb über den Weg von Adressen beider Häuser immer noch möglich. Weit wichtiger als die Verfassungsklauseln der Gesetzgebung war für die Ausbildung des parlamentarischen politischen Betriebs die Verbindung des Finanzinteresses mit dem Erfolg der Revolution. Schon weil das Parlament unter Wilhelm III. von Oranien jährlich Anleihen von drei bis vier Millionen Pfund für den Krieg gegen Frankreich bewilligte, und zwar in der Form, daß es durch seine Steuergesetzgebung den Staatsschuldendienst garantierte, so daß allein über das Haus der Reichtum des Landes der Politik nutzbar gemacht werden konnte, ergaben sich verfassungspolitische Folgerungen für die Mitwirkung des Parlaments, die besonders das Unterhaus mit der hohen Politik verknüpfte. Ohne diese »Finanzrevolution« hätte sich der moderne Parlamentarismus nicht entfalten können.

Der erste Schritt des Parlaments war die Einführung einer Landsteuer (Land Tax) im Jahre 1692, die drei Viertel der Kriegskosten decken sollte und zur Hauptsteuer des 18. Jahrhunderts wurde, da sie einen stets übersehbaren und sicheren Ertrag gewährleistete. Diese Landsteuer, zeitweilig in Höhe bis zu 4 Schilling im Pfund, also 20 Prozent der Einnahmen und Renten aus Landbesitz, belastete hauptsächlich die landbesitzende Klasse, während die kapitalkräftige Klasse der Handelswelt der Regierung Gelder vorstrecken konnte, die ihr zusätzlich Zinsen einbrachten. Die Landsteuer erbrachte jährlich etwa zwei Millionen Pfund.

Der zweite Schritt war die gesetzliche Statuierung der Nationalschuld (National Debt) im Jahre 1693, deren Annuitäten durch eine neue Akzise auf Bier und Spirituosen für einen Sonderfonds beim Exchequer gesichert wurden. Die Lottery Act von 1694 sah erstmals eine langfristige allgemeine Anleihe vor, die eine Million Pfund einbrachte, allerdings 14 Prozent Jahreszinsen und Prämienverlosung verlangte.

Der dritte und entscheidende Schritt war die Errichtung der Bank von England im Jahre 1694 auf Initiative Londoner Finanzkreise. Dadurch wurden Regierungsanleihen sofort verfügbar, und die Ausleiher konnten auf Bürgschaft des Parlaments hin ihre Schatzanweisungen und Quittungen nach Bedarf jederzeit einlösen. Die Bank lieh der Regierung sogleich 1,2 Millionen Pfund zu 8 Prozent Zinsen, löste ihre Schatzanweisungen ein und wurde von ihr als Aktien-Kapital-Bank mit dem Recht der Banknotenausgabe anerkannt. Die Zinsen wurden aus dem Tonnengeld bestritten. Die Geldreform von 1795 bremste die Geldzirkulation und förderte den Banknotenumlauf. Im gleichen Jahr kam es zur Wiedererrichtung des »Board of Trade«, der dem Interessenausgleich zwischen Monopolinhabern und Freihändlern im Hinblick auf die nationale Handelsbalance dienen sollte.

Das Parlament stattete 1698 die Zeichner einer Regierungsanleihe mit dem Handelsmonopol für Ostindien aus, die sich 1708 mit der alten Ostindien-Kompanie vereinigten, wobei die Kapitalerhöhung wiederum mit einer Anleihe verbunden war. Die Monopolgesellschaften erwarben ihre Privilegien durch Anleihen und wurden den Geldgebern geöffnet. Die 1711 gegründete Südsee-Kompanie erreichte mit einer Anleihe von 10 Millionen Pfund ein Monopol für den Südsee-(Südatlantik-)Handel, verbunden mit dem Verbot anderer Neugründungen. Damit löschte die Regierung ihre Staatsschuld und verpflichtete sich lediglich zu einem Zinsdienst von 5 Prozent. Die Staatsschuld wuchs durch die ständigen Regierungsanleihen und verlangte einen Zinsendienst, der vorwiegend über indirekte Steuern (Zölle und Akzisen) aufgebracht wurde. Dabei war die Privilegierung der Bank von England eine wesentliche Hilfe, um den nationalen Reichtum unverzüglich in den Dienst der Politik stellen zu können. Die neue Form der Anleihen über die Bank unter Garantie des Parlaments half entscheidend, den Spanischen Erbfolgekrieg zu Englands Gunsten zu beenden. Indem der Reichtum des Landes in moderner Form verfügbar gemacht wurde, aber die Geldbeschaffung und der Zinsendienst nur über das Parlament erfolgen konnten, dessen Bürgschaft erst den nationalen Schuldenfonds als sichere Investition erscheinen ließ, wuchs das Parlament zu einem Aufsichtsrat empor, der die Kreditfähigkeit der Regierung gewährleistete.

Da zudem die Finanzen nicht in einem einzigen Finanzgesetz bewilligt wurden, sondern über die jeweiligen Einzelposten von Fall zu Fall beraten wurde, mußten die Commons auch über die Verwendung der Gelder ein Bild gewinnen. Die Commons ernannten angesichts der Anleihepolitik von sich aus »Commissioners of Public Accounts«, wobei sie als Hauptsteuerbelastete den Lords die Mitarbeit verweigerten; diese durften nur ja oder nein zu einem Finanzgesetz in toto sagen. Die Commons drangen damit in einen Bereich vor, der bisher ihrer Kontrolle entzogen war: Sie bewilligten nicht nur, sondern entschieden über die »Appropriation« der Gelder. Die Bürgschaft des Parlaments war für den Hauptausleiher, die Bank von England, die sicherste Anlage, wobei durch ein Statut vom Jahre 1709 ihre Anleihen stets mit den »Exchequer Bills« verbunden wurden. Das Parlament bewilligte sogar Anleihen für die königlichen Haushaltsschulden, so daß der König ohne das Parlament nicht mehr kreditfähig gewesen wäre.

An eine klare Trennung von Legislative und Exekutive war mithin nicht zu denken. Der Schatz wurde in den parlamentarischen Bereich hineingezogen und zum Bindeglied zwischen König und Unterhaus. Die Minister waren zwar dem König verantwortlich, aber sie mußten ihre Politik dem Parlament gegenüber begründen, das die Verwendung der Finanzen überprüfte. Das Unterhaus überließ die Initiative für neue Ausgaben ausschließlich der Regierung. Diese Vorkehrung wurde 1706 beschlossen und 1713 zu einer »Standing Order« (Nr. 66) erhoben, wonach »Public Money Bills« einem parlamentarischen Verfahren unterworfen wurden, welches genauestens befolgt werden mußte, wenn die Abgeordneten nicht »out of order« kommen wollten, was jede weitere Verhandlung hinfällig machte. Eine weitere »Standing Order« (Nr. 67) bestimmte, daß Finanzberatungen immer in einem »Committee of the Whole House« zu beginnen hätten, in welchem die völlige Gleichberechtigung aller Abgeordneten eine gründliche Beratung gewährleisten sollte.

Diese Bestimmungen legten den Grund für die Führungsposition des *Ersten Lords des Schatzes*. Er hatte die Initiative im Unterhaus, dessen Einvernehmen er erringen mußte. Erst die von ihm erreichten Finanzbewilligungen erlaubten der Regierung eine wirksame Politik, für deren Konformität mit den Beschlüssen des Unterhauses der Erste Lord des Schatzes verantwortlich war. Er vermittelte zwischen Regierung und Unterhaus, welches er mit den Mitteln der Regierung, also Patronage und Ämtervergabe, zu managen hatte. Er war der künftige Prime-Minister, ein Begriff, der zuerst auf Lord-Schatzkanzler Godolphin (1704-1710) angewandt wurde. Seiner Initiative setzte das Unterhaus Kontrolle und Kritik entgegen, aber im allgemeinen keine positive Politik.

Die Nationalschuld und der vom Parlament verbürgte Zinsendienst waren die Mittel, das Finanzinteresse mit der bestehenden Herrschaftsordnung zu verbinden. In gewisser Weise war der Erste Lord des Schatzes auch Treuhänder der Handels- und Finanzwelt. Als in den Wahlen von 1710 die Tories den größten Wahlsieg ihrer Geschichte errangen, hatte die Tory-Regierung unter Harley und Bolingbroke (1710-1714) sich mit der Sistierung der englischen Militärhilfe für die Verbündeten eine gewisse Ausgangsbasis geschaffen. Aber sie konnte nicht gegen die herrschende Whig-Hochfinanz arbeiten. Deshalb gründete sie 1711 die Südseekompanie als Tory-Konkurrenz zur Bank von England. Schatzkanzler Harley wurde ihr Gouverneur und sicherte ihr die im Frieden von Utrecht 1712/13 von Spanien erreichten Privilegien auf dem südatlantischen Markt, die nach Meinung der Zeitgenossen das größte Geschäft des Jahrhunderts versprachen. Dafür übernahm die Kompanie den Ankauf aller Staatsrenten, d. h. der gesamten Staatsschuld. Der starke Zustrom kapitalkräftiger Spekulanten löste die Regierung vom Geldinteresse der Whigs, befreite sie von den Kriegsschulden und gab ihr endlich Bewegungsfreiheit. Der plötzliche Tod der Königin Anna machte alle Tory-Pläne Bolingbrokes zunichte, und aufgrund der Regency Act (1707) konnte der Übergang des Thrones auf Hannover sich ungestört vollziehen. Die Tories blieben für 47 Jahre (1714 bis 1761) außer Amtes.

An ihrer Neugründung, der Südseekompanie, entzündete sich ein Spekulationsfieber, das alle Kapitalinhaber erfaßte und auf die erwarteten Handelsprofite in den spanischen Gewässern gerichtet war. In Wirklichkeit hatte sich Bolingbroke in Utrecht von Spanien durch bestochene Experten hinters Licht führen lassen. Der Zusammenbruch der Kompanie verlief dank der geschickten Liquidierungsmaßnahme Robert Walpoles für die Hauptgeldgeber glimpflich. Seine Finanzpolitik trug ihn an die Macht und sicherte endgültig die Ergebnisse der Glorreichen Revolution.

Erst mit Hilfe dieser Finanzrevolution konnten die gewaltigen Kosten für die Kriege mit Frankreich (1689-1697 und 1701-1714) aufgebracht werden. Dies hatte verfassungspolitische Folgen: Die Prärogative der Krone war durch die Revolution von 1688/89 geschwächt worden, aber die Finanzpolitik und die administrativen Erfordernisse zum Ausbau von Heer und Flotte sowie des Schatzministeriums vermehrten beträchtlich die Patronage, die nunmehr der Krone zur Verfügung stand. Infolge der Ausdehnung der Kronpatronage und ihrer Verwendung nach politischen Gesichtspunkten wurde eine andersgelagerte Konfrontation provoziert, nämlich die zwischen »Court« und »Country«, die strenggenommen kein ideologischer, sondern ein struktureller Gegensatz war.

Keine Partei konnte ihre Ziele ohne den Einfluß des Hofes durchsetzen. Ihre Prinzipien mußten zurücktreten, um die Gunst des Hofes zu erlangen. Alle Parteiführer, die zu Macht und Amt gelangten, mußten sich zu Abstrichen bequemen und waren bereit, mit Hilfe der Kronpatronage ihre Regierung abzusichern. Erst die eindeutige Verbindung des Whig-Interest mit dem Court-Interest unter Walpole und der Ausschluß der Tories von allen Ämtern ließen die Whigs als Court-Partei und die Tories als Country-Partei erscheinen. Vorher waren die Whigs die Kriegspartei und die Tories die Friedenspartei aus ähnlich gelagerten Interessenverbindungen. Darin kündigte sich bereits jene Verlagerung des Parteiendualismus an, der beide Seiten als politische Alternativen erscheinen ließ.

3. Das Parlament im 18. Jahrhundert

3.1. Das Parlament nach 1714

Das Parlament des 18. Jahrhunderts repräsentierte nicht das Volk als Summe der Individuen, sondern die lokalen Kommunitäten und die Grafschaften. Es fühlte sich in erster Linie als Hüter der etablierten Interessen, also des »Property«, gegenüber dem »Government«. Es betrachtete sich nicht als Ausdruck eines imaginären Volkswillens, sondern erhob den Anspruch, über den Wählern zu stehen und allein die Interessen des Ganzen zu vertreten. Mit der Verlängerung der Wahlperiode auf sieben Jahre (Septennial Act 1716) schirmte es sich stärker als bisher nach außen ab. Die Schranke gegen die Öffentlichkeit wurde erst zur Zeit der Wilkiten-Unruhen (seit 1768) durchstoßen. Im Jahre 1771 ließ das Unterhaus zum letzten Mal Londoner Drucker wegen »Breach of Privilege« verhaften, weil sie Parlamentsdebatten gedruckt hatten. Seit 1778 durften Journalisten den Debatten beiwohnen.

Im Unterhaus hatte sich seit den Tagen der Königin Elisabeth nicht allzuviel verändert. Die größte Veränderung war der Zutritt von 45 schottischen Abgeordneten aufgrund der Unionsakte von 1707, die von nur 4000 Wahlberechtigten gewählt wurden. Es blieb bei den 92 Vertretern der 46 Grafschaften, die aufgrund des 40sh-Freehold-Wahlrechts gewählt wurden, und den 417 Vertretern der Cities und Boroughs sowie vier Vertretern der beiden Universitäten. Hier gab es Freemen-Boroughs mit Wahlrecht nach Freehold, Burgage-Boroughs nach Grund- und Hausbesitz, Scot-and-Lot-Boroughs nach Gemeindesteuern (Poor Rate) und Corporation-Boroughs nach der Magistratur. Die meisten Boroughs hatten unter 500 Wähler, einige sogar weniger als zehn. 26 Boroughs hatten 500 bis 1000 Wähler und nur 20 von ihnen über 1000 Wähler. Westminster hatte 11 000 Wahlberechtigte, entsandte aber nur zwei Abgeordnete. Die City London mit weit mehr Wählern schickte vier Abgeordnete ins Unterhaus.

Die Krone übte vor allem auf Cities und Boroughs Einfluß aus und gebot stets über 100 bis 125 Abgeordnete. Die Magnaten verfügten über etwa 200 Sitze; einige besaßen eigene Boroughs. In den dicht bewohnten Wahlbezirken wie London und Westminster und einigen Grafschaften wie Middlesex und Yorkshire konnte sich kein Patron eindeutig durchsetzen. Hier kam es gelegentlich zu Wahlkämpfen. In den meisten Wahlbezirken gab es statt der Wahlkämpfe vorhergehende Vereinbarungen unter den Rivalen oder eine Designation durch den Patron. Im Jahre 1741 fanden nur in acht Grafschaften und in 61 Boroughs Wahlkämpfe statt. Sie waren nicht die Regel und eher Ausdruck von Dysfunktionen im repräsentativen System. Die berühmten Wahlkämpfe von Middlesex und Westminster waren eher die Ausnahme.

Im sozialen Gefüge hatten sich Veränderungen vollzogen, die auf eine soziale Abschichtung nach unten und eine plutokratische Feudalisierung nach oben hinausliefen. Seit 1690 machte sich eine Krise bemerkbar, die besonders die Kleingentry und das unabhängige Freibauerntum betraf. Um 1688 war dieses Freibauerntum (Yeomanry) noch im Lande vorherrschend; aber 1780 dominierten eindeutig die grundherrlichen Pächter und Verwalter. Eine allgemeine Agrardepression, dann erhöhte Armenabgaben und die Landsteuer seit 1692 machten den Bauern zu schaffen. Die großen Grundherrschaften absorbierten das extensive offene Feldsystem. Neben den Klein- und Mittelbauern gab es auch zahlreiche Squires, die ihren Landbesitz an benachbarte Magnaten oder reichgewordene Kaufleute verkauften, und zwar zu Höchstpreisen. Möglich wurde dies durch den fortdauernden Run der Finanz- und Handelsfamilien nach Grundbesitz. Schon um 1730 kam der ganze Bodenmarkt zum Erliegen. Die Ausdehnung des Großgrundbesitzes auf Kosten der Kleingentry und Bauern war also lange vor der Einzäunungswelle (nach 1760) abgeschlossen. Dabei gelangten viele »Rotten Boroughs« in die Hände der großen Handelsfamilien. Die Kleinbauern sanken zu Lohn- und Manufakturarbeitern ab, was sie den Marktschwankungen auslieferte. Die Steigerung der Armenkosten und der Bau von »Arbeitshäusern« (seit 1723) belasteten die Gemeinden.

Die Verknappung des Bodens ergab sich aus dem Investitionsbedürfnis der Finanzwelt, mehr noch aber aus dem Prestigebedürfnis der aufsteigenden Schichten. Mehr denn je war Landbesitz für den sozialen Rang ausschlaggebend. Nach einem Parlamentsgesetz von 1711 (Landed Qualification Act) mußten alle Borough-Vertreter im Unterhaus Landbesitz von jährlich 300 £ Pachtwert nachweisen und alle Grafschaftsvertreter im Unterhaus Landbesitz in Höhe eines jährlichen Pachtwertes von 600 £. Ferner wurde in einem Gesetz vom Jahre 1732 für Friedensrichter der Nachweis eines Landbesitzes als Existenzgrundlage verlangt; diese mußten mithin aus der lokalen Gentry stammen. Überhaupt konnten nur Landbesitzer administrative lokale Positionen einnehmen. Sogar für die Quarter-Sessions in den Grafschaften wurde ein Eigentumsnachweis verlangt, so daß hier nur noch die Squires mitwirkten. Die an sich schon politisch dominierende Aristokratie besaß mehr als die Hälfte des Bodens und repräsentierte das Interesse des »Property«. Die Magnaten hatten im Umkreis ihrer Grundbesitze beherrschenden Einfluß auf viele Boroughs und über ihre Pächter auch auf manche Grafschaften; ähnliches gilt im unmittelbaren lokalen Kreis für die Gentry.

Die Wählerschaft war durch die sozialen Wandlungen verändert, aber nicht kleiner geworden. Die Definition des Wahlrechts wurde von den Gerichten und nicht durch das Unterhaus vorgenommen. Seine Ausübung gewann nur in den dichtbevölkerten Wahlbezirken und auf den großen Märkten und Umschlagplätzen einiger Städte Bezug zur Politik. Aber es wäre voreilig, von Abhängigkeit und Unmündigkeit der übrigen Wähler zu sprechen; das trifft nicht einmal bei den Pächtern zu, und zwar deshalb nicht, weil die Wähler ihren Wahlakt gar nicht als politische Willensäußerung auffaßten, sondern als eine symbolische Erneuerung ihres Verpflichtungsverhältnisses zum Patron vor dem Sheriff. So war es jedenfalls allenthalben bis zu den Wilkes-Affären[1].

Eine wechselseitige Verpflichtung zu Leistung und Gegenleistung zwischen Patron und Wählerschaft ergab sich daraus, daß der Patron sich als der berufene Vertreter der Lokalinteressen hinzustellen vermochte, sowohl am Ort als auch im Parlament. Während in den Grafschaften das wichtigste Mittel zur Bindung der Wählerschaft der Pachtvertrag war, spielten in den stärker strukturierten Boroughs die öffentlichen Aufgaben eine die Wählerschaft verpflichtende Rolle. Hier deckte der Patron den lokalen Kreditbedarf, gab Darlehen, sorgte für Investitionen, kümmerte sich um die Armenunterstützung, förderte die Marktbeschickung und setzte öffentliche Arbeiten durch. Gelegentlich gab der Patron auch Handgelder aus, die immer nur einmalig waren und später verpönt wurden.

Der Wahlkampf war in manchen Gegenden mehr ein Wettstreit der Patrone um die Wählerschaft, die durch Pachterlaß, Überschreibung von Freehold, Manipulation von Land- und Hausbesitz, Beförderung, Arbeitsvermittlung, Bewirtung, Bezahlung der fälligen Poor-Rate (Armengeld) zur Anerkennung der Wahlberechtigung u. a. umworben wurde, was in Extremfällen die Formen einer öffentlichen Versteigerung annehmen konnte. Die Patrone verschwendeten viel Zeit, Geld und Mühe auf diesen Wettstreit, der an sich schon die Meinung von der erdrückenden Abhängigkeit der Wählerschaft widerlegt.

Es gab strenggenommen keine konstante Wählerschaft, da die lokalen administrativen Institutionen im Rahmen des jeweiligen Borough-Typs die Wählerlisten für jede neue Wahl aufstellen mußten. In manchen Boroughs war die Wählerschaft nicht einmal mit der Bevölkerung oder einem Teil von ihr identisch, und in den Scot-and-Lot-Boroughs war das Wahlrecht nur ein kurzfristig übertragbares Privileg. Selbst in den »Pocket-Boroughs«, die einem einzigen Patron gehörten, konnte die Wählerschaft nicht ganz ausgeschaltet werden. Erst wenn sie zufriedengestellt war, erübrigten sich Wahlkämpfe. Oft einigten sich die rivalisierenden Patrone auf einen dritten Kandidaten, nur um einem kostspieligen Wahlkampf zu entgehen.

Wichtig war, daß die Kandidaten sich nicht am Wahlkampf beteiligten. Die Wählerschaft hatte nur enge Beziehungen zum Patron, und der Abgeordnete hatte von den lokalen Problemen oft keine Ahnung, besonders wenn er nicht einmal Resident war. Erst beim Wahlakt traten beide Kandidaten vor den Sheriff, wobei der Patron sie vorschlug und bestätigte. Manchmal hatte dieser Schwierigkeiten, einen geeigneten Kandidaten aufzutreiben, der den seit 1711 gesetzlich vorgeschriebenen Landbesitz nachweisen konnte. Der Patron blieb weiterhin alleiniger Vertreter der lokalen Interessen; die gewählten Abgeordneten hingegen sollten keine Interessenvertreter der lokalen Wählerschaften sein. Nur wenn »Private Bills« (für lokale gesetzliche Maßnahmen) vorgebracht werden sollten, wandte sich der Patron an seinen Abgeordneten, der dann tätig wurde. Der Patron vertrat die Interessen der Wählerschaft, der Abgeordnete das öffentliche Interesse. Die Magnaten brachten auf diesem Wege talentierte Berufspolitiker ins Unterhaus, die mit Recht auf ihre nationale Verantwortlichkeit hinweisen konnten. Gerade die vielgeschmähten »Rotten Boroughs« boten die Möglichkeit, begabte politische Potenzen ins Unterhaus zu bringen[2].

Es gab zahlreiche andere Wahlbezirke, in denen die Gentry das

Sagen hatte und als Lokalgröße sich zur Wahl stellte. Immerhin waren fast 200 Abgeordnete als unabhängige Country-Gentlemen ins Unterhaus gekommen. Sie waren naturgemäß weniger an der hohen Politik als an der Wahrung ihrer alten Privilegien interessiert. Sie saßen durchweg als »Backbencher« im Hintergrund, hörten meist nur verdrossen zu und fühlten sich als die unabhängige Jury, die ihre Entscheidung im Hinblick auf die Erhaltung ihrer Vorrechte und nach ihrem Gewissen fällten, was meist auf dasselbe hinauslief. Aber ihre Unabhängigkeit war die moralische Stärke des Unterhauses; sie blieben zwar stumm, jedoch um ihre Stimmen drehten sich die Debatten. Sie hätten am liebsten immer Nein gesagt und taten es auch häufig bei Einzelmaßnahmen. Als richtige Tories stimmten sie jedoch, wenn es ums Ganze ging, stets für die Regierung, die für sie immer noch königliche Regierung war.

Die alten Parteien waren in lose Konföderationen oder Faktionen aufgesplittert, und nur bei bedeutenden Anlässen traten die Grundkonflikte gelegentlich hervor, meist im Munde der Pragmatiker, die mit Rekurs auf die alten Argumente die prinzipienfesten Hinterbänkler gewinnen wollten. Erst mit der Thronbesteigung Georgs I. (1714-1727) kam es zu einer lange anhaltenden Vorherrschaft der Whigs, die sich mit der neuen Dynastie Hannover identifizierten und nur ihre eigenen Leute in Regierung und Verwaltung hineinließen. Walpole war der fintenreiche Taktiker, der mit der Krone im Rücken alle Kanäle über den Hof zum König verstopfte und einen Teil der Abgeordneten dauernd von den Ämtern ausschloß. Nur über das Parlament konnten sich Nicht-Whigs noch äußern und zur Geltung bringen. Hier sammelten sich infolgedessen viele Leute, die unzufrieden waren und es unerhört fanden, daß Walpole die Dynastie, deren Erbrecht nur auf einem Parlamentsbeschluß beruhte, durch ein Ämtermonopol absicherte, das einen Teil des Parlaments diskriminierte.

Walpole hatte als Erster Lord des Schatzes eine Schlüsselposition in Regierung und Unterhaus inne. Als Vertrauensmann des Königs und als Verbindungsmann zum Unterhaus hatte er die Fäden für eine wirksame Whig-Politik in der Hand. Die Regierung verfügte über mehr als 760 Ämter und zahlreiche andere Mittel, mit welchen sie jede parlamentarische Abstimmung in ihrem Sinne lenken konnte, darunter neben »Influence« und Patronage auch Ausschaltung konkurrierender Talente durch Ernennungen, etwa zum Sheriff, die mit einem Unterhaussitz nicht kompatibel waren. Durch diese Methode, die bisher von Fall zu Fall angewandt wurde, verewigte Walpole planmäßig die Whig-Herrschaft.

Nach außen und außerhalb der eigentlichen Politik stand die Whig-Herrschaft im Zeichen einer aufgeklärten Toleranz und eines fast indifferenten Latitudinarismus, also einer weitgefaßten allgemeinen Christlichkeit, die sich schon deshalb empfahl, weil die Whigs nicht die Masse des Volkes hinter sich hatten. Immer noch war die Hochkirche stärker als alle anderen Denominationen zusammen. Darum mußte sich Walpole am Hofe, in der Regierung und im Parlament durch eine rigorose Parteilichkeit eine Vormachtstellung sichern. Das ›Spoil-System‹ Walpoles im oberen Bereich der Politik war ein neuer Zustand, eine qualitative Veränderung des parlamentarischen Innenlebens, das »Ins« und »Outs«, »Court« und »Country«, Regierung und Opposition einander gegenüberstellte.

Schon 1725 begannen sich die Ausgeschlossenen zu sammeln, und nach 1729 verhärteten sich die Fronten derart, daß keiner der »Outs« bis zum Sturz Walpoles (1742) noch ein Amt annahm. Man gewöhnte sich an die Zweiteilung des Hauses, und »the Opposition« wurde als bleibendes Merkmal angesehen. Seit 1731 erhielt sie ihren Namen als Gruppe. Die »Outs« setzten sich nun stets der Schatzbank (Treasury Bench) gegenüber, sicher seit 1735 und endgültig seit 1742, als Walpole stürzte. Diese Sitzordnung kann als erste Institutionalisierung der Opposition angesehen werden.

Walpoles Ausschlußpolitik hatte aber nur die negativen Bedingungen für die Entstehung einer Opposition geschaffen. Die Opposition war völlig inhomogen und kaum handlungsfähig. Darum gelang es ihr nicht, durch taktische Zusammenfassung der opponierenden Gruppen die Regierung zu stürzen und damit das Ernennungsrecht der Krone einzuschränken. Der Vorwurf der Illoyalität erschwerte ebenfalls ein geschlossenes Vorgehen der Opposition. Ihre Redner waren sich nie der ihnen beifällig lauschenden Country-Tories sicher und begnügten sich im allgemeinen damit, einige laute No's unter die Ja-Rufe zu mischen, um wenigstens Einstimmigkeit zu vermeiden. Sie suchten und fanden andere Mittel, die schweigenden Backbencher auf ihre Seite zu ziehen, nämlich im Bereich der parlamentarischen Selbstbestimmung, also der Geschäftsordnung, die Regierung zu stören und ihr Niederlagen beizubringen, etwa durch Adressen »for Papers« (Unterlagen), die die Regierung nicht ablehnen konnte, ohne Mißtrauen zu erregen; oder durch Anträge auf ein »Committee on the State of Nation«, bei denen das Unterhaus die Initiative hatte; oder durch Petitionen und Resolutionen, die vorgezogen werden mußten.

Noch bedeutsamer war, daß die Opposition das Ohr der Öffentlichkeit fand. Ihre Pressefeldzüge, die auch die Parlamentsdebatten in durchsichtiger Tarnung brachten, wiegelten die öffentliche Meinung in London und Westminster auf. Hier gab die Opposition den Ton an. Ihre Wahlfeldzüge in den umstrittenen Wahlbezirken spitzten sich auf die Frage für oder wider die Regierung zu. Zum ersten Mal verliefen die Wahlen nach einer überregionalen politischen Alternative des Ja oder Nein. Damit änderte sich an der Sitzverteilung im Parlament wenig, zumal London nur vier und Westminster nur zwei Abgeordnete stellten.

Nur einmal schritt die Opposition im Parlament zu einer neuen Aktionsform, als im Februar 1741 Sandys ein Tadelsvotum gegen Walpole beantragte, einmal wegen der gegen ihn gerichteten öffentlichen Meinung, dann wegen zu langer Amtsdauer und schließlich gegen die Allmacht eines korrumpierenden Kronfavoriten. Dieser Antrag richtete sich nicht gegen einzelne Regierungsmaßnahmen, sondern gegen die Politik Walpoles überhaupt. Er hatte den Charakter eines modernen politischen Mißtrauensvotums (want of confidence) gegen den Minister persönlich, wobei die lange Amtsdauer als Grund der zunehmenden Versumpfung oder Verbonzung von oben nach unten ein durchaus ernstgemeinter Vorwurf war. Ausgerechnet die Jakobiten und die Country-Tories wollten hier nicht mitziehen, um der Krone keine Entscheidung über ihren Minister zu oktroyieren. Ein fundiertes Impeachment, das auf die strafrechtliche Verantwortlichkeit gerichtet war, hätten sie unterstützt, aber kein nur politisches Mißtrauensvotum. Sie verweigerten ihre Unterstützung, so daß das erste moderne Mißtrauensvotum mit 290 gegen 106 Stimmen scheiterte. Walpole resignierte ein Jahr später, aber nur aufgrund einer Kabinettsintrige und kaum wegen des Sieges der Opposition in einer Wahlrevision. Es kam auch nicht zu einem Gesamtwechsel der Regierung, der erstmals 1782/83 beim Sturz der Regierung North erfolgte und übrigens gleichzeitig mit einem Seitenwechsel im Unterhaus verbunden war.

Daran zeigt sich, daß die erste parlamentarische Opposition nicht Episode geblieben war, sondern weiterwirkte. Die überholte Prozeßlage Krone versus Parlament war dem Gegensatz Regierung versus Opposition gewichen. Außerdem überschritt die Opposition mit ihrem Appell an die Öffentlichkeit den autonomen Raum des Parlaments und entwickelte eigene Initiativen, die das Parlament vom passiven Hüter des Rechts zum Mitgestalter der Politik emporhoben.

Politik erschien hier zeitweilig als das Resultat eines Streitverfahrens, das prozessualen Modalitäten gehorchen mußte. Es fehlte jedoch an unabhängigen Wahlen, an einer unbehinderten Mitwirkung der Öffentlichkeit, außer einigen regionalen Ansätzen, und vor allem an einem unabhängigen Parlament. Immer noch war die Regierungsbildung Sache der Krone und die parlamentarische Entscheidung das Werk der Regierung. Die Opposition gegen Walpole war in praxi nicht mehr als die Antwort auf die rigorose Ämterpatronage des Ministers. Aber in ihrer Theorie und ihrer Argumentation ging die Opposition über ihre eigenen Möglichkeiten weit hinaus. Sie bereitete ein neues Selbstverständnis des Unterhauses vor, das vom Hüter des Rechts und der Verfassung zur Plattform politischer Willensbildung zu werden trachtete und der Regierung nicht nur verfassungsrechtliche, sondern auch politische Verantwortlichkeit abverlangte.

Die Zweiteilung des Unterhauses in der einzigen Sitzordnung, die das Unterhaus neben der Schatzbank kennt, deutet schon darauf hin, daß die eigentliche Stütze dieser Entwicklung die Geschäftsordnung war, die im Verein mit dem Bildungsniveau und der Honorigkeit von Gentlemen das meiste dazu tat, daß der Parteienkampf die Form eines Sichmessens geistiger Kräfte annahm.

3.2. Der Ausbau einer Geschäftsordnung

Das Parlament galt im 18. Jahrhundert als der erste Club des Landes, als »the best gentlemen's Club«. Die Mitglieder des Oberhauses fühlten sich als die natürlichen Herren des Landes, und das Unterhaus vertrat die Countryside und die Kommunen. In zunehmendem Maße wurde das Unterhaus die Arena, in welcher

Ansehen, Ämter und Reichtum zu erringen waren. Im 18. Jahrhundert schnellte der soziale und materielle Wert eines Unterhaussitzes hoch wie nie zuvor. Von ihm aus war jederzeit ein sozialer Aufstieg möglich.

Die soziale Charta dieser besitzenden und regierenden, aber auch von unten her sich ergänzenden Klasse bürdete Verpflichtungen und Einengungen auf, denen sich niemand ohne Nachteil entziehen konnte. Das Ideal des »Gentleman« war wie das Joch eines allgemeinen Gesetzes: Wer nicht unabhängiges Eigentum, gute Geburt, Landbesitz hatte und nicht der Anglikanischen Kirche angehörte, war ein »adventurer«. Religiöse Eiferer, soziale Enthusiasten, moralische Idealisten wurden nicht geschätzt. Idealbild war der »natürliche«, unabhängige und weltläufige, im erasmischen Sinne christliche Gentleman, dem Locke in seinen »Thoughts on Education« und »Thoughts concerning Reading and Study for a Gentleman« ein Denkmal gesetzt hatte. Erst als »Member of Parliament« fand der Gentleman des 18. Jahrhunderts seinen adäquaten Lebensraum, einen Bereich des »Fair Play«, der es ihm erlaubte, seine Existenz zu stilisieren und Gentleman unter Gentlemen zu sein.

Das gemeinsame Bildungsniveau und die gemeinsamen Vorurteile bewirkten, daß die parteilichen Kämpfe und Debatten die Homogenität des Hauses nicht gefährdeten. Gerade die relative gesellschaftliche Gleichheit trug dazu bei, daß keine Seite zu willenloser Unterwerfung zu bringen war. Auch die Opponenten verloren nicht ihren sozialen Rang und behielten ihre lokalen Hoheitsbefugnisse, die dem Wirkungsbereich der Majoritätsbeschlüsse entzogen waren. Da es seit der Glorreichen Revolution nicht mehr um letzte Prinzipien der Staatsgestaltung ging, sondern um die Maximen des Regierens, war auch politisch eine gewisse »uniformity of opinion« erreicht, wie sogar Bolingbroke betonte[3]. Nicht mehr die Staatsform, sondern die Menschen, die den Staat regierten, waren umstritten. Natürlich gab es Gegensätze genug; aber sie hatten nicht mehr die Tiefe letzter Überzeugungen und Prinzipien. Es war mehr Kampf der Leidenschaften und Temperamente, der persönlichen Invektiven und der sachlichen Argumente, aber auch der dramatischen Auseinandersetzungen mit Hohn und Spott, Anklage und Verdacht. Ohne daß es um religiöse und grundsätzliche Kontroversen ging, waren die Redeschlachten doch oft voller Heftigkeit und Leidenschaften. Montesquieu wohnte einer heftigen Debatte bei und glaubte, er stehe am Vorabend eines Bürgerkrieges. Erst danach sah er, wie die Gegner sich wechselseitig zu ihrem Kampf beglückwünschten.

Die Fundamentalfragen waren zurückgetreten; aber das eigentliche konstitutionelle Problem lag darin, eine Technik zu finden, um die Monarchie mit der faktischen Suprematie des Parlaments zu versöhnen. Der Kampf ging um die politische Ministerkontrolle und um das Maß seiner Regierungsverantwortlichkeit vor dem Unterhaus oder um die Stellung des »Government« zwischen Krone und Parlament, also um das Kabinettsystem, das unter dem jüngeren Pitt sich durchsetzte. Schon vorher war die parteiliche Auseinandersetzung als notwendige Stufe des gesetzgeberischen Verfahrens anerkannt und in Analogie zum gerichtlichen Prozeßverfahren entwickelt worden.

Stütze dieser Entwicklung war die Geschäftsordnung des Hauses, die sich nach der Ausbildung eines inneren Parlamentsrechts im 15. Jahrhundert im einzelnen unter Elisabeth I. und den Stuart-Königen ausgebildet hatte. Grundlage war das Parlamentsrecht, das die völlige Gleichberechtigung aller Mitglieder des Unterhauses festlegte und auch dem Minister keine Vorrangstellung einräumte. Im Verein mit der innerhalb der Hausordnung unbehinderten Freiheit der parlamentarischen Initiative war damit bereits ein Ansatz zum Schutz der Minderheit und ihres Anspruchs auf freies parlamentarisches Agieren gegeben. Dadurch erst konnte sich die innerparlamentarische Auseinandersetzung als notwendige Beratungsstufe im gesetzgeberischen Verfahren entwickeln und in Analogie zum gerichtlichen Prozeßverfahren konstituieren. Im speziellen Gesetzgebungsverfahren gab es schon früh verbindliche Stufen wie etwa die drei Lesungen und die Einsetzung von Komitees, die sich aus der Zeit Elisabeths I. bis zur Königin Viktoria gehalten haben. Hier kamen gegen Ende des 17. Jahrhunderts die ersten »Standing Orders«, festliegende Regeln, dazu, etwa daß alle Finanzgesetze vom Unterhaus ausgehen mußten. Demgegenüber hatte das Oberhaus das Privileg, daß alle Gnadenakte in ihm beginnen sollten. Im ganzen konnte man, bei Einrechnung aller formalen Schritte, vierzehn Stufen im legislativen Verfahren unterscheiden[4].

Der berufene Hüter der parlamentarischen Verfahren und der zuständige Richter nach Parlamentsrecht war »Mr. Speaker« als »Chairman of the House«. »The Ruling of the Chair« als Anwendung der Normen des Parlamentsrechts war gleichbedeutend mit einer richterlichen Verfügung. Dieser Sprecher des Unterhauses, aus dessen Reihen frei gewählt und ohne sonstiges Amt, symbolisierte die Würde des Hauses und hatte die Rechte des Hausherren inne. In der Entwicklung des Unterhauses als einer »pädagogischen Provinz« hatten die Speaker des 18. Jahrhunderts entscheidenden Anteil⁵. Der Speaker hatte während aller täglichen »Proceedings« des Hauses in seinem »Chair« zu sitzen, es sei denn, das Haus erklärte sich zu einem »Committee of the whole House«. Aber auch dann war er verpflichtet, dabeizubleiben, sei es auf der Galerie oder in seinem Zimmer, so daß er seinen Stuhl sofort wieder einnehmen konnte, sobald das Committee-Stadium beendet war oder irgendeine Ordnungsmaßnahme zu ergreifen war. Sein Ruf beruhte auf der Fähigkeit, das Unterhaus zu steuern, die Ordnung aufrecht zu erhalten, das jeweils angemessene Verfahren einzuleiten und in Zweifelsfällen auf Präzedenzien sich zu beziehen. Ohne den Speaker konnte das Haus nicht tagen.

Unter den Sprechern des 18. Jahrhunderts war Arthur Onslow, der von 1728 bis 1761 den Chair innehatte, der bedeutendste. Er war der erste Sprecher, »der die Geschäftsordnung als ein wichtiges Problem des Staatsrechts und der Politik erkannt und dies in bedeutungsvollen Worten ausgesprochen hat«⁶. Er war »immortal in the Chair«, wie Horace Walpole in einem Brief (1763) über ihn wegen seines Nie-Fehlens bemerkte. Er war die Verkörperung von Pflichterfüllung, Fairness und Überparteilichkeit. Seine peinlich genaue Beobachtung der Geschäftsordnung und der traditionellen Geschäfts- und Umgangsformen nach »the Custom of the House« verschaffte ihm allgemeines Ansehen. Indem er nach der Verfestigung des innerparlamentarischen Dualismus der Opposition im Wechsel mit der Regierung das Wort gab, erschien die Auseinandersetzung als Aktion und Re-Aktion zwischen Regierung und Opposition. Infolgedessen richtete sich die Opposition auch nicht gegen den Sprecher, weder bei seiner Wahl noch sonst im Parlament. Er war der Anwalt und Verteidiger der Privilegien des ganzen Hauses⁷.

Speaker Onslow war ein Mann, der die zwischen den beiden Prozeßparteien, der Majorität und der Minorität, durch Geschäftsordnung und alte Übung geschaffenen Rechtsbeziehungen in seiner Hand hielt und darauf sah, daß beide Teile die Waffen der Geschäftsordnung uneingeschränkt nutzen konnten. Wie über Richtern und Prozeßpartnern das Common Law und seine Präzedenzien standen, so über dem Speaker und den Parlamentsparteien die feste Tradition und die geschriebenen und ungeschriebenen Normen des Parlamentsrechts. Damit erhielt der Formalismus des englischen Rechts für die Ausbildung und Formalisierung des innerparlamentarischen Kampfes ausschlaggebende Bedeutung. Das ergab sich um so natürlicher, als auch die Masse der Verwaltungsgeschäfte sich äußerlich in Anlehnung an Formen der Gerichtsverfahren, also durch »presentment« und »indictment«, vollzog, obgleich es sich dabei nur um die Herstellung polizeigerechter Zustände handelte und nicht um Kriminalsachen. Gerade dadurch erhielt sich die Auffassung, daß Gesetzgebung und Verwaltung sich den Regeln von Recht und Billigkeit fügten und der Supremat des »Law« gewahrt blieb. Alles mußte geschehen »by due process of Law«, wie es zuerst Richter Coke formuliert hatte (vgl. Kap. 2.2.).

Der Speaker trug eine große Verantwortung, denn nur bei Beachtung der überkommenen Formen der Beratung wurde die parlamentarische Debatte ein Stück öffentlichen Rechts. Er war innerhalb der Konstitution der Wächter über die »Constituante«. Die nach außen absolut erscheinende Redefreiheit war in Wirklichkeit eine von innen geordnete Redefreiheit, bei der Form und Inhalt den Rahmen der ordnungsmäßigen Beratung und der Intentionen des Hauses nicht mißachten durften. Der Schutz gegen Eingriffe von außen, die Normen der parlamentarischen Initiative und Hemmung sowie die vorgeschriebenen oder beschlossenen Phasen des Vorgehens beim »Business of the House« ergaben die Voraussetzungen für den legalen Verlauf der Beratung und ließen den Prozeß der Willensfindung als rechtsgebundenen Vorgang erscheinen[8]. Das »Law« wurde zum Verteidigungsmittel der Opposition, dessen Interpretation ihre Argumentation mehr bestimmte als allgemeine Prinzipien.

Durch die Schiedsrichterrolle des Speaker und die Beachtung der Verfahrensweisen sowie durch die ungefährdete Sicherheit der beteiligten Abgeordneten nahm der Parteienkampf Grundzüge und Eigenheiten eines Spiels an, in welchem zwei Mannschaften in Zug und Gegenzug miteinander stritten, ohne daß es um die letzten Dinge ging.

Die Nötigung zu einem klaren Pro und Contra wurde positiv

bewertet und die Störung dieses Spiels durch den »Influence« der Krone als unfair und spielwidrig kritisiert. In Wirklichkeit machte die Patronage der Regierung erst ein effektives Regieren möglich. Die Debatte war zwar auch ein Prozeß der Urteilsfindung, aber sie war kein Präludium zur Abstimmung, über deren Ergebnis die Regierung entschied. Immerhin waren die Wechselreden nicht ohne Sinn; denn sie bestimmten den »Sense of the House«, der nicht ignoriert werden konnte. Später wurden sie entscheidend, als die Öffentlichkeit mithineingezogen werden konnte. Von Anfang aber waren sie »a trial of skill« für die Protagonisten.

Es entwickelte sich eine parlamentarische Taktik des Disputs, des Verzögerns und Verschleierns, die enge Verwandtschaft mit dem »Pleading« im Rechtsstreit hatte, bei dem die Grundidee war, daß sich die Gegner in Widersprüche verstrickten. Trotzdem blieben die Parlamentsabstimmungen, ähnlich wie die Wahlen, ein »bargain« der Regierung mit den Inhabern der Parlamentssitze. In beiden Fällen wurde um die Stimmen gefeilscht. Dennoch glaubte man an Wert und Sinn der Debatten, die immer auch zu überzeugen versuchten, und weit davon entfernt waren, nur fixierte Stellungnahmen zu formulieren. Die Geschäftsordnung nötigte zu dialogisch ausgemünzten Reden und verbot die Wiederholung bereits vorgebrachter Argumente. Indem Walpole die Tore zu Amt und Würden für alle schloß, die nicht von vornherein seiner Politik zustimmten, schuf er sich eine feindliche Phalanx, die ein eigentümliches Aufgabenbewußtsein und eine besondere parlamentarische Methode, eine Form des kritischen Gegenargumentierens entwickelte, die als Normalstatus des politischen Lebens angesehen wurde.

Die Opposition war ursprünglich die Antwort auf einen bestimmten innenpolitischen Zustand oder Mißstand, den Walpole mit seiner Monopolisierungspolitik verschuldet hatte. Sie ging aber über eine bloße Antwort weit hinaus, indem sie als politische Idee und aus der Notwendigkeit eines relativ geschlossenen Gedankenzusammenhangs begriffen wurde. Bolingbroke war es, der aus seiner exzentrischen Position außerhalb von Parlament und Amt die Opposition mit der Würde einer Theorie ausstattete. Sie war der Angelpunkt seiner politischen Philosophie, in welcher der ständigen Verrottung von oben durch eine ständige Regeneration von unten her begegnet werden mußte. Der innerparlamentarische Zwiespalt bezeugte für Bolingbroke, daß das Parlament eine moralische Natur hatte und die permanente Selbstreinigung im Widerspiel von Regierung und Opposition Ausdruck seiner Moralität war. Die Theorie griff hier der Praxis vor; der Dualismus der Walpole-Zeit löste sich auf, und erst im 19. Jahrhundert entwickelte sich ein Zustand, wonach die ganze Nation sich aus dem liberal-konservativen Dualismus politisch artikulierte und den Widerstreit als Ausdruck ihres moralischen Potentials verstand.

3.3. Die Legalisierung der Opposition

Ein wesentliches Mittel zur Legalisierung der Opposition im Parlament gegen die königliche Regierung war die deutliche Trennung von Verfassung und Regierung, von »Constitution« und »Government«, die Bolingbroke im letzten Brief seiner »Dissertation upon Parties« zum Angelpunkt seines Argumentierens gemacht hatte. Bei Locke gibt es eine solche nachdrückliche Unterscheidung nicht, wenn auch darauf zielende Bemerkungen nicht fehlen. Auch Locke spricht von rechtmäßigem Widerstand »by appeal to the laws«, woran Bolingbroke anschließt[9]. Deren schroffe Unterscheidung ergab sich daraus, daß die Glorreiche Revolution verbindliche Normen statuiert hatte, an denen sich die wechselnden Regierungen messen lassen mußten. Außerdem bezeichneten sich beide Parteigruppen als konstitutionell, und ihre grundsätzlichen Unterschiede nahmen die Formen von Kommentaren oder Interpretationsweisen der Revolutionsordnung an.

Selbst ein Mann wie Bolingbroke, der wegen seiner Verbindung mit dem Stuart-Prätendenten nicht mehr ins Parlament zugelassen wurde und der lauteste Kritiker des Whig-Regimes unter Walpole war, pries die Konstitution als ein allgemeines System, nach welchem die Gemeinschaft regiert werden wolle; sie sei gegründet auf den »ewigen Regeln wahrer Vernunft« und gerichtet auf die »Förderung des Glücks des Ganzen und jedes einzelnen«. Eine Regierung, die sich nach dieser Konstitution richte, sei »government by laws« und nicht »government by will«. Die Verfassung erfordert die Handhabung und Anwendung; sie ist ein »general system«, welches des »particular conduct« durch die Regierung bedarf[10]. Die Verfassung gibt dem Government die Regel, nach der regiert werden soll. Zwischen dem Allgemeinen der Verfassung und dem Besonderen der Regierung besteht kein Zwangsverhältnis.

Die Nähe zur Macht korrumpiert nach Bolingbroke jedoch die Regierung. Von ihr aus, von oben her, kommt der Hang zur Korruption, zur Befriedigung der Eigeninteressen. Die Freunde der Regierung sind nicht immer auch die Freunde der Verfassung. Es bedarf einer Verfassungspartei, die das Allgemeininteresse gegenüber der Regierung vertritt. Das kann nur die Gruppe sein, die von der Regierung ausgeschlossen und nicht durch Macht korrumpiert ist. Die Opposition ist wahre Partei, die Regierungsgruppe jedoch entartet zur »faction«. Für Bolingbroke muß es Parteien im Parlament geben; aber sie scheiden sich nur noch durch ein moralisches Gefälle. Dabei ist die Opposition »the ordinary method of cure«. Die normale Heilmethode ist eine permanente Reform auf »Right Reason« hin. Die Opposition vertritt das Anliegen des ganzen Landes, sie ist die »Country Party« und steht gegen die »Court Party«. Sie vertritt »general principles« gegen die »particular measures of government«[11]. Mit ihr sollte nach Bolingbroke die permanente Reformation zur Staatseinrichtung werden.

Bei ihm spielte die Konstitution eine ähnliche Rolle wie bei den Opponenten des 17. Jahrhunderts die alten englischen Rechte, »the English Inheritance«. Sie erschöpfte sich für Bolingbroke nicht in den Gesetzen von 1689, 1701 und 1714, sondern umschloß den sozialen, rechtlichen und politischen Gesamtbau; sie erstreckte sich in etwa auf das, was Locke mit dem Naturzustand der Gesellschaft gemeint hatte oder was als »ancient constitution«, als »Jus« oder als die »Gesetze Edwards des Bekenners« seit alters her vorgegeben war und als die Identität des Gemeinwesens angesehen werden kann. Das kam dem konservativen Legitimismus der Tories entgegen. Das alte »Non-Resistance«-Prinzip der Tories taucht als legitimistischer Konservativismus wieder auf; es gilt voll und ganz gegenüber der Gesamtordnung. Widerstand ist ein Ausnahmefall und erst berechtigt, wenn das Volk auf sein ursprüngliches Recht als »Constituante« zurückgreifen muß. Opposition dagegen ist der Normalfall und ein permanentes Mißtrauensvotum gegen die menschliche Natur, gegen die Menschen in Regierung und Verwaltung.

Bolingbrokes ausdrückliche Abhebung der Opposition vom Widerstand und die Betonung ihrer Loyalität gegenüber der Herrschaftsordnung sollten die Tories gewinnen, die stets an den Einzelmaßnahmen der Regierung herumnörgelten, aber eine systematische Opposition gegen die königliche Regierung für unerlaubt hielten. Die Opposition rühmte sich ihrer Legalität und Loyalität, und angesichts des Jakobitenaufstandes von 1745 grenzte sie sich von Aufruhr ab: Opposition sei bekömmliche Medizin, Rebellion aber tödliches Gift[12].

Das Aufkommen einer neuartigen und planmäßig vorgehenden Opposition gab Anlaß zu einer ständigen Debatte über die allgemeinen Grundlagen von Staat, Gesellschaft und Verfassung, über die Grenzen der Wirksamkeit des Staates und über die Möglichkeit einer Verrechtlichung der Politik.

Dabei ergaben sich allgemeine Unterschiede, in welchen die ursprünglichen Gegensätze zwischen Patriarchalismus und Vertragslehre, zwischen organisch gewachsener und vereinbarter politischer Ordnung, von Tory und Whig, erkennbar blieben. Für die Tories hatten die Gesetze nur deklaratorischen Charakter; sie formulierten lediglich eine vorgefundene traditionelle Ordnung und hatten keine Befugnis über die ursprünglich gegebene Gerechtigkeit hinaus, für die Whigs ergab die formell korrekte Statuierung bereits ihre Verbindlichkeit.

Dieser Unterschied in den Perspektiven setzte die gemäßigten Tories, die sowohl den Tory-Willkürkönig als auch das Whig-Willkürparlament ablehnten, in Beziehung zu den Common-Law-Juristen der frühen Stuart-Zeit, die in Recht und Sitte, in Common Law und Magna Carta den souveränen Ausdruck der Weisheit des Ganzen erblickten. Die Whigs sahen darin zeitbedingte Willensäußerungen, die mit der Zeit änderungsbedürftig waren. Sie neigten dazu, daraus die legale Omnipotenz des Parlaments abzuleiten, die der Opposition den Boden entzogen hätte. Für die Tories dagegen waren die historisch gewachsenen Rechtsverhältnisse und Rechtsverfahren Ergebnisse präexistenten Rechts, jenseits menschlicher Setzung. Das »Statute Law« war für sie neues und darum geringeres Recht, das sich erst durch Integration in vorhandenes Recht über die praktizierenden Richter legitimieren mußte.

Aus diesem Bereich eines überkommenen und allseits anerkannten Rechts, der »Inheritance« und dem »Birth Right« aller Engländer, setzte die Opposition der legalen Omnipotenz des Parlaments Schranken. Sie selber konnte erst im Schutze des an diesem Bereich sich orientierenden Parlamentsrechts und unter Ausschöpfung der Geschäftsordnung bleibender Faktor im Entscheidungsprozeß der Legislative werden. Sie stellte sich einer Entwicklung entgegen, die auf unbeschränkte Souveränität des Parlaments hinauslief.

Dem Legalismus der Whigs setzten die Opponenten den Legitimismus der Tories entgegen, den statuierten Formen der Verfassung das Substrat der Gemeinschaft als sittliches Potential. Eine Verfassung im strengen Sinne als schriftlich fixiertes und geschlossenes System gab es in England gar nicht. Für diese frühen Konservativen war »The Constitution« eigentlich England selber als geschichtliche, rechtliche, religiöse, soziale, wirtschaftliche und kulturelle Größe. Der Geist der Verfassung lag nicht im Buchstaben, sondern im »Genius of the Nation«, im »Spirit of Liberty«, ohne welche der menschlich bedingten Korruptibilität des Gemeinwesens nicht Einhalt geboten werden könne.

Wäre der Staat nur eine »joint stock company«, eine Aktiengesellschaft mit Satzungen über Eintritt, Austritt, Haftung, Beschlußfassung usw., an welcher der einzelne Aktionär und Profitbeteiligter ist, würde ihm jede höhere Sanktion fehlen und eine organische, von Gesinnung getragene Einheit nicht zustande kommen. Er wäre nur eine Gesellschaft mit beschränkter Haftung, im Grunde ein banales Geschäft, das jederzeit rückgängig zu machen wäre. Indessen beruht für die Tories die Herrschaftsordnung nur auf Vereinbarungen, die aus der vorgegebenen Natur des Ganzen zustande kommen, daher nicht konstituierend, sondern ratifizierend sind, die nichts grundlegend Neues schaffen, sondern das Überkommene erläutern oder den mit ihm übereinstimmenden Sinn wiederherstellen. Am Anfang stand nicht die Subjektivität, sondern der Konsens. Ein Vertrag ohne vorauslaufendes Sichvertragen war für die Tories unverständlich und leere Konstruktion. Für diese Tories war die Kontraktidee mehr eine Gelegenheit zur Analyse der politischen Bindung als ein Glaubensartikel. Es lag ihnen fern, daraus allein eine Prozeßlage Individuum versus Staat zu konstruieren oder die bestehende politische Ordnung auf eine freiwillige vertragsgegründete Unterwerfung zu reduzieren. Eine bloße Übereinkunft konnte für sie nicht Substanz und Wesen des Lebens begründen, es sei denn, sie nimmt sich als Teil »in the great primaeval Contract of Eternal Society« (Burke)[13].

Dabei kann man nicht wie beim Normalvertrag der bürgerlichen Welt von einer gleichberechtigten Partnerschaft zwischen Regierung und Gesellschaft sprechen, die ohnehin im Wechsel der Verhältnisse immer nur auf Zeit gemeint sein kann. Ein rechtlicher Gesamtzustand geht dem Urvertrag voraus, aus dem sich dessen legaler Modus erst konstituiert, so wie dem Herrschaftsvertrag ein Gesellschaftsvertrag vorausgedacht werden muß, der Konsens aller. Außerdem kann weder die Gesellschaft noch die Regierung ein gleichbleibender Partner sein, weil beide sich verändern. Ein Vertrag zwischen ihnen muß immer wieder auf den ursprünglichen Zweck zurückgeführt werden, dem er seine Entstehung verdankt. Der Partner der Gesellschaft wird sogar durch den Vertrag erst geschaffen und hat ihr gegenüber keine Rechte, sondern nur Pflichten. Die Regierung und auch das Parlament sind lediglich »trustees«, Treuhänder des Volkes, die an ihren »Trust« gebunden sind.

Der »Trust« ist eine von John Locke ins Spiel gebrachte Modifikation des Vertragsgedankens und im strengen Sinne kein zweiseitiger Vertrag, sondern ein einseitiges Verhältnis, das keine legislative Omnipotenz zuläßt. Sogar der König kann seinen Trust verraten, ebenso das Parlament, meint Bolingbroke und beruft sich dabei auf Locke. Nach ihm haben die Peers ein inhärentes Recht anvertraut bekommen, während die Commons nur ein delegiertes Recht besäßen; sie seien »trustees chosen by the electorate« und damit der Wählerschaft verantwortlich, die ihre Rechte nicht aufgebe, sondern nur delegiere. Häufige Wahlen und Kontrollen seien notwendig »for the discharge of the trust committed to them«; in ihnen äußert sich das Recht des Volkes, »to keep their representatives true to the trust reposed in them«[14]. Hier scheint sich der »Trust« fast dem Charakter eines Mandates, einer Delegierung, zu nähern. Dies ist aber nicht im Sinne einer reinen Ausführungsverantwortung gemeint, sondern im Sinne einer Treuhandschaft, wonach ein ständiger Zusammenhang, eine Verbindung nach unten und umgekehrt eine Einflußnahme von unten nach oben, sich aus der Figur eines »Trust« ergibt. Die Regierung als Treuhänder der Verfassung bedeutet, daß ihre Gewalt nicht »property« ist, sondern »trust«, nicht dem Buchstaben eines Vertrags, sondern dem Geist der Verfassung verpflichtet, einer Verantwortung, deren Inhalt vom moralischen Potential des Gemeinwesens, vom allgemeinen Rechtsempfinden und der öffentlichen Meinung und auch von den Zeitläuften mitbestimmt wird.

Warum drehte sich das Denken der Opposition gegen Walpole

um diese Frage des »Trust«? Einmal weil der strenge Vertragsgedanke für sie abwegig war, da bei gleichberechtigter Partnerschaft jede Seite behaupten konnte, der Vertrag sei gebrochen und der Naturzustand eingetreten. Das zweite war, daß eine reine Vertragsobligation von Individuen die strenge Majoritätsregel impliziert und die Unterwerfung der Minderheit als notwendig zur Erzielung einer einheitlichen Bewegungsrichtung des politischen Aggregats verlangt. Die Opposition einer Minderheit gegen die erklärte Mehrheit war nach der konsequenten Kontraktlehre illegal. Locke sah nur gelegentliche Opposition gegen den Mehrheitswillen vor, aber keine Opposition gegen die Regierung schlechthin. Erst die erweiterte Auffassung der Konstitution als einer Nachbildung der moralischen Welt vermochte gegensätzliche Momente zu legitimieren. Wenn nur die Majoritätsregel gelten und die Regierung sich nur als bestellter Ausschuß der Parlamentsmehrheit betrachten sollte, hätte die Minderheit jegliche Funktion verloren. Erst die Opposition im Parlament hielt die Verfahren im Gang, die den Rechtscharakter seiner legislativen Maßnahmen ausmachten.

Gewiß waren Parlamentsbeschlüsse eo ipso legal und legitimierten sich an formalen Kriterien, die eingehalten werden mußten. Aber der an festliegende Verfahren gebundene Modus der Gesetzgebung erinnerte an die Superiorität des Rechts, die bei Einklang von Regierung und Mehrheit nur von der Opposition zur Geltung gebracht werden konnte. Das »Government« als Handhabung der Macht mußte sich einem Rechtsverfahren fügen, in welchem die Opposition das allgemeine Interesse vertrat, weil sie außerhalb der Macht stand. Für Bolingbroke war der innerparlamentarische Pluralismus Voraussetzung zur Einhaltung des vorgeschriebenen Rechtsverfahren. Im Grunde war die Geschäftsordnung des 18. Jahrhunderts noch ein Mittel zum Schutz der Minderheiten, die zu Wort kommen sollten. Das zeigte sich etwa daran, daß von der Regierung eingebrachte »Public Bills«, die keine Mehrheit fanden, nicht abgelehnt, sondern nur vertagt wurden und damit verschwanden. Die parlamentsrechtliche Vertagung bedeutete politische Verneinung, ohne den Anschein einer Illoyalität. Erst im 19. Jahrhundert wurde die Geschäftsordnung ein Mittel zur Sicherung effektiver Regierungsarbeit.

Der Kampf der Opposition richtete sich nicht nur auf ihre konstitutionelle Zulassung, sondern auf eine positive Aufgabe, nämlich die Handhabung der Macht einem Rechtsverfahren zu unterwerfen, das aus der Analogie zur Rechtshandhabung begründet werden konnte. Das Mittel dazu war die Gewaltentrennung, die sie im Namen der Balance von König, Oberhaus, Unterhaus und Justiz verfocht. Die Opposition hoffte, durch Trennung von Exekutive und Legislative, von Krone und Parlament, das ihr angehängte Odium der Illoyalität gegenüber der Krone zu beseitigen; die Regierung fürchtete jedoch, daß die Ausschaltung des Kroneinflusses im Unterhaus ihr ein Management der Abgeordneten unmöglich gemacht und zum Verlust der Regierungsfähigkeit geführt hätte.

Eine strikte Gewaltentrennung hätte den Lebensnerv des Walpole-Systems getroffen und vertrug sich schlecht mit der konstitutionell vorgeschriebenen Balance, die die gemeinsame Beteiligung von König, Lords und Commons an der Legislative vorsah und allgemein anerkannter Grundsatz der Verfassung war. Die Dreiteilung der Legislative im Sinne einer gemischten Verfassung verlangte allerdings, daß neben dem monarchischen und aristokratischen Faktor auch der im Unterhaus verkörperte demokratische Faktor voll zur Geltung kam, also jede verfassungswidrige Abhängigkeit, etwa durch »Influence« der Krone, vermieden war.

Dadurch schienen Balance und Gewaltentrennung gleichzeitig notwendig zu sein. In Wirklichkeit war die Regierung mit der Krone im Rücken übermächtig, weil sie die alte, dem König nach der Restauration noch unvermindert verbliebene Patronage ins Spiel bringen konnte und jede Unterhausabstimmung sich von ihr manipulieren ließ. Darum wurde schließlich die Gewaltentrennung für die Opposition das Hauptmittel, ihre Vorwürfe gegen die Regierung zu begründen. In der Tat war sie im Act of Settlement von 1701 zum Bestandteil der Revolutionsregelung geworden und durch die Gesetze von 1705 und 1707 zwar gemildert, aber keineswegs aufgehoben worden.

Sie wurde von Anfang an aus Rechtsvorstellungen des Common Law und des Naturrechts abgeleitet. Die Trennung der Funktionen in der Justiz nach dem Grundsatz, daß niemand Richter in eigener Sache sein dürfe, war schon bei Locke als der entscheidende Grundsatz zur Verwirklichung von Recht und als wesentlich für den Übergang vom Naturzustand zum politischen Status herausgestellt worden. Bei Bolingbroke schließlich war die Gewaltentrennung die Voraussetzung, um die Politik der Regierung einem Rechtsverfahren unterordnen zu können. Wie Locke sich auf Lawson (1660) stützte, berief sich Bolingbroke auf Nathaniel Bacons »An Historical Discourse of the Uniformity of the Government of England« (2 Bde., London 1647 u. 1651), der sich wiederum auf die sächsische Vorzeit bezog und dort das Trennungsprinzip bereits vorfand. Er stieß darauf außerdem bei den vielen Verfassungsingenieuren des 17. Jahrhunderts, wie bei Harrington und Milton, die zwar meist mehr die Mechanik des politischen Entscheidungsprozesses im Auge hatten, aber den Vollzug der Konstitution durchweg als angewandtes Recht betrachteten (vgl. Kap. 2.3.).

Für die Opposition war die institutionelle Garantie einer Rechtswahrung durch Sicherung einer unabhängigen Kontrollinstanz am wichtigsten. Die ganze Polemik gegen Korruption, Patronage, »Influence«, gegen »pensioneers«, »placemen« oder »bribery« war ein Plädoyer für die Trennung von Exekutive und Legislative, von Regierung und Parlament, die praktisch unmöglich war und paradoxerweise eine beträchtliche Machtminderung der Krone nach sich gezogen hätte. Jene »Interest« schaffende Praxis der Regierung war bei der Zerklüftung des Parteiwesens kaum zu umgehen, und ein Ausscheiden der Amtsinhaber und Pensionäre aus dem Parlament hätte die Kontinuität der Zusammenarbeit zwischen Regierung und Unterhaus ernstlich gefährdet. Selbst ein David Hume hielt die »Korruption« für notwendig. Das konstitutionelle Ziel der Opposition, das ihre Loyalität und Legalität sichern sollte, bedingte fatalerweise eine weitgehende Schmälerung der königlichen Machtposition. Die Whigs traten für die Aufrechterhaltung des Kroneinflusses ein; die Bolingbroke-Tories waren dagegen. Sie verlangten eine Distanzierung der Krone vom Unterhaus, wie sie erst im 19. Jahrhundert verwirklicht wurde.

Die Gewaltentrennung wurde stets auch aus der Tory-Pathologie der politischen Formen begründet, wonach jede Regierung auf die Dauer korrumpiert wird. Dagegen hilft nur eine Rotation der Regierung und der Ämter, um immer wieder die aufgelaufene Korruption abzuschöpfen. Von unten, aus der Machtlosigkeit, steigen die »Patrioten« empor, die frischen Wind bringen, aber bald auch wieder von unten abgelöst werden müssen. Diese populäre Vorstellung eines moralischen Degenerations- und Regenerationsprozesses beherrschte die öffentliche Meinung, die vorwiegend auf die Opposition hörte und sie als den natürlichen Anwalt des ganzen Gemeinwesens ansah. Damit wurde der innerparlamentarische Dualismus »Opposition versus Government« wie eine perpetuierte Prozeßlage angesehen, die der Mechanik des gemischten Staates den Gedanken einer vorgegebenen Substanz von Recht und Gesetz und eines moralisch auslegbaren Widerspiels einfügte, das nie zu Ende kommen kann. Die dahinterstehende Auffassung von Recht und Politik ließ sich nicht mit der dezisionistischen Souveränitätslehre vereinbaren, für die ein Gesetz stets der Willensakt des Souveräns ist. Die unbehinderte legislative Omnipotenz des Parlaments war für die Opposition nicht akzeptabel. In der Abwehr eines solchen hybriden Anspruchs waren sich Krone und Opposition einig. Schon damals stand und fiel das Parlament mit dem Vorhandensein einer Opposition, deren Wirksamkeit die Eigenständigkeit des Parlaments erst sicherte[15].

Die erste Oppositionstheorie wurde von Bolingbroke entwickelt. Sie war der verallgemeinerte Ausdruck einer eigentümlichen Form der Innenpolitik, die sich in Disputen und im Widerspiel von Aktion und Kritik entfaltete – zuerst innerhalb des Parlaments, dann aber auch in der Publizistik und öffentlichen Meinung. Das Recht auf Opposition wirksam werden zu lassen und die freie Auseinandersetzung in die politischen Entscheidungsprozesse einzubauen, war die bleibende Errungenschaft des 18. Jahrhunderts[16].

Man hielt die Herausbildung eines einheitlichen Gesamtwillens bei politischen Entscheidungen nicht für möglich und auch im Interesse der Freiheit nicht für wünschbar, zumal das mangelhafte Wahlsystem nicht zuließ, in einer parlamentarischen Mehrheit auch den Volkswillen verkörpert zu sehen.

Auf der Entstehung und Fortdauer der beiden großen Heerlager von Whigs und Tories, die in wechselnden Formen die zwei maßgebenden politisch-religiösen Grundstimmungen der Nation vorstellten, baute sich die weitere Verfassungsgeschichte auf. Dies führte in Verbindung mit anderen Begleitumständen zu der Grunderfahrung, daß die öffentliche Meinung der Nation sich nur in Form ständiger Kontroversen und Diskussionen formulieren konnte. Ein politischer Volkswille konnte hier nicht als eindeutiger consensus omnium erscheinen und auch nicht unbestritten in einer Majorität oder gar in einer Minorität sich ausdrücken, sondern nur in der Spannung zwischen beiden hervortreten. Bei Weglassung einer Seite wäre die Meinung der Öffentlichkeit nur verstümmelt zum Ausdruck gekommen. Das Ja und Nein, das Miteinanderringen von Gegensätzen wurde zusammen als Äußerungen eines nationalen Dialogs angesehen. Der parlamentarische Dualismus war Erbe einer einzigartigen geschichtlichen Situation, deren Bewältigung durch die Glorreiche Revolution einen politischen Sinn hervorbrachte, der diesen Dualismus akzeptierte und moralisch interpretierte.

Damit traten der Begriff und die Funktion einer »Partei« ins Leben, die lange Zeit diskreditiert war und eigentlich erst durch Bolingbroke und Burke als positiver Faktor des politischen Lebens anerkannt wurde. Die Legalisierung der parlamentarischen Opposition war dazu ein wichtiger Schritt. Die jeweilige Opposition als Debattenpartner oder Mitgestalter der Politik abschaffen, hieß schon zur Zeit Walpoles die Souveränität des Volkes und die politische Freiheit abschaffen.

In diesem Bewußtsein rühmten sich die Engländer des 18. Jahrhunderts, die freieste Verfassung der Welt zu besitzen. Das politische Widerspiel im Parlament und dann vor dem Forum der Öffentlichkeit, Kritik und Opposition, waren für viele Engländer eine patriotische Tat, die Bestätigung und Ausübung ihrer Freiheit. Hier boten sich artikulierte Alternativen an, die durch die Wände des Parlaments nach draußen drangen und das gesellschaftliche Leben in Gespräch, Publizistik und Literatur bestimmten. Nur zu Anfang war die Opposition ein wohl oder übel zu tolerierender Mißstand, dann aber wurde sie ein Anwalt des Rechts und der Öffentlichkeit und schließlich im 19. Jahrhundert »His Majesty's alternative Government« mit der Pflicht zu opponieren. Ohne sie würde das parlamentarische Leben zum Stillstand kommen.

Das englische 18. Jahrhundert ging den Weg von der Opposition de facto zur Opposition de jure, als es nicht mehr um ›Fundamentals‹ ging, sondern um aktuelle Politik.

3.4. Reformbewegungen und die Anfänge
der modernen Kabinettsregierung

Die Thronbesteigung Georgs III. (1760-1820) war eine Wende, da der junge König dem Machtanspruch der großen Familien eine Grenze setzte und versuchte, als »Patriot King above all Factions« das letzte Wort in der Politik zurückzugewinnen. Er suchte seine Patronage über Ämter, Sinekuren, Titel und Pensionen im Interesse einer überparteilichen Regierung einzusetzen. Er überbot das Ausmaß der Whig-Patronage, indem er sich eine folgsame Truppe der »King's Friends« im Unterhaus verschaffte und über 192 »placeholders« und geheime »pensioneers« und »contractors« (Lieferanten des Hofes) ohne Hilfe der Parteien zu regieren versuchte. Das Kabinett sollte Instrument des königlichen Willens sein und das Parlament dem »Influence« der Krone gehorchen. Vier Regierungen lösten sich 1761 bis 1768 ab, bis Georg III. über den zerfallenden Familienkliquen die Regierung North (1770-1782) berief, die sich zwölf Jahre lang am Ruder halten konnte. Erst der unglückliche Ausgang des Krieges gegen Nordamerika (1775-1783) beendete das persönliche Regiment des Königs. Die gesetzlichen Reformen von 1782 schränkten die Kron- und Regierungspatronage ein, verhinderten aber nicht das Vorwalten von Kliquen und Coterien, bis der jüngere Pitt mit der Krone, der Reformbewegung und der Öffentlichkeit im Rücken in den Wahlen von 1784 einen Sieg errang, der erstmals auch dem Verhalten der Wählerschaft zu verdanken war und einen neuen Stil der Politik ermöglichte.

Schon vorher hatten der Sturz des vergötterten Ministers Pitt 1761 und der Vergleichsfriede von Paris 1763 allgemeine Empörung geweckt. Das Unterhausmitglied John Wilkes griff im »North Briton« diesen Frieden und darüber hinaus unerhörterweise auch die Thronrede des Königs an, die er als faktische Regierungserklärung des Ministers auffaßte. Die Nr. 45 des »North Briton« wurde zum Feldgeschrei der Londoner, die die Verhaftung des Autors mit dem Ruf »Wilkes and Liberty« beantworteten. Trotz Geld- und Haftstrafe kandidierte Wilkes dreimal für die Grafschaft Middlesex, dreimal annullierte das Parlament seine Wahl. Obwohl es einen Strom von Petitionen und Demonstrationen für ihn gab, erklärte das Unterhaus ihn am 19. Februar 1770 für unfähig, jemals einen Parlamentssitz einzunehmen. Als Wilkes nach Begleichung seiner Schulden und Verbüßung seiner Haftstrafe 1770 entlassen wurde, war er ein gefeierter Mann. Er wurde 1774 Lord Mayor von London und errang einen Monat später ohne Gegenkandidaten den Sitz von Middlesex; er kehrte ohne formelle Rehabilitierung ins Unterhaus zurück. Die Metropole hatte dem korrupten Parlament die Stirn geboten. Das Parlament hatte nicht mehr den Mut, gegen die Parlamentsberichterstattung zu intervenieren. Die Freeholders von Middlesex hatten die Entscheidungskompetenz des Parlaments in Wahlsachen mit Erfolg bestritten. Fortan wagte kein Unterhaus mehr, einen korrekt gewählten Kandidaten abzulehnen. 1782 wurde der Ausschluß von Wilkes, als mit den Rechten der Wählerschaft unvereinbar, aus dem Protokoll des Unterhauses gestrichen.

Der Londoner Radikalismus rüttelte mit seinen Reformforderungen für ein allgemeines Wahlrecht, für ein Instruktionsrecht der Wählerschaft und jährliche Parlamente an den Grundlagen des auf »Property« und »Trust« gegründeten Parlamentssystems. Überall bildeten sich »Constitutional Societies« oder »Societies of the Supporters of the Bill of Rights« oder eine »Grand National Association«. Die »Gordon Riots« in London 1780, die Reformagitation und der Sturz von North 1782 nötigten den König, ein Kabinett der Reformer zuzulassen, bis nach einigen weiteren Verlegenheitslösungen der jüngere Pitt gegen die Unterhausmajorität an den »Sense of the Nation« appellierte und die Grafschaften und Boroughs, einschließlich Middlesex und Yorkshire, sich für Pitt entschieden. Die Mitwirkung der Wählerschaft ließ erstmals das Dreiecksverhältnis von Regierung, Parlament und Wählerschaft erkennen. In den traditionellen Wahlvorgang spielten plebiszitäre Antriebe und neue Formen des politischen Kampfes hinein. Die meisten Wähler stimmten zwar nur für Pitt als Kronkandidat, aber er erschien auch als Vertrauensmann der Wählerschaft und konnte sein Kabinett zu einer größeren Solidarität dem ersten Minister gegenüber verpflichten.

Pitt zog entschlossen die Konsequenz aus der britischen Niederlage von 1783, indem er den Merkantilismus aufgab und das Schwergewicht der staatlichen Wirtschaftslenkung ganz im Sinne Adam Smiths auf die Ordnung der Finanzen legte. Die Regierung des jüngeren Pitt (1783-1801; 1804-1806) fällt mit dem Zusammenbruch des ersten britischen Kolonialimperiums und dem Beginn der Wandlung des alten England zum modernen industriellen Staatswesen zusammen. Die Folgezeit bis 1832 ist eine zusammenhängende Epoche mit sich entfaltenden Tendenzen. Pitt war der letzte große Staatsmann des 18. Jahrhunderts und der erste des 19. Jahrhunderts. Die Aprilwahlen von 1784 brachten ihm einen erdrutschartigen Sieg. Von da ab blieben die Tories für ein halbes Jahrhundert an der Macht.

Die eindeutige Entscheidung der Wählerschaft machte die bisherigen Kombinationen hinfällig und fixierte den Sitz der Souveränität, der bisher unbestimmt geblieben war, auf jenen Ausschuß der Parlamentsmehrheit, der nun allein aktionsfähig und aktionsberechtigt war. Die Prärogative der Krone bei der Bildung der Regierung blieb unbestritten, aber die eigentliche politische Entscheidung war der Krone entglitten. Pitt baute eine geschlossene Kabinettsorganisation auf, die sich erstmals nur aus den amtierenden Ministern zusammensetzte und über die einzuschlagende Politik zu verständigen hatte. Die verantwortliche Leitung lag beim Premierminister; die kollektive Kabinettsverantwortung blieb ihm untergeordnet. Mit der Zeit gewann Pitt eine Autorität, die den König daran hinderte, in die Ressorts hineinzuregieren. Jetzt erst gab es eigentlich »His Majesty's Government«, eine vom Premier geführte Gruppe, die seine Politik in Verantwortung vor Krone, Parlament und Öffentlichkeit verfolgte. Damit waren die alte Prärogative der Krone und die inzwischen errungenen Privilegien des Parlaments im »Cabinet Government« versöhnt. In etwa hatten sich 1784 die Counties und Boroughs gegen das Unterhaus und für den Kronkandidaten entschieden, der das Kabinettssystem errichtete, welches den Sitz der politischen Souveränität darstellte und die Unterhausmajorität zum Gehilfen des »Government« machte. Jetzt erst war verwirklicht, was Bolingbroke seinerzeit erstrebt hatte, nämlich ein »Government by Constitution«, außerhalb des Parlaments und auch außerhalb des Privy Council, zugleich aber als designierter Ausschuß der Parlamentsmajorität dem Hause verantwortlich.

Der jüngere Pitt war für den König der letzte Retter in der Not. Sein Machtanstieg wäre ohne die Mitwirkung einer lautstarken öffentlichen Meinung nicht denkbar gewesen. Die Bildung einer Kabinettsregierung war »die entscheidende Tatsache der Zeit zwischen 1784 und der Großen Reform von 1832« (Karl Löwenstein), ohne daß alle Voraussetzungen zu einer wirklichen »Kabinettsregierung« erfüllt waren.

Der Ausdruck »Cabinet« kam erstmals unter König Karl II. in Gebrauch; aber der jüngere Pitt gab diesem Begriff erst einen eindeutigen Inhalt, der mit der Zeit aus ihm ein Verfassungsorgan machte. Der Prime-Minister und sein Kabinett stellten die eigentliche Regierungsführung dar: Die vom Parlament zu beratenden »Public Bills« wurden nunmehr vom Kabinett eingebracht, in dessen Händen auch die Durchführung der Entscheidungen in Gesetzgebung und Verwaltung lag. Nicht nur die Richtlinien gingen hiervon aus, sondern »the political leadership« war Sache des Kabinetts und nicht des Parlaments. Der Prime Minister konnte den Zeitpunkt der Auflösung des Unterhauses bestimmen und auch sein Ausführungsorgan nach eigenem Ermessen umgestalten. Pitt blieb zwar noch auf die Krone angewiesen; erst die Ausbildung des Parteiwesens verschaffte später dem Prime-Minister als Führer der Mehrheitspartei im Unterhaus ein Maximum an Machtfülle. Aber Pitt hatte den schon bei Godolphin und Walpole erkennbaren und aus den Vorschlägen von Bolingbroke herauslesbaren Weg einer parlamentarischen Kabinettsregierung erfolgreich beschritten.

Er machte die Wahlen von 1784 aufgrund der Folgerungen, die er zog, zu einem Wendepunkt der Parlamentsentwicklung. Er konnte sich auf eine unabhängige Wählerschaft berufen, die der bisherigen Kliquenwirtschaft überdrüssig war und eine stabile Regierung sehen wollte. In gewisser Weise zogen die Wahlen von 1784 die Summe aus den mannigfaltigen Reformbewegungen und Turbulenzen seit 1768. Sie stellten ein für allemal fest, daß erst die Wählerschaft, so unvollkommen repräsentiert sie damals auch war, dem von der neuen Mehrheit im Unterhaus getragenen Prime-Minister und seinem Kabinett die Legitimation verschaffte. Gleichzeitig erhielt das Zweiparteiensystem, das unter den ständig wechselnden Kombinationen untergegangen zu sein schien, durch die lange Herrschaft der Tories einen starken Auftrieb. Das fünfte Parlament Georgs III. wurde außerdem das längste Parlament des Jahrhunderts, das von 1784 bis 1795, fast zwölf Jahre lang, amtierte.

Natürlich blieb bis zur Bürgerlichen Reform von 1832 und darüber hinaus die Zustimmung des Monarchen für die Einsetzung des Kabinetts unentbehrlich. Jedoch hatten die gesetzgeberischen Reformen, besonders die »Civil List Act« von 1782, den »Influence« der Krone beschnitten und kontrollierbarer gemacht. Ein besoldetes Beamtentum schränkte die königliche Ämterpatronage empfindlich ein und wurde vom Kabinett kontrolliert. Der König konnte im Einzelfall ministerielle Vorlagen ablehnen, griff aber nicht in die große Linie der Politik seines Ministers ein. Im Unterhaus stützte Pitt sich auf die etwa 190 Deputierten, die im Dienst des Königs standen, und das Oberhaus überschwemmte er mit ergebenen Leuten. Er kreierte bis 1801 etwa 140 neue Peers. Dies waren alterprobte Mittel, zu denen Pitt durch die Französische Revolution und den Irischen Aufstand genötigt wurde. Er mußte seine Reformvorhaben zurückstecken, um über die Krisen auf dem Kontinent und die inneren Spannungen durch Industrialismus und Ideologisierung hinwegzukommen. Der Staatsnotstand zwang ihn zu einer Repressionspolitik, die das Land die doppelte Herausforderung von außen und von innen überstehen ließ.

Aber die großen Themen, die zu seiner Zeit angeschlagen wurden, waren die Themen des 19. Jahrhunderts. Auf der einen Seite stand Edmund Burke, der die Parlamentsreform befürwortete, das Wesen und die Notwendigkeit politischer Parteien erkannte und guthieß und der in seinen »Gedanken über die Französische Revolution« (1790) das Rüstzeug für eine konservative Lebensanschauung lieferte; auf der anderen Seite stand Thomas Paine, der Protagonist des englischen Radikalismus, der mit seiner Schrift »Common Sense« (1776) den Amerikanern das revolutionäre Naturrecht brachte und mit seinen »Rights of Man« (1791) eine politische Fibel für die Massen aus seinem banalen Vernunftglauben heraus lieferte, die ihn zum meistgelesenen Publizisten in England, Frankreich und Amerika machte. Aus der ungeheuren Wirkung Paines lassen sich die Chancen ermessen, die sich in England boten. Er verband als erster die Politik mit den neuen Bedingungen des Industrialismus und predigte als Staatsideal den Wohlfahrtsstaat. Dieser Apostel der Weltverbrüderung und der Weltrevolution war der Gegenpol zu Burke, der ihn freilich als geistige Potenz weit überragte. An der Französischen Revolution schieden sich die Geister.

William Pitt, der sich einen »independent Whig« nannte, verband sich im Kampf gegen die Französische Revolution mit den Tories. Sein Gegner Charles Fox, ein reicher Edelmann mit Stuartblut und verwandt mit Bourbonen und Medicis, wurde Champion der demokratisch-liberalen Sache. Er wurde zum Verfassungsreformer, als es zu spät war. Er allein stellte der Politik Pitts stets eine Alternative gegenüber, so daß er als der erste große Führer einer parlamentarischen Opposition in die Geschichte eingegangen ist. Der eigentliche Wegbahner eines utilitaristischen Liberalismus war jedoch Jeremy Bentham, der den in der Reaktion erstarrenden Konservativen ein geradezu absolutistisches Bauprinzip entgegensetzte: »das größte Glück der größten Zahl«, mit welchem er die politische Welt auf einen banalen Nutzenkalkül reduzierte. Seine Lehre war ein Ferment der Zersetzung und lieferte der bürgerlichen Reformbewegung das geistige Rüstzeug.

4. Der Übergang
zur industriellen Massengesellschaft

4.1. Der Weg zur Reform

Schon in der zweiten Hälfte des 18. Jahrhunderts war deutlich geworden, daß die Trennwand zwischen Parlament und Öffentlichkeit durchlöchert war, bis dann der jüngere Pitt mit seinem Appell an das Volk im Jahre 1784 sogar die Wählerschaft für sich zu gewinnen vermochte. Allerdings war Pitt auch der Kronkandidat, der die beachtliche Wahlmacht der Krone auf seiner Seite hatte. In der langen Epoche von 1714 bis 1830 hatte noch nie eine königliche Regierung die allgemeinen Wahlen verloren, und noch nie hatte die Krone vergeblich an die Wählerschaft appelliert.

Zum ersten Mal kam es anders, als nach dem Tode König Georgs IV. (1820-1830) Wellington das Unterhaus wie üblich sofort auflöste. Er tat es in der berechtigten Erwartung, daß die Neuwahlen wiederum nach den Wünschen der Regierung ausfallen würden. Das Gegenteil trat ein. Der Sieg der Whigs über das Tory-Regiment wurde unter der Parole einer durchgreifenden Parlamentsreform errungen. Bald darauf dankte Wellington nach Überprüfung des Parlamentswillens für sich und alle seine Kollegen ab und empfahl Lord Grey als seinen Nachfolger. Die öffentliche Auflehnung hatte dieses Wunder vollbracht. Darin lag das zukunftsweisende Ereignis, daß der Regierungswechsel als Folge einer allgemeinen Wahl erschien.

Das war nur möglich aufgrund einer allgemeinen Erregung der Öffentlichkeit, die durch außen- und innenpolitische Ereignisse alarmiert war. Einmal hatten die Julirevolution in Frankreich und die Augustrevolution in Belgien ganz Europa in Unruhe versetzt. Dann hatte sich in England nach Aufhebung der Knebelgesetze von 1820 und des Arbeiterkoalitionsverbots von 1799 in den Jahren 1824/25 eine Arbeiterbewegung mit Assoziationen und Unionen gebildet, die von London und Birmingham ausgehend die Losung von einer allgemeinen Parlamentsreform sich aneignete und das stärkste Druckmittel zur Durchsetzung der Reform wurde. Ferner gab es eine starke Evangelikale Volksbewegung, die sich vehement für die Menschenrechte einsetzte und im Jahre

1833 ihr wichtigstes Ziel, die Abschaffung der Sklaverei im ganzen britischen Herrschaftsgebiet, erreichte. Sie war der Hebel für eine allgemeine Reformgesinnung und wurde geradezu der moralische Kitt der aufstrebenden bürgerlichen Gesellschaft. Schließlich gab es noch eine Massenbewegung, die nach der Irischen Unionsakte (1801) unter den Katholiken Irlands entstanden war und die Gleichberechtigung der Katholiken im Lande und im Parlament von Westminster durchsetzen wollte. Die »Katholische Assoziation« unter Daniel O'Connel, einem geborenen Volksführer von Format, nutzte erstmals die Chance, alle Möglichkeiten einer modernen Massenorganisation in bezug auf Selbstfinanzierung, Zellenbildung, Demonstrationen, Daueragitation, Pressewesen, Petitionen, Provokationen auszuschöpfen, die das Parlament unter ständigen Druck setzten. O'Connel erreichte 1829 die Katholikenemanzipation, wonach Katholiken nach einer Loyalitätserklärung an den König (statt des bisherigen Suprematseids) in Ober- und Unterhaus zugelassen waren. Damit wurde demonstriert, was mit Organisation und Propaganda zu erzwingen war. Nach dem Beispiel der »Katholischen Rente« organisierten sich seit Ende 1829 vielerlei Massenbewegungen, die alle von der furiosen Schlußphase des Kampfes O'Connels beeindruckt waren.

Ein Hauptdruckmittel außerparlamentarischer Bewegungen war das Petitionswesen. Am Vorabend der bürgerlichen Reform nahm das anschwellende Petitionswesen die Form einer politisch-revolutionären Massenbewegung an. Im Jahr 1831 gelangten etwa 8900 Petitionen an das Haus, von denen 1800 in den Druck gegeben wurden. Das »Public Petitioning« hatte seine große Stunde in den letzten Jahren des »Unreformed House of Commons«[1]. Das Parlament konnte sich dieser Flut kaum erwehren und verfügte Restriktionen gegen tumultuarisches Petitionieren, durch welche Massenpetitionen kaum mehr möglich waren. Zum letzten Mal suchte der »Chartismus« (1838-1842/48) sein Heil in Massenpetitionen, die samt und sonders wegen formaler Mängel abgewiesen wurden.

Die Einbringung der Reformbill am 1. März 1831 weckte allgemeine Begeisterung. Als die Regierung in einer Abstimmung über die Unterhausmandate unterlag, erreichte Lord Grey beim König die Auflösung des Unterhauses und Neuwahlen. Unter dem Feldgeschrei »die Bill, die ganze Bill, und nichts als die Bill!« errangen die Whigs eine Mehrheit von 140 Stimmen. Die zweite Reformbill wurde am 24. Juli eingebracht und in der zweiten Lesung mit 367 gegen 231 Stimmen angenommen. Aber am 8. Oktober »killte« sie das Oberhaus mit 199 gegen 158 Stimmen.

Das schien angesichts der aufgeputschten öffentlichen Meinung die Revolution zu bedeuten. Die Zeitungen erschienen mit Trauerrand, die Läden schlossen, die Staatspapiere sanken ins Bodenlose, Menschen zogen drohend durch die Stadt. Verfassungsmäßig war jedoch nichts daran zu ändern, daß die Bill durchgefallen war. Die nächste Session begann aber erst im Dezember 1831.

Alle politischen Kräfte der Öffentlichkeit arbeiteten mit großem Geräusch, um die Reaktion einzuschüchtern. »The Poor Man's Guardian«, die erste wirkliche Arbeiterzeitung überhaupt, verkündete die Parole vom Klassenkampf der Arbeiter. Sie gab Anweisungen zum Straßenkampf und Barrikadenbau. Im Hauptquartier der Radikaldemokraten hatte der Schneider Francis Place, der erste Drahtzieher und Wahlplaner im modernen Sinne, alle Fäden in der Hand, um das Zusammenspiel von Regierung und Reformbewegung nicht zu gefährden und es bei Drohungen zu belassen.

Am 12. Dezember 1831 brachte Lord Russell zum dritten Mal die Wahlreform vor das Unterhaus, die dort am 19. März 1832 mit 324 gegen 162 Stimmen angenommen wurde. Die Lords hatten schon in der zweiten Lesung die Bill mit 184 gegen 175 Stimmen abgelehnt. In der dritten Lesung am 8. Mai nahmen die Lords das Gesetz an, nachdem sie seinen Kerngedanken, die Entrechtung der »verrotteten Flecken«, entfernt hatte. Das Kabinett forderte einen Peerschub von 50 Peers und demissionierte, als der König ablehnte. Am 9. Mai berief der König Wellington.

Jetzt erst stand die Revolution offenbar vor der Tür! – Petitionen überschütteten das Unterhaus mit der Aufforderung: »Keine Bill, keine Steuern!«

In dieser Stunde vollbrachte Francis Place sein taktisches Meisterstück, mit welchem er die Revolution vermied und die Reform rettete. Er entsandte nach allen Himmelsrichtungen Agitatoren, die die wildesten Drohungen ausstießen, und sorgte dafür, daß die Regierung davon Wind bekam. Außerdem organisierte er einen Run zur Geldabhebung und zum Wertpapierverkauf, um schlagartig das Bank- und Börsenwesen zu treffen. Seine Gesinnungsfreunde im Unterhaus machten das erschreckende Ausmaß der Revolutionsvorbereitungen bekannt.

Auf Wunsch des Königs sollte Wellington sein Kabinett auf ein gemäßigtes Reformprogramm hin bilden. Wellington mußte dazu jedoch die gemäßigten Tories unter Sir Robert Peel gewinnen. Aber Peel lehnte kategorisch ab, und zwar mit der Begründung, er wolle nicht das, was er vorher öffentlich verworfen habe, nun auf Befehl des Königs doch durchführen. Das war eine bedeutsame Argumentation: Das Vertrauen der Öffentlichkeit war ihm wichtiger als die Gefühle und Wünsche seines Königs. Damit lockerte er seine Bindung an die Tradition und ordnete seine konservative Politik der bürgerlichen Denkweise zu. Das war Peels geschichtliche Stunde, der er gerecht wurde. Nun mußte Wellington allein versuchen, eine Regierung zu bilden.

Taugliche Minister konnte Wellington nicht finden. Die Erregung stieg ins Unerträgliche; Versammlungswellen rollten über die Städte. Die Presse ließ jede Rücksicht fahren; dem König wurden Schreiben mit dem Rat zur Abdankung zugeschickt.

In der Nacht zum 15. Mai gab Wellington nach. Der König schickte nach Lord Grey, dessen Rücktritt er sechs Tage zuvor angenommen hatte. Das schlug wie eine Bombe ein. Das war der Zusammenbruch des alten Systems. Die neue Regierung Grey forderte sofort am 18. Mai den Peerschub. Der König gab wutentbrannt nach. Der Widerstand der Lords bröckelte ab, und der Hof war bemüht, an der Ernennung neuer Lords vorbeizukommen. Am 4. Juni 1832 ging die Bill mit 106 Stimmen gegen 22 durchs Oberhaus. Von 360 Peers waren bei der Abstimmung nur 128 anwesend. Drei Tage später wurde das Gesetz durch einen Vertreter des Königs ratifiziert.

Die Revolution war vermieden. Ohne Wellingtons Rücktritt wäre es sicherlich zum Kampf gekommen. Das Reformgesetz stellte die letzte Grenze dar, die das alte System noch ohne Blutvergießen hinnahm. Am 6. Juli war Jeremy Bentham gestorben, dessen monomanische Denkarbeit wie eine Naturgewalt die alten Zusammenhänge aufgelöst hatte. Die Reform hielt die mächtigste und fortschrittlichste Nation der damaligen Welt auf der Bahn einer friedlichen Entwicklung und war eins der wichtigsten Ereignisse des 19. Jahrhunderts.

Sie war qualitativ etwas anderes als die früheren Reformvorschläge und das erste Gesetz, das sich ausdrücklich mit der Repräsentation als einem Ganzen befaßte und sich selbst als die erste Stufe einer fortschreitenden Reform sah, die im Grunde danach suchte, die Notwendigkeit einer Herrschaftsordnung mit den Bedürfnissen der industriellen Massengesellschaft in Einklang zu bringen. Zu diesem spektakulären Ereignis hatte die bürgerliche Mittelklasse die Schienen gelegt, die Arbeiterbewegung hatte den Kessel geheizt, aber die Söhne des hohen Adels waren die abwägenden Führer, welche die Notwendigkeit erkannten und das Augenmaß besaßen, einen Kurs zu steuern, der ohne Blutvergießen zum Erfolg führte (Bernhard Guttmann)[2].

4.2. Die Bürgerliche Reform von 1832

Das Wahlgesetz von 1832, offiziell genannt »The Representation of the People Act«, tat den ersten bedeutsamen Schritt von der gegliederten Gemeinschaft zur individualistischen Gesellschaft. Aber von einer Abdankung der alten Kräfte konnte man keineswegs sprechen. Die Neuordnung des Wahlrechts hielt an der Unterscheidung zwischen Boroughs und Counties fest. Das Wahlrecht in den Städten war bisher an den Kommunitätsrechten orientiert; nicht das Volk war repräsentiert, sondern die Gliederungen, in denen es lebte. Nun berücksichtigte man neben den alten Rechtsgemeinschaften auch die Kopfzahlen und setzte für alle Boroughs das Zehn-Pfund-Wahlrecht durch. Man hielt weiterhin an einer Eigentumsqualifikation fest, nur mit dem Unterschied, daß neben Landeigentum und Hausbesitz auch Geld und Einkünfte zählten. Der jährlich erforderliche Nachweis der Eigentumsqualifikation mußte registriert werden; nur wer registriert war, konnte sein Wahlrecht ausüben. Nur ein Stimmrecht blieb erblich, nämlich das der »Freemen« in einigen Städten, die aufgrund ererbter Vorrechte oder von Amtsfunktionen für ihr Haus das Wahlrecht ausüben durften.

Zum Zehn-Pfund-Wahlrecht kam noch die Residenzpflicht. Dadurch verloren viele ihr Stimmrecht, wenn sie außerhalb der städtischen Wahlbezirke wohnten. Gerade dadurch sank die Zahl der Alt-Wahlberechtigten von 188 000 auf 108 000. Es ergab sich, daß das Zehn-Pfund-Wahlrecht im Verein mit der Residenzpflicht der städtischen Mittelklasse zugute kam, während das Handwerk gegenüber der Geschäftswelt an Boden verlor, ganz zu schweigen von der Lohnarbeiterschaft.

Ganz anders fiel das Wahlrecht in den Counties aus. Die bisher berechtigten 40-Schilling-Freeholders behielten ihr Wahlrecht, außer in Irland, wo seit 1829 das Zehn-Pfund-Wahlrecht verfügt worden war. Dazu kamen Copyholders und Erbpächter sowie alteingesessene Leaseholders, wenn sie zehn Pfund Jahresrente zahlten. Alle übrigen Zeitpächter erwarben erst bei 50 Pfund Jahresrente das Wahlrecht. Damit wurden kündbare Großpächter, die vom Landlord abhängig waren, wahlberechtigt und stärkten die Stellung der Magnaten.

Die Wählerschaft wuchs von etwa 220 000 auf mehr als 500 000 Wähler an. Mit wachsendem Wohlstand erhöhte sie sich und erreichte 1866 etwa eine Million Wähler. Die Neuverteilung der Sitze und die Änderung der Wahlbezirke ergaben den Wegfall von 65 Borough-Sitzen, die für neu hinzukommende Boroughs verwandt wurden; weitere 65 Borough-Sitze dienten der Vermehrung der County-Sitze. 26 Counties wurden in neue Wahlbezirke eingeteilt und der Rest von 13 Sitzen auf Schottland und Irland verteilt. 141 Sitze hatten ihren Wahlbezirk gewechselt. Dabei verlor der Süden, während London und der Norden gewannen. Das alte Patronagesystem war damit erheblich eingeschränkt. Aber trotz des Wegfalls der »verrotteten Flecken« konnte nicht von einem Triumph des städtischen Elements gesprochen werden. Nur eine Handvoll Radikaler gelangte bei den Dezemberwahlen 1832 ins Unterhaus. Der Anstieg der städtischen Wähler wurde durch die Wahlkreiseinteilung und auch durch das erweiterte ländliche Stimmrecht wieder wettgemacht. Im ersten Unterhaus nach dem neuen Wahlgesetz saßen 400 Whigs 150 Opponenten unter Sir Robert Peel gegenüber, ferner noch etwa 30 katholische Iren, so daß die Interessen der Whigs und der Mittelklasse honoriert erschienen, ohne daß das städtische Element seiner Bedeutung entsprechend vertreten gewesen wäre.

Die Neuverteilung der Sitze und die neue geographische Gliederung der Wahlbezirke wurden so gehandhabt, daß die Wahlbezirke möglichst ein eindeutiges »Interest« verkörperten, also Stadt und Land möglichst getrennt gehalten wurden. Diese Schaffung homogener Wahlkreise kam den ländlichen Gebieten zugute, die ihre gesonderte Identität als Bollwerke der Feudalität erst mit dem Eisenbahnbau und der weiteren Akkumulation von Städten verloren. Der Typ der übersichtlichen Wahlgemeinde und deren soziale Kohärenz sollte durch die neuen Gliederungen gefestigt werden. Dies hatte die außerordentliche Folge, daß der Streit innerhalb der Wahlbezirke gedämpft blieb und sich die sozialen Gegensätze erst im Parlament begegneten. Gerade das restaurative Element in der Wahlrechtsreform trug dazu bei, daß das Unterhaus die eigentliche Plattform für den Widerstreit der Interessen werden konnte. Die Wahlen blieben dadurch auf die parlamentarischen Anliegen gerichtet, was für die Entwicklung der Führungseliten in den späteren außerparlamentarischen parteilichen Massenorganisationen bedeutsam wurde.

Damit wurde das Unterhaus der Schwerpunkt des politischen Lebens. Das Oberhaus stellte ihm keinen absoluten Widerstand mehr entgegen, d. h., es entfiel die Praxis, daß der König eine ihm nicht genehme Bill im Oberhaus »killen« ließ. Wie das Veto des Königs seit 1707 nicht mehr praktiziert worden war, verschwand jetzt endgültig dieses zweite, indirekte Veto. Eine andere Anschauung von der konstitutionellen Rolle der Lords begann sich durchzusetzen, nämlich daß das Oberhaus eine Revisionskammer war und nur noch ein suspensives Veto ausübte. Jedenfalls war der Kampf des Jahres 1832 der letzte des Oberhauses zur Aufrechterhaltung seiner Schlüsselstellung, bis es im Parlamentsgesetz von 1911 auch formell sein absolutes Veto-Recht einbüßte.

Überhaupt änderte das Parlament seinen Stil auf eine puritanisch anmutende Versachlichung hin, die sich aus der Vermehrung seiner Aufgaben ergab. Dies lag auch daran, daß neben der gesellschaftlichen Elite nun die wirtschaftliche Macht der Industrie- und Handelszentren hinzutrat. Das reformierte Unterhaus war der staatsorganisatorische Ausdruck der sozialen Macht der anerkannten Führungsschichten, dem im Grunde kein ebenbürtiger Partner zur Seite gestellt werden konnte. Das Unterhaus war kein Abbild aller Schichten, wohl aber der Repräsentant der bestimmenden gesellschaftlichen Kräfte der Nation.

Enttäuscht war die Arbeiterschaft, die sich hintergangen fühlte, weil ihr Druck wesentlich zum Erfolg beigetragen hatte. Sie fand zwar beredte Anwälte im Parlament, die an das soziale Gewissen appellierten und erste Maßnahmen gegen Kinder-, Frauen- oder Nachtarbeit und für angemessene Arbeitsplätze veranlaßten, sammelte sich aber bald zu einer bedrohlichen Massenbewegung mit spektakulären Massenpetitionen. Das Gespenst des »Chartismus« erhob sich, der mit »the People's Charter« (1838) für gleiches Wahlrecht, gleiche Wahlbezirke und jährliche geheime Wahlen eintrat. Er wich der Freihandelsbewegung des gewerblich-industriellen Bürgertums unter Richard Cobden und John Bright, deren Sieg auf dem Bund zwischen Arbeit und Kapital gegen die Getreidezoll-Gesetze beruhte, also auf einer Solidarität der Interessen, die die industriellen Lohnarbeiter einbezog und ihnen sofort eine fühlbare Verbesserung ihrer Lage brachte. Die Aufhebung der Kornzölle im Jahre 1846 erfolgte durch Sir Robert Peel mit Berufung auf die öffentliche Meinung; Cobden und Gladstone vollendeten sein Werk mit der Aufhebung der Navigationsakte im Jahre 1851. Die radikalen Freihändler bekehrten die Arbeiter zum Industrialismus und betrachteten sich als Sprecher der Arbeiterschaft, die ihre Interessen in der Whig-Partei vertreten sah. Anstelle revolutionärer Organisationen entwickelte die Arbeiterschaft Formen der Selbsthilfe in »Friendly Associations«, Genossenschaften, Bauvereinen und Gewerkschaften, die den Boden für eine moderne Sozialpolitik bereiteten.

4.3. Das Zwischenstadium der Parlamentssouveränität

In der Folgezeit behielt die Krone noch lange Zeit Einfluß auf die Regierungsbildung. Sie konnte erfolgreich eingreifen, wenn das Votum der Wählerschaft unklar ausfiel. Angesichts einer beispiellosen Zersplitterung des Parteiwesens gab es bis 1868 so gut wie nie ein unmißverständliches Verdikt der Wählerschaft bei allgemeinen Wahlen. Deshalb war nach den Wahlen oft kaum zu entscheiden, welche Folgerungen für die neue Regierung zu ziehen waren. Die Aufgabe, ein funktionsfähiges Kabinett zu bilden, fiel infolgedessen der Königin Viktoria (1837-1901) zu, die es als ihre Pflicht erachtete, zwischen den Parteien zu vermitteln. Das konnte nur so lange währen, wie die Wählerschaft nicht mitspielte. Vor allem hatte die Freihandelsbewegung die alten Konfrontationen verwirrt. Im Unterhaus von 1850 saßen beispielsweise 217 Konservative (Schutzzöllner), 104 Liberal-Konservative oder Peeliten (Freihändler), 297 Liberale, 21 Radikale (Linksliberale), 18 Repealers (gegen die Realunion mit Irland). Von 1841 bis 1868 gab es neun Kabinette mit einer Durchschnittsdauer von drei Jahren bei siebenjährigen Legislaturperioden. Kabinette kamen und gingen, ohne daß die Wählerschaft dabei mitwirkte. Es gab zahlreiche Minderheitenkabinette, bei denen die Königin das entscheidende Wort hatte. Niemandem fiel ein, sich der Disziplin einer Partei unterzuordnen. Deshalb waren die Abstimmungsergebnisse nie voraussehbar. Die Parlamentsdebatten waren echte Mittel der Willensbildung, und das Unterhaus war eindeutig der Ort der Entscheidungsfindung.

Schon vorher war durch die Wahlen von 1841 deutlich geworden, daß die königliche Gunst allein nicht genügte, ein Ministerium im Amt zu halten. Königin Viktoria hatte Melbourne als ihren Vertrauensmann zwei Jahre gegen den Willen des Unterhauses gehalten, das über hundert Vorlagen der Regierung ablehnte. Er war der letzte, der gegen das Unterhaus regiert hat, und der erste, der nur wegen mangelnden Vertrauens (»without the confidence of the House«), lediglich aufgrund eines politischen Mißtrauensvotums, gestürzt wurde. Jetzt entschied dieses über die Regierung, ohne daß eine förmliche Anklage, ein strafrechtliches Impeachment, notwendig war. Allerdings hatte vorher die Wählerschaft in den Wahlen von 1841 sich für die oppositionellen Tories unter Sir Robert Peel ausgesprochen. Erst die Spaltung der Tories über der Aufhebung der Kornzölle von 1846 gab der Krone wieder die Vorhand bei der Regierungsbildung. Aus diesem Zwischenspiel ergab sich, daß die Parteibildung erst das Moment war, welches die Machtentfaltung des Unterhauses ermöglichte. In dieser Zeit der Minderheiten-Regierungen (1846-1868) glaubte man zeitweilig nicht mehr an ein Wiederaufleben eines klaren Widerspiels von Regierungsmehrheit und Opposition. Die Regierung mußte sich von Fall zu Fall der Gefolgschaft des Unterhauses versichern, welches niemandem – nicht einmal der Wählerschaft – verantwortlich zu sein schien[3]. Auch die Mitglieder des Hauses faßten ihr Mandat als völlig frei von Partei- und Wählerinstruktionen auf. Eine Elite hochadeliger Berufspolitiker, bedeutender Juristen und erfolgreicher Geschäftsleute beriet und entschied, möglichst im Einvernehmen mit der Königin, über Regierung und Politik in eigener Selbstherrlichkeit. Was an dieser Übergangszeit irritiert, ist die Tatsache, daß bei den Wahlen von 1830 bis 1868 nur noch die Wahlen von 1841 ein klares Beispiel dafür abgaben, daß die im Amt befindliche Regierung (Melbourne) Verluste einstecken mußte. Von daher gesehen hatte die erste Reform wenig Einfluß auf die Rolle der Wählerschaft genommen.

Es wird meist übersehen, daß in der Mehrzahl der Wahlbezirke kein echter Wahlkampf stattfand. Bis über die Mitte des Jahrhunderts überwogen die unausgetragenen Wahlen, bei denen es keinen Wettbewerb gab, sondern ein favorisierter Kandidat sich bewarb und kein anderer die Einzahlung des erforderlichen Wahlgeldes riskierte. Der Wahlbeamte (returning officer) erklärte dann den Favoriten für gewählt (uncontested seat). Ausgerechnet bei den Wahlen von 1841 waren von mehr als 400 Sitzen nur 170 umkämpft[4]. Im Kampfjahr 1830 war das Bild noch so verworren, daß sich Regierung und Opposition nicht einigen konnten, wer eigentlich gewonnen und wer verloren hatte[5]. Selbst in Birmingham, wo ein wesentlicher Teil der höheren Mittelklasse konservativ war, wurden die liberalen Kandidaten 1852, 1857 und 1865 ohne Opposition ins Unterhaus gewählt[6]. Einen Rekord stellten die Wahlen von 1859 auf, insofern die Hälfte der Sitze, nämlich 240, »uncontested« blieb[7]. In den Wahlen von 1868, als die Gesamtzahl der Wahlbezirke auf 420 erhöht worden war, blieben 140 ohne Wahlkampf. Danach gab es beträchtliche Schwankungen. Noch 1918, als die Wählerschaft auf 21 Millionen angeschwollen war, blieben von 707 Sitzen noch 107 »uncontested«, und erst bei den Wahlen von 1945 fiel nur bei drei Sitzen der Wahlkampf aus. Dadurch erst hatte die britische Wählerschaft als Ganzes die Aussicht, wirklich mitzuwirken[8].

Vielerorts machte die lokale Situation einen Wahlkampf offenbar überflüssig. Grund waren die hohen Wahlkosten, zumal der Wahlgeldeinsatz des Bewerbers bei Nicht-Erreichen einer Mindestzahl an Stimmen (ein Achtel) verfallen war. Dazu kamen ansehnliche Summen zur direkten oder indirekten Gewinnung der Wählerschaft. Erst ein Gesetz der Regierung Gladstone von 1883 gegen diese Praktiken verlangte kontrollierte Wahlabrechnungen. Immerhin wurde noch 1885 zwei Constituencies, nämlich den Boroughs Macclesfield und Sandwich, das Wahlrecht wegen Korruption entzogen[9].

Im Grunde war jeder Wahlbezirk bis dahin eine Individualität geblieben, was bei den vielen Wahlrechtsanomalien nicht verwunderlich war. Noch 1884 hatten 73 englische Boroughs weniger als 15 000 Einwohner. In Liverpool kamen auf einen Abgeordneten 155 000 und in Calne 5000 Wähler. Die 100 000 Einwohner von Cornwall, Devon und Wiltshire konnten die zwei Millionen Einwohner von Lancashire und Yorkshire überstimmen[10].

Aus diesem Rückblick und Ausblick auf die Anomalien des Wahlsystems wird die alleinige Entscheidungskompetenz des

Parlaments erklärlich. Die sog. »goldene Zeit« des englischen Parlamentarismus war den Unzulänglichkeiten und Disparitäten zu verdanken, die mit der bürgerlichen Reform von 1832 zusammenhingen. Es bedurfte nach der Zerstörung der alten Verfassungsbalance eines langwierigen Anpassungsprozesses, ehe ein neues Gleichgewicht zustande kam. Nach dem Chaos der Jahre 1846 bis 1852 übernahm nicht der Whig John Russell, sondern der politische Veteran Palmerston die Regierung, was die Parteien sich selbst überließ. Das war der eigentliche Beginn der »goldenen Zeit« des Parlamentarismus[11].

Die Aktivität der radikalen Freihändler und ihre Verbindung mit den Tory-Freihändlern unter Peel leiteten eine Umformung der Whig-Partei ein. Die Whigs nahmen die Frage der Wahlreform zugunsten der städtischen Arbeiterschaft auf, die von den Tories unter Disraeli weiterverfolgt wurde, um sich eine populäre Grundlage draußen und einen Rückhalt im Unterhaus für seine Partei zu verschaffen. Beide Traditionsparteien zogen nunmehr vor, sich »Liberale« und »Konservative« zu nennen. Beide hatten dabei »the respectable workingman« im Auge.

4.4. Die Wahlreformen von 1867 und 1884/85

Der Gesetzentwurf für »The Representation of the People Act« von 1867 wurde von den Tories unter Disraeli eingebracht und von der Whig-Majorität in heftigen Debatten liberalisiert. Das Ergebnis ging weit über das hinaus, was man erwartet hatte. Es sicherte das allgemeine Haushaltsstimmrecht (household suffrage) für die Städte. Damit erhielten die niedere Mittelklasse und die städtischen Arbeiter, soweit sie einem Haushalt vorstanden, das Wahlrecht. Die drastische Herabsetzung der Besitzqualifikation verdoppelte die städtische Wählerschaft. Auch in den Grafschaften gab es Erleichterungen wie 5 Pfund Jahresertrag bei Grundbesitz und 12 Pfund Jahresertrag bei Pacht, so daß hier sich die Wählerschaft von 540 000 auf 790 000 erhöhte. Im ganzen gelangte eine Million neuer Wähler in die Wahlregister; die Gesamtwählerschaft belief sich auf 2,23 Millionen und betrug 16,4 Prozent der Bevölkerung über 20 Jahren[12].

Die Neuordnung der Wahlbezirke war höchst unzulänglich. Vier Boroughs verloren ihr Wahlrecht und 38 andere wurden zu

Ein-Mann-Wahlkreisen reduziert. 10 neue Boroughs und 13 neue Grafschaftsbezirke entstanden. Die Industriestädte Manchester, Birmingham, Liverpool und Leeds durften drei Kandidaten ins Unterhaus entsenden, aber die Wähler nur zwei von ihnen benennen. Diese kuriose Wahlbestimmung ist bedeutsam, weil aus ihr der »Birmingham-Caucus« geboren wurde (vgl. unten Kap. 4.5.). Äußerlich erschienen die städtischen Lohnarbeiter und Handwerker als die Gewinner. Aber durch die unvollständige Wahlbezirkseinteilung brachte diese Erweiterung des Wahlrechts lediglich mehr Wählerstimmen hinter die Abgeordneten der städtischen Wahlbezirke. Außerdem blieben die Arbeiter, die nicht in der Stadt selber wohnten, ohne Stimmrecht. Damit wurde die Umwandlung der bisherigen parlamentarischen Oligarchie in eine plebiszitär bewegte Demokratie eingeleitet.

Der empfindlichste Schlag gegen die Abhängigkeit der Wahlberechtigten, die besonders auf dem Lande immer noch ärgerniserregende Formen der Beeinflussung oder Nötigung annahm, gelang mit der »Ballot Act« von 1872, die das geheime Wahlverfahren einführte und wenigstens den offenen Wahlpressionen entgegenwirkte. Es bedurfte aber noch eines neuen Gesetzes, »the Corrupt Practices Prevention Act« von 1883, um die sich auftürmenden Wahlkosten auf ein vernünftiges Maß zu beschränken. Nun mußten die Kandidaten eine feierliche Erklärung vor dem »Returning Officer« ablegen, daß sie über den erlaubten Betrag hinaus keine Aufwendungen geleistet hätten.

Die Diskrepanz zwischen Stadt und Land sowohl in bezug auf das Wahlrecht als auch in bezug auf die zahlenmäßige Repräsentation der Bevölkerung war so kraß, daß von 1883 bis 1885 ein vollständiger Umbau des Wahlsystems nicht mehr zu umgehen war. Jetzt erst wurden für das Vereinigte Königreich einheitliche Wahlgesetze erlassen, also für England und Wales, Schottland und Irland. »The Representation of the People Act« von 1884 brachte den Lohnempfängern aus der Landwirtschaft und den Bergwerken in den Grafschaften das gleiche Stimmrecht wie den Städten. Das bedeutete das allgemeine gleiche Männerstimmrecht mit verschwindenden Ausnahmen wie Junggesellen und Hausangestellten in der Familie. Die Zahl der Wahlberechtigten stieg auf etwa 5 Millionen und machte 28,5 Prozent der erwachsenen Bevölkerung aus.

Wichtiger noch war die Neuverteilung der Sitze in der »Redistribution Act« von 1885. Alle Boroughs unter 15 000 Einwohnern verloren ihr Mandat und wurden mit den umliegenden Grafschaften verschmolzen. Dadurch wurden 142 Sitze frei zur Verteilung nach der Bevölkerungszahl. Von ausschlaggebender Bedeutung für das fernere wahlpolitische Leben war, daß die Ein-Mann-Wahlkreise zur Regel wurden. Nur London-City, die Universitäten Oxford und Cambridge und etwa zwanzig Mittelstädte blieben Zwei-Mann-Wahlkreise. Damit erst gründeten die Wahlkreise eindeutiger als bisher auf der Majoritätsregel, da die in der Minderheit gebliebenen Stimmen völlig unberücksichtigt blieben. Zum ersten Mal war damit in England der Einzelwähler die Grundlage des Wahlsystems geworden und die numerische Gleichheit von »one man, one vote« hergestellt. Zum ersten Mal war die Metropole London angemessen repräsentiert, desgleichen Yorkshire und Lancashire.

Diese Demokratisierung des Wahlrechts verlangte auch einen Abbau der oligarchischen Kommunal- und Grafschaftsstrukturen. Die »Local Government Act« 1888 entzog den Quarter-Sessions der Friedensrichter fast alle noch verbliebenen Verwaltungs- und Kontrollbefugnisse und schränkte sie auf Rechtsprechung ein, so daß Justiz und Verwaltung getrennt wurden. Die »County Council Act« 1888 übertrug dem nach allgemeinem und gleichem Wahlrecht gewählten Grafschaftsrat Verwaltungsaufgaben wie Schule, Straßenbau und Pflege der Landwirtschaft innerhalb neuer, verkleinerter Verwaltungseinheiten (administrative counties), 62 an der Zahl, die das flache Land und die kleineren Städte umfaßten. Daneben bildeten die Städte über 50 000 Einwohner eigene Grafschaften (county boroughs), etwa 80 an der Zahl, die den preußischen Stadtkreisen entsprachen. Die historischen Grafschaften blieben als Sprengel für die Friedensrichter und den Lord Lieutenant erhalten. In den Städten erhielt sich ebenfalls ein Dualismus von parlamentarisch-ehrenamtlichen und untergeordneten fachlich-bürokratischen Kräften, ein Kompromiß zwischen den regionalen Traditionen und den neuen bürokratischen Tendenzen des Berufsbeamtentums.

Besonderes Beispiel der Neuordnung war die Grafschaft London, mit der Groß-London einen »London Common Council« als Repräsentativorgan erhielt, in welchem auch die City mit vier Mitgliedern vertreten war. Die »City Corporation« blieb selbständig, und der »Lord Mayor« behielt den repräsentativen Vorrang vor allen demokratischen Organen, ähnlich wie der »Lord Lieutenant« in den Grafschaften. Im Grunde war mit dieser Neuregelung die Stadtorganisation von 1835 auf Grafschaften und alle Städte ausgedehnt. Städte über 10 000 Einwohner durften eine eigene Polizeimacht halten. Die Friedensrichter blieben in der Rechtsprechung, und die Grafschaft wurde einem demokratischen Parlamentarismus unterstellt.

Die »District Council Act« von 1894 war der Abschluß der Verwaltungsreform; sie beließ den Schwerpunkt des kommunalen Lebens bei den Grafschaftsverbänden und großen Stadtgemeinden. Auf unterster Ebene gab es die Kirchspiele, über denen die Distrikträte auf der mittleren Ebene als vollwertige Verwaltungsinstanzen galten.

Damit dehnte sich die Logik des neuen Systems auch auf die Lokalebene aus. Indessen ließ sich nicht von einer wirklichen Demokratisierung der Wahlverhältnisse sprechen. Die Registrierungspflicht war immer noch Sache der Wahlberechtigten, die in den Städten jährlich ihre Qualifikation als Wahlberechtigte nachzuweisen hatten, wenn sie nur Einlieger (Lodgers) waren. Die Ausdehnung der Registrationsvorkehrungen von den Städten auf die Grafschaften in den Jahren 1884/85 bereitete vielerlei Schwierigkeiten, da die Registriervereine bisher nur in den Städten gearbeitet hatten und völlig überfordert waren. Die Listen wurden von den Pfarren bzw. Gemeinden im April/Mai zusammengestellt, im August veröffentlicht, von den zuständigen Anwälten überprüft, im Dezember nochmals endgültig veröffentlicht und für den folgenden Januar in Kraft gesetzt. Das Wahlrecht wurde dabei als Privileg und nicht als Recht behandelt und alles getan, um unqualifizierte Personen auszuscheiden. Das System war geradezu »democracy tempered by registration« (C. Parker). Daraus erklärt es sich, daß noch im Jahre 1911 vierzig Prozent aller erwachsenen Männer nicht im Wahlregister aufgeführt waren[13].

Das Wahlgesetz von 1918 gab zwar den Frauen das Stimmrecht, aber erst vom 30. Lebensjahr an und wenn sie oder ihr Gatte eine Wohnung nachweisen konnten. Ein-Mann-Wahlkreise mit durchschnittlich 70 000 Wahlberechtigten wurden jetzt geschaffen, so daß nur noch zehn Zwei-Mann-Wahlkreise überlebten. Ferner sollten künftig allgemeine Wahlen an einem einzigen Tage stattfinden, und nicht wie bisher sich über mehrere Wochen erstrecken. Die Dauer der Residenzqualifikation zur Anerkennung des Stimmrechts wurde von einem Jahr auf sechs Monate reduziert und das noch bestehende Pluralstimmenrecht eingeschränkt[14].

Erst das Wahlgesetz vom April 1928 hob die Benachteiligung der Frauen auf. Ferner übernahm nun das »Home Office« die Verantwortung für die Registration der Wähler. Jetzt erst galt die Regel: »One Man, one Vote«. Ausgenommen waren die Pluralstimmen für Geschäftsleute, bei denen Wohnsitz und Geschäftssitz verschieden waren, und für die Universitäten. Es hatte also nach der Gesetzgebung von 1884/85 mehr als vierzig Jahre gedauert, bis ein genuin demokratisches Wahlsystem erreicht war: »The British electoral system reached theoretical democracy only in April 1928« (A. J. P. Taylor)[15].

4.5. Die Entstehung der modernen Parteiorganisationen

Nach dem Reformgesetz von 1832 hatten sich die Wahlberechtigten in den Borough-Wahlbezirken in Wählerlisten registrieren zu lassen, wenn sie ihr Wahlrecht ausüben wollten. Die Unterhaus-Kandidaten mußten infolgedessen Sorge tragen, daß ihre Freunde sich rechtzeitig eintragen ließen. Es kam zur Gründung lokaler »Registration Associations«, die sich vielfach mit den örtlichen Parteibüros deckten; sie wurden dadurch über die Wahlzeit hinaus zu fortlaufender Tätigkeit genötigt. Der konservative »Carlton Club« von 1832 und der liberale »Reform-Club« von 1836 berieten die Registriervereine in Überwachung, Stimmenwerbung und bei der Kandidatenauswahl (vgl. oben Kap. 4.4.). Hier war ein erster Ansatz zu einer ständigen Parteiorganisation gegeben. Aber erst 1861 übernahm die »Liberal Registration Association« in London diese Arbeit und etablierte sich als Hauptquartier für Wahlangelegenheiten. Das entsprechende »Conservative Central Office« wurde 1870 eingerichtet, dem als liberales Gegenstück die »Liberal Central Association« von 1874 folgte. Auch die Anti-Kornzoll-Liga hatte ein eigenes »Electoral Registration Office« errichtet, das lokale »Registration Associations« gründen sollte, um vor allem die außerhalb ihres Wahlbezirks Wohnenden an die Urnen zu bringen.

Die Registriervereine beschränkten sich auf die Wahlberechtigten und blieben im lokalen Kontext. Erst die nationalen Unionen und die großen Agitationskampagnen der »Single-Issue-Movements« wie Wahlreform, Anti-Sklaverei-Bewegung, Chartismus und Freihandelsbewegung vertraten nationale Ziele, welche die Öffentlichkeit erregten und auch die Nichtwählerschaft ansprachen. Der Zusammenfluß beider Elemente ergab dann die eigentliche Parteiorganisation. Sie erfolgte zuerst in Birmingham, und zwar am Vorabend der zweiten Wahlreform, als die »Birmingham Liberal Association« von 1865 und die Londoner »National Reform League« von 1865 in Birmingham Demonstrationen in Brooks Field 1866 und 1867 mit jeweils 200 000 Menschen veranstalteten, um das Arbeiterwahlrecht durchzusetzen. Die Zusammenarbeit der Londoner Liga mit der Birminghamer Assoziation führte zum »Caucus«, in welchem sich Massenagitation mit Kleinarbeit beim Wahlvorgang vereinigte.

Der führende Kopf in diesem Zusammenspiel war Joseph Chamberlain, ein Birminghamer Schraubenfabrikant, und Anlaß zu dem Management der Wählerschaft war die im Wahlgesetz von 1867 eingefügte Klausel, daß Birmingham drei MPs wählen sollte, aber jeder Wähler nur über zwei Stimmen verfügte. Nach einer genau durchdachten Aufteilung der Doppelstimmen wurde in jedem »Ward« den liberalen Wählern Weisung gegeben, welche Kandidaten sie wählen sollten: »Vote as you are told!«. Dadurch wurden alle drei liberalen Kandidaten durchgebracht. Der »Birmingham Radical Caucus« wurde Muster für die radikalen Organisationsformen, die für genaue Planung und Kontrolle vom leitenden »General Committee« bis zum kleinsten »Ward« Sorge trugen. Die »Registration Associations«, die ursprünglich selbständige Vereinigungen waren, organisierten sich jetzt auf repräsentativer Basis mit gewählten Exekutivkomitees, deren zentrale Lenkung und finanzielle Unterstützung durch die »Liberal National Association« einen überregionalen Rahmen abgab, der nach dem »Birmingham-Model« aufgezogen war.

Die Tory-Niederlage in den Wahlen von 1868 veranlaßte Disraeli, seine »National Union of Conservative and Constitutional Associations« von 1867 mit dem »Central Conservative Office« zu verbinden, um eine gleichgerichtete Führungsweise zu gewährleisten. In seiner berühmten Kristallpalastrede von 1872 erklärte er die Tory-Partei zur großen nationalen Sammelpartei des ganzen Volkes und errang mit Hilfe einer wirksamen Parteimaschinerie den Wahlsieg von 1874. Die Liberalen unter Joseph Chamberlain und Francis Schnadhorst antworteten damit, daß sie jetzt ihre Organisation direkt auf den 16 »Wards« von Birmingham aufbauten. Damit wollte man eine zentrale Kontrolle der Lokalkomitees über die repräsentativen Ortsverbände bis zur obersten Lenkungsstelle erreichen, von der aus Druck ausgeübt werden konnte. Das war weit mehr, als die konservative »National Union« wollte, die sich mit allgemeinen Vertrauenskundgebungen zufriedengab.

Diese Ausweitung des Caucus-Systems zu einer straffen Organisation legte die Versuchung nahe, die Parteiapparate als politische Organe neben dem Parlament und als Rivalen der parlamentarischen Führung zu gebrauchen. Diese Gefahr wurde vergrößert durch die Einschleusung von Abgeordneten, die ihren Sitz den lokalen Parteimaschinerien verdankten und sich ihnen verbunden fühlten. Die »National Liberal Federation« Chamberlains bedrohte die Eigenständigkeit des Parlaments. Dieser Drohung wurde begegnet, indem ihr führender Mann, Joseph Chamberlain, 1880 ins Kabinett gelangte. Seine Föderation wurde von einer »Ginger Group« des radikalen Flügels der Liberalen zur Organisation der ganzen Partei.

Ähnliche Gefahren hatten auch die Konservativen zu bestehen. Hier suchte Randolph Churchill über die »National Union« und mit Hilfe der »Primrose League« (1883) die konservative Führung in seine Hand zu bringen. Unter dem Schlagwort von der »Tory Democracy« wollte er den Zusammenschluß seiner »National Union« mit der aus den Registriervereinen aufgebauten Parteiorganisation durchsetzen, an deren Spitze das vom »Carlton Club« 1880 gebildete »Central Committee« stand. Indessen wollte Lord Salisbury den lokalen Charakter der Registriervereine gewahrt wissen und gestand der »National Union« nur Beratung, Finanzhilfe, Information und Ausbau der lokalen Presse zu. Erst als sich Churchill den zweiten Platz hinter Salisbury als Parteiführer gesichert hatte, setzte er sich für das »Central Office« und die »Whip«-Organisation, also für die »usual channels« der Parteiführung innerhalb des Hauses ein.

In beiden Fällen behaupteten sich die parlamentarischen Parteiführer gegen die ehrgeizigen Pläne Chamberlains und Churchills und damit gegen die außerparlamentarischen Parteiapparate. Diese Apparate waren zur Stimmenwerbung und Propaganda ins Leben gerufen worden und hatten gegenüber der Parteiführung nur dienende Funktionen. Die »Whips« hatten die Vereinbarungen mit den Wahlbezirksorganisationen und den Kandidaten zu treffen und auch die Parteifonds zu verwalten. Sie sorgten im Grunde für die Ausrichtung der Parteiorganisation auf die Parteiführung im Parlament. Die Kandidaten waren wegen des erforderlichen eigenen Kostenaufwands schwer zu ersetzen; sie wurden meist immer noch von den lokalen Parteiorganisationen und nicht von der Gesamtpartei aufgestellt. Von einem bruchlosen Zusammenhang der Partei von unten nach oben konnte schwerlich gesprochen werden.

Was die großen Parteien betraf, blieb das Unterhaus im ganzen 19. Jahrhundert ein Reservat der maßgebenden Klassen, dem die Wählerschaft lediglich das populäre Imprimatur erteilen konnte. Wegen des unumgänglichen Finanzaufwands war selbst nach 1867 der größte Teil der Wählerschaft vom Unterhaus ausgeschlossen. Erst in den Wahlen von 1906, die die Liberalen ans Ruder brachten, erreichte eine größere Zahl von Vertretern der Mittelklasse den Zutritt ins Unterhaus. Im Jahre 1911 reduzierte das Unterhaus die Ungleichheit der Chancen durch mäßige Subventionen an die Unterhausmitglieder.

Die Parteimaschinen spielten in den siebziger und achtziger Jahren eine große Rolle. Sie wurden jedoch wegen der spektakulären Karrieren von Chamberlain und Churchill überschätzt. Schließlich ließ die dritte Wahlrechtsreform von 1884 mit ihrer immensen Ausdehnung des Stimmrechts eine vollständige Durchorganisation der Wählerschaft unter den damaligen Verhältnissen kaum mehr zu. Da die Registriervereine sich auf die Borough-Wahlbezirke beschränkten, weil nur hier jährliche Registratur erforderlich war, erstreckte sich die daran anschließende Parteiorganisation allein auf die Boroughs und kaum auf die Counties.

Auch konnten die in der Provinz tätigen freiwilligen Arbeitskräfte kaum die erforderliche Effektivität durchhalten, ganz abgesehen davon, daß die Wählerschaft oft nicht mitmachte und die zentralen Lenkungsversuche scheitern ließ. Nur bei den übergreifenden nationalen Fragen wie Wahlreform, »Home Rule«, Schulwesen ließen sich diese Parteiorganisationen wirkungsvoll ins Spiel bringen. Die innerparteiliche Rivalität ließ sich kaum von ihnen beeinflussen. Die Konflikte an der Parteispitze blieben meist persönlicher Natur. Selbst Gladstone lehnte Intervention von unten strikt ab, auch wenn seine Rede zum Parteiprogramm von Newcastle (1891), dem die »National Liberal Federation« zugestimmt hatte, den Eindruck erweckte, als ob die Partei sich daran gebunden fühlte. In Wirklichkeit war er mit der ganzen Parteiführung gegen eine Diktatur der Föderation und ließ sich nicht von außen auf einen bestimmten Katalog von Forderungen verpflichten. Beide Parteien waren im Parlament entstanden und wurden trotz ihrer organisatorischen Verlängerung in die Gesellschaft hinein von der Parlamentsmannschaft geführt. Im Grunde hat erst die Aufteilung der bisherigen Doppelwahlkreise in Ein-Mann-Wahlkreise (bis auf 24) im Jahre 1885 die Parteien zur Vereinheitlichung genötigt und den lokalen Charakter der parlamentarischen Vertretung hinter den allgemeinen Zielen weitgehend zurücktreten lassen.

Nur die Labour-Partei hatte sich als außerparlamentarische Partei entwickelt und gedachte anfangs mit Hilfe der Gewerkschaften eine parlamentarische »Pressure Group« durchzusetzen. Immerhin richtete sie ihr nächstes Ziel auf das Parlament. Allerdings schloß ihr Charakter als programmatische Klassenpartei einen Sieg im normalen Wahlverfahren in Ein-Mann-Wahlkreisen schlechthin aus. Hier konnten nur die großen Integrationsparteien sich behaupten. Doch bewies der Parlamentarismus seine Integrationskraft, da der Einstieg von Labour ins Parlament mit Hilfe der Liberalen über die sog. »Lib-Labs« erfolgte. Außerdem hatte Labour nur noch in den verbliebenen 24 Doppelwahlkreisen eine Chance. Jedenfalls spielte die lange Wahlentente zwischen Labour und Liberalen eine prägende Rolle vor 1914. Nach 1924 ging Labour den Weg von der Klassen- zur Nationalpartei, ohne daß die ideologischen Regulative ganz fortgefallen wären. Das traf in etwa ebenfalls auf die anderen Parteien zu, die ursprünglich aus entgegengesetzten und unvereinbaren Prinzipien sich konstituierten, dann aber diese nur noch als Regulative oder sogar nur als Tendenzen festhielten.

Allerdings zeigte sich schon im 18. Jahrhundert und deutlicher im 19. Jahrhundert, daß die Wendung der Parteien an die Öffentlichkeit eine stärkere Profilierung und eine ideologische Festlegung erforderte, weil die prinzipiellen Argumentationen und die Übersteigerung der Differenzen die Wählerschaft eindringlicher ansprachen als etwa parlamentstaktische Überlegungen. Stets paradierten beim Appell an die Wählerschaft grundsätzliche Erwägungen, die besonders auf den Gegner gemünzt waren und ihn als Gefahr für das Ganze darstellten. Jedenfalls hatte eine solche Tendenz auch das Gute, daß es nicht zu einer grundsatzlosen Boßherrschaft über rein pragmatische Plattformparteien kam.

Es bleibt eine offene Frage, ob man in bezug auf Großbritannien schon vor dem Ersten Weltkrieg von einer Umwandlung der bisher maßgeblichen parlamentarischen Oligarchie in eine plebiszitär bewegte Demokratie mit cäsaristischer Führungsweise sprechen kann (Karl Löwenstein). Vielleicht kann man das hier angesprochene bonapartistische Element erst bei Lloyd George finden, der am Parlament vorbei alle Produktivkräfte in den Dienst seiner Kriegspolitik stellte. Vorher gaben Disraeli und Gladstone das Schauspiel einer populären Demokratie, die aber nur Ja oder Nein sagen konnte und den Führungsanspruch von Parlament und Regierung nicht in Frage stellte.

Wie kam es dazu, daß trotz einer plebiszitär bewegten Demokratie die parlamentarische Parteiführung das Heft in der Hand behielt? Einmal war das erste neue Moment, daß die Wählerschaft nunmehr über das Schicksal der Regierung entschied. Disraeli eröffnete die Praxis, daß der Prime-Minister aufgrund eines negativen Wahlergebnisses sofort zurücktrat, ohne den Zusammentritt des Parlaments abzuwarten. Der Wahlausgang entschied unmittelbar über die Berufung des Premier und des Kabinetts. So war es jedenfalls, wenn eine eindeutige Mehrheit sich ergeben hatte. Das war in der Regel der Fall, nicht jedoch bei Abspaltungen, Sezessionen und Aufkommen neuer Gruppierungen wie 1890 bei Salisbury oder 1924 bei Baldwin.

Als zweites Moment kam hinzu, daß sich in den drei großen Wahlkämpfen von 1868, 1874 und 1880 alles auf die beiden Protagonisten Gladstone und Disraeli zuspitzte, deren Wahladressen und Rededuelle einen unerhörten Widerhall fanden. Ihre Wahladressen richteten sich an die Wählerschaft, die von ihnen zur Entscheidung aufgerufen wurde. Diese Appelle der parlamentarischen Führer an die Wählerschaft peitschten Gefühle hoch und scheuten nicht eine »Mob-Oratory«, die das Entsetzen der Königin erregte. Gladstones »Pilgrimages of Passion« von 1868 und noch mehr von 1879 waren geradezu der Durchbruch eines neuen Elements, nämlich der plebiszitär gewonnenen Legitimation eines Parteiführers. In den »Midlothian Campaigns« trug Gladstone seiner hingerissenen Zuhörerschaft sein »Indictment« gegen die

Regierung mit enormer Eloquenz vor. Der Eindruck seiner Persönlichkeit war so stark, daß viele mehr für ihn als für die liberale Sache stimmten.

Diese Wahlfeldzüge erbrachten einen spektakulären Erfolg weit über den Wahlbezirk hinaus, welcher Gladstone, der zu dieser Zeit einfacher Abgeordneter war, über die Parteiführung hinweg unmittelbar auf den Sessel des Premierministers hob. Als Disraeli vor dem Zusammentritt des neuen Unterhauses resignierte, sandte Königin Viktoria auf den Rat von Lord Harrington, dem Führer der Liberalen, nach Gladstone. Damit wurde dieser der erste plebiszitär bestellte Regierungschef, der sogar die »National Liberal Federation« überspielt und seine Anrufung der Wählerschaft zum bestimmenden Faktor der Regierungsbildung gesteigert hatte.

Nachdem John Bright den Liberalismus zu einem moralischen Glaubensbekenntnis erhoben hatte, machte ihn Gladstone populär und überwand die Kluft zwischen Wählerschaft und Parteiführung. Er beherrschte das Parlament mit der Wählerschaft im Rücken. Er selbst blieb aber stets dabei, daß seine eigentliche Wirkungsstätte das Parlament sei. Er bezeichnete es sogar ausdrücklich als einen Mißstand, wenn über die Wände des Hauses hinaus Kräfte und Erregungen draußen angerufen wurden, um die gesetzgeberische Tätigkeit des Hauses zu beeinflussen. Gladstone bewies, daß der »Appeal to the People« keine Fiktion, sondern Wirklichkeit war. Früher war ein solcher Appell nur in den demokratischen Wahlbezirken wie Westminster, Middlesex, Yorkshire und London möglich. Gladstone dagegen bezog sich auf die Gesamtwählerschaft. Er fand die Unterstützung der Presse, des Dissent und der militanten Arbeiterorganisationen. Dabei wirkte er mehr durch seine Rhetorik als durch eine klare Doktrin. Er schuf mehr eine emotionelle Gemeinsamkeit als eine programmbewußte Gesinnungsfront.

Gladstone hielt nichts von einer geschlossenen Parteiorganisation und betrachtete die lokalen Manager eher als Relikte des alten korrupten Wahlsystems. Auf den plebiszitär bestellten Führer kam es ihm an und nicht auf die Effektivität des Parteiapparates.

Ein drittes Moment trat hinzu: die Ein-Mann-Wahlkreise. Hier galt die Majoritätsregel, die den etablierten Großparteien zugute kam. Wie das Unterhaus selber nur zwei Division-Lobbies hatte und in den Abstimmungen nur das Für und Wider zum Ausdruck kommen konnte, begünstigte das neue Wahlsystem stärker als bisher eine klare Entscheidung zwischen den beiden Gruppen. Da die Hauptfrage, um die sich alles drehte, die Regierungsbildung war, entwickelte sich das britische Parteiwesen mehr zu einer Weise, die Regierung zu stellen, als politische Meinungen auszudrücken.

Durch die Zuspitzung der Wahlwerbung auf die Führungsmannschaft der Partei wurde der einzelne Abgeordnete als gebundener Abstimmer für eine bestimmte Regierung gewählt. Das bedeutete aber, daß sich das sog. Plebiszit auf einen parlamentarischen Gegenstand beschränkte. Gleichzeitig wurde das Parlament zu klaren Alternativen und deren deutlicher Konfrontation genötigt. Die Auflösung des Unterhauses war jetzt immer Appell an die Wählerschaft, die über das Schicksal der Regierung entschied. Wichtige Abstimmungsniederlagen konnten nicht mehr einfach hingenommen werden. Die Macht der Wählerschaft kam darin zum Ausdruck, daß die konservative Regierung von Arthur James Balfour im Jahre 1905 trotz einer Mehrheit im Unterhaus aufgrund einiger Nachwahlen und der öffentlichen Stimmung zurücktrat. Der Sturz oder die Resignation einer Regierung zogen regelmäßig die Auflösung des Unterhauses nach sich.

Die erstarkte Führungsfunktion der Regierung im Parlament wurde durch das Wahlplebiszit noch gesteigert. Nachdem nun der spezifische Einfluß des relativen Mehrheitswahlrechts die Ausmünzung des Parteienkampfes auf ein Für und Wider zur Regierungspolitik veranlaßte, nahm die Regierung ihr Schicksal aus der Hand der Wählerschaft entgegen, die in letzter Instanz entschied. Die Wählerschaft übertrug zwar die höchste Autorität auf das Parlament, das weiterhin kraft eigenen Rechts agierte, aber sie tat dies über die Parteien und im Hinblick auf die Parteiführungen.

Die Parteiorganisation und weit mehr noch die außerparlamentarische Agitationsarbeit ermöglichten eine plebiszitäre Mobilisierung des Volkswillens, die jedoch einem parlamentarischen Ziel diente, der Regierungsbildung. Die Führungsmannschaft der siegreichen Partei mußte das Vertrauen der Wählerschaft erringen, deren Verdikt allein über ihre Berufung oder Ablösung entschied. Mit anderen Worten: Wählerschaft und Kabinett brachten nach 1867 das Gebäude der Parlamentssouveränität zum Einsturz[16].

Nicht das Unterhaus und auch nicht die Krone entschieden letztinstanzlich über Berufung und Entlassung der Regierung, sondern der Volksentscheid, an den die Regierung mit der Auflösung des Hauses appellieren konnte.

Diese Verbindung des repräsentativen Parlamentarismus mit Elementen der direkten und der parteienstaatlichen Demokratie veränderte den britischen Parlamentarismus auf die Bedürfnisse der industriellen Massengesellschaft hin, ohne jedoch seine Eigenständigkeit auszulöschen. Der Weg zur plebiszitären Demokratie konnte nicht zu Ende gegangen werden, da die klassischen englischen Parteien, Konservative und Liberale, aus Hilfsorganen der Parlamentsfraktionen hervorgegangen waren. Sie blieben von den Direktiven der parlamentarischen Regierung und der parlamentarischen Opposition abhängig und orientierten sich an parlamentarischen Vorgängen. Die repräsentative Natur des britischen Regierungssystems konnte sich erhalten, weil die plebiszitäre Komponente nur Entscheidungen fällte, die die Bejahung des Parlamentarismus voraussetzten und diesen selbst ausdrücklich bestätigten.

Allerdings war damit endgültig jene »goldene Zeit« vorbei, als im Parlament aus den Debatten die politische Entscheidung zustande kam. Die Regierungsbildung wurde zur Hauptfunktion des Parlaments oder genauer: der Mehrheitspartei. Wenn sie das Kabinett gebildet hat, beherrscht dieses normalerweise das Unterhaus, solange es das Vertrauen der Mehrheit besitzt. Die Abstimmungen im Parlament wurden dadurch zu einem Ritus degradiert, der daran erinnern sollte, daß die herrschende Partei die letzte Wahl gewonnen hatte und nach wie vor die Regierung unterstützte. Um dieser Unterstützung sicher zu sein, mußte freilich die Regierung Augen und Ohren offenhalten, sei es durch nichtöffentliche Parteikomitees oder durch ihre »Einpeitscher«, was die Transparenz des Entscheidungsprozesses in Frage stellte[17].

Die eigentliche verbliebene Funktion des Unterhauses war mithin, der Regierung bedingte Unterstützung zu gewähren. Die zweite Funktion wurde von der Opposition ausgeübt, nämlich die beständige Kontrolle der Regierung, wobei sie zur Erleichterung ihrer Aufgabe und zugleich als »Her Majesty's Alternative Government« ein Schattenkabinett unter ihrem Parteiführer aufstellte (für die Labour-Partei gilt dies erst seit 1955), so daß zwei rivalisierende Mannschaften den Wählern angeboten wurden. Die paradoxe Eigenart des britischen parlamentarischen Systems liegt also darin, daß das Parlament gar nicht regiert. Großbritannien wird von der Beamtenschaft (Civil Service) unter Leitung des Kabinetts regiert. Das Kabinett ist in diesem Regierungssystem das wichtigste Organ für die Politik, und der Hauptzweck der Wahlen ist die Beschaffung einer klaren Mehrheit im Unterhaus, so daß die Regierung, unbehindert durch das Parlament, regieren und später zur Verantwortung gezogen werden kann. Das Wahlsystem ist darauf angelegt, eine künstliche Mehrheit nach dem »Gesetz der dritten Potenz« zu schaffen[18], so daß man eher von einer Kabinettsregierung als von einer parlamentarischen Regierung sprechen sollte. Es gehört zu den tiefsinnigen Eigentümlichkeiten der englischen Parlamentsgeschichte, daß das Parlament im Grunde niemals regiert hat (McKenzie).

Die Vormachtstellung des Parlaments blieb auch im Zeichen moderner Massenparteien gewahrt. Vor allem blieb die Unantastbarkeit des Abgeordneten während der Legislaturperiode unumstritten. Ferner erkannten weder das Wahlgesetz noch das Parlament die Rolle der Parteien förmlich an. Parteibezeichnungen erschienen weder auf dem Stimmzettel noch in den amtlichen Parlamentsberichten. Im Grunde gab sogar das »Wahlunrecht« des britischen Wahlsystems, das stets der Mehrheitspartei zugute kommt, dem Unterhaus als Vermittler des gesamten Wählerwillens gegenüber der Regierung eine spezifische Echo-Funktion im Hinblick auf die Bewegung der öffentlichen Meinung. Der plebiszitäre Bezug wurde während der Legislaturperiode mehr durch das Parlament als durch die Regierung aufrechterhalten. Die »By-Elections« (Nachwahlen) unterstrichen sogar diese Funktion des Parlaments.

Die Regierung als dezidierte Parteiregierung war trotz ihrer starken Führungsposition enger mit dem Parlament verbunden als vorher. Premier und Kabinett mußten sich immer eindeutiger aus dem Unterhaus rekrutieren – eine Regel, die heute nicht mehr durchbrochen wird. Ferner war und blieb das Parlament der erste und einzige Ort, an dem die offiziellen Erklärungen der Regierung und die Entgegnungen der Opposition abgegeben wurden. Hier wurden die großen Entscheidungsfragen erörtert und nicht vor der Presse oder vor der Wählerschaft. Die Opposition war auch nicht irgendwer, sondern »His Majesty's Opposition«, wie es erstmals in einer Debatte des Unterhauses im Jahre 1826 hieß.

Trotz der Verlängerung des Parteienkampfes in die Parteiorganisationen hinein war das Unterhaus die Arena der antizipierten Wahlkämpfe. Durch den Fortbestand der überkommenen großen Staatsorgane wie Krone, Oberhaus und auch Unterhaus blieben steuernde Funktionen wirksam, die gegenüber der momentanen plebiszitären Führerschaft der jeweiligen Mehrheitspartei die politischen Auseinandersetzungen auf Loyalität, Vernunft und Mäßigung hinlenkten. Damit bewies das parlamentarische System beim Übergang zur Massendemokratie eine Anpassungsfähigkeit, die für viele als Rechtfertigung des Parlamentarismus überhaupt gilt.

4.6. Die Änderung der parlamentarischen Geschäftsordnung

Ursprünglich diente die Geschäftsordnung des Unterhauses dem Schutz der Minderheiten und sollte jedem Unterhausmitglied die gleichen Rechte sichern wie jedem Minister der Krone, ausgenommen das Initiativrecht der Regierung in Finanzsachen. Am Beginn des 19. Jahrhunderts war das Unterhaus noch das Rüge-Gericht der Nation. Hier waren das Beschwerderecht (grievances before supply) und das Präsentationsrecht von Petitionen bestimmend für den Geschäftsgang. Aber am Ende dieses Jahrhunderts war das Unterhaus zu einem von der Regierung gelenkten Werkzeug der Gesetzgebung geworden, in welchem die Initiativrechte der »Private Members« nur noch in kümmerlichen Resten fortbestanden. Im einzelnen stellten die Änderungen der Verfahrensweisen mehr oder minder zaghafte Verlegenheitslösungen dar, die im Drang der anschwellenden Geschäfte unausweichlich waren; im ganzen bedeuteten sie eine Revolutionierung, die an den Grundlagen des parlamentarischen Systems rüttelte[19].

Diese Entwicklung setzte schon weit vor 1832 ein, als mit dem Irischen Unionsgesetz 1800 erstmals 100 irische Abgeordnete ins Unterhaus einzogen, die mitreden wollten, aber erst nach Weihnachten in Westminster erschienen. Da die englischen Mitglieder nicht über den Mittsommer hinaus in Westminster bleiben wollten, war eine Verkürzung der Sessionen unumgänglich. Der vermehrte Arbeits- und Zeitdruck nötigte zur erstmaligen Einrichtung von »Order Days« (1808), bei denen die Regierungsgeschäfte den Vorrang vor den privaten Abgeordnetengeschäften hatten. Die Flut von Petitionen, Adressen und »Notices« der Reformjahre 1831/32 erzwang eine weitere Einschränkung der privaten Initiativen zugunsten der Regierungsgeschäfte. Dies führte 1838 zur regelmäßigen Vorbereitung und Einbringung der »Public Bills« durch die zuständigen Minister, dann zum Verbot der parlamentarischen Petitionen (1839), ferner zur Unterscheidung von »Order Days for Private Members« (Mittwoch), »Government Order Days« (Montag und Freitag) sowie »Notice Days« (Dienstag und Donnerstag, 1835), dann zum Verbot von »Amendments« zu einzelnen Punkten der Tagesordnung, die bisher für das »Private Member« eine beliebte Gelegenheit zur Entfachung politischer Diskussionen gewesen waren (1837). Seit 1849 war das »Amendment« vor dem Beschluß zum Eintritt in die Budgetberatung die letzte verbliebene Möglichkeit für das Einzelmitglied, an einem »Government Order Day« eine Diskussion zu eröffnen. Die Regierungsgeschäfte schoben sich in den Vordergrund, wobei die drei den »Private Members« zugestandenen Tage ihre beginnende Inferiorität noch lange verbargen[20].

Die »Standing Orders« von 1852/53 statuierten den permanenten Vorrang der Regierungsvorlagen und fixierten eine verbindliche Aufteilung des Geschäftsganges auf die laufende Woche und auch die Tagesordnung nach dem Gutdünken der Regierung. Aus dem Drang der Regierungsgeschäfte und auch aufgrund des Sachverstandes des kompetenten Beamtentums (Civil Service) sicherte sich die Regierung einen Informationsvorsprung. Sogar die Budgetdebatten waren immer weniger ein ernsthaftes Mittel zu sachgerechter Auseinandersetzung über die Finanzbedürfnisse und mehr eine Gelegenheit, die Amtsführung des Ministers zu kritisieren, deren Angemessenheit jedoch zunehmend vom Civil Service gesichert wurde.

Die spektakulärste und in der Tat umwälzende Reform der Geschäftsordnung wurde durch die Obstruktionspolitik der irischen Nationalistengruppe im Unterhaus unter Charles Stewart Parnell 1880/81 herbeigenötigt. Parnell betrieb nicht Opposition, sondern Obstruktion, d. h., er wollte durch dilatorische Anträge, durch »Questions« und »Amendments« die Gesetzgebung verzögern und schließlich lahmlegen. Der Speaker als Hausherr und Vorsitzender des Unterhauses konnte dilatorische Vertagungsanträge zurückweisen und Rednern wegen Wiederholung ihrer Argumente das Wort entziehen, aber nicht den Schluß der Debatte erzwingen, solange noch Wortmeldungen vorlagen. Aber die irischen »Filibustier« blockierten beharrlich ein Gesetz nach dem anderen, bis der Speaker aus eigener Machtvollkommenheit über den sofortigen Schluß der Debatte abstimmen ließ. Diese Abwürgung der Debatte durch den Speaker war eine Revolution, die mit der permanenten Einführung der sogenannten »Closure« 1882 Parlamentsrecht wurde. Diese »Closure« war eine beträchtliche Machterweiterung für den Speaker, der sich damit die Möglichkeit einer Beendigung der Debatte aneignete, wenn eine Mehrheit von mindestens 100 Abgeordneten, also etwa zwei Drittel des anwesenden Hauses, zustimmten.

Als die Einschränkung der Debatte auf Antrag und der Debattenschluß durch die Majorität noch keinen ausreichenden Schutz gegen Obstruktion boten, trat im Jahre 1887 die »Guillotine« (time limit) hinzu, die praktisch die widerspruchslose Durchsetzung des Majoritätswillens bedeutete. Dies widersprach vollständig dem ursprünglichen Sinn der Geschäftsordnung. Statt der Anregung und Stärkung der Äußerungen erfolgte deren rigorose Kürzung. Genauso einschneidend war die Einsetzung von »Standing Committees« zur Entlastung des Unterhauses, dann die Verkürzung der Budgetdebatten seit 1896 (Balfour) und schließlich als Abschluß der Reform die »Parliamentary Railway Timetable« der Regierung von 1902, die einen genauen Fahrplan für die Regierungsgeschäfte festlegte. Die Initiative des einzelnen Abgeordneten trat hinter den gesetzgeberischen Notwendigkeiten zurück. Die Anerkennung dieser neuen »Rules of Urgency« bedeutete eine innerparlamentarische Revolution, da die Geschäftsordnung zu einem Rüstzeug in Händen der Regierung geworden war und ihr ein Initiativmonopol zugestand, das offenbar das Ergebnis ihrer deutlich gewordenen plebiszitären Legitimation war.

Die Minderung des Status des unabhängigen Abgeordneten entsprach den Tendenzen zu einer zunehmenden Parteidisziplin, und die Vermehrung der innerparlamentarischen Machtmittel der Regierung ergab sich aus ihrer plebiszitären Legitimation. Gerade einem Parteiführer wie Joseph Chamberlain kam es nicht auf das Unterhaus an, sondern auf die Majorität im Unterhaus. Für ihn hatten Wahlen und Repräsentationssystem keinen Sinn, wenn die Mehrheit der Wähler eine Regierung wählt, aber eine Minderheit des Hauses sie am Regieren hindern kann. Diese Majorität drängte zur Beschleunigung der Geschäfte und zur Beschränkung der Kontrollrechte der Private Members, deren Privilegien als »parliamentary cant« desavouiert wurden.

Diese Maßnahmen entstammten keiner zielbewußten Planung, sondern ergaben sich gewissermaßen von selber oder von Fall zu Fall. Die Vereinigung aller Machtelemente im Unterhaus und deren Übertragung auf die Regierung als dem Vertrauensorgan der Wählerschaft sowie die Beschränkung der anderen Kräfte auf negative Funktionen, vorwiegend in Form der parlamentarischen Opposition, schoben die Verantwortung für das Regieren der Mehrheitspartei zu – und die Geschäftsordnung wurde ein technisches Instrumentarium des Regierens. Damit wurde sie zum Bestandteil des Systems der parlamentarischen Parteiregierung.

Das dem positiven englischen Staatsrecht bis zur Crown Act von 1937 unbekannte Kabinett, das – formalrechtlich ein Sonderausschuß des königlichen Privy Council – keine bestimmte Rechtsstellung im Hause besaß, war zum Träger des Wählerwillens geworden und machte das autonome Recht des Unterhauses seinen Zwecken dienstbar. Über ihm stand der Premier, der Leiter der Regierungsgeschäfte und Führer der Mehrheitspartei, oberster Ratgeber der Krone und mit allen Machtmitteln ausgestattet, die ursprünglich als Bollwerke gegen Krone und Regierung gemeint waren. Vor allem war er der Leiter des »Civil Service« und hatte damit den Sachverstand auf seiner Seite.

Die weitreichende Veränderung des parlamentarischen Systems war nicht denkbar ohne jene »administrative or governmental Revolution«[21], die mit der Entstehung eines überregionalen, fachlich ausgebildeten »Civil Service« zusammenhängt, einer parteineutralen staatlichen Bürokratie, ohne welche die Probleme des modernen Massenindustrialismus nicht hätten bewältigt werden können. Die humanitären und die Selbsthilfe-Bewegungen hatten das Augenmerk der Öffentlichkeit auf die neuen sozialen und wirtschaftlichen Probleme gelenkt, die mit der alten Form der Gesetzgebung nicht gelöst werden konnten. Die im Industriesystem auftretenden Mißstände in bezug auf Wohnung, Arbeitsplatz, Beschäftigungsweise und Ausnutzung der Arbeitskräfte waren nicht durch Einzelmaßnahmen zu bewältigen. Sie waren auch nicht durch Selbsthilfe und Genossenschaftswesen zu korrigieren. Die gesetzlichen Maßnahmen gegen die augenfälligsten Mißstände mußten durch Sonderbeauftragte in den Fabriken und Bergwerken kontrolliert werden. Die Erfahrungsberichte an die Regierung ließen erkennen, daß ihr gar keine andere Wahl blieb, als ein eigenständiges »pouvoir neutre« zu schaffen, welches die alte Form der Patronage oder der Ernennung von Amtsträgern durch den Minister ersetzte durch ein Ausleseverfahren im freien Wettbewerb und mit Prüfungsnachweisen, an dessen Ende ein Berufsbeamtentum stand, dem ein Maß an diskretionärer Gewalt zugebilligt werden mußte. In den Jahren von 1825 bis 1875 etablierte sich eine unabhängige Bürokratie mit eigenem Sachverstand, und seit 1870 rekrutierte sich der Civil Service nach einem leistungsbezogenen objektivierenden Verfahren.

Damit war die alte Ämterpatronage endgültig abgeschafft und der Eintritt in den Dienst der Behörden (Home Civil Service) von Wettbewerb und Examen abhängig gemacht worden. Ein solches Vertrauen auf den Wert einer höheren Erziehung war in England bisher ungewöhnlich. Die Auslese nach dem Leistungsprinzip unter Wahrung der Chancengleichheit für alle bezeugte den Fortschritt der bürgerlichen Denkungsart in England. Gleichzeitig wurden in der »Test Act« von 1871 die Universitätslaufbahn und alle akademischen Ämter allen Bürgern, unabhängig von ihrer Religionszugehörigkeit, geöffnet.

Die neue Bürokratie war das geeignetste Mittel, das Land allmählich aus dem Netz seiner alten »vested interests« zu befreien. Sie stand außerhalb des lokalen Parochialismus. Das behördliche Amt war inkompatibel mit einem Unterhaussitz. Dieser Ausschluß des Civil Service aus dem Unterhaus unterstrich seine dienende Funktion dem Parlament gegenüber. Diese Bürokratie repräsentierte den Sachverstand, ohne welchen keine einschlägigen Gesetze mehr vorbereitet werden konnten. Sie diente kontinuierlich allen Kabinetten, die ihrerseits dem durch sie vertretenen Sachzwang unterworfen wurden. Die Verpflichtung auf Überparteilichkeit und sachgerechte Information enthob den Civil Service dem Parteienstreit und ließ in diesem Bereich kein Spoil-System zu. Damit verschob sich auch der Parteienstreit stärker von der Verwaltung außerhalb des Parlaments auf die Gesetzgebung innerhalb des Parlaments. Das war auch der tiefere Grund dafür, daß der Vorrang der »Subjects of Grievances« an Berechtigung verlor.

Diese Bürokratie hatte Ausführungsverantwortlichkeit, soweit

Gesetze vorlagen. Im Bereich ihrer diskretionären Befugnisse folgte sie jedoch einem Pragmatismus, der sich mit dem Utilitarismus Benthamscher Prägung im Einklang wußte und der philanthropischen und evangelikalen Zeitströmung entgegenkam. Der Civil Service war nicht autoritär, zumal ihm die Dignität einer Tradition fehlte, aber auch nicht gesellschaftsfremd. Er war eben »viktorianisch«, d. h. in seiner besonderen Mischung von Utilität und Moralität, von Reform- und Fortschrittsglauben Ausdruck der Zeit, die ihm Anerkennung und Förderung sicherte, aber kein eindeutiges politisches Gewicht gab.

Die Verschiebung nachgeordneter Kompetenzen auf eine weisungsgebundene bürokratische Ebene diente der Stabilisierung der Regierung als Verwaltungsorgan und verwies das Parlament im Verhältnis zur Regierung eindringlicher auf Budget und Gesetzgebung und damit auf die eigentliche Politik. Die Regierung behielt durchaus auch eine Ausführungsverantwortung, die der Kritik unterzogen werden konnte, trug aber dem Parlament gegenüber in erster Linie politische Verantwortung.

Damit war etwas Außerordentliches erreicht: Das Ausscheiden der Krone und der Beamtenschaft aus dem Kampffeld der Politik, also die Neutralisierung des staatlichen Rahmens, ermöglichte erst den reibungslosen Wechsel von Regierung und Opposition nach 1867 und damit auch die ungefährdete Verlagerung der Alternativentscheidung über die Regierung auf das Wahlplebiszit.

Es sollte nicht übersehen werden, daß die Struktur des Civil Service, trotz aller Vorzüge, die Besetzung der Spitzenpositionen in der Bürokratie durch neue Männer mit neuen Ideen auch im Falle eines Regierungswechsels außerordentlich erschwerte[22]. Überhaupt sind die kontinuitätstiftenden Elemente im gegenwärtigen Regierungssystem stärker vertreten, als erkennbar ist. Darin könnte man eine Schwäche sehen. Seitdem England eine politische Demokratie ist, haben die Konservativen allein oder in der Koalition dreiviertel der Zeit regiert, und dabei stets ungefähr die Hälfte ihrer Stimmen aus der Arbeiterschaft erhalten[23]. Und das, obwohl sie nur einmal (1931) mehr als die Hälfte der Stimmen errangen. Andererseits haben die Konservativen seit 1886 die Wahlen leichter gewonnen, als ihnen und ihrem Lande guttat[24]. Es bestand die Gefahr der Stagnation an der Spitze, weil die Konservativen aus der Zersplitterung der Linken, sowohl der Liberalen als der Labour-Partei, Vorteil ziehen konnten, ohne die Hälfte der

Wählerschaft je auf ihrer Seite zu haben. Das ganze parlamentarische System in England hat sich durch zahlreiche Anomalien erhalten, deren letzte vielleicht die unerwartete Begünstigung der Konservativen ist.

Aus einer Anomalie hatte sich die Geschäftsordnung zu einem Instrument der Regierung weiterentwickelt; Anlaß war die Obstruktionspolitik der Iren 1880/81. Das Wahlgesetz von 1884 kam der Irengruppe zugute, die stärker als bisher vertreten war. Daraus entwickelte sich eine weitere Anomalie, nämlich das Übergewicht der Konservativen bis 1906. An der Home Rule Bill von 1886, die den Iren ein Parlament in Dublin bringen sollte, zerbrach die Liberale Partei Gladstones. Die Unionisten als strikte Gegner des Home-Rule-Gesetzes bildeten eine eigene Gruppe in den Wahlen von 1886, mit denen 78 dissentierende liberale Unionisten und 85 irische Home-Rule-Anhänger ins Unterhaus kamen. Damit war das alte Zweiparteiensystem zerstört. Bisher waren die Parteien klassenmäßig kaum geschieden, da auf beiden Seiten führende Aristokraten und Mittelständler zusammenarbeiteten. Aber über seiner Home-Rule-Politik verlor Gladstone fast die ganze Whig-Magnatenschaft, außer Rosebery und einigen anderen. Die liberalen Clubs spalteten sich; die ganze Londoner Gesellschaft lehnte ebenso wie die Königin Home-Rule-Anhänger ab. Dadurch wurde die liberale Restpartei in einen Radikalismus getrieben, der nicht mehr von Birmingham und London herkam, sondern sich mehr aus Wales und Schottland rekrutierte. Durch die Verbindung mit den Iren hingen die Gladstone-Liberalen vom keltischen Element ab. Deshalb konnten sie bis 1906 keine Mehrheit erringen und mußten 1892 die Iren hinzunehmen, um die letzte Regierung Gladstone bilden zu können. Im selben Jahr (1892) sprach sich Chamberlain als Führer der Unionisten gegen jede Rückkehr zu den Liberalen aus. Nach dem konservativen Sieg von 1895 nahm Lord Salisbury fünf Unionisten in sein Kabinett, in welchem Chamberlain der populärste Mann war. Er war der Exponent eines protektionistischen Kolonialimperialismus, der mit seinem Ausscheiden (1906) zu Ende ging. Am Zuge waren nun die Liberalen, die mit Lloyd George eine neue Ära eröffneten.

5. Der Übergang zum Wohlfahrtsstaat

5.1. Volksbudget und Parlamentsgesetz

Der Burenkrieg (1899-1902) brachte das Ende des intransigenten Imperialismus und bahnte den Weg von der Reichsidee zum britischen »Commonwealth of Nations«, in welchem die Reform- und Home-Rule-Ideen Gladstones wieder Platz fanden. Noch die letzten Wahlen im 19. Jahrhundert, die sog. Khakiwahlen vom Oktober 1900, brachten einen Sieg der Konservativen und Unionisten und ermöglichten der Regierung eine ungestörte Fortsetzung ihrer imperialen Politik. Die Wende kam erst, als der Krieg seine völkerrechtlich eingehegte Form verlor und zu einem Unterdrückungskrieg entartete. Die wütenden Attacken des jungen Walisers Lloyd George im Unterhaus gegen die Regierung und das anklagende, nicht zurückgenommene Wort des Führers der Liberalen im Parlament, Campbell-Bannerman, von den »Methoden des Barbarismus« bewirkten einen Umschwung der öffentlichen Meinung, die dem konservativen Kabinett in den Wahlen von 1906 eine vernichtende Niederlage bereitete. Vorher hatten die Nachwahlen von 1905 die Regierungsmehrheit von 134 auf 68 Unterhausmitglieder reduziert. Aufgrund dieses eindeutigen Trends trat das Kabinett Balfour zurück und räumte das Feld für Campbell-Bannerman, der im Januar 1906 sogleich neue Wahlen ausschrieb. Sie ergaben einen Erdrutsch, der nur noch mit dem bei den Wahlen von 1918 und 1931 vergleichbar ist. Ins Unterhaus gelangten 377 Liberale, 83 irische Nationalisten und 53 Arbeitervertreter, unter ihnen 24 Trade Unionists und 5 ILP-Leute (Independant Labour Party). Zu ihnen könnte man noch die 12 Lib-Labs in den Reihen der Liberalen rechnen. Die absolute Mehrheit der Liberalen belief sich auf 84 Stimmen, zu denen in den Abstimmungen häufig noch die 53 Labour-Leute und die 83 irischen Nationalisten kamen. Ihnen gegenüber als eigentliche Opposition standen nur noch 157 Konservative, von denen 25 liberale Unionisten waren.

Das war eine breite Grundlage für eine neue Politik, die nach außen das Empire zum Commonwealth umgestalten und nach innen Großbritannien auf den Weg zum industriellen Wohlfahrts- und Sozialstaat bringen wollte. Diese neue Sozialpolitik war nicht weniger bedeutsam als der Umbau des Empire. Sie war das Werk Lloyd Georges, eines Mannes[1], der, aus ärmsten Waliser Verhältnissen emporgekommen, als Waisenkind eines Elementarschullehrers und im Hause seines Onkels, eines Dorfschusters, aufgewachsen war. Er saß seit 1890 als liberaler und walisischer Nationalist im Unterhaus und übernahm noch 1905 im Kabinett Campbell-Bannerman das Handelsamt (Board of Trade). Seine große Zeit kam, als er 1908 im Kabinett Asquith dazu noch das Amt des Schatzkanzlers übernahm und eine großangelegte Sozial- und Finanzpolitik einleitete, die die soziale Kluft in der Gesellschaft beheben sollte und sich als eine Kriegserklärung gegen die Armut in einem reichen Lande verstand, ausgerechnet zu dem Zeitpunkt, als die Herausforderung der deutschen Flottenrüstung unter dem Druck der britischen Öffentlichkeit kostspielige Gegenmaßnahmen verlangte. Diese Notlage war für Lloyd George der Antrieb, eine moderne Finanzpolitik zu inaugurieren, an der sich die Geister schieden und mit der das moderne Großbritannien des 20. Jahrhunderts auf den Weg gebracht wurde.

Zahlreiche Sozialgesetze wie über Alterspensionen und Achtstundentag der Bergleute (1908), über Festlöhne in der Metallindustrie mit Schiedsgerichten (1909), über ärztliche Schulbetreuung und Schulspeisungen (1909), über Hygiene und humanitäre Vorschriften für die Betriebe und am Arbeitsplatz, über Mindestlöhne der Bergarbeiter (1912) waren Wegweisungen auf den modernen Fürsorgestaat hin. Das nationale Versicherungsgesetz (National Insurance Act) von 1911 folgte dem deutschen Vorbild und zwang alle, die jährlich weniger als 160 £ verdienten, in eine Versicherung mit Krankenfürsorge und Arbeitslosenversicherung[2].

Aber über die Fürsorgemaßnahmen hinaus ging es Lloyd George um einen weitgehenden sozialen Ausgleich, der auf die Dauer die bestehende kapitalistische Konkurrenzgesellschaft in eine sozialpolitisch geprägte Wohlfahrtsgesellschaft verwandeln mußte. Diese Form der Demokratisierung war von Anfang an auch als Mittel zur Schwächung des konservativen Oberhauses gedacht, das im Kampf gegen diese Form der Sozialpolitik das letzte Bollwerk seiner einstigen Macht verlor – sein Vetorecht.

Lloyd Georges neues Finanzgebaren bedeutete das Ende der alten viktorianischen Finanzpolitik, nach welcher möglichst wenig

Geld vom Staate gebraucht und möglichst viel Geld in den Taschen des Volkes belassen werden sollte. Die staatlichen Einkünfte waren gestiegen, aber die Steuerlasten kaum größer als im Jahre 1860. Nun kam das Ende der staatlichen Enthaltsamkeit und der Beginn einer Regulierung der gesellschaftlichen Verhältnisse mit Hilfe einer steuerlichen Lastenverteilung. Lloyd George war in gewisser Weise »Kathedersozialist«, der im Budget das geeignete Mittel sah, die Ungleichheit in den Einkommensverhältnissen von Staats wegen abzuändern. Er plante erstmals, die direkten Steuern als Mittel des sozialen Ausgleichs und gegen die Besitzunterschiede anzuwenden[3].

Nach Lloyd George sollte der Finanzminister der populärste Mann in einer wahrhaft demokratischen Regierung sein. Er wollte damit die Stimmen der Masse für sich gewinnen. Außerdem war für ihn das »Kriegsbudget gegen die Armut« Herzenssache, weil er selber aus tiefster Armut aufgestiegen war. Er wollte das nichtarbeitende Kapital höher besteuern, um einen Fonds für Wohlfahrtsempfänger über siebzig Jahre anzulegen. Seine gestaffelte Einkommensteuer richtete sich gegen die hohen Einkünfte, auf die nun bis zu einem Neuntel Einkommensteuern erhoben wurden. Steuern auf konzessionierte Geschäftsbetriebe, Steuern auf Spirituosen und Tabak, auf Petroleum und motorisierte Fahrzeuge, auf Luxuswaren und Genußmittel sollten samt und sonders den sozialen Vorhaben zugute kommen. Eine Erbschaftssteuer und eine Vermögenszuwachssteuer rundeten das Programm ab, dessen Ziel in erster Linie eine Alterspension für alle Briten sein sollte.

Das umfangreichste und kostspieligste Budget der britischen Geschichte war zugleich das sozialste, also ein wahres »Volksbudget«. Das war für die damalige Zeit eine ungeheuerliche Revolution und geradezu ein Programm von Labour, das tatsächlich teilweise Labour-Vorschlägen entnommen war. Damit waren die Grenzen des alt-liberalen Denkens übersprungen und der Weg zum Wohlfahrtsstaat beschritten. Am 4. November 1909 nahmen die Commons mit 379 gegen 149 Stimmen »the People's Budget« an. Am 30. November 1909 lehnte das konservative Oberhaus das Budget in zweiter Lesung ab. Zwei Tage später brachte der Premier Asquith eine Resolution durch das Unterhaus mit 349 gegen 134 Stimmen, in welcher diese Ablehnung als Verfassungsbruch und Usurpation bezeichnet wurde. Denn seit 1860, dem Jahre, in dem zum ersten Mal alle Steuern des Jahres in einem einzigen Finanzgesetz zusammengefaßt worden waren, hatte niemand an dem seit jeher bei Finanzgesetzen üblichen Grundsatz zu rütteln gewagt, daß die Lords im Oberhaus ein solches Gesetz weder ergänzen noch ablehnen durften. Nun aber hatten 350 Peers die Bill verworfen und nur 75 Lords sich dafür ausgesprochen. Noch nie waren soviele Lords in Westminster versammelt gewesen wie bei dieser Entscheidung.

Diese »Usurpation von Rechten der Commons« führte zu Neuwahlen, die im Januar 1910 unter der Losung »the Lords versus the People« stattfanden. Zum ersten Mal durften sich die Peers dabei direkt am Wahlkampf beteiligen. Die Liberalen erreichten 274 Sitze, die Konservativen 273, die Iren 82 und Labour 41 Sitze. Die Regierung hatte also 100 Sitze verloren, nachdem sie bereits in Nachwahlen 10 Sitze verspielt hatte. Die liberale Regierung war nunmehr von den kleinen Gruppen abhängig. Wenn das Oberhaus die Finanzbill durchgelassen hätte, wäre sogar ein konservativer Sieg sicher gewesen. Was war geschehen?

Das Mißgeschick der Liberalen war die deutsche Drohung, die der Öffentlichkeit als Motiv für ihre Entscheidung diente. Man gab den pazifistischen Kräften hinter den Liberalen nicht zu Unrecht schuld an dem Zurückbleiben der britischen Flottenrüstung. In den Augen Lloyd Georges hinderte die deutsche Flottenrüstung Großbritannien an seinem Krieg gegen die Armut.

Beim Zusammentritt des neuen Unterhauses waren die irischen Nationalisten das Zünglein an der Waage. Sie wollten nur für das Budget stimmen, wenn das Veto des Oberhauses bei »Money Bills« ungültig sein und bei anderen Vorlagen nur aufschiebende Wirkung über drei aufeinander folgende Sessionen haben sollte. Das war die Rache der Iren für das letzte erfolgreiche Veto des Oberhauses vom Jahre 1893 gegen die irische Home Rule Bill. Dieser Vorschlag wurde vom Unterhaus angenommen. Das Budget ging diesmal ohne Abstimmungskampf durch das Oberhaus.

Das von den irischen Nationalisten inaugurierte Parlamentsgesetz, das auch die künftige Parlamentsdauer von sieben Jahren auf fünf Jahre reduzierte, wurde vom Oberhaus wegen Neuwahlen postponiert, die nach dem Tode König Edwards am 6. Mai 1910 erforderlich waren. Die Neuwahlen fielen nicht anders aus als die Januarwahlen; nur war die Wahlbeteiligung geringer. Das neue

Parlamentsgesetz wurde mit einer Mehrheit von 121 Stimmen angenommen. Das Oberhaus lehnte seine eigene Selbstausschaltung erwartungsgemäß ab. Nun drohte Asquith im Einvernehmen mit König Georg V. (1910-1936) mit einem Peerschub. Daraufhin stimmten 131 Lords dafür und 114 dagegen. Am gleichen Tag, dem 10. August 1911, beschloß das Unterhaus erstmals Diäten für die Abgeordneten in Höhe von 400 Pfund jährlich, so daß die Arbeitervertreter die gewerkschaftlichen Zuschüsse entbehren konnten.

Am 18. August wurde *the Parliament Act* Gesetz[4]. Damit war das Oberhaus als entscheidender Faktor der Gesetzgebung ausgeschaltet. Die Verfassungskrisis hatte sich aus dem parteipolitischen Gegensatz zwischen konservativem Oberhaus und liberalem Unterhaus entwickelt und am Volksbudget Lloyd Georges entzündet. Die parteipolitische Praxis der Lords, die Gesetzgebung der Liberalen zu sabotieren, widersprach der bisherigen Praxis gegenüber Finanzgesetzen. Aber diese Finanzgesetze veränderten aufs tiefste die gesellschaftlichen Zusammenhänge und entsprachen nicht dem, was man früher unter »Money Bills« verstand, die Einkünfte bezweckten und nicht Besitzveränderung.

Danach überschatteten sogleich die Möglichkeiten der Massendemokratie das öffentliche Leben, und die deutsche Flottenrüstung verwehrte Großbritannien den Eintritt in den Wohlfahrtsstaat. Lloyd George hielt deshalb seine berühmte Mansionhouse Dinner Speech vom 21. Juli 1911 mit Drohungen gegen die deutsche Flottenpolitik, die die liberale Sozialpolitik ernstlich gefährdete und dem pazifistischen Gladstone-Liberalismus den Boden bei den Wählern entzog. Zugleich erlebte England soziale und nationale Unruhen, die es im Jahre 1914 an den Rand eines Bürgerkrieges brachten. Die Arbeiter- und Streikunruhen mit Direktaktionen im Zeichen eines revolutionären Syndikalismus in den Jahren 1910/11, die Sabotagedrohungen der Suffragetten, besonders seit 1909, und die Bürgerkriegsgefahr am Vorabend des Weltkrieges durch das Irenproblem addierten sich zu einer inneren Krise, die sich kaum mit Englands Stellung als Weltmacht vertrug. Dazu kam noch der walisische Nationalismus, der für Eigenständigkeit des Schulwesens und gegen die kirchliche Jurisdiktion sowie die Vorrechte der Anglikanischen Kirche sich richtete. Im Juli 1914 bereiteten die Iren den Bürgerkrieg vor; es kam zu blutigen Auseinandersetzungen. Diese Krisen wurden nicht beseitigt. Die

Wahlrechts- und Frauenbewegungen erreichten 1918, die Waliser 1919 und die Iren 1921 ihre Ziele. Diese Menge von Unruhen demonstrierte die Macht der politischen, sozialen, ökonomischen und nationalen Interessen- und Berufsverbände, und die Beilegung der Konflikte erforderte Kontakte mit den beteiligten Organisationen und Kampfgruppen, die weit über die bisherige Form der Zusammenarbeit von Regierung und Parlament hinausging. Lloyd George erwies sich auch hier als fähiger Politiker, der später in Form der direkten Verbindung mit den Interessenverbänden die wirtschaftlichen und sozialen Probleme zeitweilig aus dem Arbeitsbereich des Parlaments ausklammerte und die Funktionen der Regierung über eigene Kabinettsorgane und -ausschüsse auf die Produktionskräfte hin erweiterte. Er wurde der Mann einer schöpferischen Erweiterung des Parlamentarismus zu einer fast bonapartistischen Führungsweise, die sich aus den Nötigungen des britischen Verteidigungssystems und der Kriegsproduktion ergab.

5.2. Im Zeichen der Kriegswirtschaft

Die Kriegswirtschaft zwang die Regierung zu staatlichen Lenkungs- und Kontrollmaßnahmen, die der liberalen kapitalistischen Wirtschaftsform Großbritanniens widersprachen. Dieser »Kriegssozialismus« mit Arbeitsverpflichtungen, allgemeiner Wehrpflicht, Produktionslenkung ließ sich nach dem Kriege nicht einfach rückgängig machen. Zum ersten Mal schien eine wenn auch nur zeitweilige Nationalisierung wichtiger Industriezweige volkswirtschaftlich vertretbar zu sein. Allerdings übertrug die Regierung die kriegsbedingten Sonderaufgaben auf die Interessenverbände und vermied dadurch von vornherein bürokratische Fehlleistungen. Nur die Koordination lag in den Händen der Regierung. Immerhin war die Erfahrung eines solchen Dirigismus für das sozialpolitische Denken von nachhaltiger Tragweite.

England erreichte zwar keine totale Bewirtschaftung aller kriegswichtigen Rohstoffe wie Deutschland. Dafür übernahm es aber mit der Blockade gegen die Mittelmächte eine Aufgabe, die sich zu einem riesigen Experiment internationaler Verwaltung auswuchs. Die »schwarzen Listen« gegen die eigenen und die neutralen Handelsfirmen, die Kontrolle der staatlichen Handelsorganisation bei den Neutralen, die allgemeine Verladungskontrolle in den Häfen und zur See ergaben eine Verfügungsgewalt über die gesamte Schiffahrt, die im Verein mit der Rüstungs- und Nachschubproduktion und der gesamten Wirtschaftsplanung eine revolutionäre Leistung darstellte. Vor allem der Landkrieg im Westen zwang Großbritannien zu einer Anstrengung, die seiner Freihandelstradition und Marktwirtschaft entgegengesetzt war[5].

Die Ausschöpfung aller physischen und moralischen Energien und deren autoritäre Zusammenfassung für die Zwecke des Krieges bedeuteten für die parlamentarischen Staaten des Westens eine außerordentliche und systemwidrige Belastungsprobe. Die diktatorischen Premiers von England und Frankreich, Lloyd George und Clémenceau, blieben jedoch vom Vertrauen der Parlamentsmehrheit bzw. von der öffentlichen Meinung abhängig. Der Krieg war hier also niemals ausschließlich eine Sache der Militärs. Die parlamentarische Demokratie erwies sich als elastisch genug, ihren Regierungen jene Ausnahmevollmachten zu erteilen, die für die moderne Kriegführung unentbehrlich waren. Dies galt weniger für die Zensur in Presse und Propaganda, wohl aber für die Kriegswirtschaft. In England blieb die liberale Regierung Asquith bis Mai 1915 im Amt, machte dann einer »nationalen Koalition«, d. h. einer Koalition ohne Opposition, wiederum unter Asquith Platz, bis seit Dezember 1916 die nationale Koalitionsregierung Lloyd Georges die oberste Gewalt ausübte. In der ersten liberalkonservativen Koalitionsregierung übernahm Lloyd George das Munitionsministerium, das vom Kriegsministerium abgetrennt wurde.

Lloyd George bewältigte seine Aufgabe glänzend und genoß den Ruf, der geeignete Mann zu sein, um den Krieg zu führen und zu beenden. Er gewann die Großindustriellen für sich, setzte sich für die Produktion von Maschinengewehren als Hauptwaffe ein, betrieb die Konstruktion einer neuen Angriffswaffe, nämlich der »Tanks« (Panzer). Er übernahm im Mai 1916, nach dem Tode Lord Kitcheners, auch das Kriegsministerium, bis er im Dezember 1916 als der tatkräftigste und volkstümlichste Mann Premierminister wurde. Die Ernennung Lloyd Georges kam nicht durch das Parlament zustande, sondern ging von der Massenpresse aus, deren Beherrscher über »Daily Mail« und »Times« sein Freund und Gönner, der irische Lord Northcliffe, war. Ihm kam aus dem Unterhaus Sir M. Aitken, der spätere Lord Beaverbrook, zur Hilfe, der ebenfalls einen beträchtlichen Teil der Presse besaß. Unter Mithilfe der Konservativen kam ein völlig neues Kabinett zustande, das dem Premier fast diktatorische Vollmachten gab, wobei ein Führungskern von sechs Mitgliedern die Verbindung zum Parlament aufrechterhielt.

Die sechs Mitglieder des » War Cabinet« waren der Ressortarbeit enthoben und hatten die Koordination aller Maßnahmen zu sichern. Unterhalb dieses obersten Exekutivorgans wurden neben den alten Fachministerien neue Ressorts eingerichtet, nämlich für Ernährung, Arbeit, Schiffahrt, Luftfahrt, Dienstverpflichtung, Wiederaufbau. Hier saßen Fachleute der Wirtschaft, die nicht Glieder des Kabinetts waren, sondern als Verwaltungsspitzen mit den ökonomischen und sozialen Kräften in unmittelbarem Kontakt standen, wobei die Interessenverbände und andere Vereinigungen wie etwa die Frauenrechtlerinnen im Rahmen der Kriegsanstrengungen mit Sonderaufgaben betraut wurden.

Angesichts der Gefahren einer Meinungsbildung über die unseriöse oder tendenziöse Berichterstattung der Massenpresse und auch angesichts der geringen Möglichkeiten der Politiker, ihrerseits meinungsbildend zu wirken, gewann Lloyd George die wichtigsten Zeitungskönige für seine Sache, indem er von 1916 bis 1922 fünf Grafentitel verlieh, fünf Barone kreieren ließ und elf von ihnen zu Baronets machte. Später wurde er in den Friedensverhandlungen in Paris selbst wider Willen zum Gefangenen der öffentlichen Meinung, nachdem er im Wahlkampf von 1918 versprochen hatte, daß Deutschland alles bezahlen werde.

Die wichtigste Veränderung war die gigantische Ausdehnung der kontrollierten Kriegswirtschaft. Das Munitionsministerium um Lloyd Georges beschäftigte schließlich 65 000 Angestellte. Dazu kam die Überwachung des Konsums, die Einführung eines Markensystems, besondere Handels- und Lizenzregelungen, staatliche Aufsicht der Bergwerke und des Arbeitsmarktes bis hin zu den Dienstverpflichtungen (besonders wichtig nach Einführung der allgemeinen Wehrpflicht im Mai 1916 [Military Service Act]). Schließlich standen am Ende des Krieges acht Millionen Männer und nahezu eine Million Frauen im Dienst von Armee, Flotte und Luftwaffe oder in der Waffen- und Munitionsfabrikation. Um diesen gewaltigen organisatorischen Überhang abbauen zu können – ganz abgesehen von den heimkehrenden Soldaten –, mußte der innenpolitische Ausnahmezustand auf höchster Ebene, also die Kriegskoalition unter Lloyd George, bis zum Jahre 1922 fortdauern. Im Jahre 1919 waren durchschnittlich täglich 100 000 Arbeiter im Streik; die Streikwelle dehnte sich im folgenden Jahr noch weiter aus, wobei gleichzeitig die Zahl der Arbeitslosen auf 2,5 Millionen stieg. Deswegen hielt Lloyd George an der bisherigen Regierungsweise fest, ohne den Übergang vom Krieg zum Frieden meistern zu können. Er galt zeitweilig als die Stimme der Vernunft, mußte aber in der Frage der Reparationen dem Druck der öffentlichen Meinung nachgeben. Er trat im September 1922 wegen seiner Politik im Griechisch-Türkischen Konflikt zurück. Dem folgte die Auflösung der Kriegskoalition auf dem Fuße. Die Novemberwahlen 1922 brachten den Konservativen 345 von 615 Sitzen, die Asquith-Liberalen erhielten 60 Sitze und die Lloyd-George-Liberalen nur 57 Sitze. Die Arbeiterpartei mit 142 Sitzen wurde damit die stärkste Oppositionspartei.

5.3. Das Frauenwahlrecht 1918/1928

Die drei großen Wahlreformen des 19. Jahrhunderts hatten nicht die zahllosen Anomalien beseitigt, die einem wirklich allgemeinen und gleichen Wahlrecht im Wege standen. Die Frauen blieben immer noch ausgeschlossen; aber auch das männliche Wahlrecht war nicht allgemein, sondern ein Haushaltswahlrecht. Die bei ihrer Herrschaft wohnenden Hausdiener, die kasernierten Soldaten und die bei ihren Eltern wohnenden Söhne genügten nicht den Voraussetzungen des Haushaltswahlrechts. Außerdem wurde die Haushalts-, Berufs- und Wohnungsqualifikation immer erst nach einjährigem Aufenthalt erreicht, so daß ein Wegzug den Verlust der Wahlqualifikation für ein Jahr bedeutete. Ferner gab es Pluralstimmen für diejenigen, die neben ihrem Wohnsitz anderswo ihre Geschäfte hatten, wobei Besitzer mehrerer Geschäfte über bis zu zwölf Pluralstimmen in den verschiedenen Wahlbezirken verfügen konnten. Dazu kam die Ungleichheit der Wahlbezirke; die Iren waren seit 1884 überrepräsentiert, und die Wahlvorgänge zogen sich oft bis zu vier Wochen hin.

Bedenklicher war die Kluft zwischen Wahlrecht und Registratur (vgl. Kap. 4.4.). Jeder Wähler mußte sich in die Wahlregister eintragen lassen und dabei seine Qualifikation nachweisen. Die »Registration Act« von 1884 hatte das städtische System der jährlichen Registration auf die Grafschaften ausgedehnt, in denen bis dahin der einmalige Nachweis der Wahlberechtigung genügt hatte. Dadurch waren mancherorts weniger als 30 Prozent der Wahlberechtigten eingetragen. Im Jahre 1911 fehlten noch 40 Prozent in den Registern. Der Zensus von 1911 ergab eine Wählerzahl von 7,9 Millionen; das waren 17,5 Prozent der Gesamtbevölkerung und 29,7 Prozent der Erwachsenen, was 63,3 Prozent der männlichen Erwachsenen entsprach. Da hiervon noch 0,5 Millionen Pluralstimmen abzuziehen waren, erfüllten nur 59 Prozent der männlichen Erwachsenen die Voraussetzungen zur Ausübung des Stimmrechts. Diese Unstimmigkeiten waren schon von der Frauenbewegung und auch von der Arbeiterbewegung kritisiert worden. Die Kriegsanstrengungen hatten auch die Frauen mitzutragen; und den Soldaten konnte man das Wahlrecht schlechterdings nicht verweigern. Mit der »*Representation of the People Act*« von 1918[6] wurde allen männlichen Bürgern, die das 20. Lebensjahr vollendet hatten, das Wahlrecht gegeben; desgleichen den Frauen, die im 30. Lebensjahr standen. Zwei Millionen Männer und sechs Millionen Frauen verdreifachten die Zahl der Wahlberechtigten. Die Pluralstimmen wurden abgeschafft, außer bei Universitätsprofessoren, die dort, wo sie lehrten, und dort, wo sie wohnten, wählen durften. Fast alle Doppelwahlkreise verschwanden, und die Wahlbezirke wurden möglichst nach der Norm von 70 000 Wählern neu aufgegliedert. Die Wahl sollte an einem Tag und überall zur selben Zeit stattfinden.

Nach den Regeln dieses neuen Wahlgesetzes wurden Ende 1918 die berühmten Khakiwahlen abgehalten, die der Regierung Lloyd George einen großen Wahlerfolg brachten und die »nationale Koalition« bestätigten. Lloyd George besaß nach seinem Bruch mit den Asquith-Liberalen, die ihm am 9. Mai 1918 das Vertrauen verweigert hatten, keine eigene Wahlmaschine mehr und mußte sich den Konservativen anschließen. Er vereinbarte mit ihnen, daß die Konservativen 400 Kandidaten aufstellen sollten, während die Lloyd-George-Liberalen 140 Kandidaten in den Kampf schickten. Alle Unterhausmitglieder, die die Regierungspolitik bejaht hatten, sollten unterstützt werden. Wer als solcher angesehen wurde, erhielt einen von Lloyd George und dem Konservativen-Führer Bonar Law gemeinsam unterzeichneten Brief. Deswegen sprach man von »Coupon-Wahlen«. Die 106 Asquith-Liberalen blieben ohne Coupon.

Am 14. November gab die Regierung bekannt, daß das Unterhaus am 25. November aufgelöst werde und allgemeine Wahlen am 14. Dezember stattfinden sollten. In diesem kurzen, aber heftigen Wahlkampf ließ sich Lloyd George von den hochgespannten Erwartungen der Massen hinreißen zu übertriebenen Versprechen, die ihm später in Paris zum Verhängnis wurden. Die Wahlkampagne artete in eine »Orgie des Chauvinismus« aus. Die Auszählung der Stimmen dauerte bis Weihnachten, da die Soldaten an der Front mitabstimmen durften; allerdings beteiligte sich nur jeder vierte von ihnen an der Wahl. Die Wahlbeteiligung belief sich auf 57,6 Prozent, was auf das mangelnde Interesse der Soldaten und das Widerstreben vieler Frauen zurückzuführen war. Die Koalition errang über fünf Millionen Stimmen und 484 Mandate, nämlich 339 Konservative, 136 Liberale und 10 Labour-Leute. Als größte Gruppe außerhalb der Regierung erreichte Labour 2 374 385 Stimmen und 59 Mandate. Die Asquith-Liberalen buchten fast 1,3 Millionen Stimmen und kamen auf 26 Sitze. Es gelangten auch 48 Konservative ins Unterhaus, die nicht den Koalitions-Coupon erhalten hatten; ferner 9 Unabhängige und 7 irische Nationalisten. Die 73 anderen irischen Abgeordneten waren radikale »Sinn Feiners«; sie verzichteten auf ihre Plätze in Westminster und konstituierten in Dublin ein eigenes, ungesetzliches Parlament.

Die Konservativen hatten eine unglaubliche Mehrheit errungen und behaupteten für zwanzig Jahre ihr Übergewicht. Bedeutsam war aber auch das Anwachsen von Labour von 400 000 auf fast 2,5 Millionen Wähler. Zerstört war die ehemalige Stärke der Liberalen; der größere Teil von ihnen saß im Lager der Konservativen; der kleinere Teil zog ohne Führer ins Unterhaus, weil Asquith seinen Sitz verloren hatte. Seitdem erreichten die Liberalen keine regierungsfähige Mehrheit mehr. Die jüngere Generation war mit 100 Abgeordneten unter 41 Jahren eigentlich zu kurz gekommen. Die Parlamentsveteranen hatten sich durchgesetzt. Was bei alledem herauskam, war »das stupideste und am wenigsten repräsentative Parlament seit 1832« (Somerwell). Dagegen enthielt das Kabinett, welches Lloyd George am 10. Januar 1919 bekanntgab, eine Summe starker und angesehener Persönlichkeiten, die befähigt waren, die Kriegsmaßnahmen wieder zurückzunehmen. Indessen trat Lloyd George, der einer schnellen Normalisierung Europas im Namen der Vernunft vergeblich das Wort redete, im

September 1922 zurück.

Die Frauen erhielten erst 1928 das gleiche Wahlrecht wie die Männer, was 7 Millionen neue Wähler hinzubrachte. In den ersten Wahlen nach diesem Gesetz im Jahre 1929 wurde Labour die stärkste Partei im Unterhaus (vgl. Kap. 5.4.). Danach gab es nur noch ein neues Wahlgesetz, nämlich »the *Representation of the People Act*« von 1948, in welchem die letzten Konsequenzen aus der Wandlung der gesellschaftlichen Verhältnisse gezogen wurden. Das Pluralwahlrecht für Eigentümer und Inhaber von akademischen Graden sowie das Recht der Londoner City, trotz unterdurchschnittlicher Wählerzahl zwei Vertreter ins Unterhaus zu entsenden, wurden gestrichen. Erstmals wurde in Großbritannien das Prinzip des »one man, one vote« lückenlos angewandt. England, Wales, Schottland und Nordirland gliederten sich in 630 Wahlbezirke, von denen jeder nur einen Vertreter nach Westminster schickte. Davon lagen 511 Wahlkreise in England, nämlich 289 Stadtwahlkreise und 222 Grafschaftswahlkreise; 71 Wahlkreise gab es in Schottland, darunter 32 Stadtwahlkreise, 36 in Wales, darunter 10 Stadtwahlkreise, und schließlich 12 in Nordirland, darunter 4 Stadtwahlkreise. Das relative Mehrheitswahlrecht blieb bestehen, so daß praktisch nur die Kandidaten der organisierten großen Parteien Aussicht auf einen Wahlerfolg hatten.

5.4. Zur Geschichte der Labour Party

Trotz der Zulassung der städtischen Arbeiterschaft zum Wahlrecht im Jahre 1867 hatte sich lange Zeit keine eigenständige Arbeiterpartei bilden können. In den Wahlen von 1868, 1874 und 1880 unterstützten die stimmberechtigten Arbeiter die liberalen Radikalen unter Chamberlain, die sich für allgemeines Wahlrecht und soziale Steuern ausgesprochen hatten. Als sich die Chamberlain-Gruppe 1886 wegen der irischen Home-Rule-Frage von Gladstone trennte, unterstrich der verbliebene Rest der Gladstone-Liberalen im Programm von Newcastle 1891 ausdrücklich sein soziales Anliegen. Hier sahen die Arbeiter ihre Sache am besten vertreten. Schon bei den ersten geheimen Wahlen im Jahre 1874 kamen über die Liberale Partei die ersten Arbeitervertreter (»Lib-Labs«) ins Unterhaus. Auch späterhin brachten die Gewerkschaften ihre Kandidaten stets über die Liberalen ins Parlament.

Eine eigene Parteiorganisation kam jedoch vorerst nicht zustande. Die Selbsthilfeorganisationen beherrschten noch lange das Feld. Die regionale »Chapel« (regionale non-konformistische Kleinkirche) und die überregionale Fachgewerkschaft waren Sprachrohr der Arbeiterschaft. Die Genossenschaftsbewegung (*Cooperative Movement*) hielt an ihren rein ökonomischen Zielen fest und verband sich erst 1917 mit der politischen Arbeiterbewegung. Nicht anders war es mit den Gewerkschaften, die seit 1825 wieder zugelassen waren, aber für Jahrzehnte ihren Charakter als Interessenvertretungen der gelernten Arbeiter behielten. Erst in den »Amalgamated Societies« seit 1851 entstanden größere Verbände, die 1868 den »*Trades Union Congress*« (T.U.C.) als Dachorganisation ins Leben riefen, der jährlich zusammentrat und einen »General Council« mit 32 Vertretern aus 17 Trade Unions und einem Generalsekretär als ständigem Geschäftsführer einsetzte. Die Regierung Gladstone verschaffte ihnen die gesetzliche Anerkennung für Kollektivaktionen und Streikrecht im Jahre 1871. Eine politische Kampforganisation war der Kongreß nicht.

Der Durchbruch zu einer Demokratisierung der Trade Unions kam mit dem Londoner Dockarbeiter-Streik von 1889, der die öffentliche Meinung auf seiner Seite hatte. Dieser Streik brach wegen des niedrig gebliebenen Lebensstandards der Dockarbeiter aus, die in der Metropole die größte Masse der chronisch Armen darstellten, die Schwerarbeit verrichten mußten, aber vom täglichen Arbeitsangebot abhängig waren. Die Dockgesellschaften gaben unter Vermittlung von Kardinal Manning nach. Auch Führer der Gewerkschaften wurden in diesem Streik tätig. Dieses deutete eine neue Phase des Trade Unionismus an, der sich bislang auf die gelernten Facharbeiter in den verschiedenen Sparten beschränkt hatte. Nun endlich beschritt man den Weg zur Organisation der ungelernten Arbeiter. Es entstanden die »Dockers' Union«, die »Gasworkers' Union« und die »General Labourers' Union«. Dazu kam ein »New Unionism« auf, der die alte Gliederung nach handwerklichen Tätigkeiten aufgab und statt dessen die gesamte Arbeiterschaft der jeweiligen Produktionszweige ohne Rücksicht auf ihre spezielle Tätigkeit erfaßte. Das galt insbesondere für die Montan- und Eisenbahnergewerkschaften. Damit wuchsen ihre Mitgliederzahlen beträchtlich an und erreichten am Ende des Jahrhunderts über zwei Millionen. Dabei machten sich stärker als bisher politische Ansprüche bemerkbar. Im Bergarbeiterkonflikt von 1893 wollte die Gewerkschaft durch Bergwerksstillegungen eine Intervention der Regierung erzwingen, um den Kampf auf die politische Ebene zu heben. Auch die Niederlage der mächtigsten Gewerkschaft, der »Amalgamated Society of Engineers«, im Streik von 1897/98 verwies die Arbeiterschaft auf den politischen Kampf.

Hinter diesen zahlreichen Gründungen stand ein sozialer Enthusiasmus, der zum Kreuzzug gegen die Armut aufrief. Hier war eine teils sozialistische, teils reformerisch-humanitäre, teils literarisch-intellektuelle Bewegung am Werk, die neben dem Imperialismus die einzige allgemeine Strömung der achtziger Jahre darstellte. Großen Einfluß gewann hier die »Fabian Society« unter Sidney und Beatrice Webb mit Bernard Shaw, Sidney Olivier, Graham Wallace u. a., die sich für einen munizipalen Humansozialismus einsetzten. Diese Bewegung der intellektuellen Mittelklasse wurde wegweisend für die Gründung der Arbeiterpartei im Jahre 1900. Allerdings hielten die Webbs eine eigene sozialistische Partei für unnötig und dachten mehr an wissenschaftlich fundierte staatliche Sozialmaßnahmen[7].

Ein starker Anlaß zu parteipolitischer Organisation ergab sich aus den zahlreichen Konflikten der Belegschaften mit den Unternehmensleitungen, die zu Streiks, Aussperrungen und dann zu Prozessen führten und im einzelnen selten Erfolg hatten. Zu einem besseren Zusammenwirken wurden »Labour Unions« gegründet, die ungeheuren Auftrieb bekamen, als der Schotte James Keir Hardie 1892 als erster Arbeitervertreter ohne Hilfe der Trade Unions und der Liberalen ins Unterhaus gewählt wurde. Keir Hardie war es auch, der schon 1887 eine selbständige Arbeiterpartei propagiert hatte und gegen die übliche Verbindung der Gewerkschaften mit dem liberalen Lager war. Unter seinem Vorsitz tagte im Januar 1893 eine Konferenz der Arbeiterunionen, um den Kampf zu koordinieren. Daraus ging die »Independent Labour Party« (ILP) hervor. Indessen verlor Hardie 1895 seinen Sitz wieder, und alle Kandidaten der ILP fielen durch. Aber diese sozialistische Partei bereitete den Boden vor für die eigentliche Parteigründung im Jahre 1900[8].

Im Februar 1900 wurde in der Londoner Memorial Hall von drei sozialistischen Vereinigungen und den Vertretern von einer halben Million Gewerkschaftlern ein »Labour Representation Committee« (LRC) gegründet, dessen Sekretär ein Delegierter der ILP wurde, nämlich J. Ramsay MacDonald[9]. Aufgabe dieses Komitees von 12 Vertretern war die Bildung einer gesonderten Gruppe von Arbeitervertretern im Parlament, die ihre eigenen Whips hatte und eine einheitliche Linie verfolgte. Die plötzlich angesetzten Neuwahlen im Oktober 1900 ließen kaum Zeit zur Vorbereitung, so daß das Komitee nur zwei von 13 Arbeitervertretern durchsetzte. Erst bei den Wahlen von 1906 nahm die Partei den Namen »Labour Party« an. Sie war aber von Anfang an – verglichen mit den vorhergehenden Gründungsversuchen – eine wirkliche Partei mit eigener Finanzbasis, da die Trade Unions für je tausend Mitglieder einen jährlichen Zuschuß von 10 sh gewährten. Nichtsdestoweniger gingen bei den Wahlen von 1906 Komitee und Gewerkschaften noch getrennt vor. Es zogen dabei immerhin 29 Labour-Leute, 24 Trade Unionisten und 12 Lib-Labs ins Unterhaus ein, alle jedoch mit liberaler Hilfe.

Im Grunde blieb die Labour Party bis 1914 ein Anhängsel der Liberalen, da sie immer nur eine kleine Anzahl von Sitzen umkämpfen konnte und zu Absprachen mit den Liberalen genötigt blieb. 1910 kam eine ständige Verbindung mit dem Trade Union Congress zustande. 1917 stieß die genossenschaftliche Bewegung hinzu. Weiterhin blieb aber der Mangel an zentraler Organisation und an klarer Programmatik kennzeichnend. Noch 1918 gab es keine Organisation für alle Wahlbezirke. Die Unabhängige Arbeiterpartei blieb eine eigene Gruppe innerhalb von Labour. Im Verlauf des Weltkrieges brachen Gegensätze auf, als führende Sozialisten als Pazifisten auftraten und die meisten Gewerkschaftsleute sich als Patrioten fühlten[10].

1918, im letzten Kriegsjahr, kam unter Henderson ein verbindliches Programm zustande, welches den Materialismus in kapitalistischer und kommunistischer Form ablehnte und eine soziale Partnerschaft befürwortete. Ein Plansozialismus um seiner selbst willen sollte kein letztes Ziel sein; vielmehr sollte der Mensch als moralisches Wesen der erste Bezugspunkt bleiben. Die politische und wirtschaftliche Demokratie wurde bejaht und eine Kontrolle der politischen und wirtschaftlichen Macht als unumgänglich anerkannt, unter Wahrung der Einzelinitiative. Dem Wettbewerb auf dem Markt stellte das Programm die moralische Verantwortung der Gesellschaft gegenüber. Damit wahrte die Arbeiterbewegung das vom Dissent und Philanthropismus überkommene Erbe und ließ das Image einer exklusiven und aggressiven Klassenpartei in den Hintergrund treten. Dadurch vermochte sie sich unwidersprochen den Regeln des parlamentarischen Wechselspiels anzupassen, wenn sie sich auch auf eine starre Definition des Sozialismus in der Formel »Gemeineigentum an den Mitteln der Produktion, der Verteilung und des Austauschs« festlegte, die auch später im Parteistatut beibehalten wurde. Schon 1922 löste sie die Liberalen im Unterhaus ab und übernahm die offizielle parlamentarische Opposition, und 1924 stellte sie erstmals in James Ramsay MacDonald den Premierminister.

In den Novemberwahlen von 1922 wurde Labour mit 142 Sitzen erstmals stärkste Oppositionspartei. Die Konservativen errangen dabei 345 von 615 Sitzen, während die Liberalen im ganzen auf 117 Sitze kamen. Die Herbstwahlen von 1923 brachten – wenn man das ganze Land als einen Wahlbezirk betrachtet – fast das gleiche Ergebnis wie die Wahlen vorher: Die Konservativen fielen von 38 auf 37,5 Prozent; Labour stieg von 29,2 auf 30,7 Prozent und die Liberalen von 29,1 auf 29,9 Prozent. Aber die Sitzverteilung war gänzlich anders: Die Konservativen wurden von 345 auf 257 Sitze reduziert, während Labour von 142 auf 191 und die Liberalen von 117 auf 159 anstiegen. Die Konservativen als stärkste Partei blieben im Amt; aber schon bei der Regierungsadresse geriet die Regierung über ein von Labour beantragtes Freihandels-Amendment in die Minderheit und trat zurück. Ramsay MacDonald als Führer der größten Oppositionspartei wurde Premier einer Minderheitsregierung[11].

Damit hatte sich das Wahlsystem günstig für Labour ausgewirkt. Das Gegenteil war der Fall, als MacDonald bei einer Vertrauensfrage (1924) verlor und neue allgemeine Wahlen ausgeschrieben werden mußten. In den Wahlen von 1924 verloren die Liberalen 100 Sitze und wurden auf 40 reduziert. Labour errang eine ganze Million Stimmen hinzu, fiel jedoch durch den Wahlmodus von 193 auf 151 Sitze zurück. Der Grund dafür war, daß die Liberalen nur noch in sicheren Wahlbezirken Kandidaten aufgestellt hatten und in den meisten Wahlbezirken nur die Konservativen gegen Labour angetreten waren. Erstmals kam ein Parlament zustande, welches die nach den Regeln des Parlamentsgesetzes von 1911 vorgeschriebene Wahlperiode von fünf Jahren Bestand hatte (1924-1929). Die Regierung Baldwin beendigte die lange britische Streikära (1911-1926) mit der »Trade Disputes

Bill« (1927), die Sympathie- und Generalstreiks für ungesetzlich erklärte, ferner Terror und Arbeitsbehinderung verbot und den automatischen Parteibeitrag der Gewerkschaftsmitglieder für Labour abschaffte (contracting-in statt contracting-out); die Verbindung von Civil-Service-Verbänden mit dem Trade Union Congress wurde verboten, und die Lokalbehörden durften nicht die Mitgliedschaft in den Gewerkschaften zur Bedingung einer Anstellung machen[12].

Die äußere Konsolidierung der Lebensverhältnisse nach dem Generalstreik von 1926 täuschte über die Krisenempfindlichkeit des Landes in Anbetracht der Staatsschulden, der Steuerbelastung und des Hochzinses hinweg. Immerhin waren die Wahlen vom Mai 1929 die am wenigsten dramatischen des 20. Jahrhunderts, obwohl durch das gleiche Wahlrecht für Frauen (seit 1928) sieben Millionen Neuwähler hinzugekommen waren. Konservative und Labour erreichten beide je acht Millionen Stimmen, wobei die Konservativen noch um 300 000 Stimmen vorauslagen. Trotzdem sanken sie von 396 auf 259 Sitze; die Liberalen, die fünf Millionen Stimmen für sich buchen konnten, stiegen von 40 auf 57 Sitze und Labour errang 290 Sitze gegen bisher 160 Sitze. Damit war Labour erstmals stärkste Unterhauspartei den Sitzen nach. Die Gewichtsverlagerung beruhte auf dem Anwachsen der liberalen Stimmen, die den Konservativen verlorengegangen waren. Labour wurde dadurch in vielen Wahlkreisen die größte der drei Minderheiten. Aber es war nur ein halber Sieg, weil wiederum nur eine Minderheitsregierung ans Ruder kam, als die Weltwirtschaftskrisis seit 1929 bereits ihre Schatten vorauswarf.

Deshalb war die Regierung MacDonald ein Zwischenspiel ohne durchgreifende Politik. Er selber war kein eigentlicher Arbeiterführer, sondern ein Gemäßigter, für den der Sozialismus mehr eine soziale Religion war. Er hatte jedoch die taktische Ausrüstung eines Fanatikers, der die ganze Registratur großer Redekunst beherrschte, und war im Grunde seines Herzens ein klassenloser Mann, gewissermaßen ein Proletarier seiner Herkunft nach, ein Bürger seinen Lebensgewohnheiten nach. Er wedelte dabei mit Sozialismus und roter Fahne, ging aber über Hinterpfade nach rechts und führte Labour in ein Desaster hinein, von dem die Partei sich erst im Zweiten Weltkrieg erholte.

Im Strudel der Wirtschaftskrisis mit Finanzabfluß und Arbeitslosigkeit betraute König Georg V. MacDonald mit der Bildung eines »National Government« mit vier Labour-Leuten, vier Konservativen und zwei Liberalen. Die Streichung aller Bezüge und Unterstützungssätze, darunter auch der Arbeitslosenunterstützung (um 10 Prozent), unter Erhöhung der Einkommensteuern war die bittere Medizin der »Economy Bill« von 1931. Für oder gegen die »Cuts« hieß die Wahlparole der Regierung.

Die Wahlen vom Oktober 1931 überstiegen an Bitterkeit der Auseinandersetzungen alle bisherigen Wahlvorgänge einschließlich der Wahlen von 1906 und 1918. Die Wählerschaft entschied sich erstaunlicherweise »for safety« und gegen alle Experimente. Die Katastrophe für Labour lag darin, daß die Partei immer noch verantwortlich im Kabinett saß, aber fast die ganze Labour-Fraktion im Unterhaus Opposition betrieb. Schon früher war MacDonald in Konflikt mit dem Exekutivkomitee seiner Partei geraten, das immer wieder die Minister zu sich zitierte. Es erwies sich als das eigentliche Problem der Arbeiterpartei, daß sie mit ihrer Theorie der innerparteilichen Demokratie im Prinzip mit dem britischen parlamentarischen System schwer verträglich war, weil sie nicht in der Parlamentsfraktion, sondern in der Jahreskonferenz bzw. dem Exekutivkomitee der Partei die oberste Kompetenz sehen wollte. Die außerparlamentarischen Organe der Partei hatten (theoretisch) das Recht, über grundlegende Fragen zu entscheiden. Im Grunde scheiterte MacDonald daran, daß seinem »evolutionären Sozialismus« ein klares strategisches Konzept fehlte[13].

Die Bildung der nationalen Regierung erwies sich als schwerer taktischer Fehler für Labour. Zwei Millionen Stimmen gingen ihr verloren; 18,3 Millionen Wähler entschieden sich für die nationale Regierung, davon 11,8 Millionen für die konservativen Kandidaten und nur 6,5 Millionen für Labour. 558 Anhänger der Regierung gelangten ins Unterhaus, darunter 473 Konservative, 35 nationale Liberale und 13 nationale Labour-Leute. Nur 52 oppositionelle Labour-Leute wurden gewählt, ferner 5 Lloyd-George-Liberale, die die Labour-Opposition unterstützt hatten; dazu kamen noch 33 andere Liberale. Von den Kabinettsministern, die mit MacDonald gebrochen hatten, kam nur Lansbury ins Unterhaus, der die Führung von Labour übernahm. Die Regierung blieb bis in den Zweiten Weltkrieg am Ruder, bis 1935 unter MacDonald, bis 1937 unter Baldwin und dann bis 1940 unter Neville Chamberlain. Labour fühlte sich von MacDonald verraten und war empört, daß die Regierung entgegen ihrer Ankündigung die Wahlen nicht auf der Parteilinie durchgefochten hatte. Die Jahre von 1931 bis 1939 waren Jahre der mißlichsten und unvernünftigsten Opposition der neueren Parlamentsgeschichte. Ausgerechnet in dieser Zeit wurde sie aber erstmals amtlich erwähnt in der »Crown Act« von 1937, in welcher dem Oppositionsführer ein Sondergehalt ausgesetzt wurde.

5.5. Der Sozialstaat nach dem Zweiten Weltkrieg

Die letzten allgemeinen Wahlen vor dem Zweiten Weltkrieg fanden 1935 statt. Sie waren ein persönlicher Erfolg für Baldwin. Die Konservativen sanken zwar von 454 Sitzen auf 387 ab, aber zusammen mit den nationalen Splittergruppen aus Labour und Liberalismus waren 432 Sitze auf seiten der Regierung. Labour hatte sich von dem Desaster des Jahres 1931 erholt und war von 52 auf 154 Sitze angewachsen. Dieses Parlament vertagte am 27. September 1939 die für 1940 fälligen Parlamentswahlen bis nach dem Kriege und blieb bis 1945 im Amt. Eine »nationale Regierung« kam erst nach dem Einfall deutscher Truppen in Belgien und Holland am 10. Mai 1940 unter Sir Winston Churchill zustande. Churchill zog in sein Kriegskabinett nur vier Minister hinein, darunter zwei Labour-Leute. Clement Attlee als Führer von Labour wurde Lord Privy Seal und war seit Februar 1942 Deputy Prime Minister. Die Regierung hatte sich schon frühzeitig in der »Emergency Powers (Defence) Act« vom 24. August 1939 weitgehende Eingriffsrechte in Wirtschaft, Arbeit, Eigentum und Lebensweise gesichert, welche die Nachkriegsgeschichte entscheidend mitprägten. Selbst die Wehrpflicht mußte bis 1962 beibehalten werden, wozu die Labour-Regierung mit dem »National Service Act« von 1947 beitrug.

Am 23. Mai 1945 löste Churchill die nationale Regierung auf und bildete eine konservative Regierung. Damit gab er die Bahn für den Wahlkampf frei. Dieser drehte sich ausschließlich um die künftige Gestaltung des sozialen und wirtschaftlichen Lebens. Alle Parteien hatten schon seit 1942 Projekte für den künftigen Wohlfahrtsstaat entworfen. Am bekanntesten war der Beveridge-Plan für ein umfassendes Versicherungs- und Fürsorgesystem. Angesichts der Verlagerungen von Wirtschaft und Goldmarkt sowie der Notwendigkeit einer Aufrechterhaltung der Vollbeschäftigung kam niemand an einer stärker gelenkten Wirtschaft vorbei, wie sie John Maynard Keynes als Nationalökonom begründet und Harold Laski, als Vorsitzender von Labour, mit sozialistischem Vorzeichen propagiert hatten.

Hier erschien Labour glaubwürdiger, wenn auch die Elemente einer sozialistischen Planwirtschaft mit Verstaatlichung der Rohstoffe und der Energieerzeugung nicht übersehbar waren. Labour wollte Fortdauer der staatlichen Kontrollen, um ein Chaos zu verhindern, und versprach Vollbeschäftigung, Nationalisierung der Bank von England, Verstaatlichung der Kohle-, Gas- und Stromerzeugung, des Binnengüterverkehrs und auch der Eisen- und Stahlindustrie. Dazu kamen ein lückenloses System von Sozialversicherungen und ein staatlicher Gesundheitsdienst für die ganze Bevölkerung. Churchills Warnungen vor einer sozialistischen Politik und vor allem vor einer Arbeiterregierung, die sich nicht dem Parlament, sondern den Beschlüssen des Exekutivkomitees ihrer Partei verantwortlich fühle, wurden angesichts der Verdienste der Labour-Führer während des Krieges nicht gut aufgenommen. Zudem fürchteten viele eine Rückkehr zur orthodoxen Wirtschaftsweise und zogen die im Kriege bewährte Solidarität zur Bewältigung der Nachkriegsprobleme vor.

Mit der Parole vom Sozialstaat errang Labour die absolute Mehrheit im Unterhaus[14]. Die Partei erzielte mit knapp 12 Millionen Stimmen zwar nur 47,8 Prozent der abgegebenen Stimmen, eroberte damit aber 393 von 640 Unterhaussitzen, während die Konservativen 213 und die Liberalen 12 Sitze gewannen. Das war ein parlamentarischer Erdrutsch. Die Kommunisten errangen zwei Sitze; 12 ihrer Kandidaten verloren ihren Wahleinsatz, da sie nicht das vorgeschriebene Achtel der abgegebenen Stimmen erreicht hatten. Es war die große Stunde für Labour; aber es wurde eine kleine Stunde, da von einer Handlungsfreiheit nicht gesprochen werden konnte und das Land vor einem finanziellen Dünkirchen stand. Die Hilfe Amerikas im Finanzabkommen vom Dezember 1945 setzte die britische Beteiligung am Internationalen Währungsfonds (Bretton Woods 1944) und an der Internationalen Weltbank für Wiederaufbau und Entwicklung voraus, beschränkte also die Finanzhoheit und zielte auf unbeschränkte Konvertibilität der Währungen. Großbritannien mußte sich dem »General Agreement on Tariffs and Trade« (Gatt) von 1947 anschließen, was mit der Wendung zum Sozialismus kaum in Einklang zu bringen war.

Das Paradoxe der Situation lag darin, daß gerade die Bemühungen der Labour-Regierung um Erhöhung des Lebensniveaus und der sozialen Sicherheit jene Kredite notwendig machten, die Großbritannien in die von den USA getragene kapitalistische Handels- und Finanzpolitik hineinmanövrierten. Gegenüber den internationalen Kontrollen und Auflagen waren die eigenen Wirtschafts- und Handelsplanungen keine realisierbare Alternative mehr. Schließlich stand der verstärkte Einfluß der Regierung auf die Wirtschaft, vor allem über die inzwischen verstaatlichten Schlüsselindustrien und die größeren Dienstleistungsbetriebe in einem recht merkwürdigen Gegensatz zu ihrer völligen Ohnmacht im internationalen Zusammenhang von Wirtschaft, Handel und Finanzen. Da blieb als letzter Rettungsanker für die Labour-Regierung nur das amerikanische Hilfsangebot vom Juni 1947, der sog. Marshall-Plan. Er allein bewahrte die Regierung vor dem Ruin.

Trotz aller Schwierigkeiten blieb die Regierung bei ihrem Sozialisierungsprogramm, und in den Jahren 1946 bis 1949 wurde die versprochene Nationalisierung der Rohstoffe und Energieträger, des Kredit- und Fernmeldewesens, des Transports und der Luftfahrt ohne große Widerstände durchgeführt. Die Verstaatlichung der Montanindustrie war umstritten, aber kaum zu umgehen. Ernsthafte Unstimmigkeiten entzündeten sich 1949 an der Verstaatlichung der Stahl- und Eisenindustrie. Sie wurde durchgedrückt, aber später unter der Regierung Churchill wieder rückgängig gemacht. Um den konservativen Widerstand im Oberhaus zu brechen, wurde das aufschiebende Veto des Oberhauses von zwei Jahren (1911) auf ein Jahr herabgesetzt, was eine Verfassungsänderung darstellte (The Parliament Act 1949)[15]. Die Nationalisierung der Bank von England, der Luftfahrt und des Nachrichtenwesens war kaum mehr als eine Formsache. Im Bergbau brachte die Übernahme durch den Staat eine Verbesserung der Arbeitsbedingungen mit sich. Aber eine Veränderung in Richtung auf Partnerschaft und Betriebssolidarität erreichte diese Nationalisierungswelle nur in beschränktem Maße.

Einen Erfolg sah die Labour-Regierung in ihrer Sozialpolitik. Der Grundpfeiler ihres erstrebten Wohlfahrtsstaates war der staatliche Gesundheitsdienst (National Health Service), der im

Anschluß an den Beveridge-Plan schon 1946 Gesetz wurde und in dem umfassenden Gesetzeswerk vom 5. Juli 1948 sich vollendete. Er bedeutete kostenlose Gesundheitsfürsorge von der Empfängnis bis zur Hinterbliebenenfürsorge. Dazu kam ein großes Wohnungsbauprogramm, da der Krieg eine dreiviertel Million Häuser zerstört oder beschädigt hatte. Alles das waren Riesenaufgaben, die angesichts der kritischen Wirtschafts- und Finanzlage eine »Austerity«-Politik erzwangen, mit Rationierung der Grundnahrungsmittel. Einige Lebensmittel blieben sogar bis 1954 rationiert.

In Wirklichkeit war der wirtschaftliche Wert der Nationalisierungen in vielen Fällen zweifelhaft, und die sozialpolitischen Neuerungen verursachten unkalkulierbare Folgekosten. Aber das Wiederaufbrechen der Klassengegensätze war verhindert und der durchschnittliche Lebensstandard angehoben worden. Nach fast fünf Jahren löste Attlee im Januar 1950 das Unterhaus auf und schrieb Neuwahlen aus. Seine Partei gewann diesmal noch 1,3 Millionen Stimmen dazu, erreichte aber nur 315 Sitze gegen 298 der Konservativen. Das war eine äußerst knappe Mehrheit. Im Oktober 1950 löste Attlee das Unterhaus nochmals auf. Im zweiten Wahlkampf des Jahres versprachen die Konservativen die Rückgängigmachung der Verstaatlichung von Eisen und Stahl sowie des Güterkraftverkehrs, ferner eine Reform des Oberhauses und den beschleunigten Bau von 300 000 Wohnungen; Labour versprach die Sicherung des Erreichten und den Bau von 200 000 Häusern.

In den Wahlen steigerte Labour seinen Stimmenanteil auf fast 14 Millionen. Das war die höchste Stimmenzahl, die jemals eine Partei in Großbritannien erreicht hatte, und konnte als Bestätigung der Labour-Politik ausgelegt werden. Die Konservativen blieben um fast eine viertel Million dahinter zurück. Aber sie erreichten 26 Unterhaussitze mehr als Labour. 321 Konservativen saßen 295 Labour-Leute gegenüber, bei nur 6 Liberalen. Danach folgten dreizehn Jahre einer konservativen Regierung. Das Labour-Zwischenspiel dauerte von 1945 bis 1951, in welchem viele Veränderungen stattgefunden hatten, die nicht ohne weiteres rückgängig zu machen waren[16]. Dabei ließen die Wahlprogramme der drei Parteien durch die technische Entwicklung und den machtpolitischen Zustand der Welt nur noch begrenzte Alternativen zu. Selbst das Nationalisierungsproblem erschien mehr als ein Gegenstand praktischer Politik, nicht aber grundsätzlicher Weltanschauung.

Die Wahlen 1964 gaben Labour unter Harold Wilson wieder die absolute Mehrheit im Unterhaus. Wilsons begeisterndes Bekenntnis zur technologischen Revolution und zum Umdenken auf ein neues Zeitalter eröffnete scheinbar eine dynamische Epoche. Aber angesichts des chronischen Bilanzdefizits mußte auch Wilson auf ausländische Stützungsaktionen zurückgreifen. Er schrieb zum Frühjahr 1966 neue Wahlen aus, um die prekären Mehrheitsverhältnisse zu verbessern. Diese Wahlen 1966 waren für ihn ein persönlicher Triumph; denn nur noch 253 Konservative saßen einer Labour-Mehrheit von 363 Abgeordneten gegenüber, bei 12 Liberalen. Wilson gab starke Impulse, sich den Problemen der modernen technischen Welt zu stellen, aber seine virtuosen Manöver schoben die Krise vor sich her, und die Mittel zu seinem Ziel entglitten seinen Händen.

Großbritannien war offenbar den doppelten Anforderungen einer Weltmacht und einer gleichzeitigen technischen Revolution nicht gewachsen. Die moderne Wohlstandsgesellschaft verlangte finanzielle und administrative Anstrengungen und eine internationale Kooperation zur materiellen Absicherung, die einer imperialen Machtpolitik keinen Raum mehr ließen. Die Wendung nach Europa umschloß eine Absage an eine große Vergangenheit. Aber diese Ablösung Wilsons durch eine konservative Regierung war kein Bruch, sondern nur die Abwandlung eines im Gang befindlichen Prozesses. Wilsons leitende Idee, am Beispiel seines Landes die Vereinbarkeit des parlamentarischen Systems mit einer hochindustrialisierten Gesellschaft über das Vehikel eines freien parlamentarischen Sozialismus zu demonstrieren, sollte keine Verneinung der bisherigen Geschichte sein, sondern ihre Rechtfertigung. Der Übergang zur parteilichen Massendemokratie unter Beibehaltung der Substanz des parlamentarischen Systems war der Beitrag Englands zur Behauptung der Freiheit im Zeitalter des Industrialismus. Die Geschichte der Labour-Partei ist ein Zeichen für das, was das britische parlamentarische System eigentlich bedeutet.

Keine Regierung nach 1945 wurde je mit der Mehrheit der Wählerstimmen bestellt, mit Ausnahme der Labour-Regierung im Jahre 1950/51. Sie erreichte tatsächlich die absolute Mehrheit der Wählerstimmen, aber aufgrund des Wahlsystems verlor sie ihre

Mehrheit im Unterhaus. Theoretisch ließe sich der Fall konstruieren, daß eine Partei trotz einer Mehrheit an Wählerstimmen nur einen einzigen Unterhaussitz gewinnt. Jedenfalls ist die parlamentarische Mehrheit künstlich, und die Opposition erhält im Lande immer weit stärkeren Widerhall, als ihre parlamentarische Stärke anzeigt.

Dort, wo Labour gewaltige Mehrheiten hatte, waren diese wahltechnisch gesehen zwecklos; es kam jeweils nur ein Abgeordneter ins Unterhaus. Nicht nur die unterlegene Minderheit war bedeutungslos, sondern auch eine übergroße Mehrheit konnte ihr Gewicht nicht in die Waagschale werfen. Dies kompensierte sich jedoch nicht wechselseitig; denn selbstverständlich waren übergroße Mehrheiten weit seltener als übergroße Minderheiten. Dadurch war der Verlierer immer weit weniger repräsentiert, als ihm der Wählerschaft nach zustand. Aber dadurch können auch kleine Veränderungen der Stimmenverhältnisse imponierende Mehrheiten völlig auslöschen. Die Ungewißheit des Wahlergebnisses ist ein heilsamer Ansporn zur Mäßigung für die Regierung, und Wahlprognosen können bestenfalls das Stimmenverhältnis prognostizieren, aber in normalen Fällen über die Sitzverteilung nur vage spekulieren.

Viel wichtiger als die Mehrheitsentscheidung war für die Überlebensfähigkeit des Systems das Recht der Minderheiten, denen der plebiszitäre Wahlakt nicht gerecht werden kann, wohl aber das Parlament, das ohne Opposition nicht agieren kann.

Zur Problematik
des parlamentarischen Systems

6. Zur Theorie des Parlamentarismus

Die Diskussion über das Wesen des Parlamentarismus ist immer auch Diskussion über die Problematik des Parlamentarismus heute. Darüber hinaus gehört sie seit jeher zur parlamentarischen Wirklichkeit, da die institutionalisierte Selbstkritik Kennzeichen des Parlamentarismus ist. Seine begriffliche Unbestimmtheit haftet ihm vom Ursprung her an, und es ist schwierig, die wesentlichen Züge des parlamentarischen Systems auf einen authentischen Typus zu reduzieren. Selbst der »klassische« Parlamentarismus in England war ein bewegliches Ensemble von traditionellen Restbeständen und Verfahrensweisen, von Rechtsvorstellungen und Lebensregeln, das vielerlei Wandlungen unterworfen war und sich doch immer als parlamentarische Herrschaftsform verstanden hat. Aus einer dogmatischen oder idealtypischen Voreingenommenheit gegenüber dem Parlamentarismus sind viele Angriffe gegen ihn zu erklären. Die ständigen Anpassungskrisen nötigten zu endlosen Grundsatzdiskussionen, die es immer gegeben hat, solange es eine parlamentarische Regierungsweise gibt. Die großen Debatten im englischen Parlament des 18. Jahrhunderts knüpften stets an Grundsatz- und Verfassungsfragen an. Sie spitzten sich im 19. Jahrhundert auf die Verträglichkeit der Repräsentativverfassung mit der aufkommenden Massendemokratie und den Parteiorganisationen zu. Später geriet mit der demokratischen Industriegesellschaft und dem Übergang vom liberalen und nationalen Verfassungsstaat zum Wohlfahrts- und Sozialstaat die Problematik des Parlamentarismus überhaupt in den Blick. Die Flexibilität des englischen Parlamentarismus unterstrich seine pragmatische Seite, ohne daß daraus allein diese Verbindung von Kontinuität und Wandel erklärbar wäre. Das englische System hat jedenfalls niemals der idealistisch überhöhten Fiktion des »klassischen Parlamentarismus« entsprochen; vielmehr hat sich hier das Fehlen eines geschlossenen Regierungssystems vorteilhaft bewährt.

Indessen ist der englische Parlamentarismus ein nationales Eigenprodukt und nicht wie die kontinentaleuropäischen parlamentarischen Massendemokratien nach 1918 das Ergebnis einer Rezeption übernommener Ideen. Deshalb beschränkt sich die Parlamentarismustheorie im engeren Sinne durchweg auf die englischen Verhältnisse, obgleich hier das System der Kabinettsregierung eine Sonderentwicklung anzeigt, deren Bedeutung meist unterschätzt wird. Der moderne britische Parlamentarismus wird erst richtig verstanden, wenn man beachtet, daß das Kabinett ein selbständiges Verfassungsorgan ist, welches gegenüber Unterhaus und Wählerschaft die verfassungsrechtliche Verantwortlichkeit für die politische Führung trägt. Erst die Beschränkung des Parlaments auf Kontroll- und Diskussionsfunktionen eröffnet die Möglichkeit für eine effiziente politische Regierungsweise.

Schon vor mehr als hundert Jahren (1861) sprach John Stuart Mill (1806-1873) dem Parlament die Funktion eines Gesetzesinitiators ab. Die einzige Funktion einer Repräsentativversammlung bestehe nicht etwa darin, »die gesetzgeberische und administrative Arbeit zu tun, sondern zu veranlassen, daß sie getan wird, und zu bestimmen, welchen Leuten sie anvertraut werden soll, und ihr, wenn sie getan ist, die Billigung der Nation zu erteilen oder zu versagen«[1]. Eine kleine Körperschaft wie das Kabinett solle die Gesetze machen; es stelle »das Element der gesetzgeberischen Einsicht« dar, während das Parlament »das Element des Willens« repräsentiere. Natürlich wird keine Maßnahme ohne die Billigung des Parlaments zum Gesetz erhoben; und das Parlament ist befugt, Gesetzentwürfe abzulehnen oder zurückzuschicken. Es kann sogar Weisungen geben, ein bestimmtes Gesetz vorzubereiten[2]. Es behält sich also das Monopol der Legitimierung der politischen Gewalt vor. Die »Crown Act« von 1937 hat erstmals in einem Gesetzestext das »Cabinet« erwähnt, übrigens gleichzeitig mit dem Begriff »Opposition«, und in beiden Fällen anläßlich banaler Besoldungsfragen. Beide Begriffe stammen aber aus dem 18. Jahrhundert und sind zentral für das heutige parlamentarische System.

Das Kabinett ist das oberste Organ im Regierungssystem und nicht das Parlament. Das Regieren besorgt die Beamtenschaft (Civil Service) unter Leitung des Kabinetts. Die Gesetzeskompetenz des britischen Kabinetts konzentriert die Verantwortlichkeit eindeutig auf die Regierung. Das Parlament kann auf die souveräne Regierungsgewalt nicht unmittelbar Einfluß nehmen, wohl aber ist hier der Ort, an dem die Opposition als Sprachrohr des unterlegenen Volksteils Kritik üben darf. Solange die Regierung im Amt ist und mit der Mehrheitsfraktion als Verlängerung des

Kabinetts zusammenarbeitet, also auf die Dauer einer Legislatur-periode, hat weder der Volkswille noch das Volk selber eine politische Funktion, es sei denn als öffentliche Meinung. Die Hauptfunktion des Parlaments ist die Regierungsbildung. Die Mehrheitspartei stellt den Premierminister, der das Kabinett bildet und mit ihm das Unterhaus beherrscht. Die Abstimmungsergebnisse stehen im voraus fest und demonstrieren nur, daß die Mehrheitsfraktion im Unterhaus nach wie vor die Regierung stützt. Das Parlament soll nicht regieren und hat daher nur unzulängliche Arbeitsbedingungen im Parlamentsgebäude. Es soll nicht dem zuständigen Minister Kompetenzen wegnehmen, damit die volle Ministerverantwortlichkeit erkennbar bleibt. Die Abgeordneten in Westminster haben nicht einmal eigene Büros, und im Plenarsaal ist nur Platz für zwei Drittel von ihnen vorgesehen. Das britische Unterhaus ist ein Rede-Parlament und kein Arbeits-Parlament. Es kann die Regierung kaum behindern, aber seine Kritik an der Regierung findet draußen weite Resonanz; und nur die Wählerschaft entscheidet, ob die Regierung weitermachen soll oder nicht.

Hinter dem britischen Regierungssystem steht eine große Geschichte. Auf dem Kontinent jedoch, wo der Parlamentarismus von außen eingeführt oder auch oktroyiert wurde, war man sensibler für die Problematik eines Systems, welches von Staatsrechtlern und Politikern erst ausgetüftelt werden mußte. In dem Bestreben, die politische Macht unter Rechtsregeln zu bringen und die ökonomischen und sozialen Verhältnisse in öffentlich-rechtliche Beziehungen zu transformieren, entgingen diese nicht der Gefahr, jenes bewegliche Ensemble des parlamentarischen Systems durch verfassungsrechtliche und institutionelle Vorentscheidungen ungebührlich festzulegen. Das gilt für die meisten Zwischenkriegsverfassungen wie in Österreich, der Tschechoslowakei, Polen, Lettland, Litauen bis hin zur letzten, nämlich der von Spanien im Jahre 1931. Dies trifft auch auf die Weimarer Republik zu. Hier existierten historische und politische Vorbelastungen, die sich der Umwandlung des Kaiserreiches in eine parlamentarische Republik entgegenstellten.

Es gab zwar in Deutschland eine parlamentarische Tradition von den Länderparlamenten und der liberalen Verfassungsdiskussion her. Daneben bestand auch die Tradition des deutschen Reichstags (1867-1945), den Bismarck manchmal zum Forum seiner großen politischen Überlegungen machte. Die Bedeutungszunahme des Parlaments beim Kriegsausbruch 1914 und infolge der Friedensresolutionen brachte allerdings noch nicht den Übergang zu einer parlamentarischen Regierungsweise. Es fehlten dem deutschen Reichstag echte politische Mitbestimmungsfunktionen. Eine Parlamentarisierung war erst dort gegeben, wo die Regierung durch das Parlament gebildet wurde. Dazu ist es im deutschen Kaiserreich nicht gekommen. Bismarck löste zwar den Reichstag auf und appellierte an die Wählerschaft in Neuwahlen, die ihm eine gefügige Mehrheit bringen sollten. Ein solches Appellationsmodell ist aber nicht parlamentarisch, sondern eine konstitutionelle Systemvariante innerhalb des Instrumentariums einer konstitutionellen Regierung[3].

Erst in den letzten Tagen des Kaiserreiches wurde die parlamentarische Verantwortlichkeit des Reichskanzlers vor dem Reichstag durch dessen Beschluß vom 26. Oktober und der Bestätigung des Bundesrates vom 28. Oktober 1918 festgelegt; am 2. November 1918 erklärte Kaiser Wilhelm II. seine Zustimmung. Inzwischen war aber schon seit 1917 – genaugenommen nach dem Antrag der Mitte-Links-Parteien im Reichstag, Juli 1917, einen Verfassungsausschuß zur Vorbereitung der Einführung des parlamentarischen Systems zu bilden – eine deutsche Parlamentarismusdiskussion in Gang gekommen, welche die mangelnde Tradition durch eine Rezeption ersetzte, an der sich Max Weber, Robert Redslob, Richard Schmidt, Ernst Müller-Meiningen, Hugo Preuß u. a. beteiligten[4]. Dabei spielte das britische System die Rolle eines Vorbilds.

Es blieb natürlich nicht aus, daß die Juristen und Staatslehrer ihre eigenen Erfahrungen und Ideen einbrachten und dabei die britische Regierungspraxis häufig mißverstanden. *Robert Redslob*[5] wollte die »wahre Form« des englischen Parlamentarismus zum Vorbild erheben, das er als ein System des Gleichgewichts verstand, da sich Regierung und Parlament innerhalb eines konstitutionellen Systems die Waage hielten, in welchem der Gedanke der Gewaltenteilhabe und -balance mit dem Appell an die Wählerschaft verbunden war. Nicht die politische Willensbildung im Parlament, sondern die Berufung auf die öffentliche Meinung und der Rekurs auf die Wählerschaft erscheinen hier als der Kern des Systems, das der Eigenständigkeit des Parlaments kaum Raum läßt. Wie Redslob hängt auch *Hugo Preuß*[6], der Schöpfer der

Weimarer Verfassung, noch dem Gedanken des Gleichgewichts der Gewalten an, wobei der Gegensatz zwischen Regierung und Parlament, zwischen herrschaftlichem und genossenschaftlichem Prinzip, als gleichgewichtige Vermittlung gedacht wird. Hier wird an die dualistisch konstruierte Reichsverfassung und die Preußische Verfassung angeknüpft, aus der dann die republikanische Konsequenz gezogen wird. In der Eigenständigkeit der Regierung gegen zufällige Parlamentsmehrheiten oder auch der »unparteiischen Regierung« (Max Weber) gegenüber der bloßen Kontrollfunktion des Parlaments bleibt der alte Dualismus noch erkennbar. Redslobs »wahrer« Parlamentarismus setzte sogar zwei ebenbürtige höchste Staatsorgane voraus, geradezu ein »System der Dualität« von Reichspräsident und Parlament, dessen Bindeglied die unmittelbar vom Volk gewählte parlamentarische Regierung sein sollte.

Der bedeutendste Protagonist einer parlamentarischen Republik war *Max Weber*[7], der schon früh die aus der demokratischen Massengesellschaft sich ergebenden verfassungspolitischen Konsequenzen erkannte und durch Parlamentarisierung und Demokratisierung den obrigkeitsstaatlichen Bürokratismus zu überwinden hoffte. Er sah in den Elementen einer unmittelbaren Demokratie wie Reichspräsidenten-Plebiszit, Referendum und Volksbegehren funktionell begrenzte Regulative der reinen Repräsentationstechnik und legitime Manifestationen des demokratischen Souveräns. Er suchte wie *Friedrich Naumann* eine Synthese der politischen Souveränität des Volkes mit der individuellen Freiheit im Sinne der westlichen Tradition. Er wollte durch die Verbindung plebiszitärer und repräsentativer Elemente den Gefahren eines plebiszitären Cäsarismus ebenso entgehen wie denen eines Parlamentsabsolutismus. Dabei war er sich der Strukturwidrigkeiten dieser Elemente durchaus bewußt.

Allerdings wirkte bei ihm stärker das englische Vorbild nach, wonach die Regierungsmannschaft zwar dem Parlament entstammen und ihm verantwortlich sein sollte, aber sich außerdem auf die Gefolgschaft einer organisierten Massenpartei und die Mehrheit der Wählerschaft stützen konnte. Bei Max Weber war das Parlament kein regierendes, sondern ein kontrollierendes Organ mit Enquete-Rechten und ferner das notwendige Instrument einer Führerauslese, mit welchem der plebiszitär gewählte Führer in Konkurrenz zu treten hatte und sich Korrekturen gefallen lassen mußte. Im übrigen hielt Max Weber nichts von dem Gerede über den Gegensatz zwischen westeuropäischer und deutscher Staatslehre. Er sah jedenfalls in dieser Verbindung plebiszitärer und repräsentativ-parlamentarischer Elemente ein geeignetes Mittel gegen die zunehmende Bürokratisierung im öffentlichen Leben und gegen die oligarchische Verapparatung des Parteienbetriebs[8].

Allerdings hat Hugo Preuß das plebiszitär-cäsaristische Element, wie es Max Weber befürwortete, zugunsten des Parlaments als zentraler Lenkungsinstanz verschoben. Inwieweit Webers Vorstellung einer plebiszitären Führungsdemokratie Schrittmacher zur »Machtergreifung« von 1933 gewesen ist, bleibt umstritten. Sein Postulat der Wertfreiheit von Wissenschaft, sein Nominalismus und seine methodische Formalisierung und Funktionalisierung wissenschaftlicher Begriffe lassen die konkrete Substantialität einer Gesellschaft zu kurz kommen, verbieten aber auch, ihn als Ahnherrn des plebiszitären Führerstaates zu betrachten.

Das plebiszitäre Prinzip blieb in Volksentscheid und Reichspräsidentenwahl gewahrt. Dadurch war der Reichspräsident dem Reichstag nicht untergeordnet, sondern nebengeordnet. Seine Akte bedurften zwar der Gegenzeichnung des Reichskanzlers, aber der alte Dualismus des konstitutionellen Systems war in veränderter Form übernommen worden und eröffnete aufgrund des Notstandsartikels 48 der Weimarer Verfassung die verfassungsrechtliche Möglichkeit einer Diktatur unter nachträglicher Kontrolle des Reichstags, der nur einmal getroffene Maßnahmen wieder aufheben konnte. Der Vorrang der Exekutive war damit vorprogrammiert.

Der überkommene Rechtspositivismus der meisten deutschen Staatsrechtslehrer, darunter auch Max Weber, war eine Gefahr für das künftige parlamentarische System, das einer naturrechtlichen oder tradierten Wert- und Rechtsordnung zugeordnet bleiben sollte, die im Zweiten Teil der Weimarer Verfassung umschrieben worden war. Die Reduktion der Politik auf Funktionalität unter Eliminierung der Substantialität widersprach der Idee eines materiellen Rechtsstaates. Der »reine« Staatsrechtler *Hans Kelsen*[9] sah im Parlament lediglich ein »spezifisches sozialtechnisches Mittel zur Erzeugung der staatlichen Ordnung« und einen »notwendigen Kompromiß zwischen der Forderung der Freiheit und der differenzierten Arbeitsteilung«. Sein konsequenter, wertindifferenter Rechtspositivismus verleitete ihn zu einer Denaturierung der Rechtsidee zu bloßer Legalität. Für ihn war der Staat ex definitione ein Rechtsstaat, d. h. ein Recht setzender Staat, dessen positiviertes Recht sich allein durch formgerechte staatliche Satzung – also durch »prozedurale Legitimität« – als rechtliche Grundnorm des Gemeinwesens qualifizierte. Die logisch-technische Form und nicht der Inhalt der Rechtsetzung war maßgebend. Daraus ergab sich eine Identität von Staat und Rechtsordnung. Ein dem Staat als Personifikation der gesetzten Rechtsordnung zuzurechnendes Unrecht wäre danach eine logische Antinomie oder jedenfalls nicht vom geltenden Recht her begründbar. Das führte konsequent genommen zur Identifikation von Macht und Recht, mit der praktischen Auswirkung, daß man über den Weg der förmlichen Legalität die Macht ergreifen und dann beliebig gebrauchen könnte. Diese »reine Rechtslehre« Kelsens lag auf der Linie des selbstmörderischen Legalismus der Weimarer Republik und in der Nähe des Rechtsdezisionismus von Carl Schmitt, da jede inhaltliche Bestimmung der verbindlichen Grundnormen abgelehnt wurde. Im Hintergrund solcher Gedankengänge stand die Vorstellung eines grundsätzlichen Dualismus von Staat und Gesellschaft oder vom überparteilichen Staat als Negation der gesellschaftlichen Antagonismen, von einem Politik treibenden Staat und einer unpolitischen Gesellschaft bzw. von einem Dualismus, der sinnvolle Verknüpfungen des sozialen Pluralismus mit der politischen Verfassungsform erschwerte oder ausschloß.

Bei Kelsen wird das Parlament als Spiegelbild aller Interessen der Gesellschaft und als Stätte der Kompromißfindung angesehen. Der »Bargaining«-Prozeß ist entscheidend und die Regierung nur Vollzugsorgan für die Gesetze, die möglichst alle Interessen berücksichtigen oder an der Abfassung beteiligen sollen. Die Heterogenität im Parlament ergibt von selber die wünschenswerte Selbstbeschränkung im Hinblick auf die Bekömmlichkeit für alle. Gegen den Weberschen Kompromiß einer repräsentativ-plebiszitären Demokratie und die Kelsensche Identität von Legalität und Legitimität bzw. die Legalität des parlamentarischen Gesetzgebungsstaates führte *Carl Schmitt* einen gewichtigen Stoß, indem er die Kernfrage Webers nach der Vereinbarkeit von Parlamentarismus und Massendemokratie aufnahm und dessen Kompromiß als widersprüchlich und nur vorübergehend haltbar denunzierte[10]. Für Schmitt war »echter« Parlamentarismus eine Veranstaltung zur Wahrheitsfindung durch freie Diskussion vor einer freien Öffentlichkeit. Aber durch die Entstehung der Massenparteien und die Ausbildung einer Fraktionsdisziplin seien die Voraussetzungen dafür geschwunden, da keine freie Diskussion von freien Abgeordneten und auch keine unbeeinflußte öffentliche Meinung mehr gegeben seien. Von einer Identität von Regierenden und Regierten könne erst gesprochen werden, wenn das Volk durch die öffentliche Meinung direkt und durch seine Repräsentanten indirekt das Sagen hätte. Deswegen lehnte Schmitt das nach Parteien formierte Parlament ab und kritisierte lediglich eine bestimmte Form des Parlamentarismus, jenen älteren Honoratioren-Parlamentarismus, den er bereits für außer Kraft gesetzt hielt, wenn das Parlament an der Regierung teilhatte und keine Gewaltentrennung gegeben war. Diese Vorstellung eines »Government by Discussion« wurde von ihm nicht eigentlich kritisiert, sondern als Wesenselement des »klassischen Parlamentarismus« hingestellt, mit welchem dieser steht oder fällt.

Dieses Verständnis eines Parlaments als eines zentralen Diskussionsforums der Nation mit Abgeordneten, die sich gegenseitig mit Vernunftgründen zu überzeugen suchen und sich überzeugen lassen, ist im Grunde unsinnig. Es bleibt unerfindlich, wie eine Institution mit unterschiedlichen Interessen und Lebensperspektiven, die auf Durchsetzung drängen, politische Beschlüsse in knapper Zeit und auf eine ungewisse Zukunft hin fassen oder ratifizieren kann, die als Ergebnis gemeinsamer Wahrheitssuche oder auch als Ergebnis eines gemeinsam erschlossenen oder gefundenen Allgemeinwillens ermittelt worden sind. Schmitt sah das geistige Zentrum des modernen Parlamentarismus im freien Wettbewerb von Ansichten, in dem durch die Balance der Meinungen und Bestrebungen, durch Diskussion und öffentliche Meinung, sich die Wahrheit finden lasse. Angewandt auf eine Demokratie würde dies eine Homogenität des Volkskörpers oder gar eine substantiale Einheit und Gleichheit voraussetzen, damit auch eine Identität von Regierenden und Regierten oder eine Tiefe des allgemeinen Konsenses verlangen, die es nicht mehr gibt[11].

Den »klassischen Parlamentarismus« von Schmitt hat es nur in den Vorstellungen der frühliberalen deutschen Staatsrechtler gegeben oder als gedachte Regel einer parlamentarischen Geschäftsordnung für einen herrschaftsfreien Dialog, wie ihn etwa *Jürgen Habermas* als Regulativ für eine echte Kommunikation gefordert hat. Schmitt erweckt den Eindruck, als ob das Parlament sich erst als »Schauplatz einer einheitsbildenden freien Verhandlung freier Volksvertreter« oder auch als »Transformator parteiischer Interessen in einen überparteilichen Willen«[12] konstituiert, während in Wirklichkeit damit nur die Regel beschrieben ist, auf die hin Parlamente stattfinden. Das Parlament kann nicht die Einheit des Gemeinwesens erwirken, sondern setzt sie voraus. Es soll die vermittelnde Instanz sein, durch welche hindurch die gesellschaftlichen Organisationen zur Geltung kommen, ohne den Staat zu usurpieren, oder auch das Integrationsmittel, ohne welches der Staat nur ein leerer Begriff sein würde (nach Rudolf Smend)[13].

Es müßte eine unbeeinflußte oder nicht-manipulierte Öffentlichkeit und dazu eine herrschaftsfreie Diskussion und Kommunikation gegeben sein, wenn das parlamentarische System funktionieren sollte. Aber mit dem Zerfall der bürgerlichen Öffentlichkeit und der freien Auseinandersetzung unabhängiger Abgeordneter mußte auch der Parlamentarismus versagen. Sobald die moderne Massendemokratie zur unmittelbaren Demokratie drängte, rückte das Parlament an den Rand des Entscheidungszentrums und behielt nur eine Notariatsfunktion in bezug auf anderweitige Entscheidungen. Schmitts geistesgeschichtliche Lagebestimmung gipfelte in der Behauptung, daß durch die Egalisierungstendenz der Massendemokratie Parlamente überflüssig geworden seien. Demokratie und Parlamentarismus seien unversöhnliche Gegensätze wie Gleichheit und Freiheit. Wenn gewählte Ausschüsse das Volk repräsentieren sollen, ist es für Schmitt aus mit der reinen Demokratie. Der antiparlamentarische Cäsarismus sei das Ergebnis einer konsequenten Massendemokratie, deren Mythen von Generalstreik und Sozialismus dem parlamentarischen Denken seine Evidenz genommen hätten.

Damit vollzog Schmitt den Schritt vom Glauben an die Diskussion zum »Dezisionismus«, womit nach seiner Meinung der Parlamentarismus seine geistige Basis aufgegeben habe. In Wirklichkeit entdeckte er die Eigenständigkeit der Exekutive, die nicht in Diskussion aufgelöst und auf welche nicht der für Legislative und Parlament geltende Rationalismus ausgedehnt werden darf. Und er entdeckte auch, daß Parlament und Legislative keine absoluten Fragen der Weltanschauung, sondern nur relative Wahrheiten aushandeln können, also nur Dinge, die ihrer relativen Natur nach für einen derartigen Kommunikationsprozeß geeignet erscheinen.

Alles, was im parlamentarischen System geschieht, muß mit dem komplizierten Prozeß einer Balancierung der Gewalten vermittelt werden und sich zu einer solchen Vermittlung auch eignen. Dabei erhebt sich die Frage, ob politische und wirtschaftliche Entscheidungen von großer Tragweite in dieser Weise noch in öffentlicher Rede und Gegenrede abgehandelt und zu einem Ergebnis gebracht werden können, das alle überzeugt. Vielleicht ist es eine richtige Antwort auf Schmitt, wenn man mit *Sir Ernest Barker* daran festhält, daß zum Repräsentativsystem immer vier Momente gehören, die vollzählig vorhanden sein müssen: eine Wählerschaft, in Wahlbezirken organisiert mit genau geregelten Abstimmungsverfahren; dann ein System nationaler Parteien, von denen jede eine allgemeine gesamtgesellschaftliche Dimension vertritt, die ferner Kandidaten und politische Programme repräsentieren, damit die Wähler wissen, wofür sie optieren. Aus beiden Momenten ergibt sich ein drittes Moment: das Parlament gewählter Kandidaten, das die alternativen Programme und Positionen zu Wort kommen läßt, um eine dem Denken der Gesamtgesellschaft entsprechende Politik zustande zu bringen. Dazu kommt ein viertes und letztes Moment, ohne dessen Präsenz diese Diskussionen vergeblich sein würden. Dies ist das Kabinett oder die Regierung als Führungsinstanz, welche »das Parlament lenkt und doch zugleich von diesem gelenkt wird«. Damit erst ist das Repräsentativsystem funktionsfähig. Zwischen diesen vier Momenten muß dann eine Balance gefunden werden, denn jedes Moment beansprucht den Vorrang gegenüber den anderen.

Ein solches repräsentatives »Selfgovernment« ist ein ewiges Bemühen und eine Pflicht, die nie zum Ende kommt (Barker), »das Wunder eines räsonnierenden Selfgovernment«. Jedes Moment »erfüllt eine spezielle Funktion, und jedes gibt dem anderen, was das andere braucht, und keines nimmt vom anderen, was des anderen ist«[14].

Dagegen ist die deliberierende Versammlungsregierung, die Schmitt im Auge hat, die erzdemokratische Erscheinungsform einer parlamentarischen souveränen Versammlung, die das absolute Übergewicht gegenüber der Regierung hat, welche ihrerseits nur untergeordnetes Ausführungsorgan ihrer Beschlüsse ist und nach Belieben entlassen werden kann. Sie ist ohne Gegengewicht und ohne Schranken sowie ohne »Interorgankontrollen« (*Karl Löwenstein*)[15]. Es gibt eigentlich nur zwei brauchbare Formen parlamentarischer Regierung, nämlich die klassische Parlamentsregierung wie in Frankreich zur Zeit der Dritten und Vierten Republik und die englische Version der parlamentarischen Kabinettsregierung, denen man noch mit einigem Wohlwollen den »gemäßigten« oder »disziplinierten« Parlamentarismus in Bonn zur Seite stellen kann, der auch als »Kanzlerdemokratie« bezeichnet wird. Der Mangel an Stabilität der Kabinette in Frankreich vor der Fünften Republik und die übertrieben starke Stellung des Bundeskanzlers in der Bundesrepublik Deutschland gegenüber dem Parlament lassen die parlamentarische Kabinettsregierung in Großbritannien noch als die effektivste Form erscheinen, die eine stabile, aber doch gleichzeitig vom Volk getragene politische Führung gewährleistet[16]. Trotz der Vorherrschaft des Kabinetts ist den demokratischen Anforderungen vollauf Genüge getan, da Mißtrauensvotum und Parlamentsauflösung immer wieder die Dreiecksform der Machtdynamik zur Geltung bringen, eigentlich m. E. aufgrund der Tatsache, daß die Opposition in der Regel die numerische Mehrheit der Wählerschaft draußen vertritt. Das Wahlunrecht in England trifft immer die Opposition, besonders die Liberalen, deren Handvoll Abgeordneter im Namen einiger Millionen liberaler Wähler spricht.

Diese Entwicklung eines Führungssystems in Großbritannien, in welchem die Wahlen in erster Linie Wettkämpfe zwischen den Premierministerkandidaten sind, läßt vermuten, daß die wachsende Führungsstellung des parlamentarischen Regierungschefs im Zuge der Entwicklung der parlamentarischen Regierungsorganisation liegt und die politischen Programme der Parteien an Boden verlieren, je länger die parlamentarische Entwicklung dauert. Schon Friedrich Naumann hatte in der Nationalversammlung 1919 diese Entwicklung vorausgesehen und die Ansicht vertreten, daß die Bevölkerung letzten Endes zwischen führenden Persönlichkeiten wählen würde[17]. Darum tut man Max Weber und Carl Schmitt Unrecht und dem Dritten Reich zuviel Ehre an, wenn man ihre damaligen Schriften in ursächlichen Zusammenhang mit 1933 bringt, obwohl sie nur einen Bedingungszusammenhang offenlegen wollten, dessen Vorhandensein im Ereigniszusammenhang seit 1933 sichtbar wurde.

Eine bedeutsame Variante zu dieser Parlamentarismus-Diskussion, die sich vom klassischen Parlamentarismus gelöst hat und vom Parteienstaat aus reflektiert, liefert *Joseph A. Schumpeter*, für den die demokratische Methode eine Methode der »Führerbestellung« ist, wobei »die vom Volk gebilligte Regierung« dadurch zustande kommt, daß der Wähler die sich zur Wahl stellenden Führungsgruppen annimmt oder ablehnt, mithin durch ein Ja oder Nein der Wählerschaft. Die einzige Funktion der Bürger besteht in der Auswahl der konkurrierenden Politiker, die dann für die Bürger aus eigener Verantwortung entscheiden müssen, was geschehen soll. Wenn einmal gewählt ist, bleibt fürderhin die politische Tätigkeit den Gewählten vorbehalten. Dadurch erst würden stabile Regierungen möglich[18].

Schumpeter erlebte am Parteienstreit und Parteienstaat die Auflösung der klassischen Lehre vom Konkordanzparlamentarismus und orientierte sich für seine Theorie am Modell der freien Marktwirtschaft. Demokratie war für ihn der Wettkampf von Eliten um die Macht, wobei die Eliten sich zu Parteien verbinden, die willens sind, geschlossen zu handeln, ohne sich jedoch wechselseitig völlig ausschalten zu wollen. Schumpeter gibt keine inhaltliche Bestimmung der Demokratie, sondern begnügt sich mit einer »demokratischen Methode«, worunter er den Prozeß des Miteinanderkonkurrierens – unter verfahrenstechnischer Ausklammerung einer Zielsetzung – sieht. Dabei wird der passive, auf Konsum eingestellte Wähler mit Offerten des Dienstleistungsbetriebes Staat umworben. Die Wahlen beruhen formell auf der Entscheidung der Wähler und sind inhaltlich nur eine Führer- bzw. Mannschaftsbestellung. In Wirklichkeit sei jede Wahl stets auch eine Vorentscheidung für den Status quo. Damit wird offensichtlich die Wirklichkeit des westlichen Mehrparteienstaates beschrieben.

Schumpeter zeigt sich hier als Verfechter einer funktionalistischen Demokratievorstellung, dem es auf die technische Angemessenheit des politischen Systems ankommt, um eine kalkulierbare Herrschaftsbildung zu gewährleisten. Es treibt ihn die Sorge um Konsensbildung, um soziale Integration und Handlungsfähigkeit des Gemeinwesens. Er denkt weder an eine Aktivierung der Bürger noch an eine Demokratisierung der politischen Prozesse. Das Volk ist nach ihm überhaupt nicht in der Lage, politische Entscheidungen zu durchschauen, geschweige denn zu treffen. Seine Idee einer realistischen empirischen Demokratie gibt die Vorstellung einer plebiszitären Funktion von Wahlen auf. Die Wahl der Repräsentanten ist für Schumpeter der einzige Akt, zu welchem die Wählerschaft legitimiert ist. Die Wahl, welche für die klassische Identitätsdemokratie nur ein leider unumgänglich notwendiges technisches Verfahren ist, begründe auch die Legitimität der Regierung.

Diese funktionale Betrachtungsweise beschränkt das parlamentarische System ausdrücklich auf relative Wahrheiten, auf das Miteinanderauskommen oder auf Politik. Unvereinbar damit sind Ideologien und Weltanschauungen, zu deren Wesen es gehört, daß sie nicht majorisiert werden können. Deshalb sind entideologisierte Wähler und entideologisierte Parteien für Schumpeter notwendig zu einer funktionsfähigen Demokratie. Denn alle müssen die Bereitschaft zum Wechsel der Parteipräferenz mitbringen. Demokratie ist hier »Herrschaft auf Zeit«. Sie verträgt nur zeitliche oder provisorische Lösungen und keine »Endlösung«. Demokratie ist immer auch Vorentscheidung für den Status quo und nur Entscheidung »rebus sic stantibus«, Anerkennung der Wirklichkeit, wie sie ist und nicht wie sie sein soll. Sie ist eine Methode der Herrschaftsbildung und das politische Pendant zur freien Marktwirtschaft. Die Effizienz eines solchen Systems ist auch seine Beglaubigung.

Wenn Schumpeter behauptet, daß die klassische Theorie den Bürger durch permanente Teilhabe überfordere und seine Lernfähigkeit und Informationsbereitschaft überschätze, so daß nur eine Minorität sich permanent mit Politik beschäftigen könne, wenden seine Kritiker gegen ihn ein, daß man eine demokratische Lebensform nicht begründen kann, indem man ihr eine schlechte Realität unterstellt, die sie von vornherein unmöglich macht. Dort herrsche keine Demokratie, wo das Volk nur auswählt und den Gewählten die politische Willensbildung in völliger Passivität überläßt (Wolfgang Abendroth). Von einer Mitwirkung oder gar Mitbestimmung läßt sich dort nicht sprechen, wo die plebiszitäre Willensbildung sich in einem einzigen Akt erschöpft und dann an die Stelle einer Volkssouveränität die Konkurrenz alternierender Mehrheiten tritt. Jedenfalls sollte die Idee einer parlamentarischen Demokratie nicht schon in abstracto desavouiert werden, wo es doch ihr Wesen ausmacht, daß sie sich am individuellen Gemeinwesen erst konkretisieren kann, dieses geschichtlich gewordene Gemeinwesen, wie es ist, daher erst einmal anerkennt und zum Subjekt erheben will. Beispielsweise darf die Bundesrepublik Deutschland nicht allein aus ihrem momentanen politischen Zustand interpretiert werden, sondern will zugleich auch vom normativen Gehalt des Grundgesetzes aus verstanden sein.

Nicht weniger wichtig ist der Einwand, daß die Konkurrenztheorie Schumpeters keinen Allgemeinwillen des Volkes kennt und ihn aus der Dynamik von mindestens zwei Parteien erst hervorgehen läßt. Die parlamentarische Demokratie erschöpft sich aber nicht in dieser Legitimierungsfunktion, sondern sie findet einen nicht minder entscheidenden Bereich im Parlament selber, das nicht Delegierte zur Regierungsbildung enthält, sondern Repräsentanten, die aus ihrem Gewissen und aus eigenem Recht sowie an keinerlei Weisungen gebunden (Art. 38 GG) einen Volkswillen artikulieren. Dieser mag zwar auch bis zu einem gewissen Grade Resonanz der Aktivität von Eliten sein, ist aber doch mehr als eine Resultante von Interessen, nämlich »Geist im Geborenwerden«, also etwa eine konkurrierende Identitätssuche und Existenzorientierung mit Blick auf die Bewältigung des Hier und Jetzt. In gewisser Weise ist das Zustandekommen einer Entscheidung mehr als diese selbst. Diese Entscheidung ist in einer parlamentarischen Demokratie immer nur politische Entscheidung; ihr geht ein Reichtum des Argumentierens und des Miteinandersprechens voraus, der sich zu gelegentlichen Höhepunkten parlamentarischer Auseinandersetzung steigern kann und über die Stunde hinaus Langzeitwirkung hat. Dies setzt freilich voraus, daß die Parlamentsdebatten keine Spiegelfechtereien sind, sondern ernstgenommen werden. Dies gilt nur, wenn die Opposition das Sagen hat und das Filibustieren rigoros verboten wird, und zwar durch Verbot der Wiederholung von Argumenten im Wortlaut. Wenn die Redezeit einer Koalitionsregierung doppelt so lang ist wie die der Opposition, muß das Verhältnis durch den Ältestenrat auf eins zu eins festgelegt werden. Nur dort hat das Parlament seine Eigenständigkeit gerettet, wo die Stunde der Plenardebatte auch die Stunde der Opposition ist. Und zwar muß die Opposition, wenn nötig, auf diese Rolle verpflichtet werden, damit eine parlamentarische Demokratie erkennbar wird. Wenn die Regierung und die Mehrheitspartei das Parlament fürchten, ist die Demokratie in Ordnung. Wahre Demokratie ist dort, wo die Regierung spektakulär in Bedrängnis gebracht wird und dabei doch ihren Kopf behält. Den kann in einer Demokratie nur der Wähler abschlagen. Je länger eine Regierung am Ruder ist, um so dringender muß die Opposition sich zu Wort melden. Der Regierungswechsel ist in einer Demokratie kein Machtwechsel, sondern eine Abschöpfung der Korruption, also des »Spoil System« der Regierungspartei. Mit Recht wird die Opposition als die wichtigste Institution im Parlament überhaupt angesehen (Sir Ivor Jennings).

Protagonist der parteienstaatlichen Demokratie ist *Gerhard Leibholz*[19], der im Parteienstaat eine Abart der unmittelbaren Demokratie sieht. Der klassische liberale Parlamentarismus mit der ihm eigentümlichen Form der Repräsentation sei durch den Strukturwandel zur modernen Massendemokratie funktionsunfähig geworden. Leibholz fordert eine innerparteiliche Willensbildung, gewissermaßen interne Plebiszite, so daß der Wille der jeweiligen Parteienmehrheit in Parlament und Regierung mit der »volonté générale« identifiziert werden könne. Er definiert den Parteienstaat als rationalisierte Erscheinungsform der plebiszitären Demokratie oder als »Surrogat der direkten Demokratie im modernen Flächenstaat«. Leibholz sieht im Bekenntnis zum Parteienstaat in Art. 21 GG und im gleichzeitigen Festhalten an der Honoratiorenfigur des nicht der Partei, sondern dem Gesamtwohl verpflichteten unabhängigen Abgeordneten im Art. 38 GG eine Verbindung von idealtypisch sich ausschließenden Strukturen, insofern die Parteien einerseits integrierende Bestandteile des Verfassungsaufbaus sind, andererseits aber die Abgeordneten einen eigenen verfassungsrechtlichen Status ohne rechtliche Verbindlichkeit ihren Parteien gegenüber innehätten.

Nach Leibholz konstituieren sich die Parteien nach dem Prinzip der Identität und nicht der Repräsentation, sind danach Faktoren der unmittelbaren Demokratie, die das Volk organisieren und erst aktionsfähig machen und im Grunde nichts anderes als das selbstorganisierte Volk »sind«. Damit wird das Parlament zu einem Ort, an welchem sich gebundene Parteibeauftragte treffen und außerhalb des Parlaments bereits getroffene Entscheidungen lediglich registriert werden. Daraus folgt, daß das Parlament seine Führungsfunktion an die Ausschüsse bzw. an die Parteikonferenzen und -tage abgibt. Das Schwergewicht liegt bei der Aktivbürgerschaft, den politischen Parteien und dem Kabinett als Führungsausschuß. Die Wahl ist dann ein plebiszitärer Akt, der den Regierungskurs bestätigt oder verwirft.

Die Parteien müssen sich nach innen demokratisieren, wenn sie ihrem Identitätsanspruch genügen wollen, wobei sich die Frage erhebt, ob eine solche Identität, wie Leibholz sie behauptet, als Konsequenz das imperative Mandat nach sich zieht, das vom Grundgesetz nicht zugelassen ist, jedenfalls aber die Fraktionsdisziplin über die Gewissensentscheidung stellt. Wenn sich aus der Logik des Parteienstaates die unbedingte Fraktionsbindung ergeben sollte, fehlt dieser bis jetzt die verfassungsrechtliche Legitimation. Sonst würde der Parteiausschluß auch den Mandatsverlust nach sich ziehen. Der Fehler der Leibholzschen Argumentation liegt wohl darin, daß das Strukturprinzip der Identität verfehlt ist und die Parteien zwar ihre Mitglieder »sind«, jedoch ihre Wähler lediglich repräsentieren und von ihnen einen zeitlich befristeten diskretionären Auftrag erhalten haben. Wenn das Identitätsprinzip behauptet wird, würde jede Partei zum »Einparteienstaat« streben, der nach dem Sinngehalt des Grundgesetzes illegal ist. In Wirklichkeit ist für die parlamentarische Demokratie die Anerkennung der konkurrierenden Parteien als mögliche Verhandlungspartner nur sinnvoll, wenn sie das Identitätsprinzip aufgeben.

Wilhelm Hennis sieht in der Parteienstaatstheorie von Leibholz eine Verfehlung des wahren repräsentativen Sinnes des Grundgesetzes und einen Rettungsversuch der Identitätsdemokratie Rousseaus. Ihm zufolge darf das moderne Parteiwesen in toto nicht für das plebiszitäre Prinzip beansprucht werden. »Ein Staatswesen, das auf dem Prinzip der Identität beruhen soll, ist nur als System totaler Identifikation möglich«[20]. Nach Hennis beruhen die Parteien auf der Repräsentation und auf dem Amtsgedanken, nicht auf dem Prinzip der Identität. Er erteilt jeder Forderung nach Demokratisierung und innerparteilicher Willensbildung nach den Vorstellungen von Leibholz eine Absage. Es sollte zwar Kontroll- und Oppositionsmöglichkeiten innerhalb der Parteien geben, aber eine demokratische Selbstregierung von unten nach oben hält er für eine Illusion. Die Vertrauensbeziehungen innerhalb einer Partei sind entscheidend, also der »Trust« oder das Vertrauen der Mitgliederschaft; dagegen wäre eine Fundamentaldemokratisierung unsinnig. Alleiniges Kriterium der Demokratie ist für Hennis, daß sich die potentiellen oder aktuellen Regierenden in verfassungsmäßig geregelter Form um die Zustimmung der Wählerschaft bewerben müssen. Während Leibholz die Kritik von Schmitt gegen den klassischen liberalen Parlamentarismus aufnimmt und über die Parteien das plebiszitäre Element der Massendemokratie verwirklicht glaubt, folgt Hennis mehr dem Konkurrenzmodell Schumpeters.

Die Kritiker des Parlamentarismus von rechts und von links nehmen einen unversöhnlichen Gegensatz zwischen Demokratie und Parlamentarismus an, schon weil Freiheit und Gleichheit sich widerstreiten. Durch die Egalisierungstendenz der Massendemokratie seien Parlamente zur bloßen Formalität abgesunken und im Grunde überflüssig. Sie seien ursprünglich Kontrollinstrumente der potenten Bürgerklasse über das Budgetrecht der fürstlichen Regierung gewesen und hätten sich in der bürgerlichen Klassengesellschaft entfaltet. Der Parlamentarismus sei eine spezifische Herrschaftsform des Bürgertums (Ferdinand Lasalle), welche die wahren Machtverhältnisse verschleiere und die Mehrzahl der Bürger praktisch vom Willensbildungsprozeß ausschließe. Der Klassencharakter der Gesellschaft stehe im Widerspruch zum Rechtsstaat und zum parlamentarischen Verfassungsstaat, in denen die wirklichen Interessengegensätze ausgeklammert oder ausgeblendet bleiben. Man wundert sich geradezu, daß es immer noch Parlamente gibt, obgleich sie angeblich prinzipiell unmöglich sind, und noch mehr darüber, daß die Wahlberechtigten in Deutschland unverdrossen und unbeeindruckt zu 80 Prozent zu den Wahlurnen gehen.

Demgegenüber sucht ein marxistischer Pragmatiker wie *Johannes Agnoli*[21] eine Funktionsbestimmung des Parlaments unter den Bedingungen heutiger kapitalistischer Gesellschaftsformen zu geben. Er verweist auf den neuartigen instrumentellen Charakter des Parlamentarismus, der nicht mehr kontrolliert, sondern lediglich legitimiert. Die Funktionen verkehren sich oder bilden sich zurück, behalten aber ihren ursprünglichen Legitimitätsanspruch. Gerade diese Legitimierungsfunktion sei das eigentlich unentbehrliche Moment im Parlamentarismus, der mit seiner Integration in den Staatsapparat der exekutiven Gewalt zugute kommt.

Für Agnoli ist das Parlament als Legislative gegenüber der Exekutive zur Bedeutungslosigkeit verurteilt. Es besteht kein Streit zwischen beiden, sondern es kommt zu einer Symbiose von legislativer und exekutiver Macht, weil das Parlament selber Staatsorgan geworden ist und als Repräsentation der Herrschenden gegen das Volk erscheint. Seine Aufgabe liege geradezu darin, eine Politik der Gemeinsamkeit aller Parteien zu ermöglichen. Selbst eine Fundamentalopposition unterliege dem Sog des Ausgleichs, und ehemals sozialistische Parteien werden zu »Volksparteien«, die einer Politik der Gemeinsamkeit mit den bürgerlichen Parteien das Wort reden. Die Parlamentarisierung der Linksparteien bedeutet für Agnoli schon eine Integration in die Herrschaftsordnung, obwohl sich die Lohnabhängigen noch längere Zeit von der parlamentarischen Linken vertreten glauben. Sie bleibt gewohnheitsmäßiger Kristallisationspunkt der Opposition für die Massen, ist aber nur noch Scheinrepräsentant. Sie sind höchst willkommene Ventile für den Konflikt zwischen Arbeit und Kapital und stehen de facto im Dienst des Systems. Was früher einmal gut war als Kontrollinstanz gegen Fürstenwillkür, ist heute nach Agnoli eine notwendige Bedingung zur Stabilisierung bürgerlich-kapitalistischer Herrschaft in ihrer Spätform.

Dies ist seiner Meinung nach auch der tiefere Grund dafür, daß Parlament und insbesondere die Opposition im Parlament einer Rückbildungstendenz zu einem autoritär rechtsstaatlichen Typus erliegen, der Staatswesen, Parteien und Theorien in vor- oder antidemokratische Zustände zurückdrückt. Was auf niederer Stufe der Paternalismus war, erscheint in moderner Form als Fürsorge- oder Gefälligkeitsstaat; ferner wird das Verhältnis zwischen Kapital und Arbeit entpolitisiert, Konflikte werden domestiziert und Gewerkschaften integriert. Das Parlament ist dabei primär Legitimierungsinstanz für oligarchisch getroffene Entscheidungen, die durch das Parlament als Legislative und nach den Wünschen der Exekutive allgemeinverbindlich werden. – Dabei ist die Ohnmacht des Parlaments Bedingung seiner zentralen Machtstellung.

Agnoli erkennt dem heutigen Parlament zwar auch neue Funktionen zu, zumal sich weniger unvereinbare Prinzipien gegenüberstehen als historische Formen der Emanzipation und Repression. Doch ist für ihn im ganzen gesehen der Parlamentarismus nichts anderes als gesellschaftlich notwendiger Schein, und zwar notwendig im kapitalistischen Verwertungszusammenhang; denn die Massen, die demokratischen Gefühlen zuneigen, sind am besten durch ein Organ neutralisierbar, das ihnen die Illusion einer Beteiligung an der staatlichen Macht vermittelt. Nicht die gänzliche Abschaffung des Parlaments macht den neuen Staat stark, sondern die Verlegung der Entscheidungsbefugnisse vom Parlament in den engeren Kreis nicht-öffentlich tagender Eliten. Die sogenannte legislative Volksvertretung ist nach Agnoli in Wirklichkeit ein Exekutivorgan, das die Richtlinien der Politik von oben nach unten leitet. Die Fiktion einer legislativen Volksvertretung bleibt somit notwendig für die Verbindung staatlicher Macht und Herrschaft mit dem Volk. Solange das Parlament von seiten der Mehrheit der Wählerschaft Anerkennung findet, könne mithin von einem Ende des Parlamentarismus keine Rede sein[22].

Der historisch bedingte Schein der parlamentarischen Ansprüche darf nach Agnoli nicht als bloßer Schein durchschaut werden, ebensowenig wie die Ohnmacht des Parlaments, da nur ein allgemein anerkannter Parlamentarismus den integrativen Zusammenhang zwischen Herrschenden und Beherrschten gewährleistet. Dabei ist eine totale Anpassung der Linken verfehlt; sie muß Kristallisationspunkt der opponierenden oder murrenden Massen bleiben. Nur so weit sie das bleibt, ist sie für die Aufrechterhaltung des parlamentarischen Systems von Belang. Indem sie Kräfte vertritt, die in Opposition zu den etablierten Nutznießern des herrschenden Systems stehen, bewährt sich die Linke als staatstragend und systemkonform. Ihre funktionale Degeneration macht gerade ihre Brauchbarkeit aus. Ihr muß der Anspruch auf Vertretung der Klasseninteressen geglaubt werden. Nur soweit die Linke den Anschein erweckt, die Interessen der arbeitenden Massen zu vertreten, läßt sich offene Frontstellung gegen Herrschaft und Ausbeutung parlamentarisch von links her domestizieren. Die linke Opposition im Parlament zähmt die radikale Fundamentalopposition. Danach ist das parlamentarische System ein scheindemokratischer Machtmechanismus und ein Instrument zur Erhaltung illegitimer Herrschaftsverhältnisse.

Wenn Demokratie eine Form der Herrschaft ist, die sich von allen anderen dadurch unterscheidet, daß in ihr die Möglichkeit angelegt ist, Herrschaft in Frage zu stellen, ist die parlamentarische Demokratie nach Agnoli eine Herrschaftsform, welche diese Infragestellung durch ein permanentes Betrugsmanöver gerade verhindert. Er demonstriert mit seiner Kritik am Parlamentarismus nur dessen Unvereinbarkeit mit seiner Ideologie, die den Klassenkampf verabsolutiert hat und den Parlamentarismus zu einer Doppelstrategie benützen will, die heute aus den Problemen des Sozial-, Wohlfahrts- und Fürsorgestaats her gesehen eher altväterlich anmutet, weil weder das Bürgertum noch die Arbeiterschaft abgrenzbare Größen oder Faktoren sind, die sich wie Herr und Knecht gegenüberstehen.

Die Motive der Parlamentarismus-Kritik verschieben sich beträchtlich aufgrund der auflösenden staatszersetzenden Qualitäten des modernen Pluralismus, der die politische Einheit des Gemeinwesens hintertreibt und repressiven Zwängen ausliefert, die eine politische Integration (im Sinne von Rudolf Smend) verhindern. Im Grunde bewahrheitet sich die negative Prognose von Carl Schmitt, wonach das Parlament »zu einem Schauplatz pluralistischer Aufteilungen der organisierten gesellschaftlichen Mächte« wird[23]. Dies galt für die Weimarer Endphase, gilt aber auch heute, wenn der höhere Anspruch des Staates gegenüber den gesellschaftlichen Organisationen nicht anerkannt wird.

Die dualistische Konstruktion von Staat und Gesellschaft im Stil des 19. Jahrhunderts wird heute durchweg in Frage gestellt, und der Staat wird nur noch als Selbstorganisation der Gesellschaft genommen, der sich als Kultur-, Wirtschafts-, Wohlfahrts- und Fürsorgestaat zeigt, bei welchem die antithetische Trennung von Politik und Wirtschaft, von Politik und Recht oder Politik und Kultur überwunden ist[24]. Das Fatale dabei ist, daß als »Resultat der Selbstorganisation« die Einheit des Staates verlorengeht[25]. Wenn aber anstelle des Staates die organisierten sozialen Gruppen sich Macht aneignen, sei es auch im Bunde mit einer Partei, wirkt in ihnen immer eine Tendenz zur Totalität. Die im Staate selbst liegende Tendenz zur Totalität wird von den gesellschaftlichen Kräften nicht aufgehoben, sondern »parzelliert«, und die Treue zum Staat wird ersetzt durch die Treue zu den Organisationen, den Parteien, Verbänden, Gewerkschaften, Kirchen, die alle sich selber verwirklichen wollen. Wenn die Gesellschaft den Staat verschlingt, ist das Ende aller Sicherheit gekommen. Die Identität von Staat und Gesellschaft ist die Kernthese des rechten oder linken Totalitarismus, je nachdem, ob der Staat die Gesellschaft oder die Gesellschaft den Staat verschlingt. Gewiß hatte Schmitt die Weimarer Zeit im Auge, als die extremen Parteien sogar ihre eigenen Privatarmeen, ihre Betriebsgruppen und Stoßtrupps unterhielten und der Bürgerkrieg drohte.

Nach 1945 hat *Ernst Fraenkel* sich gegen derlei weitreichende Schlußfolgerungen gewandt und sogar den Pluralismus als ein »Strukturelement der freiheitlich-rechtsstaatlichen Demokratie« angesehen[26]. Er erhob die neopluralistische Theorie zur Grundlage der modernen Totalitarismus-Kritik, und zwar tat er es sozusagen »dialektisch«: Wie Schmitt die Hinwendung zum totalen

Staat aus der Negation des Pluralismus gerechtfertigt hatte, überwindet Fraenkel durch eine Negation der Negation den Totalitarismus durch einen Neopluralismus. Auch er sieht in dem identitätsdemokratischen Ideal der Einheit der Interessen von Regierenden und Regierten den totalitären Ansatz und ficht für eine Ergänzung der plebiszitären Elemente durch repräsentative Institutionen. Denn diese organisierten Interessen haben in sich selber keinen eindeutigen Konsens. Selbst die Parteien konstituieren sich nicht durch interne Plebiszite, sondern durch innere Konflikte und Auseinandersetzungen. Für Fraenkel ist jenes für ein Funktionieren des Parteienstaates unentbehrliche geschlossene Handeln der Parteien nur dort zu erzielen, wo es auch in Erscheinung zu treten hat, im Parlament. Auf der Straße herrscht Unfriede, aber im Parlament herrscht die Nötigung zur Verständigung und zur Relativierung der eigenen Sache.

Gegen die monistische Identität von Regierenden und Regierten billigt Fraenkel den Partikularinteressen sozialer Organisationen volle Existenzberechtigung zu. Das Gemeinwohl soll nach ihm in einem Willensbildungsprozeß erreicht werden, an welchem sich autonome Verbände und Gruppen ebenso wie die Parteien mit ihren je eigentümlichen Funktionen beteiligen, wobei die regulative Funktion des Staates von ihm – in Anlehnung an Barker – nachdrücklich hervorgehoben wird. Dabei sind die sozialen und politischen Institutionen nicht ohne weiteres gleichzusetzen mit der Summe der individuellen Willen, die an ihnen mittelbar oder unmittelbar partizipieren. Vielmehr sind sie alle, auch die Interessenverbände und Gruppenbildungen jeglicher Art, »Interaktionssysteme«, deren Rahmen von dem zugrunde liegenden Organisationszweck gesteckt wird. Es bedarf keiner Demokratisierung solcher Teilbereiche nach identitätsdemokratischen Modellen, ja sie steht strenggenommen einer Handlungsfähigkeit solcher Zweckverbände entgegen, weil eine zuschreibbare Verantwortlichkeit im rechtlichen und moralischen Sinne verlorengehen würde. Es handelt sich bei diesen autonomen Gruppenvertretungen um repräsentative Einrichtungen, die für ihre Gruppe verantwortlich entscheiden können, nicht aber um politische Herrschaftsgruppen, die demokratischer Legitimität bedürfen.

Damit wird ein Kernproblem berührt, das Fraenkel als bedeutendsten Vertreter des Neopluralismus bewegt hatte und vorher besonders von *Harold Laski*[27] herausgestellt worden ist. Es war für ihn unbestreitbar, daß in England vor 1914 viele in den Trade Unions ein höheres Ideal sahen als in ihrem Staat.

Nach der Pluralismus-Theorie kann das Problem unvereinbarer Treueverpflichtungen der Individuen gegenüber dem Staat und den Verbänden in der politischen Praxis nicht gelöst werden, wenn der Staat über seine politische Kompetenz hinausgeht und Dinge entscheiden will, die nicht durch Majorisierung entschieden werden können. Der ältere Pluralismus nahm den Staat als eine Gruppe unter anderen, in welchem das Individuum steht. Dagegen wandten sich Barker und später Fraenkel, die dem Staat die politische Kompetenz-Kompetenz zugestehen, auch wenn er eine föderale Struktur hat. Die Hoheitsgewalt des Staates über den Gruppen und Klassen bedeutet für sie nicht Omnipotenz, sondern Rechtssouveränität; es geht nicht um Unterordnung unter den Willen des Staates, sondern um das Einvernehmen mit dem Recht. Oft gingen die organisierten Interessen dem Staat voraus oder wiesen ihm den Weg. Gerade angesichts der tiefgreifenden Modernisierungsbestrebungen in der Gesellschaft konnte der Staat aus seiner Ordnungs- und Ausgleichsfunktion heraus die neuen sozialen Aufgabenfelder, die mit den Mitteln der gesellschaftlichen Interessenorganisationen erschlossen wurden, auf die Dauer nicht sich selber überlassen. Der Sozial- und Interventionsstaat und der Wohlfahrtsstaat mußten die rechtsschöpfende Funktion autonomer Interessengruppen berücksichtigen und ihre Einbettung in die staatliche Ordnung sichern[28].

Für Fraenkel ist jedenfalls die Vielfalt der Parteien und auch die Vielfalt organisierter Interessen keine politische Entartungserscheinung, sondern konstitutives Element eines demokratischen Staates. Er lehnt jegliche Identifikation einer Mehrheit mit der »volonté générale« als Mystifikation ab. Alle Abgeordneten sind ihm Repräsentanten, die unterschiedliche Alternativen anzubieten haben und anbieten müssen. Die dabei sich zeigende Entzweiung ist kein Mangel, sondern ergibt sich aus der Natur der Dinge und aus dem moralischen Potential des Gemeinwesens. Damit sind jedoch die hier sich zeigenden Probleme nicht beseitigt oder gelöst. Denn die oft zu Sachzwängen geronnenen Ansprüche der Interessengruppen haben mit der demokratischen Willensbildung nichts zu tun und stehen häufig in scharfem Gegensatz zu ihr.

7. Zum Parlamentarismus
in der Bundesrepublik Deutschland

7.1. Zur Geschichte des deutschen Parlamentarismus

Man kann das Bundesparlament nicht als »Neuling« unter den Parlamenten abtun. Vielmehr gibt es eine »Reichstagsgeschichte«, ohne welche der Bundestag nicht zu verstehen ist. Immerhin haben hundert Jahre Parlamentsgeschichte Spuren hinterlassen, die nicht unterschätzt werden dürfen und auch in die Bundesverfassung eingegangen sind. Einige deutsche Einzelstaaten haben eine bis ins frühe 19. Jahrhundert zurückreichende und recht lebendige Parlamentsgeschichte wie etwa Baden, Bayern und Württemberg. Das erste und zugleich auch letzte gesamtdeutsche Parlament trat 1848 in Frankfurt zusammen und wurde sogleich in einer allgemeinen, gleichen und geheimen, allerdings meist indirekten, mehrstufigen Wahl gewählt, fast gleichzeitig mit der Preußischen Nationalversammlung. Es verschied bereits ein Jahr später, nachdem es eine gesamtdeutsche Verfassung ausgearbeitet hatte. Das nächste »deutsche« Parlament war der »Reichstag« des Norddeutschen Bundes im Jahre 1867, der 1871 auch das Parlament des Deutschen Kaiserreichs wurde. Die Reichstagsabgeordneten wurden – ähnlich wie das Frankfurter Parlament von 1848 – in Ein-Mann-Wahlkreisen und nach den Prinzipien der allgemeinen, gleichen, direkten und geheimen Wahl von Männern gewählt. Dabei war Stichwahl zwischen den beiden ersten Kandidaten vorgesehen, wenn keiner die absolute Mehrheit erreicht hatte. Es gab also immerhin einen deutschen Reichstag von 1867 bis 1945.

Allerdings fehlte diesem deutschen Parlament die geschichtliche Kontinuität. Von 1867 bis 1918 war der Reichstag in ein erbliches präsidiales Regierungssystem einbezogen, das nur beschränkte demokratische Ansätze aufwies. Der Reichstag ging zwar aus demokratischen Wahlen hervor, die formell demokratischer waren als die fast aller anderen Länder. Aber er konnte den Reichskanzler weder ein- noch absetzen; nur der Deutsche Kaiser und König von Preußen konnte ihn ernennen und entlassen. Nur ihm persönlich war der Reichskanzler verantwortlich. Der Kaiser konnte ferner den Reichstag auflösen und Neuwahlen ansetzen. Die Beschlüsse des Reichstags waren erst rechtsgültig, wenn der »Bundesrat«, der von den Fürsten bestellt war und dessen Vorsitz der Reichskanzler innehatte, sich einverstanden erklärt hatte.

Es gab zwar in einer Vielzahl von Einzelfällen eine gewisse Zusammenarbeit der Parteien untereinander und mit der Regierung, aber von einem »stillen Wandel zum Parlamentarismus« in einem »sukzessiven Lernprozeß« läßt sich kaum sprechen. Besonders das föderalistische System des Kaiserreichs bildete einen Hemmschuh für alle Bestrebungen zur Parlamentarisierung der Reichsgewalt. Ein »allmähliches Herauswachsen des parlamentarischen Regierungssystems aus der konstitutionellen Herrschaftsform« ist nicht zu belegen, es sei denn im Verlauf des Ersten Weltkrieges und angesichts der sich abzeichnenden Niederlage[1]. Es gab zwar schon im letzten Drittel des 19. Jahrhunderts einen Kampf für eine Parlamentarisierung und Demokratisierung der Gesellschaft; aber von einem kontinuierlichen Entwicklungsprozeß bis zu der im Oktober 1918 erfolgenden Parlamentarisierung der Reichsregierung kann keine Rede sein, da die »Dritte Oberste Heeresleitung« den Handlungsspielraum der zivilen politischen Gewalten eingeengt hat und die unmittelbar drohende militärische Niederlage, im Verein mit den Forderungen des amerikanischen Präsidenten Wilson »to make the world safe for Democracy«, nur diesen letzten Ausweg übrigzulassen schien. Der deutsche Notenwechsel mit Präsident Wilson vom 3. Oktober bis 5. November 1918 endete mit der Entsendung demokratisch legitimierter Vertreter der neuen deutschen »Volksregierung«, welcher auch die militärischen Gewalten unterstellt waren. Daraus zu schließen, daß die anschließende Novemberrevolution in Deutschland diesen angelaufenen Parlamentarisierungsprozeß bedauerlicherweise gestört habe[2], ist nicht gerechtfertigt und verkennt völlig die damalige Nötigung zu einer Demokratisierung der Gesellschaft als Voraussetzung einer legitimen Herrschaftsausübung.

Seit der Reichsgründung von 1871 war es für die Wählerschaft in Preußen ärgerniserregend, daß sie bei Reichstagswahlen gleichberechtigt war, aber für den Preußischen Landtag nach dem Drei-Klassen-Wahlrecht zu wählen hatte, sich mithin eine Klassifizierung entsprechend der regionalen Drittelung des Steueraufkommens gefallen lassen mußte. Dies hatte zur Folge, daß sozialpolitisch wohlmeinende Steuerermäßigungen für die Arbeiterschaft und den unteren Mittelstand eine Verschlechterung des Wahlrechts durch Vergrößerung der untersten Wahlklasse nach sich zogen. Erst mit der Weimarer Reichsverfassung vom 11. August 1919 wurde das demokratische Wahlrecht vollständig und unter Einschluß des Frauenwahlrechts in Geltung gesetzt. Zugleich wich das bisherige Mehrheitswahlrecht dem Verhältniswahlrecht. Der Reichstag und alle Länderparlamente wurden diesem Wahlrecht unterworfen, so daß sämtliche parlamentarische Gremien getreue Spiegelbilder der Wählerschaft waren, deren Unentschiedenheit sich in die Parlamente hinein fortsetzte. Das Wahlunrecht des englischen Systems wurde zwar vermieden, aber die Handlungsfähigkeit der Parlamente bedenklich gemindert. Demgegenüber hatte der Reichspräsident eine starke Stellung, weil er vom ganzen Staatsvolk direkt gewählt wurde und damit eine eigenständige plebiszitäre Legitimation hatte.

Gleichzeitig führte man das parlamentarische System ein: Nach Art. 54 der Weimarer Reichsverfassung waren der Reichskanzler und die Staatsregierung völlig vom Vertrauen des Parlaments abhängig und konnten jederzeit durch ein Mißtrauensvotum gestürzt werden. Die Regierung war nur handlungsfähig, wenn sie sich auf klare, dauerhafte und entscheidungswillige Mehrheiten im Reichstag stützen konnte. Hier wurde eine Kooperations- und Kompromißbereitschaft zwischen Wählern, Parteien, Regierung, Reichspräsident, den Staatsorganen in Verwaltung und Justiz und den gesellschaftlichen Gruppen und Verbänden vorausgesetzt, die in schweren Krisen kaum aufrechtzuerhalten war. Die Schwäche der Regierung und des Kanzlers gegenüber dem Parlament war ein grundlegendes Übel des Systems. Sie wurde virulent mit der Wirtschaftskrisis seit 1929 durch das Anwachsen des Radikalismus auf dem linken und rechten Flügel und die Ohnmacht und Uneinigkeit der demokratischen Parteien im Reichstag.

Um überhaupt noch handeln zu können, verlagerte sich die Entscheidungsebene seit 1930 immer mehr nach oben, nämlich auf Reichskanzler und Reichspräsident, die nur noch mit Notverordnungen nach Art. 48 der Weimarer Verfassung regieren konnten. Mit der Ernennung Hitlers zum Reichskanzler am 30. Januar 1933 kam ein erklärter Feind der Demokratie ans Ruder, der sofort den Reichstag auflöste und Neuwahlen ausschrieb. Damit war die endgültige »Machtergreifung« der Nationalsozialisten nur noch eine Frage der Zeit. Die Weimarer Verfassung wurde zwar nicht formell aufgehoben, aber in wesentlichen Punkten durch das nationalsozialistische Staatsrecht ersetzt oder überlagert. Damit hatte sie de facto weitgehend ihre Gültigkeit als staatliche Grundordnung verloren, ohne daß ihr Wortlaut verändert zu werden brauchte.

In der dritten Periode deutscher Parlamentsgeschichte von 1933 bis 1945, vom Reichstagsbrand bis zum Untergang von Berlin, tagte der Deutsche und Gesamtdeutsche Reichstag in der Kroll-Oper und wurde hier zum »teuersten Gesangverein Deutschlands« degradiert. Er hatte nichts mehr zu sagen und sagte auch nichts mehr.

Dieses Lehrstück vom Untergang eines parlamentarischen Systems stand nach dem Krieg den Verfassungsvätern vor Augen, die nach dem Unrechtsstaat ein Bollwerk des Rechts errichten wollten – im Bewußtsein, daß jede Staatsfunktion Rechtsfunktion ist und alle Grundgewalten des Staates Verwirklicher des Rechts (Max Imboden) sein sollten. Gewiß ist das Recht von inhaltlicher Vielfalt, und seine Grundaspekte müssen mannigfaltig entwickelt und profiliert werden. Aber die neu zu gründende Demokratie sollte ihre Freiheit und Gleichheit darin sehen, daß in einer neuen Verfassung auch die demokratische Vielfalt der konkreten Rechtsgemeinschaft zum Ausdruck kommt, was nichts anderes sein konnte als die Identität des Gemeinwesens, das im Grunde und in erster Linie als moralisches Gemeinwesen im Blickfeld lag.

Die vierte Parlamentsperiode beginnt mit dem Erlaß des »*Grundgesetzes für die Bundesrepublik Deutschland*« vom 23. Mai 1949, das aus den Beratungen des »Parlamentarischen Rates« hervorgegangen war. Dieser Rat trat erstmals am 1. September 1948 zusammen. Er bestand aus 65 Abgeordneten aus den Landtagen der westdeutschen Länder und fünf Abgeordneten aus Berlin. Sie nahmen am 8. Mai 1949 das Grundgesetz an, das anschließend von mehr als zwei Dritteln der beteiligten deutschen Länder durch ihre jeweiligen Volksvertretungen gebilligt wurde (nach Art. 144 GG). Damit war nicht nur ein Organisationsstatut, sondern die Verfassungsurkunde eines souveränen Staates geschaffen, wie das Bundesverfassungsgericht in seiner Entscheidung vom 29. Juli 1952 ausdrücklich feststellte. Es ist die erste Verfassung, die sich das deutsche Volk – wenn auch begrenzt auf Westdeutschland – nach der Weimarer Reichsverfassung von 1919 gegeben hat. Damit sollte kein separater »Weststaat« begründet, sondern für eine Übergangszeit dem staatlichen Leben eine neue Ordnung gegeben werden, die »das Deutsche Volk« kraft seiner verfassungsgebenden Gewalt beschlossen hatte. »Es hat auch für jene Deutsche gehandelt, denen mitzuwirken versagt war.« »Das gesamte Deutsche Volk bleibt aufgefordert, in freier Selbstbestimmung die Einheit und Freiheit Deutschlands zu vollenden.« (Präambel des Grundgesetzes) Nach allgemeiner Auffassung wurde die Bundesrepublik damals als Rechtsnachfolgerin des Deutschen Reiches und als die allein legitimierte staatliche Organisation des deutschen Volkes angesehen.

Das Grundgesetz regelt die Zusammensetzung, die Bildung und das Wirken der obersten Staatsorgane und stellt die »Grundrechte«, als die Freiheitsrechte des einzelnen gegenüber dem Staat, an seine Spitze, umgibt sie mit besonderen Sicherungen und stattet sie mit unmittelbar verbindlicher Kraft aus, im Gegensatz zur Weimarer Verfassung, die in ihrem Zweiten Teil lediglich programmatische Erklärungen über die Rechte des einzelnen Staatsbürgers abgegeben hatte. Dies bedeutet, daß Gesetzgebung, Verwaltung und Justiz an die Menschenrechtsartikel im Grundgesetz gebunden sind. Darüber hinaus führte das Gesetz über das Bundesverfassungsgericht vom 12. März 1951 (BGBl. I, 243) nach weiterreichendem Vorbild, aber auch nach dem Vorbild der Paulskirchenverfassung von 1848/49, die Verfassungsbeschwerde ein, wonach jeder, der durch die öffentliche Gewalt in einem seiner grundgesetzlich garantierten Grundrechte verletzt ist, das höchste Gericht des Bundes zu seinem Schutz anrufen kann (§ 90 BVerfGG). Außerdem sind nach Art. 79 GG verfassungdurchbrechende Gesetze, welche die Verfassung materiell ändern, ohne deren Wortlaut ausdrücklich zu ändern, nicht mehr zulässig. Eine Änderung der Gliederung des Bundes in Länder und der Mitwirkung der Länder bei der Gesetzgebung ist ebenso unzulässig wie eine Änderung der in den Artikeln 1 und 20 niedergelegten Grundsätze.

Die ersten Artikel des Grundgesetzes beziehen sich nicht auf die Staatsbürger oder die Deutschen, sondern auf alle Menschen. Dieser Univeralismus bezieht auch diejenigen ein, für die das Grundgesetz der Bundesrepublik Deutschland sonst nicht gilt. Die Gleichheit vor dem Gesetz, die Schutzwürdigkeit und Entfaltungsberechtigung aller Menschen (Art. 1, 2, 3, 4 usf. GG) sind hier offenbar mehr als nur überkonstitutionelle Regulative; sie konstituieren einklagbare Ansprüche. Nach Art. 17 GG hat »jedermann« das Recht, »sich ... mit Bitten oder Beschwerden an die zuständigen Stellen und an die Volksvertretung zu wenden«. Darüber hinaus räumt die Bundesrepublik als einziges Land der Welt allen politisch Verfolgten nach Art. 16 Abs. 2 GG »Asylrecht« als einklagbares Recht ein. Hier liegen übergeordnete Wertentscheidungen mit Verfassungsrang vor, hinter denen der definite Zweck einfacher Gesetze zurückzutreten hat. Die Exekutive gerät in einen Widerstreit zwischen der Sorge um die Grundrechte und der Sorge um Recht und Sicherheit im Staatsgebiet. Diese Unstimmigkeiten entspringen im Grunde daraus, daß der Universalismus der Grundrechte im Widerspruch zur politischen Partikularität des Gemeinwesens steht. Verwaltung und Justiz sind durch diese universalen Bezüge überfordert, welche moralische Regulative zu einklagbaren Rechtstiteln erheben. Die Unveränderbarkeit dieser Teile der Verfassung (Art. 79 GG) wird oft angeprangert und spöttisch als das verfassungsgebotene Ende der Geschichte verschrien. Indessen meint die Unzulässigkeit eine Änderung des Grundgesetzes nach Art. 79, Abs. (3) GG nur, daß eine Änderung dieser Vorkehrungen, unter die neben den Grundrechten auch der bundesstaatliche Föderalismus und das Prinzip der Gewaltenteilung fallen, die Verfassung aufheben würde.

Zur Interpretation des Grundgesetzes und seiner Praktizierung sollte man die Intention der Väter des Grundgesetzes berücksichtigen, denen das Versagen der Weimarer Demokratie und die scheinlegale Machtergreifung von 1933 vor Augen standen, sowie auch die oft schnöde Behandlung asylsuchender deutscher Emigranten in den westlichen Demokratien. Diese ungewöhnlichen und im Grunde politisch unpraktischen Passagen des Grundgesetzes waren einer noblen Gesinnung entsprungen, die nicht im entferntesten daran gedacht hatte, daß daraus ein staatsgefährdendes Problem entstehen konnte. Die Verfassungsväter differenzierten hier unzureichend, obgleich sie die Kritik Schmitts am Zweiten Teil der Weimarer Reichsverfassung kannten. Das ergibt sich aus der Formulierung des Amtseides (Art. 56 GG) für Bundespräsident, Kanzler und Minister, nach welcher vor Grundgesetz und Bundesgesetzen an erster Stelle das »Wohl des deutschen Volkes« genannt ist, dessen Nutzen zu mehren und von dem Schaden abzuwenden sei.

Ähnliches trifft zu für die Überbetonung von Individualrechten wie Überzeugungsfreiheit und Entfaltungsfreiheit, die, für sich genommen und ohne Einschränkung beansprucht, Unregierbarkeit bedeuten würden. Das gilt für absolute Freiheit und Gleichheit und auch für die absolute Geltung des Mehrheitsprinzips. Wer sie herausgreift und verabsolutiert, ist gewissermaßen Verfassungshäretiker, der das Ganze aus dem Auge verloren hat. Sie alle sind einzuschränken im Hinblick auf ihre Verträglichkeit mit dem Grundgesetz im ganzen. Darüber hinaus sind sie auch einzuschränken im Hinblick auf jene über- oder zwischenstaatliche Rechtswelt eines »Jus Publicum Europaeum«, dessen Heraufkunft im 17. und 18. Jahrhundert der Einhegung der Konflikte zwischen den Mächten dienen sollte. Darauf weist das Grundgesetz eindrucksvoll im Art. 25 GG hin. Hier heißt es: »Die allgemeinen Regeln des Völkerrechts sind Bestandteil des Bundesrechtes. Sie gehen den Gesetzen voraus und erzeugen Rechte und Pflichten unmittelbar für die Bewohner des Bundesgebietes.« Auch hier sind nicht nur die Staatsbürger gemeint, sondern alle Bewohner des Bundesgebietes.

Genauso wichtig und bedeutungsvoll ist, daß dieses Grundgesetz ein parlamentarisches System vorschreibt, dessen Spielregeln die Funktionstüchtigkeit und Stabilität des Gemeinwesens sichern sollen. Dabei haben die Väter des Grundgesetzes bei der Wahl zwischen den verschiedenen Möglichkeiten eines parlamentarischen Regierungssystems sich für eine starke Stellung des Bundeskanzlers und seiner Regierung entschieden, so daß man hier von einer »Kanzlerhegemonie« (Steffani) oder von einer Kanzlerdemokratie spricht, die jedoch durch die Länder mit ihren Landesparlamenten föderalistisch gegliedert ist und die Parteien als Mittel der politischen Willensbildung ausdrücklich anerkennt (vgl. Kap. 9). Die Bundesrepublik ist daher eine bundesstaatlich und parteienstaatlich aufgebaute und den Grundsätzen des republikanischen, demokratischen und sozialen Rechtsstaats verpflichtete parlamentarische Ordnung, bei der die Staatsgewalt durch die Organe der Legislative, Exekutive und Judikative ausgeübt wird.

7.2. Der Bundestag im parlamentarischen System

In der Bundesrepublik ist das Parlament privilegiertes Staatsorgan, Gesetzgebungsinstanz, Auslesestätte, öffentliche Plattform und legitimierendes Element im politischen Entscheidungsprozeß. Dennoch bedarf es stets der Mitwirkung anderer Faktoren, und eine exklusive Kompetenz kann es im Notfall nicht beanspruchen. Es ist nur lebens- und handlungsfähig innerhalb eines »parlamentarischen Systems«, in dem es seine zentrale Rolle spielen kann. Eine »Parlamentssouveränität« oder eine »Versammlungshegemonie« (Steffani) gibt es nicht. Diese hat es immer nur vorübergehend und in Ausnahmefällen gegeben, etwa beim Neubau oder Umbau einer Verfassung, bei einem Umsturz oder im Notstand.

Innerhalb einer demokratischen Verfassung ist allein die Wählerschaft der Souverän, nicht das Parlament, dem zwar die Regierungsbildung auferlegt ist, das aber selber nicht regiert. Neben ihm gibt es andere Verfassungsorgane wie den Bundespräsidenten, den Bundesrat, die Bundesregierung mit dem Bundeskanzler an der Spitze, die Landesparlamente, die Bundesversammlung, das Bundesverfassungsgericht, die Bundesbank und dergleichen mehr. Weitere Faktoren sind die – manchmal mehr parteipolitisch, manchmal mehr plebiszitär organisierten – Wahlen, die Parteimaschinen, die Interessengruppen, Bünde und Verbände, die Verwaltung, die Justiz, die Bewegungen in der Öffentlichkeit, die Finanzinstitute, die Kirchen, die Universitäten, das Pressewesen usw., die alle mitzusprechen haben. Sie alle haben offizielle und inoffizielle Mitwirkungs- und Kontrollfunktionen – schon deshalb, weil der Staat nicht nur Gegenpol, sondern auch Ausdruck der öffentlichen Lebensbereiche und der gesellschaftlichen Kräfte sein will, die bei allen sie tangierenden politischen Entscheidungsprozessen angesprochen sind.

Das Parlament, in diesem Falle der Bundestag, ist ein mehr qualifizierender als konkurrierender Faktor, durch welchen hindurch dem Pluralismus in der Gesellschaft regulierend, ausgleichend und einschränkend Rechnung getragen wird. Das Parlament ist der »verfassungsrechtliche Begrenzungsrahmen«, der Hüter der Stetigkeit und Kontrollierbarkeit der Machtausübung (Max Weber) und eigenes Organ in der Legitimationskette Wählerschaft – Parteien – Parlament – Regierung, d. h. ein in seinen formellen oder auch fiktiven Kompetenzen kaum eindeutig abzugrenzender Bereich, in welchen das gesellschaftliche oder parteiliche Konkurrenz- und Konfliktpotential hineingenommen ist. Hier ist der »wünschbare Raum für eine angemessene Anerkennung der lebenswichtigen Tatsache der Führung« (Schumpeter) geschaffen, in dem nach einem Konkurrenzkampf um die Stimmen der Wählerschaft die innerparlamentarische Auseinandersetzung um die Regierungsbildung stattfinden kann. Die erste und wichtigste politische Funktion sofort nach der Konstituierung des Bundestags (nach Art. 40) und der Wahlprüfung (nach Art. 41 GG) ist die Wahl eines Bundeskanzlers, der die Bildung einer Regierung in die Wege leitet; ihr muß die Mehrheit des Bundestages das Placet geben.

Danach hat der Bundespräsident die Ernennung des Bundeskanzlers und seiner Minister auszusprechen. Der Bundespräsident repräsentiert das auch für eine Demokratie geltende »monarchische Prinzip«, wonach an höchster Stelle ein Mensch stehen muß, der innerhalb des Ganzen der Verfassung die diskretionäre Befugnis hat, ein Mensch bleiben zu dürfen, und der die parlamentarischen Entscheidungen durch seine Promulgation rechtskräftig macht. Er verwaltet das Gnadenrecht und darf sogar sein Gewissen zur Geltung bringen. Er hat nichts zu sagen; aber ihm steht das letzte Wort zu. Er ist – mit Montesquieu zu reden – »presque nul«, jedoch gerade deswegen Symbol für den Vorrang des Menschlichen im Dschungel der Gesetze. Er braucht nur eine moralische Bedingung zu erfüllen: Er sollte ein Gentleman sein, der den Ernst des Lebens mit Honorigkeit und Menschlichkeit zu verbinden weiß.

Das bedeutet aber, daß der Dualismus zwischen Volksvertretung und Bundespräsident, der die Weimarer Verfassung prägte, beseitigt worden ist. Der Bundestag allein wählt den Bundeskanzler. Nur für den ersten Wahlgang nach der Neuwahl des Bundestages hat der Bundespräsident ein Vorschlagsrecht, an welches das Parlament jedoch nicht gebunden ist. Demjenigen, welchem das Parlament die Mehrheit gibt, muß der Bundespräsident die Ernennungsurkunde zum Bundeskanzler übergeben. Der Bundespräsident hat auch nicht das Recht, den Bundestag aufzulösen. Er kann dies nur, wenn der Bundeskanzler ihm dies vorschlägt. Ebenso muß er, wenn der Bundestag sich entschließt, einen anderen neuen Kanzler zu wählen, diesen ernennen. Das heißt aber, daß er in einem Zustand der Krise nicht wie der Reichspräsident in der Weimarer Zeit eine Initiative ergreifen kann; nicht einmal ein Mitwirkungsrecht steht ihm zu. Er ist nur die repräsentative Spitze des Staates, die »neutrale Gewalt«. Vor allem aber wird er nicht direkt vom Volke gewählt, sondern von der »*Bundesver-sammlung*«, die sich aus den Mitgliedern des Bundestages und derselben Zahl von Abgeordneten der Länderparlamente zusammensetzt, was ein Zugeständnis an die Länder darstellt, aber keine Minderung der Stellung des Bundestages gegenüber dem Bundespräsidenten bedeutet.

Wenn man es genaunimmt, kann der Bundespräsident neben der Gegenzeichnung der Gesetze und ihrer Verkündigung im Bundesgesetzblatt (Art. 82 GG) sowie der Erklärung des Gesetzgebungsnotstandes (auf Antrag der Bundesregierung mit Zustimmung des Bundesrates nach Art. 81 GG) nur von sich aus initiativ werden, wenn er dem erstmals zusammengetretenen neuen Bundestag einen Bundeskanzler vorschlägt, und dann, wenn er nach dem Scheitern eines Vertrauensantrags des Bundeskanzlers an den Bundestag und nach dessen vergeblichem Bemühen, sich auf einen anderen Bundeskanzler zu einigen, innerhalb einer 21-Tage-Frist den Bundestag auflöst oder auch, wenn er es für angemessen hält, auf die Auflösung verzichtet. Beide Male handelt es sich um die seltenen Fälle, bei denen der Bundespräsident einen Ermessensspielraum hat und eigene politische Entscheidungen fällen kann.

Daraus wird ersichtlich, daß die Väter des Grundgesetzes aufgrund der Instabilität der Weimarer Republik das durch Art. 54 der Weimarer Verfassung vorgeschriebene destruktive Mißtrauensvotum durch ein konstruktives Mißtrauensvotum nach Art. 67 GG ersetzt haben. Das Präsidialsystem kennt nur einen vom Volk gewählten Regierungschef auf Zeit, der nicht vom Parlament abberufen werden kann. Nach dem hier gewählten Kompromiß kann der Bundestag den Kanzler nur in der Weise abberufen, daß er einen neuen Bundeskanzler wählt. Dadurch wird eine Balance zwischen stabiler Regierung und souveränem Parlament hergestellt. Eine Regierung mit uneinschränkbarem Mandat auf die vier Jahre der Legislaturperiode gibt es nicht.

Der Kanzler hat eine Fülle von Möglichkeiten, initiativ zu werden, die das Gewicht der Regierung vermehren. Er kann von sich aus die Vertrauensfrage stellen und bei ihrer Ablehnung durch die

Mehrheit des Bundestages die Auflösung des Bundestages nach Art. 68 GG einleiten oder den Gesetzgebungsnotstand nach Art. 81 (bei Ablehnung einer dringlichen Gesetzesvorlage) beim Bundespräsidenten beantragen. Der Bundestag wiederum kann seine Auflösung durch die Wahl eines anderen Bundeskanzlers abwehren (nach Art. 68, Abs. 1, Satz 2 GG). Weder der Bundeskanzler noch der Bundespräsident können gegen ein regierungsbereites Parlament an die Wählerschaft appellieren. Damit ist eine Balance geschaffen und außerdem zum Ausdruck gebracht, daß das Parlament in erster Linie, wenn es weiterbestehen will, seiner Hauptaufgabe genügen muß, nämlich der Bildung einer handlungsfähigen Regierung. Das Grundgesetz entscheidet hier zwischen repräsentativer und plebiszitärer Demokratie zugunsten des Parlaments, falls dieses eine neue Mehrheit zustande bringt.

Danach ist mehr das Parlament als die Wählerschaft an der Regierungsbildung beteiligt, jedenfalls innerhalb der Legislaturperiode. Dies setzt jedoch voraus, daß die Parteien ähnlichen Prinzipien folgen wie die englischen Parteien im Unterhaus.

Die innerparteiliche Konsensbildung ist notwendige Vorstufe für die Behandlungen der Regierungsvorlagen im Plenum (vgl. dazu Kap. 9). Es wird also mit klaren Parteiverhältnissen gerechnet, wobei Splittergruppen durch die Fünf-Prozent-Klausel und auch durch die Bestimmungen über die Fraktionsmindeststärke nicht voll zum Zuge kommen können. Vorausgesetzt ist allerdings, daß die Abgeordneten nicht *Vertreter*, sondern *Repräsentanten* ihrer Parteien sind, die wirklich mit ihrem Kopf im Parlament zugegen sein müssen. Die Einheit von Partei- und Fraktionsführung gibt dem Parlament erst eine Unabhängigkeit, aus der heraus die Vorkehrungen des Grundgesetzes praktisch und sinnvoll erscheinen. Wenn hingegen Partei und Fraktion auseinanderdriften, eine Verbindung von Parlament und Wählerschaft gestört erscheint, befriedigen die obigen Spielregeln kaum.

Das Parlament braucht kein getreues Abbild der Wählerschaft oder des Volkswillens zu sein und kann es auch nicht sein, weil schon am Abend des Wahltages die Wählerschaft sich anders entscheiden könnte, als sie es gerade getan hat. Es gehört zur Eigenständigkeit des Parlaments, daß es nicht an einen permanenten »Wählerauftrag« über die ganze Legislaturperiode hinweg gebunden ist. Auf der Ebene des Parlaments erhält der Wählerwille gewissermaßen eine andere Qualität, aus der dem Parlament seine eigene Verantwortlichkeit erwächst.

Auch die Regierung ist nicht ein dem Parlament grundsätzlich untergeordnetes und jederzeit abrufbares Vollzugsorgan, sondern ein dem Parlament gegenüber potentiell konkurrierendes Organ, in welchem die Richtlinienkompetenz des Bundeskanzlers, die Initiativfunktion in der Gesetzgebung und die Vetorechte der Regierung, besonders im finanziellen Sektor (nach Art. 113 GG), erkennen lassen, daß Kanzler und Regierung dem Parlament und der Wählerschaft gegenüber eine eigene verfassungsrechtliche Verantwortung für die politische Führung tragen. Die Erschwerung eines Regierungswechsels und die Erschwerung einer Parlamentsauflösung im Grundgesetz haben den Zweck, Stabilität und Kontinuität der parlamentarischen Demokratie zu stärken[3].

Die Auflösung des Bundestages und damit der Appell an die Wählerschaft sollten innerhalb der Legislaturperiode möglichst vermieden werden. Das Parlament hat die Regierung zu bilden oder sie gegen eine neue auszuwechseln. Ein solches Vorgehen ist nicht nur legal, sondern legitim, d. h. von der Verfassung gewollt. Keine Regierung, die abgewirtschaftet hat, kann sich auf einen »Wählerauftrag« berufen, der ihr verbiete, vor Ende der Wahlperiode das Handtuch zu werfen. Die Bildung einer neuen Regierung während der Legislaturperiode durch Beschluß des Parlaments bedarf keiner weiteren Legitimation und darf vor allem kein Anlaß zur Parlamentsauflösung sein, wenn nicht andere schwerwiegende Gründe hinzukommen.

Der sog. »Wählerauftrag« ist eine windige Sache: er kann nicht als imperatives Mandat ausgelegt werden, da der Abgeordnete das ganze Volk vertritt und nicht an Aufträge und Weisungen gebunden ist, wohl aber seinem Gewissen unterworfen bleibt (Art. 38 GG). Einerseits kann er nicht wegen seiner Entscheidung im Bundestag zur Verantwortung gezogen werden (Art. 46 GG), andererseits ist er für sich voll verantwortlich und kann sich nicht hinter Weisungen, Wähleraufträgen und Majoritätsbeschlüssen verstecken. Seine Immunität dient paradoxerweise dazu, seine persönliche Verantwortlichkeit voll zur Geltung zu bringen. Er behält die Möglichkeit, sich für seine Entscheidungen und Maßnahmen zu rechtfertigen und darf sich im äußersten Fall auf sein Gewissen berufen. Die Berufung auf das Gewissen ist aber nicht einfach der Rekurs auf die persönliche Überzeugung, die ja auch den Wahnsinn rechtfertigen könnte oder Mord und Totschlag, sondern auf einen subjektiv verpflichtenden Begründungszusammenhang. Alle Abgeordneten sind gleich frei und unabhängig, solange sie Abgeordnete im Sinne des Grundgesetzes sind, wirklich ein Gewissen haben, d. h. ein »Mitwissen« (conscientia), eine innere Bindung, die sie in die Lage versetzt, einen Eid wirklich schwören zu können, so wie er gemeint ist und vom Staatsvolk aufgefaßt wird. Wer darin nur die strafrechtliche Konsequenz oder ein unentbehrliches Arrangement sieht, schwört nicht im Sinne des Grundgesetzes und der öffentlichen Meinung. Der Wählerauftrag besteht also in einem »Trust«, der dem Abgeordneten Pflichten auferlegt, ihm die Entscheidungsfreiheit jedoch beläßt. Die Stärkung der plebiszitären Komponente durch den nun möglichen Appell an die Wählerschaft würde eine Minderung der Stellung des Abgeordneten nach sich ziehen. Man sollte sich erinnern, daß Bismarcks wirksamste Waffe gegen den deutschen Reichstag der Appell an die Wählerschaft war, dessen zeitgerechten Einsatz er selber bestimmte.

Im ganzen gesehen zeigt die Diskussion über diese Fragen, daß die Diskrepanz zwischen dem plebiszitären und dem repräsentativen Prinzip, zwischen dem Majoritäts- und Gleichgewichtsprinzip, zwischen Identitätsdemokratie, Proportionaldemokratie und parlamentarischer Demokratie bis hin zum Verhältnis von »auctoritas« und »potestas« das Problem der Regierungsbildung mitbestimmt.

Die zweite und eigentliche Funktion des Bundestages ist die *Gesetzgebung*, an der Regierung und Bundesrat ebenfalls beteiligt sind. Aber der Bundestag ist das dafür ausersehene Organ, durch welches hindurch die politische Willensbildung sich vollzieht. Daran wirken die Parteien (nach Art. 21 GG) mit, die ebenfalls nach demokratischen Grundsätzen verfaßt sein sollen, ferner die freiheitlich-demokratische Grundordnung anerkennen und der Haus- und Geschäftsordnung sich fügen müssen. Das letztere steht nicht im Grundgesetz, kann aber aus Art. 21 Abs. (2) herausgelesen werden, in dem vom »Verhalten« der Anhänger und der Beeinträchtigung der freiheitlich-demokratischen Grundordnung gesprochen wird. Die gesetzlich gebotene Mitwirkung der Parteien kommt darin zum Ausdruck, daß sie bei der Besetzung der Fachausschüsse proportional berücksichtigt werden müssen. Ferner gibt es einen grundgesetzlich garantierten Minderheitenschutz im Parlament, dem nach Art. 44 GG ein Viertel der Mitglieder des Bundestags bereits genügt, um die Einsetzung eines »parlamentarischen Untersuchungsausschusses« zu erzwingen, was übrigens kein anderes Parlament im Ausland vorsieht. Damit haben die unterlegenen Parteien eine Kontrollwaffe zur Hand, die auch spektakulär eingesetzt werden kann.

Über die Wirksamkeit einer solchen Waffe, die in Deutschland ihre eigene Tradition hat[4], läßt sich streiten, weil die Regierung ein weitgehendes Verweigerungsrecht hat – mit Hinweis auf Staatssicherheit und Geheimhaltung. Immerhin ist mit dieser Vorkehrung angedeutet, daß der Dualismus von Regierung und Opposition, Mehrheitspartei und Minderheitsparteien als wesentlich für die parlamentarische Arbeit auf der Ebene von Bundestag und Landtagen anerkannt wird. Leider spricht das Grundgesetz nicht von »parlamentarischer Opposition« als einem institutionalisierten Kontrollfaktor der Regierung. Um der Balance zwischen Regierung und Parlament willen muß jedoch der Opposition ein privilegierter Aktionsbereich zugestanden werden.

Nicht der Schutz der unterlegenen Minderheit macht den Parlamentarismus aus, sondern erst die ausdrückliche Anerkennung der Opposition als mitwirkender und mitbestimmender Teil. Dies muß in der Geschäftsordnung und im Parlamentsrecht gebührend zur Geltung kommen. In England ist die Autorität der parlamentarischen Opposition weit größer als in der Bundesrepublik Deutschland, weil sie fast immer die Mehrheit der Wählerschaft hinter sich hat, nämlich jener Wählerschaft, die durch das Mehrheitswahlrecht im Verein mit den Ein-Mann-Wahlkreisen völlig unter den Tisch gefallen ist. Die Opposition im britischen Unterhaus vertritt in der Regel die Mehrheit der Nation – »by virtual representation«. Hier wird auch der Oppositionsführer seit der »Crown Act« von 1937 besoldet und damit als designierter Premierminister angesehen, der schon sein »Schattenkabinett« aufstellt. Das ist für die Wahlen außerordentlich wichtig, weil damit die Wählerschaft zwei rivalisierende Mannschaften zur Auswahl angeboten bekommt. Dennoch erscheinen auf den Wahlzetteln nicht die Parteien und die beiden Mannschaften, sondern nur die zu wählenden Direktkandidaten, so daß die allgemeine Alternative mit einer Persönlichkeitswahl verbunden ist, was den »Trust«-Charakter des Wählerauftrags unterstreicht.

Die dazu erforderlichen Voraussetzungen fehlen im parlamentarischen System der Bundesrepublik. Jedoch sollte der opponierenden Minderheit ein Bonus zugestanden werden, der über den numerischen Parteienproporz hinausgeht. Die Mehrheitspartei oder -koalition hat die Prämie des Machtbesitzes in Händen. Demgegenüber hat die Opposition im Bundestag nur eine Chance, wenn sie in Debatte, Ausschußarbeit und Geschäftsordnung privilegiert wird. Die Opposition erst sichert dem Parlament die Daseinsberechtigung als Stätte der Kritik, der Kontrolle und des Appells an die Öffentlichkeit. Sie sitzt außerhalb der Macht und hat damit moralische Vorrechte, von denen aus die Debatten in erster Linie Debatten der Opposition sein sollen. Das Parlament ist nur ein eigenständiges Organ, wenn in ihm die Opposition zu Wort kommt.

8. Bemerkungen zum Mehrheitsprinzip

8.1. Das Mehrheitsprinzip im parlamentarischen System

Das Majoritätsprinzip ist seit der Demokratisierung der parlamentarischen Systeme das bevorzugte Mittel zur Legalisierung politischen Handelns. Seine Gültigkeit ist Prämisse einer Demokratie; aber diese Majoritätsregel ist von beschränkter und relativer Gültigkeit, die verfassungsrechtlich kaum normierbar ist. An sich ist ein Mehrheitsbeschluß nicht vernünftiger als ein anderer Beschluß. Manche meinen sogar, daß er für sich genommen mit größerer Wahrscheinlichkeit unvernünftiger ist als ein Einzelentscheid. Man muß außerdem hinzufügen, daß nur Mehrheitsbeschlüsse gemeint sein können, die politischer Natur sind, also alle Beteiligten angehen. Weltanschauliche oder moralische Fragen sowie Geschmacksfragen vertragen keine Mehrheitsentscheidung. Sie ist nur dort am Platze, wo es um Politik geht, um Entscheidungen, die den Umständen und der Situation gerecht werden sollen. Nur politische Probleme der Selbstbehauptung und des Miteinanderauskommens bedürfen demokratisch zustande gekommener Entscheidungen. Hier stehen nicht letzte Wahrheiten zur Debatte, sondern der Friede in einer unbefriedeten Welt, mithin das, was jedermann von Natur aus eigentlich anstrebt.

Locke hat in seinem »Second Treatise of Government« mit unübertreffbarer Klarheit hervorgehoben, welche Voraussetzungen gegeben sein müssen, daß überhaupt eine *Mehrheitsregel* in Erwägung gezogen werden kann. Er verlangt eine vorgegebene Homogenität des Gemeinwesens, eine konkrete Lebenswelt, mit welcher die Gesamtheit eines Volkes gewissermaßen auf Duzfuß steht. Es bedarf einer lebenspraktisch verbundenen Bürgergemeinschaft als einer vorpolitischen Basis in Sprache, Tradition, Sitte, Mentalität. Die grundsätzliche Anerkennung und Respektierung einer Mehrheitsentscheidung setzt eine solche Gemeinsamkeit voraus. Im modernen Verfassungsstaat kann sich der Wille der Mehrheit nur behaupten und eine Chance loyaler Anerkennung erhoffen, wenn auch für die im Einzelfall unterliegende Minderheit noch genügend gemeinsame Interessen und Grundüberzeugungen verbleiben. Die Mehrheitsregel ist mithin kein voraussetzungsfreies politisches Formprinzip, sondern bleibt an nicht normierbare soziale und politisch-kulturelle Bedingungen gebunden – und zwar an unendlich viele Voraussetzungen, die erfüllt sein müssen, wenn parlamentarische Mehrheitsentscheidungen stattfinden und als Grundlage einer Anordnung oder eines Gesetzes genommen werden sollen.

Gerade aus der britischen Parlamentsgeschichte der jüngeren Zeit ergibt sich eindrucksvoll, wie fragwürdig die errungene absolute Mehrheit der Sitze im Unterhaus ist und wie häufig hier die unterlegene Opposition die Mehrheit und gelegentlich sogar die absolute Mehrheit der Wählerschaft repräsentiert. Das darin steckende Wahlunrecht verstärkt die Schwankungen und Tendenzen des Wählerwillens bis in die dritte Potenz, so daß eindeutige Wahlentscheidungen zustande kommen, die eine sofortige Kabinettsbildung ermöglichen, wobei das Kabinett nur den Auftrag der Mehrheit im Unterhaus vollzieht, die Wahlentscheidung also voll nach oben durchschlägt. Nicht der Wähler macht die Regierung handlungsfähig, sondern das Wahlverfahren, das einen Großteil der Wählerschaft eliminiert.

Die Methode der Willensbildung durch Mehrheitsfeststellung ist fragwürdig und überhaupt nur erträglich angesichts einer gewissen Homogenität der Wählerschaft. Wenn diese künstliche Mehrheit die andere Seite überstimmt, soll das kein Abwürgen einer Minderheit sein, vielmehr wird vorausgesetzt, daß alle dem selben Gemeinwesen angehören und im Grunde das Gleiche wollen, wenn man sich auch über die Mittel und Wege streitet. Eine Demokratie setzt eine solche Homogenität voraus, und die parlamentarische Opposition ist eine Opposition gleichberechtigter Bürger, die keinen Minderheitsstatus beanspruchen. Die parlamentarische Minderheit bleibt mitwirkendes Element, wenn überhaupt Parlamentarismus sein soll. Es wird ein wirksames materielles Gerechtigkeitsprinzip vorausgesetzt – das Prinzip der gleichen Chance für die andere Seite, demnächst die Mehrheit zu gewinnen. Es ist für den Fortbestand des parlamentarischen Systems notwendig, daß diese Chancengleichheit besteht, nicht nur bei der Wahl, sondern auch in der öffentlichen Meinung und im Parlamentsrecht.

In gewisser Weise sollte in einer Demokratie das Wort gelten: Die Opposition hat immer recht – oder doch mehr recht als die Regierungsmehrheit. Oder: Je länger eine Mehrheit am Ruder ist, desto mehr gerät sie ins Unrecht. Die zu lange Regierungszeit ist seit alters her ein zugelassenes Argument der Opposition, von der man sagt, sie befinde sich schon aus ihrer Position heraus in einem Lern- und Läuterungsprozeß. Dies gilt um so mehr, als der Besitz der legalen Machtmittel der Regierungspartei eine Prämie, einen politischen Mehrwert, zuteilt, einen »Bonus«, der in ungewöhnlichen Situationen unberechenbare Vorteile und unabsehbare Folgen haben kann. Der ganze Ermessensspielraum bei der Auslegung und Handhabung einer Gefahrensituation steht der Regierung zur Verfügung, so daß ihr sofortiges Handeln auch bei zweifelhafter Legalität eine politische Vorgabe verschafft, gegen welche die Justiz nur durch einstweilige Maßnahmen und Verfügungen vorgehen kann, ohne dabei politisch entscheidend gegenlenken zu können. Es besteht jedenfalls eine bedenkliche Diskrepanz zwischen der Prämie des Machtbesitzes und der Offenhaltung der gleichen Chance für die Opposition, deren Sicherung und Gewährung im Grunde Sache der Mehrheitsregierung ist.

Daraus ergibt sich, daß die Mehrheit allein nicht der einzige Rechtstitel legalen Machtbesitzes sein darf. Etwas kann nicht deswegen schon legal sein, weil die Mehrheit es beschlossen hat. Wenn dies zuträfe, könnte eine Mehrheit kein Unrecht tun, es könnte keinen illegalen Gebrauch der legalen Macht geben. Das ist weit gefehlt und wäre nur unter einer Verfassung denkbar, die sich grundsätzlich auf organisatorische und verfahrenstechnische Regelungen beschränkt. Eine solche Auffassung von einer funktionalistischen Neutralität widerspricht dem Wesen des Parlamentarismus, der ohne Wertbezogenheit kein Interesse wecken könnte. Selbst eine Zweidrittelmehrheit kann nicht mit Hilfe der Verfassung die Verfassung aufheben. Jedenfalls wäre das ein Widersinn, der Legalität und Illegalität wie Recht und Unrecht unterscheiden will. Die Neutralität der Gesetzgebung kann sich nicht auch auf Recht und Unrecht erstrecken.

Wenn eine Mehrheitsregierung die Absicht hat, die legale Macht nicht mehr aus der Hand zu geben, und den anderen als nicht regierungsfähig erklärt oder auch behauptet, zur eigenen Politik gebe es keine Alternative, leitet sie die Zersetzung des Parlamentarismus ein. Schon die einfachsten Verrichtungen innerhalb des parlamentarischen Systems verlangen ein Minimum an Loyalität. Schon die Auszählung der Wahlergebnisse läßt sich nicht ganz kontrollieren und setzt voraus, daß alle Zähler ehrlich zählen wollen und gewissenhaft zählen. Selbst der Eid auf die Verfassung setzt voraus, daß jeder seinen Eid außerdem auch auf Treu und Glauben schwört und er sich an den Wortlaut auch wirklich hält.

Ferner kann die Mehrheitspartei die wahlgesetzlichen Bestimmungen zu ihrem eigenen Vorteil und zum Nachteil des Gegners für die Wahlen der nächsten Legislaturperiode verändern, die Geschäftsordnung verändern oder angesichts der Unmöglichkeit, eine Mehrheitsregierung zu bilden, »geschäftsführend« weiterregieren. Wer im Wechsel der parlamentarischen Regierung einen »Machtwechsel« sieht, muß seinen Sprachgebrauch revidieren. Ein rechtverstandener Parlamentarismus ist Träger der Kontinuität, denn jede Regierung weiß, daß sie nicht die letzte ist, und jeder Wähler, daß sein Nein ebenso legal ist wie sein Ja. Es gibt keinen »Machtwechsel«, da die Alternativen und die sie vertretenden Parteien fortbestehen. Vor allem besteht weiter, was Ferdinand Lassalle die »wirkliche Verfassung« nannte, das Parallelogramm der sozialen und politischen Kräfte, die von der Verfassung nicht erfaßt, sondern vorausgesetzt werden.

Der Bestand der Demokratie beruht auf einem Potential von Mündigkeit, Bildung und gutem Willen, aus dem die demokratisch-parlamentarischen Spielregeln erst Anerkennung finden müssen. Es ist gerade die eigentümliche Aufgabe des parlamentarischen Systems, zwischen dem Funktionalismus der institutionalisierten Verfassungsorganisation mit seiner prinzipiellen Wertneutralität und den grundsätzlichen Verfassungsgarantien mit prinzipieller Wert- und Sinnbezogenheit zu vermitteln. Das Legalität erwirkende Mehrheitsprinzip ist im buchstäblichen Sinne nichtig, wenn es nicht konfrontiert oder gemessen wird an dem, was als Recht anerkannt ist, an den Maßstäben, die jedem entwikkelten Gemeinwesen vorgegeben sind. Es sind Werte, die feierlich unter den Schutz der Verfassung gestellt werden, wie etwa die Religionen, die Ehe, das Eigentum, die Menschenwürde, die bürgerlichen Freiheiten, die sich nicht nur im Grundgesetz, sondern auch im Zweiten Hauptteil der Weimarer Verfassung befinden, welche aber nach der Kritik von Schmitt (1932) die parlamentarische Gesetzgebungskompetenz in Verwirrung bringen und den Gesetzgebungsstaat angeblich zerstören. Dagegen vermag das Parlament jeden Inhalt, jede Meinung, jede öffentliche Äußerung ins Spiel zu bringen. Die Wertneutralität des Gesetzgebers steht wie die Neutralität des Schiedsrichters beim Fußballspiel über beiden Mannschaften. Sie bedeutet nicht Gleichgültigkeit gegenüber dem Fußballspiel selber. Im Gegenteil: Sein Interesse richtet sich auf Fairness und Spielregeln, damit das Spiel funktioniert.

Gewiß könnte mit Zweidrittelmehrheit der Schutz der Ehe, des keimenden Lebens, des Elternrechts, der Religionsgemeinschaften abgeschafft und ein atheistischer, laizistischer Staat beschlossen werden oder eine Schule verordnet werden, die die Entfremdung der Kinder von Eltern, Sittlichkeit und Heimatverbundenheit bezweckt, wenn es nicht mehrere Parteien gäbe, ferner die Kirchen, Gewerkschaften, Universitäten, Verbände, die Bundesländer, die Vereine und Gesellschaften – vor allem aber das Parlament und auch die Landesparlamente, die alle zusammen in diese wirkliche und lebendige Verfassung hineingehören. Das aber heißt, daß vor derlei an sich möglichen Gesetzen erst die Vernichtung von Ehe, Familie usw. stehen müßte. In abstracto ist alles möglich, in concreto nur einiges.

Wenn es nur eine »prozedurale Legitimität« gäbe, die formgerechte Positivierung für die Qualifizierung als Rechtsnorm eines Gemeinwesens ausreichte, würde dies der Idee eines materiellen Rechtsstaates widersprechen und einer Denaturierung der Rechtsidee zu bloßer Legalität gleichkommen. Dann wäre der Mehrheitsbeschluß als solcher und nicht der Inhalt der gesetzlichen Bestimmung dafür ausschlaggebend, was in einer demokratisch-parlamentarischen Ordnung Recht und Unrecht ist. Als praktische Auswirkung ergäbe sich die Möglichkeit, in legaler Form als Mehrheit die Macht zu ergreifen und sie beliebig zu gebrauchen. Das liefe auf eine Identität von Macht und Recht hinaus. An diesem selbstmörderischen Legalismus ist die Weimarer Republik zugrunde gegangen; eben deswegen darf die inhaltliche Bestimmung der verbindlichen Grundnormen nicht offenbleiben.

Zumindest sollte beachtet werden, daß die Verbindlichkeit politischer Entscheidungen nicht auf den dabei vorgebrachten Argumenten und auf ihrem Wahrheitsgehalt beruht, sondern auf dem Abstimmungsergebnis, also doch kraft der Legitimität des Verfahrens oder kraft einer politischen Kompetenz zur Normensetzung. Dieses dezisionistische Element ist unausweichlich mitgegeben; nur handelt es sich dabei um eine politische Verbindlichkeit, um den Zwang, für sich selber gelten zu lassen, was die

Mehrheit beschlossen hat. Dies bezieht sich jedoch nicht auf den Wahrheitsgehalt einer Entscheidung, die äußeren Gehorsam, aber keine innere Zustimmung verlangt. Sie gilt jedenfalls nicht für alle Ewigkeit.

Hier ergibt sich die besondere Aufgabe des Parlaments, die Begründbarkeit einer Entscheidung zu prüfen, Gründe und Gegengründe zu Wort kommen zu lassen, darunter auch ihre Situationsbedingtheit und Notwendigkeit. Die Abstimmung beendet das Begründungs- und Prüfungsverfahren. Die Mehrheit hat deswegen aber nicht recht, die Minderheit nicht unrecht. Der Inhalt der Entscheidung muß außerdem abstimmungsfähig sein, er darf nicht weltanschaulich-religiöser oder ideologischer Natur sein. Immer muß es ums Hier und Jetzt gehen und nicht um die letzten Dinge, nicht um Ideale, sondern um das Mögliche und nicht um die Wahrheit schlechthin, sondern um das Miteinanderauskommen. Die politische oder soziale Geltung einer Maßnahme deckt sich nicht mit ihrer Berechtigung oder ihrer Wahrheit oder auch ihrer logischen Gültigkeit.

Damit wird nicht dem Dezisionismus das Wort geredet, weil in jede Entscheidung Regeln der Lebenspraxis oder der überlieferten Sittlichkeit eingehen, so etwa wie einer Entscheidung über den Sprachgebrauch die Sprache selber und Sprechgewohnheiten vorausgehen. Selbst die Tradition wirkt bewußt und unbewußt in jede Entscheidung hinein, und zwar »nicht aus der Evidenz ihrer guten Gründe, sondern aus der Evidenz der Unmöglichkeit, ohne sie auszukommen«[1]. Schließlich werden keine Gesetze zur Entscheidung gebracht, die nicht eingehend nach den Regeln der parlamentarischen Geschäftsordnung beraten und begründet werden. Meist muß einer derartigen Vorlage sogar eine schriftliche Begründung beigefügt werden. Aber die Dezision oder Abstimmung wächst nicht wie eine Schlußfolgerung aus den Argumenten und Gegenargumenten heraus, sondern ist ein dezisionistischer Akt, der die Verbindlichkeit für alle durchsetzt. Allerdings muß die Entscheidung für die Minderheit akzeptabel sein; sie darf nicht Glaubensfragen und unbedingte moralische Maßstäbe verletzen. Die Verbindlichkeit bezieht sich nur auf den Bereich der Zuständigkeit und hört mit dem Widerruf des Gesetzes auf. Es handelt sich stets um eine Verbindlichkeit unter Vorbehalt.

Über jeder Legalität gibt es eine »superlégalité constitutionnelle« (J. Hauriou) jener Fundamentalprinzipien und Freiheitsrechte, die vorbehaltlos gelten und nicht durch verfassungsändernde Gesetze aufgehoben werden können. Dazu rechnen aber nicht nur die Universalia, die für alle Menschen gelten sollten, sondern auch das individuelle Gemeinwesen, das in seiner Unmittelbarkeit, Faktizität und Identität nur verändert werden könnte, wenn man es erschlägt.

Es gibt noch einen anderen Weg, aus dem dürren positivistischen Formalismus hinauszukommen und das vielgeschmähte dezisionistische Demokratieverständnis zu überwinden. Es ist der Weg, den Leibholz in seiner bekannten Dissertation von 1925 »Die Gleichheit vor dem Gesetz« gewiesen hat, als er den für jedes Gesetz geltenden Gleichheitsgrundsatz als verbindliches Willkürverbot für den Gesetzgeber interpretierte. Es gehört danach zum Begriff des Gesetzes, daß es für alle und für alle in gleicher Weise gelten muß. Hier ist Thomas Hobbes angesprochen, der dem Souverän die alleinige Kompetenz zur Gesetzgebung zugesprochen hat mit der einzigen Auflage, daß es »Gesetze« sein müssen, die das Ganze und jedermann betreffen. Der Souverän als Souverän hat allein das Ganze im Auge, und was er tut, muß, um Gesetz zu sein, für alle in gleicher Weise gelten. Die Gleichheit aller vor dem Gesetz schließt Willkür aus.

Das Moment der Unbedingtheit und Unveränderbarkeit im Grundgesetz ist Widerschein des verfassungsrechtlichen Denkens von Leibholz, welches von der üblichen quietistisch-proportionalistischen Konflikt-Vermittlungsstrategie unserer Parlamente bedeutsam absticht. Nach Art. 79 GG sind verfassungsdurchbrechende Gesetze, welche die Verfassung materiell verändern, ohne deren Wortlaut ausdrücklich zu ändern, nicht mehr zulässig. Umgekehrt sind Artikel des Grundgesetzes nur veränderbar, wenn der Wortlaut ausdrücklich verändert oder ergänzt wird. Nach Art. 19 müssen Gesetze, die sich auf ein Grundrecht beziehen, allgemein sein und den herangezogenen Grundrechtsartikel (Art. 1-19) nennen.

Die Parlamente sollten sich der revolutionären Kräfte bewußt sein, denen sie ihr Dasein verdanken: »Ihnen fehlt der Sinn für die rechtssetzende Kraft, die in ihnen repräsentiert ist; kein Wunder, daß sie zu Beschlüssen, welche dieser Gewalt würdig wären, nicht gelangen, sondern im Kompromiß eine vermeintlich gewaltlose Behandlungsweise politischer Angelegenheiten pflegen.«[2]

Man kann dazu noch eine naheliegende Überlegung anstellen,

wenn man zwischen Naturrecht und positiviertem Recht unterscheidet. Das Naturrecht begründet Recht überhaupt, das jedem aufgrund seines Menschseins und nach der Regel der Gerechtigkeit zusteht. Das positivierte Recht bezieht sich auf die Mittel, die in Geltung gesetzt werden, um Recht effektiv machen zu können[3]. Die Kodifizierung von Recht setzt eine Substanz von Recht und Naturrecht voraus und hat den Zweck, jedem sein Recht von Rechts wegen zu beschaffen. Sonst könnte nicht neues Recht aufgrund von Mehrheitsentscheidungen zustande gebracht werden. Nur einige Gesetze sind rechtsetzend und fallen unmittelbar in den Bereich der Justiz. Die Positivierung des Rechts dient seiner Justitiabilität, die das vorgegebene Ziel des »suum cuique« im Auge hat. Das Naturrecht oder die ungeschriebenen Menschenrechte lassen sich gesetzlich positivieren und in einklagbares Recht verwandeln, indem man die Mittel legalisiert auf Ziele hin, die nicht durch Mehrheiten aufgestellt zu werden brauchen. Das Naturrecht steht dahinter, wenn mit der Positivierung ein ihm entsprechender Rechtstitel geschaffen wird, der dem einzelnen zu seinem Recht verhelfen soll. Über das Recht selber kann nicht abgestimmt werden, weil die Politik selber weder Recht noch Wissenschaft noch Kunst oder Religion schaffen kann. Sie geht nur das an, was sie bereits vorfindet. Politik kennt keine creatio ex nihilo!

Selbst parlamentarisch zustande gekommene und eingehend begründete Gesetze können rechtlich irrelevant oder sogar Unrecht sein, z. B. hat der moderne »Steuerstaat« (Schumpeter) Anspruch auf Steuern im Hinblick auf seine Leistungen. Aber Steuergesetze können dennoch Unrecht sein, wenn sie konfiskatorisch oder auf Manipulation der Gesellschaft gerichtet sind, unbeschadet der Tatsache, daß sie legal entstanden und gültig sind.

Zum Wesen des parlamentarischen Systems gehört das Mehrheitsprinzip; aber zu ihm gehört auch, daß es Grenzen hat und konkret bezogen bleibt auf das Gemeinwesen, für das es gelten soll. Alle Entscheidungen müssen reversibel bleiben und durch neue Mehrheiten korrigierbar sein. Es gibt keine Mehrheitsentscheidungen, die für sich beanspruchen dürfen, für alle Zeiten geltende Grundsatzentscheidungen zu sein. Das würde den vorgegebenen Rahmen der Verfassung sprengen. Man darf auch nicht bestimmte Bevölkerungsschichten oder Bevölkerungsteile »überstimmen« und in ein Ghetto versetzen. Alle Verantwortlichen in den Parteien und Regierungen müssen wissen, daß die Mehrheitsregel kein voraussetzungsloses politisches Formprinzip darstellt. Jedenfalls dürfen politische Entscheidungen nicht das Ganze oder die Identität des Gemeinwesens in Frage stellen. Sie dienen der Selbstbehauptung eines bereits Vorhandenen im Rahmen der gegebenen Möglichkeiten. Sie richten sich auf das menschlich Zuträgliche und Konsensfähige.

Aber stimmt dies alles heute noch? Gibt es nicht politische Entscheidungen eines neuen historischen Typs – etwa auf dem Gebiet der Kernenergie, der Genforschung, der Datenerfassung, der Kommunikationssteuerung, der Weltraumeroberung, der Informatik usw. –, die eine Auswirkung auf Generationen haben, die oft irreversibel ist oder auch Kettenreaktionen auslöst, die niemand übersehen kann? Es gibt keine Wiedergutmachung für die davon negativ Betroffenen. Hier aber keine Entscheidung zu fällen, hieße die Zukunft verspielen. Vielleicht sind wissenschaftspolitische Entscheidungen wichtiger als alle kurzfristigen Beschäftigungsprogramme.

Die Parlamente sind hier offenbar überfordert. Sie sind geschaffen für eine begrenzte Lebenswelt, deren Bewahrung, Fortentwicklung und Selbstbehauptung ihnen aufgegeben ist. Aber das Tempo der Umweltveränderung überfordert die Menschen. Die beispiellose Freisetzung menschlicher Fähigkeiten und Bedürfnisse und die beispiellose Ausweitung der technischen Welt und der Naturbeherrschung haben uns nicht alle gleich frei, wohl aber alle gleich abhängig gemacht, so daß die Menschen zu Sklaven ihres eigenen Fortschritts werden.

In solcher Situation wäre es die Forderung einer vernünftigen Politik, die Maße des Menschlichen, soweit sie überschaubar und regierbar sind, zu beachten, den Maßstab elementarer menschlicher Bedürfnisse und Lebenswünsche gegenüber den futuristischen Planzielen von Experten ins Spiel zu bringen und damit den Vorrang der Gegenwart festzuhalten.

8.2. Mehrheitsprinzip und Gleichgewichtsprinzip

Das Mehrheitsprinzip allein genügt nicht, soziale Macht und politische Herrschaft zu legitimieren. Ihm müssen Schranken gesetzt werden, welche jene Bereiche ausscheiden, die für den Schutz des einzelnen unentbehrlich sind. Die moderne Massengesellschaft hat immer eine »strukturelle Mehrheit« der sozial Abhängigen im Gefüge rechtlich verfaßter Herrschaft. »In der Massengesellschaft meldet diese Mehrheit den Anspruch an, über ihre gesellschaftliche Existenz in Freiheit zu verfügen und sich Gerechtigkeit nicht durch einen unbeteiligten Dritten geben zu lassen, sondern sich als Beteiligte Gerechtigkeit zu nehmen. Darin besteht das geschichtliche Recht der Massen.«[4] Ein so verstandenes Mehrheitsprinzip als substantielles Ordnungsprinzip struktureller Mehrheiten ist unvereinbar mit einem parlamentarischen System, das staatliche Ordnungspotentiale einfügt, Immunitätsbezirke und Neutralitätszonen sichert, die Freisetzung der privaten Initiativen und die Ausgrenzung der individuellen Freiheitsrechte voraussetzt.

Diesem parlamentarischen System liegen fundamentale Unterscheidungen zugrunde, ohne welche es nicht funktionieren könnte. Nämlich vor allem die Sicherung des inneren und äußeren Friedens durch die staatliche Gewalt, deren Ordnungsfunktion unentbehrlich ist. Gesellschaft und Staat negieren sich wechselseitig oder schränken sich um des reibungslosen Funktionierens willen ein. Das geschieht in den traditionellen Kategorien des Verfassungsstaates, die den Staatsbürger betreffen, und nicht das, was Mensch und Gesellschaft außerdem noch sind. Nur im Verfassungsrahmen gilt das Mehrheitsprinzip, das sonstige Unterschiede der Menschen etwa Geschlecht, Abstammung, Rasse, Sprache usw. außer acht läßt (Art. 3 und 33 GG).

Das Mehrheitsprinzip gilt auf jener politischen Ebene, die Personen und Sachen zu einer Gesamtheit verbindet, nicht aber auf den anderen Ebenen des sozialen Systems. Der Staat garantiert durch sein Monopol der Gewaltsamkeit innerhalb des Staatsgebiets die öffentliche Ordnung. Der Staat dient Zwecken, die keine andere Gruppe des sozialen Systems erfüllen kann, wie insbesonders die Ordnung nach innen und die Verteidigung nach außen. Staatsgebiet, Staatsvolk, Staatsgewalt und Staatszweck sind die vier besonderen Merkmale des Gemeinwesens Staat, welche keine andere Gemeinschaft aufweist[5]. Wenn er ein demokratischer Verfassungsstaat sein will, muß er sich aus dem Konsens der Staatsangehörigen legitimieren und sein politisches Handeln mit den Grundregeln der Verfassung in Einklang halten.

Der Staat ist die »Organisation der sozialen Zwangsgewalt« (Rudolf v. Ihering), welche das Widerspiel der gesellschaftlichen Interessen, Meinungen und Konflikte in eine Ordnung bringt, die nur von ihm gewährleistet werden kann, er dient der Gesellschaft, indem er auf den Gesamtbestand des Ganzen hin ihre einzelnen Kräfte und Interessen negiert. Die Staatsgewalt ist zwar durch Verfassung, Wahlverfahren und Parlament, auch durch Plebiszit oder parteiliche Willensbildung nach Mehrheitsprinzip demokratisch legitimiert, aber selber nicht demokratisch. Sicherung der demokratischen Willensbildung und staatliche Willensdurchsetzung sind Aufgaben des Staates und vollziehen sich auf verschiedenen Staatsebenen, umfassen aber nicht jene Ordnungsprinzipien des sozialen, kulturellen und wirtschaftlichen Lebens in einer Gesellschaft, deren Funktionieren er dennoch überwachen soll. Die staatliche Herrschaftsordnung kann sich nicht von Mehrheitsentscheidungen der jeweils Betroffenen abhängig machen, weil sie bereits das Ergebnis von Mehrheitsentscheidungen ist. Andererseits soll sie frei von Willkür sein, und zwar nicht nur in bezug auf die für alle in gleichem Maße geltenden Gesetze, sondern auch in ihren Verordnungen und individuellen Entscheidungen.

Einmal gehört dazu als Grundprinzip die Parität gegenüber den Konfessionen und den sozialen und wirtschaftlichen Verbänden, d. h. eine Gleichbehandlung, die auch in der rechtlichen Verfassung und in der staatlichen Regelung von Konflikten erkennbar bleiben muß. Das geht sogar so weit, daß das »Gleichgewicht der Sozialpartner«, etwa bei Auseinandersetzungen zwischen Gewerkschaften und Unternehmerverbänden, im Sinne des »Gleichgewichtsprinzips« gewährleistet ist, auch dem Streikrecht der Arbeitnehmer gegenüber das Aussperrungsrecht der Unternehmer in Geltung gesetzt bleibt. Parität meint nicht den individualrechtlichen Anspruch auf Gleichbehandlung (nach Art. 3 und 33 GG), sondern bezieht sich auf soziale Einheiten oder organisierte Interessen, die nach dem Paritätsgrundsatz im Verhältnis zueinander und zur öffentlichen Gewalt – unabhängig von Mitgliederzahl und öffentlicher Bedeutung – gleichberechtigt behandelt werden müssen. Hier ist offensichtlich nicht ein Mehrheitswille der Bevölkerung oder der Gesamtwählerschaft entscheidend, sondern die Verpflichtung der politischen Regierung zu paritätischer Behandlung der Interessengruppen, ohne Rücksicht auf ihre Mitgliederzahl. Der Paritätsgrundsatz der Gleichbehandlung von

Ungleichheiten steht jenseits von Mehrheitsprinzip und Minoritätenschutz und bedeutet die Anerkennung strukturell bedingter, nicht austauschbarer Gruppen, seien es nun Mehrheiten oder Minderheiten, die paritätisch behandelt werden müssen. Man kann daher den Paritätsgrundsatz nur als Maßstab für das neutrale Verhalten der staatlichen Behörden ansehen, aber nicht als individualrechtlichen Anspruch, der etwa im Parlament oder in der Verwaltung eine Parität der Konfessionen, der Geschlechter oder der Parteien durchsetzen wollte. Hier genügt einfach die grundgesetzlich verbürgte Nicht-Berücksichtigung der Konfessionen, Parteien und anderer Unterschiede. Die paritätische Behandlung von Gruppenkonflikten soll nur der Verfahrensgerechtigkeit dienen, wobei jedoch häufig die Herstellung einer Kampfparität etwa auf der Basis gleicher Wettbewerbsbedingungen oder eines Gleichgewichts der Sozialpartner einem sozialen Eingriff nahekommt, der einen Ausgleich zwischen sozialen Ansprüchen und dem ökonomischen Prozeß unter der Nötigung zur Aufrechterhaltung der Funktionsfähigkeit des sozioökonomischen Systems sucht.[6]

Zur Parität kommt die Neutralität als innerstaatliches Prinzip und Schlüsselbegriff des Verfassungsrechts. Die Neutralität wird vom Berufsbeamtentum, von der Justiz, vom Rechnungshof, von den Medien, von den wissenschaftlichen Experten usw. verlangt, vor allem aber eine »innerpolitische Neutralität des Staates« (C. Schmitt), ja eine »Neutralität als verfassungsrechtliches Prinzip« (K. Schaich) oder als Funktionsschutz von Lebensbereichen. Die Neutralität der Administration, der Justiz und der Bundesbank dient der Erfüllung gesetzlich geregelter Funktionen gegenüber gesellschaftlichen Ansprüchen und hat nichts mit einem Neutralismus der Werte zu tun[7]. Die Integrität des Staates als einer gegenüber dem Bürger neutralen Instanz bei der Durchführung der Gesetze begründet erst seine moralische Autorität. Seine Neutralität gegenüber den Ansprüchen der Verbände, Konfessionen und Berufsorganisationen läuft jedoch mehr auf eine Versachlichung und Entpolitisierung dieser Forderungen und auf einen Schutz gegen Interventionen oder auch gegen eine Inpflichtnahme von außen hinaus.

Dazu kommt noch die rechtlich-institutionelle Anerkennung der Verbände als sozialer Einheiten, deren freie Konkurrenz möglichst viele Kräfte ins Spiel bringen soll. Der »Pluralismus als

Strukturelement der freiheitlich-rechtsstaatlichen Demokratie« (E. Fraenkel)[8] hält an einer ausgewogenen Gleichgewichtsordnung fest – an einem kulturellen Ordnungskonzept, das sich durch wechselseitige Toleranz von selbst herstellt. Zum Pluralismus der Verbände tritt noch der Konsens des Staatsvolkes als Wille zur Verfassung oder auch als »Geist der Verfassung«, praktisch ein »Grundkonsens« über die Regeln des Miteinanderauskommens, ohne welchen es keine Anerkennung der Mehrheitsentscheidung durch die unterlegene Minderheit geben würde. Zu Parität, Neutralität, Pluralismus und Konsens kommt noch Toleranz, die ein bestimmtes Ausmaß von Freiheit und Pluralismus zuläßt, ohne damit gleiche Rechte zu gewähren.

Parität umschreibt einen Gleichgewichtszustand der Partner; Neutralität schützt den eigenen Maßstab von Lebensbereichen; Pluralismus impliziert gleichberechtigtes Nebeneinander; Konsens schafft überhaupt erst Gruppen, und Toleranz meint die Gleichberechtigung unterschiedlicher Meinungen. Alle diese Begriffe benennen die Gleichgewichtsbedingungen oder die Geschäftsgrundlagen, die einer Verfassung vorgelagert sind. Es handelt sich um die nichtverfassungsmäßigen Grundlagen der Verfassung, um das Funktionieren einer sozialen Ordnung, die der Verfassung erst Beständigkeit und Sicherheit gibt, oder um die Funktionsbedingungen als Voraussetzungen zur Lebensfähigkeit eines freiheitlichen Staates. Ohne das Funktionieren der Marktökonomie, ohne die Gesetze der Kapitalakkumulation und den Kreislauf von Investition, Produktion und Konsum gibt es keinen bürgerlichen Verfassungsstaat, der auch Sozial- und Steuerstaat sein will.

Nur in bezug auf den politischen Gestaltungswillen des Volkes findet das Mehrheitsprinzip Anwendung; es ist ein politischer Funktionsmodus, der für den demokratischen Willensbildungsprozeß bei Wahlen und im Gesetzgebungsverfahren der Parlamente unentbehrlich ist. Seine Erweiterung auf die Markt- und Finanzzusammenhänge würde die Wirkungsgesetze des ökonomischen Systems und auch der moralischen Zusammenhänge zugrunde richten. Statt dessen ist die Bewahrung und Konstitutionalisierung eines Gleichgewichts zur Weiterentwicklung und Entfaltung des Ganzen notwendig. Die darin liegende »Gerechtigkeit« ist nicht durch Mehrheitsbeschlüsse korrigierbar, sondern durch den Sozialstaat, der nur das verteilen kann, was er bereits vorfindet. Er setzt den »Steuerstaat« voraus, der auch nur das versteuern kann, was an Wertschöpfung schon geleistet ist.

Der Wohlfahrts- und Sozialstaat setzt also eine funktionierende Markt- und Arbeitsgesellschaft voraus. Diese ist eine rechtsstaatlich geschützte Tauschgesellschaft, die über die Regeln eines am abstrakten Geld orientierten Äquivalententtauschs einen gewaltlosen Erwerb von Gütern oder Kapital ermöglicht. Die verfahrensgerechte Verteilung der Güter wird vom Staat geschützt. Der freie Markt folgt den Gesetzen von Angebot und Nachfrage und den anerkannten Konventionen einer bürgerlich-honorigen Geschäftswelt, aus deren Zusammenwirken eine »unsichtbare Hand« (Adam Smith) ein Optimum an Prosperität hervorbringt, wenn ein gewisses Gleichgewicht und eine gewisse Normalität in den Wirtschaftsbeziehungen gewahrt bleiben. Eine solche verfassungsgerechte Verteilung der Güter funktioniert nur im Idealfall, sie ist keine ewige Norm des Markt- und Geschäftsverhaltens, sondern lediglich ein Regulativ. Was vom Rechtsstaat gesehen Rechtens, entsprechend den Markt- und Geschäftsregeln, zustande gekommen ist, kann, vom Sozialstaat her gesehen, ungerecht sein, schon weil die Vermarktung der Arbeitskraft zur Ware den einzelnen zum Objekt macht. Die Umverteilung der Güter erweist sich als ein Gebot sozialer Gerechtigkeit, deren Grenze dadurch gezogen ist, daß sie den Mechanismus des Systems nicht zerstören darf. Hier würde die Anwendung des reinen Mehrheitsprinzips ein Übergewicht der Lohnabhängigen schaffen, welches durch das dem Markt immanente Gleichgewichtsprinzip beschränkt werden muß. Das Mehrheitsprinzip muß dem hier vorgeordneten Gleichgewichtsprinzip geopfert werden.

Dieser Gedankengang beweist eindeutig, daß die Gesellschaft oder das Volk als eine historisch gewachsene Gesellschaft nicht mit der im Grundgesetz festgelegten Verfassung identisch ist. Das Volk ist nicht die Verfassung, sondern hat eine Verfassung. Das Volk ist eine Identität, die im weitesten Sinne auch als Verfassung genommen werden kann, als entfaltete und bewußt gewordene Lebens- und Schicksalsgemeinschaft. Eine solche Sozialintegration ist bereits vor der Schaffung einer eigenen Verfassung erfolgt; die Verfassung fügt dem eine Systemintegration hinzu, so daß die Grundfigur eines dialektischen Verhältnisses zwischen Staat und Gesellschaft erkennbar bleibt.

Zum Wesen einer freiheitlichen parlamentarischen Demokratie, die auf freier Selbstbestimmung beruht, gehört nicht, die ganze Gesellschaft zu demokratisieren, zu parlamentarisieren und in ein Rätesystem sowjetischer, syndikalistischer oder faschistischer Provenienz zu verwandeln. Dadurch würden sich Demokratie und Parlamentarismus aufheben, weil jede Verantwortung durch eine totale Majorisierung aller großen und kleinen Entscheidungen verschwinden würde.

Die Menschenmassen können nicht in sämtlichen Lebensbeziehungen demokratisiert werden; nicht immer ist jeder Mensch in der Lage, über seinen nächsten Lebenskreis hinaus eine Mitverantwortung zu tragen und über die Grundlinien der Politik des Gemeinwesens mitzuentscheiden. Den demokratischen Staat total machen zu wollen, würde einer Zerstörung der Herrschaftsordnung überhaupt gleichkommen. Einzige Rettung wäre das Gewaltmonopol, d. h. die Aufhebung der Demokratie. Schon eine »Formaldemokratie« würde auf ihre Selbstaufhebung hin arbeiten; denn wenn sie »sich selbst treu« bleibt, »muß sie auch eine auf Vernichtung der Demokratie gerichtete Bewegung dulden, muß ihr wie jeder anderen Bewegung die gleiche Entwicklungsmöglichkeit gewähren ... darf sich nicht in den verhängnisvollen Widerspruch verstricken lassen und zur Diktatur greifen, um die Demokratie zu verteidigen«[9]. Die Verteidiger einer konsequenten Demokratie täten sich also schwer, wenn sie um des demokratischen Mehrheitsprinzips willen einem totalen Anspruch dieses Prinzips das Wort reden wollten. Die wahre Demokratie ist nur ein Teil des Gemeinwesens, dessen Identität verbindliche Wertbezüge enthält, die von Gesetzgebung, Exekutive und Rechtsprechung beachtet werden müssen. Der Staat besäße ohne einen nicht-staatlichen Bereich keinen Gegenstand, und eine Demokratie wäre ohne jene nicht-demokratisierbaren Bereiche unregierbar.

Die »abwehrbereite Demokratie« ist ein prekärer Begriff, der vom Formalismus der reinen Rechtslehre her nicht gerechtfertigt werden könnte. Das Grundgesetz hingegen ist eine wertgebundene Ordnung, in welcher ein Kernbestand für unabänderbar erklärt wird: die Würde des Menschen, der Grundsatz der Volkssouveränität, die Rechtsstaatlichkeit, der Föderalismus und die Gewaltenteilung; zudem wird den in den Grundrechten angeführten Menschenrechten ein Rang zugemessen, der schon über den Rahmen der Politik als Handlungsweise aus der Partikularität der menschlichen Existenz hinausreicht. Ferner ergibt sich aus der Möglichkeit des Parteien- und Organisationsverbots sowie der Verwirkung von Grundrechten eine aus der Wertgebundenheit begründbare Abwehrbereitschaft. Die Preisgabe der Demokratie um ihrer Erhaltung willen wird damit verhindert. Die Bundesrepublik ist als demokratische Republik konzipiert, enthält aber in Verfassung und Gesetzgebung Vorkehrungen für eine Demokratiebeschränkung. Die Normen des Grundgesetzes beruhen auf Wertentscheidungen, die verbieten, es als bloße Rahmenregelung zu betrachten. Das Prinzip der Toleranz allen politischen Anschauungen gegenüber und das Bekenntnis zu unantastbaren Grundwerten der Staatsordnung läßt eine völlige Neutralität des Staates nicht zu. Das liegt von vornherein auch darin beschlossen, daß das Grundgesetz im Auftrag des westdeutschen Volkes und für das westdeutsche Volk geschaffen worden ist. Deshalb ist auch das Recht innerhalb dieses Gemeinwesens nicht mit der Gesamtheit der geschriebenen Gesetze identisch, vor allem im Hinblick auf die vorgegebenen Rechtsmassen und Wertvorstellungen. Darin einen »rechtswidrigen Sur-Plus« (H. Ridder) zu sehen, ist eine Verkennung des Verhältnisses zwischen konkretem Volk und abstrakter Verfassung. Das durch die Verfassungsnormen abgesteckte Feld ist kein geschlossenes Gebilde, sondern eine offene Stätte, die von den politischen Hoheitsträgern eine Verhaltensloyalität verlangt. Anders ausgedrückt: Die Verfassung ist Fragment, wenn sie von dem konkreten Gemeinwesen getrennt wird, auf das hin sie von den Vätern des Grundgesetzes konzipiert worden ist.

Die Funktionslogik des gesellschaftlichen Systems gehorcht nicht einem Mehrheitsprinzip, wie es in den Wahlen zum Ausdruck kommt, die politischer und parteipolitischer Natur sind. Das Mehrheitsprinzip gilt zwar für den Konsummarkt, auf dem die Konsumenten entscheiden, oder für die Verbände, die Interessenvertreter delegieren, oder die Bildung von Räten und Vorständen, in welche gewählte Mandatare hineingeschickt werden. Das hat aber nichts mit demokratischen Wahlen zu tun, an denen jeder mündige Bürger teilnehmen kann, die politisch sind und in denen nicht Mandatare, sondern Repräsentanten gewählt werden, die nicht ein Interesse, eine Konfession, einen Beruf, eine Gruppe, sondern das ganze Volk vertreten, die nicht an Aufträge und Weisungen gebunden und nur ihrem Gewissen unterworfen sind

(Art. 38 GG). Hier entstehen keine »strukturellen Mehrheiten« und »strukturellen Minderheiten«, sondern »demokratische Mehrheiten« und »demokratische Minderheiten«, die das Ergebnis relativ freier Entscheidungen sind und aus »allgemeinen, unmittelbaren, freien, gleichen und geheimen Wahlen« (Art. 38 GG) hervorgegangen sind. Ein solcher Auftrag an den Gewählten ist keine Delegierung, sondern ein »Trust«, eine Vertrauenssache, die den Abgeordneten als moralische Persönlichkeit versteht und nicht als Handlanger für ein Interesse.

Dieses Mehrheitsprinzip ist nur bei der Begründung und Legitimation von politischer Herrschaft und politischer Macht gültig, nicht dort, wo die Funktionslogik des sozioökonomischen Systems betroffen ist, wie etwa bei Betriebsratswahlen, bei denen die Gewählten einen klar umrissenen Auftrag zur Durchsetzung konkreter Interessen erfüllen müssen. Es wäre blanker Unsinn, das Mehrheitsprinzip über den rein funktional-organisatorischen Bereich hinaus und über die eigenen Maßstäbe des jeweiligen Lebensbereichs hinweg in Geltung zu setzen. Es gibt keine »totale Demokratie«, wohl aber einen starken demokratischen Staat, der allein die Freiheit seiner Glieder verbürgt. Integrer Kronzeuge dafür ist Jean-Jacques Rousseau: »Il n'y a que la force de l'État qui fasse la liberté de ses membres«. Nur der in sich gefestigte Staat kann seinen Gliedern die Freiheit verschaffen. Nur er gewährleistet den Bestand und die Weiterentwicklung einer freien Gesellschaft.

Nur in bezug auf die Parteien, die bei der politischen Willensbildung des Volkes mitwirken (Art. 21 GG), ist eine innerparteiliche Demokratisierung zu fordern, damit sie ihre Brückenfunktion zwischen den plebiszitären und repräsentativen Elementen ausüben können. Die innerparteiliche Disziplinierung der Abgeordneten darf nicht so weit gehen, daß sie an ein imperatives Mandat gebunden werden. Der Abgeordnete bleibt seinem Gewissen unterworfen. Während der ganzen Legislaturperiode ist er unantastbar und nicht rückrufbar.

Im Raum der Verfassung und der vorgeschriebenen konstituierenden und regulierenden Akte gibt es keine strukturierten Gruppen wie in der Gesellschaft. Der Staat gewährt ihnen nur paritätische, neutrale, tolerante Behandlung und gleiche Rechte ohne Rücksicht auf ihr zahlenmäßiges Gewicht. Jeder besondere Wahrheitsanspruch, jede besondere Lebensform und jedes besondere Interesse genießen gleiche Rechte, soweit sie selbst die Fundierung ihrer Existenz im Pluralismus anerkennen. In gewisser Weise hat die demokratische Verfassung zu den kollektiven Kräften in der Gesellschaft und ihrer historisch gewachsenen Verfaßtheit ein präkonstitutionelles Verhältnis. Die politische Herrschaft allein wird demokratisch-parlamentarisch nach dem Mehrheitsprinzip im Rahmen der Grundprinzipien der Verfassung zustande gebracht. Nur die Wahl der politischen Repräsentanz geht unter den Bedingungen der Freiheit und Gleichheit vor sich, während die industrielle und technisierte Gesellschaft auf hierarchische Differenzierungen angewiesen ist. Die administrative Strategie zur Steigerung der staatlichen Steuerungs- und Leistungsfähigkeit und zur quantitativ-fiskalischen Erweiterung des staatlichen Dispositionsspielraumes kann nur Erfolg haben, wenn die Konsensbasis erweitert wird, etwa durch konzertierte Aktion, Sozialpartnerschaft oder Arbeitsgemeinschaften, d. h. durch nebenparlamentarische oder halbparlamentarische Formen der Interessenrepräsentation, die alle in einem ungeklärten Konkurrenzverhältnis zu den eigentlichen Kanälen staatlicher Willensbildung stehen. Immerhin läßt sich dadurch die politische Aktionsbasis ausweiten und das Obstruktionspotential der Verbände abbauen. Auch die Delegierung administrativer Entscheidungen an gemischte halbstaatliche Körperschaften dient der Vermehrung der staatlichen Entscheidungskapazität, ohne die wachsende Komplexität und Unregierbarkeit damit erkennbar vermindern zu können.

Es gehört zu dem grundgesetzlich vorgeschriebenen Gewaltenteilungssystem als regulierendem Prinzip, daß es neben der Verfassung noch das Balancesystem der oligarchischen Machtträger im Pluralismus der gesellschaftlichen Kräfte gibt. Die Parteien, aber auch die Sozialpartner und Wirtschaftsverbände stehen nebeneinander, und keiner ist der Herr des anderen. In ihrem Gleichgewicht liegt »der eigentliche reale Grund unserer Freiheit in unserer Zeit« (Werner Weber)[10]. Nicht das Majoritätsprinzip, sondern das Gleichgewichtsprinzip zwischen den Gruppenmächten gibt Bewegungsfreiheit. Nur dieses bietet dem Individuum Alternativen zwischen diesen gleichrangigen Gruppenmächten, die sich wechselseitig am Zugriff auf die Staatsapparatur hindern. Alle diese Gruppenmächte sollen in den Genuß der Grundrechte kommen und darin bleiben. Der Schutz dieser Grundrechte für alle Verbände liegt in der Balance einer Parität innerhalb dieses

Systems von Gruppenmächten, die von allen Beteiligten aus Einsicht oder Schwäche in einer Art Burgfrieden gewahrt wird und außerdem von der Obrigkeit gefördert wird.

Wenn allerdings die Regierung den maßgebenden politischen Willen in der Gruppenübereinstimmung suchen würde, wäre die repräsentative Demokratie durch ein gruppenbündisches System ersetzt[11]. Durchbricht eine Gruppenmacht die Balance und schließt die konkurrierenden Mächte beim Griff zum Staatsapparat aus, ist eine undemokratische Machtergreifung unvermeidlich. Das Gleichgewichtsprinzip dagegen hält die Alternativen offen, zwischen denen parlamentarische Entscheidungen gefällt werden können. Außerdem bedarf es eines Kristallisierungskerns von Staatlichkeit in Regierung und Administration, deren Dienst dem Ganzen verantwortlich ist und klar umrissene Aufgaben zu bewältigen hat.

Daraus ergibt sich eindeutig, daß das parlamentarische System nicht das ganze Gemeinwesen durchdringt, sondern nur einen politischen Zusammenhang herstellt und festhält, innerhalb dessen die souveräne Wählerschaft ihren Willen bekundet. Hier ist der einzige Bereich, in welchem das Repräsentationsprinzip und das Mehrheitsprinzip konsequent befolgt werden. Eine Radikaldemokratie müßte die Aufhebung des Parlamentarismus als System verlangen und ihn durch Vertretungskörperschaften ersetzen, die unmittelbar vor ihren Wählern die Verantwortung tragen, daher lediglich Mandatare sind. Die Unterscheidung von Staat und Gesellschaft, die Trennung der gesetzgebenden und vollziehenden Gewalt, die Verbindung der Freiheit für jedermann mit der Herrschaft von Recht und Gesetz für jedermann, die Monopolisierung der Gewalt zum Schutz der Grundrechte eines jeden erfordern eine staatliche Ordnung, welche den moralischen Vorrang der demokratisch legitimierten öffentlichen Instanzen vor den besonderen Interessen der Gesellschaft zu behaupten versteht. Die Demokratisierung der Staatsgewalt wäre ein Weg ins Chaos; aber ihre demokratische Legitimation über das parlamentarische System von den Wahlen bis zur Regierungsbildung hin verschafft ihr als Ergebnis einer souveränen Willensbildung der ganzen Wählerschaft eine Autorität, die niemanden über sich hat als das Staatsvolk selber.

9. Zur parteienstaatlichen Demokratie

9.1. Parteien und parlamentarisches System

Das Grundgesetz hat die politischen Parteien mit dem Rang von Verfassungsinstitutionen ausgestattet. Daraus ist leider keine befriedigende Parteiengesetzgebung hervorgegangen, die die Position der Parteien zum Parlamentarismus des Grundgesetzes näher geregelt hätte. Deshalb ist die Diskussion über die verfassungsrechtliche Stellung der Parteien noch nicht abgeschlossen. Statt dessen hat sich eine Kritik breitgemacht, die der jetzigen Form der Parteienbildung und Parteienprivilegierung die staatsrechtliche Legitimität abstreitet und einer Entmachtung der Parteienapparate das Wort redet. Manche behaupten sogar, daß wegen der Parteien eine offene politische Willensbildung nicht mehr möglich sei. Andererseits leisten die Parteien eine wichtige Vermittlungsarbeit, indem sie die Kluft zwischen freien Vereinigungen und staatlichen Institutionen überbrücken, ohne daß gesagt werden kann, dem jetzigen parlamentarischen System sei die Verbindung der freien demokratischen Willensbildung auf unterer Ebene mit den geltenden Prinzipien der Entscheidungsmechanismen im Parlament befriedigend geglückt. Doch hängt der Einfluß der Wahlen auf die Regierungsstabilität weniger von den Verfassungsbestimmungen als vom Parteiensystem ab[1].

Dabei ist der Grad der Bejahung des parlamentarischen Systems und der Internalisierung seiner Spielregeln einmal bedingt durch die Verfassungsideologie der Parteien sowie den Umständen, unter denen eine Partei im Rahmen des Systems groß geworden ist. Zu den Umständen rechnet auch, ob die Parteien im Parlament oder außerhalb des Parlaments entstanden sind. In England haben sich die beiden Hauptparteien des 19. Jahrhunderts im Parlament gebildet, nur Labour kam von außen hinzu und hatte lange Zeit Schwierigkeiten mit der Integration in den Parlamentarismus. Wichtig ist ferner, daß die Führungsmannschaft der Partei im Parlament sitzt.

Zum zweiten hängt der Grad der Bejahung ab von den Chancen der einzelnen Parteien, an der Regierungsgewalt zu partizipieren, die eigene Führungsmannschaft ins Parlament zu bringen und den parlamentarischen Entscheidungsprozeß im Plenum und in den Ausschüssen beeinflussen zu können. Zum dritten ist die Frequenz der Teilhabe von Parteien an der Regierungsmacht wichtig für die Annahme parlamentarischer Spielregeln. Bei der Dauerherrschaft einer Partei oder Parteienkombination kann sich Frustration einstellen. Ohne den Glauben an eine alternative Parteiregierung und bei dauerndem Ausschluß von der Macht wird die Opposition demoralisiert oder durch proportionale Mitregierung korrumpiert[2].

Die Stabilisierung einer solchen Dauerherrschaft und die Verminderung der Chancen eines Regierungswechsels durch eine rigorose Personal- und Medienpolitik mit dem Ziel einer Monopolisierung der Macht und der Regierungsfähigkeit für die Mehrheitsregierung wären im einzelnen möglich, aber im ganzen gesehen verfassungswidrig. Dagegen helfen nur eine rechtsstaatliche Tradition, ein gewisses Maß an Toleranz und die Ablehnung gewaltsamen Konfliktaustrags, ferner eine möglichst homogene politische Kultur und schließlich auch ein unbedingtes Festhalten am Prinzip der Gewaltenteilung, welches sich in der Sachbezogenheit und Neutralität einer fachlich qualifizierten Administration (Civil Service) und in der Eigenständigkeit der Exekutive (vgl. Kap. 10) äußert. Keine Partei und keine Klasse kann auf Dauer die Macht in einer parlamentarischen Demokratie alleine ausüben, weder die »Arbeiterklasse« noch die »Bourgeoisie«, solange die Parteien mit ihren sozialen Kämpfen und ideologischen Konflikten sich aus dem Spannungsfeld des parlamentarischen Systems begreifen und wechselseitig anerkennen. Selbst die Volksfrontregierung von Léon Blum in Frankreich (1936) vermochte nicht, sozialistische Politik zu treiben.

Die Parteien dienen gewissermaßen als »Surrogat« für eine direkte plebiszitäre Demokratie (Leibholz); ihre Arbeit beginnt mit der Auflösung des Parlaments oder mit den gesetzlich vorgeschriebenen Wahlterminen. Besonders dort, wo die Verfassung die Möglichkeit von Referenden und Plebisziten nicht vorsieht, bietet sich die Auflösung des Parlaments als konsultatives Plebiszit an und ist besonders in England bei wichtigen Gesetzen oder Verfassungsänderungen häufig angewandt worden. Den meisten dieser Auflösungen lag das Bedürfnis nach einem Plebiszit als Haupt- oder auch Teilursache zugrunde. Gerade in England leitete die Regierung dann aus dem Wahlergebnis bestimmte Aufträge für die weitere Politik ab. Ein Haupteinwand gegen diese Form der Volksbefragung war, daß sich solche Fragen einer Beurteilung durch den Wähler entzogen und weit über das übliche Ja oder Nein zur Regierungsmannschaft hinausgingen.

Die Parteien mußten hier die Aufgabe übernehmen, der Wählerschaft über die geplante Politik Informationen zukommen zu lassen, Argumente vorzubringen und die Meinung der Wähler anzuhören. Ihre plebiszitären Aktionen sind entscheidend. Der Stimmenzuwachs wird dann als Wählerauftrag gedeutet. Dies ist das sog. »plebiszitäre Zuwachsprinzip«[3], dessen spektakulärste Anwendung in der Bundesrepublik Deutschland die Bildung der Regierung Brandt im Jahre 1969 war: Die SPD leitete ihr »Mandat« zur Regierungsbildung aus ihrem Stimmenzuwachs ab, während die CDU trotz leichter Verluste die stärkste Partei geblieben war und sich auf das Mehrheitsprinzip als einzig mögliche Indikation für die Regierungsbildung berief.

Im ganzen läßt sich festhalten, daß die Einflüsse der Wählerschaft besonders dort zunehmen, wo sich eine Tendenz zum Zweiparteiensystem bemerkbar macht. Dies war in der Bundesrepublik Deutschland wenigstens in den sechziger und siebziger Jahren der Fall. Die Demokratisierung des parlamentarischen Systems hat im Verein mit der kräftigen Entfaltung eines hochorganisierten Interessenpluralismus dazu geführt, daß nicht mehr die Voten im Parlament die häufigsten Ursachen von Regierungsrücktritten sind, sondern Wahlergebnisse und Koalitionszerfall. Der Stellenwert von Mißtrauens- und Vertrauensvoten ist offenbar abgesunken. Dafür ist der Einfluß der modernen Parteigremien und der Verbandsbürokratien enorm gewachsen. Deswegen ist das »parlamentarische System« selber noch nicht gefährdet. Denn »Parlamentarismus« bedeutete zu keiner Zeit, daß das Parlament das einzige Forum des Konfliktaustrags in Staat und Gesellschaft war[4].

Das Vielparteiensystem der Weimarer Republik dagegen verursachte die Herausbildung eines »Fraktionsparlamentarismus«, in welchem die Fraktionen größere Bedeutung für das Schicksal der Regierung hatten als parlamentarische Mehrheiten[5], indem sie ihre Minister aus dem Kabinett »zurückzogen«. Das reine Verhältniswahlrecht sabotierte damals eine parlamentarische Regierungsbildung, während das relative Mehrheitswahlrecht als unvereinbar mit der plebiszitären Seite der Demokratie galt.

9.2. Parteien und Wahlverfahren

Die Kritik an der parteienstaatlichen Demokratie spricht von einem systemwidrigen Übergewicht der Parteien, welches dem im Art. 20, Abs. 2 GG vorgeschriebenen Prinzip der Gewaltenteilung widerspricht, das zusammen mit dem Änderungsverbot nach Art. 79, Abs. 3 GG eine Grundnorm des gesamten Verfassungswerks darstellt. Allerdings heißt es im Art. 21 GG ausdrücklich, daß die Parteien bei der politischen Willensbildung mitwirken sollen. Das bedeutet aber keineswegs, daß die Parteizugehörigkeit zum allein möglichen Auswahlkriterium für das passive Wahlrecht gemacht werden soll. Im Art. 38 GG wird gefordert, daß die Abgeordneten »in allgemeiner, unmittelbarer, freier, gleicher und geheimer Wahl« gewählt werden müssen. Es wird nichts darüber gesagt, daß Parteien gewählt werden sollen; es wird nur von den Abgeordneten gesprochen.

Dies trifft nur für eine Hälfte der Abgeordneten zu, nicht aber auf jene Hälfte, die über die Landesliste ins Parlament gelangt. Die Plazierung auf sicheren Plätzen der Landesliste einer etablierten Partei garantiert den Gewinn eines Bundestagssitzes schon Wochen vor dem Wahltag. Dieses Gebot einer unmittelbaren Wahl nach Art. 38 GG und das weitere Gebot nach Art. 20, Abs. 2 GG, daß das Volk in Wahlen und Abstimmungen die Staatsgewalt ausüben soll, weisen mit genügender Deutlichkeit darauf hin, daß die Wahl eines Kandidaten zum Abgeordneten das Recht des Wählers ist, ja letztlich sein einziges Recht darstellt. Wenn vor dem eigentlichen Wahlakt die Verteilung sicherer Sitze vollzogen wird, ohne daß der Wähler eine Möglichkeit hat, auf diese Liste Einfluß zu nehmen, etwa durch Streichung von Listenkandidaten, ist dies eine unzulässige Beschränkung, die den Parteien eine Vorzugsstellung einräumt[6].

Allerdings sollte berücksichtigt werden, daß die personelle Zusammensetzung der Fraktion im Bundestag vom Bundesvorstand der Partei nur in geringem Maße und nur indirekt bestimmt wird. Dies hängt mit der bundesstaatlichen Struktur Westdeutschlands zusammen. Nach dem Wahlgesetz vom 7. Mai 1956, § 22, entscheiden über die Parteikandidaten der Ein-Mann-Wahlkreise nur die Parteigruppen im Wahlkreis selber, während über die Landeslisten letztinstanzlich nach § 28 die Landesparteiorganisationen bestimmen, so daß auf Wahlkreisebene, Landesebene und in An-

sehung der Bundestagsfraktionen auch auf Bundesebene ein Zusammenwirken erkennbar ist, das für die Kontinuität der parteilichen Führungsmannschaften unentbehrlich ist. Dieser Vorteil
wird jedoch um den Preis einer möglichen Oligarchiebildung er-
kauft.

Im Gegensatz zu den britischen Wahlverhältnissen wird in
Deutschland das Mehrheitsverhältnis durch die Anzahl der unmittelbar gewählten Direktkandidaten überhaupt nicht beein-
flußt. Ausschließlich die sog. »Zweitstimmen« entscheiden über
die endgültigen Mehrheitsverhältnisse. Diese aber können nur einer Partei bzw. einer Liste gegeben werden. Hier werden Mannschaften gewählt, die vom Wähler nicht verändert werden können, die Parteizugehörigkeit ist also doch das entscheidende Auswahlkriterium. Das hat natürlich auch Vorteile, weil auf diesem
Wege Experten ins Parlament einziehen können, die für Wahlre-
den und Propaganda-Feldzüge ungeeignet sind.

Jedoch steht dies nicht im Einklang mit dem grundgesetzlichen
Gebot einer »gleichen« Wahl, wonach jeder Wähler gleichen Einfluß auf das Wahlergebnis haben sollte. In Wirklichkeit üben diejenigen, die diese Listen aufstellen, einen Einfluß aus, der darüber
entscheidet, wer Abgeordneter wird. Die von ihnen beratene und
beschlossene Plazierung kommt bei sicheren Listenplätzen einer
Ernennung gleich, die der Wähler nicht mehr rückgängig machen
kann. Wenn der Wähler wenigstens ein Mitentscheidungsrecht,
und sei es auch nur ein negatives Recht des Streichens, eingeräumt
bekäme, bliebe es nicht nur eine interne Angelegenheit der Partei-
en, welcher Kandidat präsentiert werden soll. Solange das nicht
möglich ist, sind die Listen-Abgeordneten Delegierte ihrer Partei,
und ihre Wahlkreise sind die Parteisekretariate. Freilich ist hier
oft mehr als sonst der Sachverstand entscheidend für den Einzug
ins Parlament über die Liste. Aber nach dem Grundgesetz liegt
alle Staatsgewalt und alle Entscheidungsbefugnis über die Zusammensetzung der Volksvertretung bei der Wählerschaft. Statt dessen sind die Listenkandidaten – außer den Spitzenpolitikern –
nicht einmal auf dem Stimmzettel zu ersehen. Der Wähler muß,
wenn er nicht auf sein Wahlrecht verzichten will, den ein oder
anderen mitwählen, den er gar nicht wählen will.

Diese Einwände werden nicht widerlegt, aber doch gemildert,
insofern nach Art. 21 GG die Parteien nach den demokratischen
Grundsätzen verfaßt sein müssen. Diese gebotene innerparteiliche

Demokratie verhindert kaum eine Konzentration politischer Macht in den Parteibüros, die leicht darauf hinausläuft, daß das Plazierungsverfahren wie eine Kooptation aussieht, wie eine Zuwahl weiterer Mitglieder durch die bisherigen Mitglieder. Für den Wähler bleibt es ein Unding, wenn ihm die Hälfte der Abgeordneten fest vorgeschrieben wird. Auch diese Abgeordneten sollen nicht Delegierte, sondern »Vertreter des ganzen Volkes« sein, die »nur ihrem Gewissen unterworfen« sind (Art. 38 GG). In Wirklichkeit ermöglicht das Wahlgesetz zum Bundestag den Parteien eine Bevormundung der Wählerschaft. Sie wirken nicht nur bei der Willensbildung mit, sondern üben einen darüber hinausgehenden Einfluß auf die Zusammensetzung des Bundestags aus.

Die natürliche Tendenz der Parteien zur Oligarchiebildung (Robert Michels) wird dadurch begünstigt. Es bildet sich »une classe politique« (Emil Durkheim; Raymond Aron), nicht im Sinn einer sozialen Klasse, sondern einer Struktur, die alle Bürger umfaßt, die an der politischen und gesellschaftlichen Entwicklung des Landes beteiligt sind und davon leben. Sie ist »une classe intermédiaire« (Duverger), jenseits von Unternehmern und Arbeiterschaft, zu welcher die nach politischen Erwägungen ernannten Spitzen der Behörden und die gewählten Abgeordneten gehören sowie die führenden und aktiven Angehörigen der Parteien, welche die Verbindung nach oben und unten sicherstellen. Über sie üben die Interessenverbände und die wirtschaftliche Oligarchie indirekten Einfluß aus. Ursprünglich paßten die sozialistischen Parteien in dieses System nicht hinein, da sie gerade diese indirekte Herrschaft der ökonomischen Oligarchie verhindern wollten. Inzwischen sind sie jedoch zumindest partiell – schon im Hinblick auf die Rolle der Gewerkschaften und deren ökonomische Machtballung – zu einem Element der intermediären Klasse geworden[7].

9.3. Klassen- oder Volkspartei

Was im Grundgesetz als »wichtige Mitwirkung« erscheint, hat in der Wirklichkeit zu einer deutlichen Privilegierung der Parteien geführt. Sie sind zu Apparaten von Berufspolitikern geworden, unter inflationärer Aufschwemmung der Gebäude und Büros, der Unterorganisationen und Propagandamittel. Dazu kommt die über die drei Gewalten hinweg sich ausdehnende Personalpolitik, die besonders auf die Beherrschung der Medien und der Schlüsselstellungen in Verwaltung, Justiz, Banken und Aufsichtsräten gerichtet ist. Der Parteienproporz entscheidet in den publizistischen Medien, in denen ohne Parteipatronage keine leitenden Posten vergeben werden, obgleich das BVG am 23. Januar 1982 den Parteien ein solches Monopol abgesprochen hat. Die öffentliche Finanzierung der Parteien für ihre Beteiligung an den Wahlkämpfen nach einem Kopfpreis je Stimme und auch die Masse der Zuwendungen und Mitgliederbeiträge lassen ungeheure Summen durch die Bücher gehen. Parteizentralen nehmen sich das Recht, teure Stiftungen einzurichten, sie als gemeinnützig zu deklarieren und mit ihnen – unter Mitnahme öffentlicher Mittel und unter Umgehung öffentlich zuständiger Einrichtungen – eigene Politik zu machen. Aus den Jugendorganisationen der Parteien steigen junge Parteifunktionäre ins Berufsleben als Politiker. Darin zeigen sich Ansätze einer hausgemachten Parteienherrschaft, die der »neuen politischen Klasse« (Djilas) zugute kommt.

Dies wäre eine unerträgliche Sonderstellung der Parteiapparate, wenn nicht der demokratisch unabdingbare Grundkonsens zwischen den Parteien gesichert wäre. Die Parteiorganisationen müssen vom Bekenntnis zur parlamentarischen Demokratie und vom Willen zur politischen Gesamtverantwortung getragen sein. Andererseits ist die konkurrierende Balance zweier oder mehrerer Parteien notwendig. Und drittens ist wechselseitige Anerkennung und Koalitionsfähigkeit erforderlich. Dazu kommt als letzte ausschlaggebende Bedingung, für die das englische Parlament Vorbild ist, daß jede Partei ihr festes Standbein – und nicht etwa ihr Spielbein – im Parlament hat. Die Identität des Kanzlers bzw. des Oppositionsführers mit der Parteiführung oder mindestens die unbestrittene Führungsfunktion der Parlamentsfraktion in der Partei ist unbedingt notwendig. Die Verweigerung parlamentarischer Verantwortung wäre verfassungswidrig, ebenso der Versuch der Partei, ihren Abgeordneten nur imperative Mandate zuzugestehen. Daraus ergibt sich ein Dilemma für die etablierten Parteien, die unsicher sind, ob sie Klassenparteien, Volksparteien oder »Plattform«-Parteien sein sollen. Eine Klassenpartei schmälert ihre Wahlchancen beträchtlich, weil es einmal im Bürgertum kaum mehr eine eindeutige Klassenideologie gibt und außerdem die im 19. Jahrhundert entwickelten liberalen Gedanken zum anerkannten Gemeingut geworden sind. Nur von der Arbeiterschaft könnte noch Klassendenken erwartet werden, aber nicht eigentlich gegen das Bürgertum, sondern gegen die Kapitaleigner und Unternehmer. Mit dem technischen Fortschritt ist ein Großteil der Arbeiterschaft in den Dienstleistungssektor eingerückt und ein anderer Teil von der Handarbeit und vom Handwerk zum technischen Personal aufgestiegen. Die Zahl der eigentlichen Fabrikarbeiter nimmt ab. Heute würde eine profilierte Klassenpartei ihr Scheitern vorprogrammieren, wenn sie sich nicht entschließt, »Volkspartei« zu werden.

Es war das besondere Problem der deutschen Sozialdemokratie als Traditionspartei, den Weg von der alten Klassen- und Arbeiterpartei zur neuen Volkspartei zu gehen. Kurt Schumacher, der Vorsitzende der SPD (1945-1952), umschrieb das so: »Es ist gleichgültig, ob jemand durch die Methoden marxistischer Wirtschaftsanalyse, ob er aus philosophischen oder ethischen Gründen oder ob er aus dem Geist der Bergpredigt Sozialdemokrat geworden ist. Jeder hat für die Behauptung seiner geistigen Persönlichkeit und die Begründung seiner Motive das gleiche Recht in der Partei.«[8] Im Godesberger Programm von 1959 heißt es: »Der Sozialismus ist kein Religionsersatz. Die SPD achtet die Kirchen und die Religionsgemeinschaften . . . Sie bejaht ihren öffentlich-rechtlichen Schutz. Zur Zusammenarbeit mit den Kirchen und Religionsgemeinschaften im Sinne einer freien Partnerschaft ist sie stets bereit.« Weiterhin aber gilt: »Die Vorrechte der herrschenden Klassen zu beseitigen und allen Menschen Freiheit, Gerechtigkeit und Wohlstand zu bringen – das war und das ist der Sinn des Sozialismus.«

Im Kern ist die Identitätskrise der SPD seit Godesberg ideologischer Natur. Eine programmierte Entideologisierung unter Aufgabe der marxistischen Grundlagen ist ihr nicht zuzumuten und würde ihren linken Flügel entfremden. Ein Linksrutsch im politischen Spektrum gefährdet aber ihre Koalitionsfähigkeit. Andererseits ist es voreilig und unberechtigt, dieser großen Partei taktisch gemeinte Unwahrhaftigkeiten zu unterschieben, wenn hier ihr Sozialismus aufgeweicht erscheint. In gewisser Weise haben alle Parteien ›eine Leiche im Keller‹, die sie nicht vorzeigen wollen. Das gilt für Whigs und Tories, für Liberale und Konservative, für Labour und Sozialisten, die alle über den Status quo hinausstreben und mit ihrem vollständigen Sieg in der Illegalität enden würden. Alle Weltanschauungen und Ideologien sind parlamentarisch unmöglich und indiskutabel. Alle Parteien müssen diese illegalen Obertöne von sich geben, wenn sie integrierend wirken wollen. Die bürgerlichen Parteien tun sich da am schwersten. Aber auch sie müssen einen höheren Aufsatzwinkel nehmen, wenn sie ihr Ziel anvisieren wollen.

Während die SPD auf eine Tradition von Parteiprogrammen zurückblicken konnte und die Stufen ihrer Entwicklung aus diesen Programmen dargelegt werden können, waren die jüngeren Parteien CDU und CSU nicht über kurzfristige Aktionsprogramme hinausgekommen. Die programmatische Abstinenz der CDU/CSU ergab sich anfangs aus dem Pragmatismus der fünfziger Jahre, als die besonderen Entwicklungsbedingungen der Nachkriegsepoche einen programmatischen Minimalismus ratsam erscheinen ließen. Das noch ausstehende Grundsatzprogramm wurde ersetzt durch die Werbekraft und das Charisma Konrad Adenauers, und nach der Meinung vieler Führungskräfte versprach der Verzicht auf programmatische Aussagen mancherlei strategische Vorteile. Die Abwertung von programmatischen Selbstverpflichtungen unter Berufung auf die »Volkspartei« hatte jedoch den Nachteil, daß die Enthaltsamkeit im Grundsätzlichen als Opportunismus ausgelegt wurde, der sich lediglich vom Prinzip der Stimmenmaximierung bestimmen lasse. Nach dem Ausscheiden Adenauers bemühte sich die Partei um eine Programmatik (Berliner Programm 1968), die den Charakter der CDU als »Volkspartei« glaubhaft machen sollte. In der Tat durchlief die CDU einen Konsolidierungsprozeß auf eine moderne Volkspartei hin, der etwa im Jahre 1974 abgeschlossen war[9]. Dies schloß ein, daß das Attribut »christlich« überkonfessionell gemeint war und sich nur auf die Grundwerte bezog, für die die Partei einstehen wollte. Selbst Nicht-Christen konnten Mitglieder sein, wenn sie sich mit den sittlichen Grundlagen des Christentums solidarisch erklärten. Die Zugehörigkeit zu einer christlichen Kirche war hier ebensowenig Bedingung wie bei der SPD die Zugehörigkeit zur Arbeiterklasse. Einerseits genügte das »praktische Christentum« und andererseits der theoretische Sozialismus. Die beiden großen Volksparteien agierten latitudinarisch und liberal, dachten aber konsequenter, als sie zugeben wollten. Ihre Anpassungsfähigkeit hat Grenzen, was ihrer Glaubhaftigkeit zugute kommt.

9.4. Parteien und Ideologien

Der Begriff »Ideologie« ist im vorliegenden Zusammenhang nicht polemisch gemeint, sondern bezeichnet wert- und sinnbezogene Orientierungsmarken, welche autonomes Verhalten ermöglichen und eine Solidarisierung Gleichgesinnter bewirken sollen. In diesem Sinne gibt es kein ideologiefreies Individuum und keine ideologiefreie Gesellschaft. Eine »Entideologisierung« wäre danach unmöglich[10]. Der Mensch hat nicht nur Verstand, sondern auch Vernunft, die ein Sinnganzes im Blickfeld hat, aus dem die Erfahrungen erst ihren Stellenwert erhalten. Es gibt zwar fixierte Ideologien erster Ordnung, die als Religionen, Weltanschauungen oder Lebensauffassungen verabsolutiert werden und außerhalb der politischen Zusammenhänge unbedingte Verbindlichkeit beanspruchen. Sie werden expansiv und aggressiv, wenn sie sich als einzige Wahrheit oder auch als einzige Wissenschaft ausgeben. Dies sind jene Ideologien, die Schumpeter als unverträglich mit der politischen Parteiung ansieht (vgl. Kap. 6). Hier sind jedoch Ideologien zweiter Ordnung oder Ad-hoc-Ideologien gemeint (Lemberg), die verhaltenssteuernd, solidarisierend und abgrenzend sind, aber lediglich auf Programmen, Begründungen, Rechtfertigungen beruhen und nicht auf letzten Glaubens- und Wertgehalten. Diese Ideologien zweiter Ordnung sind auf Existenzerhaltung und -gestaltung bezogen und lassen letzte Werte dahingestellt. Sie halten an Grundwerten fest, deren Prioritäten die Parteien unterscheiden.

Genauso bedenklich wie die ideologische Übersteigerung der Parteien ist ihre ideologische Schrumpfung, sei es durch die Verminderung ihres sozialen Rekrutierungsfeldes aufgrund der Einebnung der Sozialstrukturen, sei es durch ihr Absinken zu Maklerfunktionen im Konkurrenzkampf um die Konsumgüter. Das kaum vermeidbare Konvergieren der parteipolitischen Leitlinien hat den früheren Kampf um letzte Prinzipien zu einem Kampf der Prioritäten gemacht; es wird statt eines Endweder-Oder nur ein Mehr oder Weniger, ein Wieviel und Wieweit angeboten.

Der Mangel an Alternativen ist am offensichtlichsten in der Außenpolitik, weil hier langfristige vertragliche Festlegungen und verfassungsrechtliche Präjudizierungen wie etwa das Wiedervereinigungsgebot, ferner auch wirtschaftliche, machtpolitische und ideologische Nötigung oder Festlegung kaum noch Spielraum lassen. Das gilt auch innenpolitisch für Technologien, Energiebedürfnisse, Verkehrsplanungen, d. h. für Determinanten der sozioökonomischen Entwicklung, die fast mit Notwendigkeit zur Aufhebung des Parteienwesens führen müßten, wenn man die Arbeitsgesellschaft allein sieht. Politik kann an den wissenschaftlichen Prognosen und Planungen nicht vorbeigehen und muß dem Sachverstand Raum lassen, der zum verlängerten Arm der staatlichen, verbandlichen und wirtschaftlichen Bürokratie zu werden droht. Wissenschaftliche Diagnosen sind noch keine politischen Entscheidungen; sie reduzieren aber die Alternativen beträchtlich, zumal jede Alternative der Wählerschaft plausibel gemacht werden muß. Es ist deshalb gut, daß die Gesellschaft nicht nur aus Interessengruppen und Produktionsverhältnissen besteht, sondern auch Gerechtigkeit, Lebenssinn, Religion, Kultur und Leben will. Die Freisetzung geistiger Kräfte liegt im Interesse aller Parteien, die nicht wertneutral sein sollten und das sittliche Potential der Gesellschaft nicht ignorieren dürfen. Die sittliche Bewältigung der Gegenwart und die Rettung individuellen Menschseins dürfen den Parteien nicht gleichgültig sein.

Es gibt sogar eine überpolitische Rechtfertigung der parlamentarischen Demokratie, insofern sie Ausdruck des geistigen und sittlichen Potentials des Gemeinwesens sein soll. Es gibt nicht nur politische, sondern auch geistige Alternativen, denen in einer Demokratie Lebensrecht gewährt werden muß. Die Parteien müssen in sich Elemente einer historischen und sittlichen Vernunft erkennen lassen.

»Plattform«-Parteien wie in den USA wären hierzulande nicht in der Lage, größere Volksteile auf Dauer hinter sich zu bringen. Es gibt ein sozialpsychisches Bedürfnis nach Sinngebung des gemeinsamen Daseins oder nach einem Orientierungskompaß. Programme ohne eine ideologische oder weltanschauliche Fundierung überzeugen kaum; und wer die Umgestaltung oder Reform einer Gesellschaft will, braucht dazu eine »Ideologie« – im Sinne eines abgerundeten Systems von Werten, Ideen und Idealen, auf welches hin der politisch-gesellschaftliche Bereich gestaltet werden soll – oder eine »Weltanschauung«, worunter ein Oberbegriff aus den Komponenten Religion, Philosophie, Lebenserfahrung und Wissenschaft verstanden werden kann, aus denen ein System von Axiomen, Maximen und Ideen abgeleitet wird, das zur Durchsetzung im staatlich-sozialen Raum geeignet erscheint.

Die praktische Ausrichtung kann eine Weltanschauung zur Ideologie machen, so wie aus dem Christentum als Religion eine christliche Soziallehre entwickelt werden kann, die Handlungsanweisungen und ideologische Zielvorstellungen enthält.

Parteien leben von Ideen, welche sozusagen mit einem Fuß außerhalb des parlamentarischen Spiels sich befinden. Die Parteien gewinnen ihre Dignität dadurch, daß sie über die Interessen der einzelnen hinaus ihre Anhänger mit idealen Ordnungsvorstellungen und mit einem überschießenden utopischen Potential erfüllen. Das ist jedenfalls besser als nur eine nüchterne Interessenvertretung, die in ihrer Jeweiligkeit und Beliebigkeit auf die Dauer keine Integrationskraft aufbringt.

Vielmehr wirken bloße Interessen desintegrierend, besonders wenn ökonomische und Berufskonflikte verhandelt werden. Jedenfalls lebt die moderne Marktgesellschaft von Konflikten, die nicht nach Interessen, sondern nach rechtlichen und solidarischen Gesichtspunkten zu regeln sind. Der Gegner oder Konkurrent des Bäckers ist nicht der Fleischer, sondern der andere Bäcker. Innerhalb derselben Berufe liegt der Ort der ökonomischen Interessenkonflikte. Der Gegner des Arbeiters ist der andere Arbeiter, und der Gegner des Kapitalisten ist der andere Kapitalist. Nur im Verhältnis von Herrn und Knecht decken sich die Interessen, solange das Verhältnis besteht. Ohne die damit verbundene Problematik auszuloten, bleibt festzuhalten, daß die Parteien nichts sind ohne jenen weltanschaulich-ideologischen Hintergrund.

Die Parteien können über vieles verhandeln, aber es gibt für sie unaufgebbare Gesichtspunkte. In gewisser Weise kann man hier von Atavismen sprechen, aus denen sich ihre individuellen Ausprägungen ergeben und ihre Integrationsfähigkeit erklärbar ist. Im Grunde haben diese systemtranszendierenden Bezüge der Parteien, gewissermaßen ihre »Überbauten«, einen guten Sinn, weil sie recht unterschiedliche Funktionen erfüllen müssen, die sich nicht auf eine einzige Wechselbeziehung hin rationalisieren lassen, sondern je eigene Beiträge zum Ganzen zu erbringen haben, die sich nicht in Funktionalität erschöpfen. Das liegt daran, daß das Konsensproblem und die Konsensmehrung sowie die Konsensvertiefung auf die Dauer nur durch diesen Sinn- oder Wertbezug oder auch durch geschichtliche Rückorientierung festgehalten werden können. Die Parteien haben ihre eigene Geschichte, und sie haben sie nur, wenn sie auch Träger einer Kontinuität und eines moralischen Potentials sind.

Diese Systemwidrigkeit ist eine verfassungspolitische Notwendigkeit, um den Parteien einen Wählerstamm zu sichern. Eine Partei der Wechselwähler wäre bald aufgerieben oder das geworden, was jede Partei von sich abweisen würde: eine opportunistisch abwägende Anpassungsform an den jeweiligen Wählerwillen. Ohne einen zuverlässigen Wählerstamm würde das parteipolitische Leben bei jeder Wahl wie ein aufgewühltes Meer sein. Parteien funktionieren erst, wenn sie etablierte Parteien sind. Sie können nicht von der Demagogie leben, sondern müssen eine eigene Politik vorweisen können und plausibel machen. Auf der anderen Seite dürfen sie gerade aus dem, was ihnen am teuersten ist, keine Politik machen. Religion und Ideologie als solche sind weder Gegenstand der Politik noch der politischen Gesetzgebung. Die Trennung von Politik und Religion soll der Religion zugute kommen, jedenfalls nach der amerikanischen Verfassung. Sie gewinnt an Autorität, was sie an Macht aufgibt. Freilich, ihr In-der-Welt-Sein verweist sie auf Politik und auf freie Partnerschaft mit den politischen Kräften. Es gibt aber noch eine hier zu bedenkende Gefahr, die damit zusammenhängt, daß die Menschen und ganze Gemeinwesen nicht ihren Interessen gehorchen, sondern ihren Ideologien, auch dann, wenn sie dabei die Grundlagen ihrer kommerziellen oder ökonomischen Existenz vernichten. Die Menschen folgen lieber ihren Ideologien als ihren Interessen und lieber ihren Vorurteilen als ihren Urteilen. Sie lassen sich lieber ihren Glauben oder auch ihre Voreingenommenheit bestätigen, als durch Argumente überzeugen. Die meisten, die eine bestimmte Partei wählen, wollen sich mit ihr auch identifizieren können. Darauf müssen die Parteien Rücksicht nehmen, wenn sie den Wähler ansprechen wollen. Ob sie sind, was sie sein sollen, zeigt sich erst in der Opposition. Die Opposition bringt sie zur Wirklichkeit zurück und verweist sie in die Schranken des parlamentarischen Systems.

9.5. Das Wechselspiel der Parteien

Es ist unmittelbar einsichtig, daß es immer mehrere Parteien mit gleichen Chancen geben muß, zumindest zwei. Der Wähler muß die Möglichkeit haben, zwischen ihnen zu wählen. Ferner gehört es zum Wesen demokratischer Parteien, daß sie sich wechselseitig anerkennen und auf die parlamentarischen Spielregeln verpflichtet haben. Dazu rechnet auch, daß sie das parlamentarische Widerspiel von Regierung und Opposition mitmachen und einen verfassungskonformen Regierungswechsel als Normalfall betrachten. Die Mehrheitspartei bzw. Mehrheitskoalition muß auch ihre eigene Regierung als »Herrschaft auf Zeit« verstehen. Erst dann ist Demokratie eine Form der Herrschaft, die sich von allen anderen Formen durch die in ihr angelegte Möglichkeit unterscheidet, Herrschaft in Frage zu stellen. Die institutionelle Sicherung von Alternativen im Parlament ist bereits ausreichende Legitimation für eine parteienstaatliche Demokratie. Eng verknüpft damit ist die Regierungsbildung und die gleichzeitige Schaffung einer Opposition, die auch die Nicht-Wähler und die unter den Tisch gefallenen Stimmen »virtuell« vertritt.

Das Wechselspiel der Parteien kann nur funktionieren, wenn das parlamentarische System kontinuierliche Elemente festhält, in deren Rahmen jenes Wechselspiel unter Chancengleichheit stattfinden kann. Die Teilung der drei Gewalten, also der Legislative, Exekutive und Judikative, als Kernstück des Grundgesetzes muß von den Parteien beachtet werden, um ihr politisches Gewicht in Grenzen zu halten und den Fortbestand des staatlichen Rahmens zu gewährleisten (vgl. dazu Kapitel 10).

Diese vorgesehene Gewaltenteilung wird in Frage gestellt, wenn der Regierungswechsel personelle Konsequenzen in Exekutive und Judikative nach sich zieht. Ein parteiliches »Spoil System« würde den Vollzug staatlicher Hoheitsfunktionen Parteigesichtspunkten unterwerfen; ferner würde die Mißachtung der »hergebrachten Grundsätze des Berufsbeamtentums« (Art. 33 Abs. 5 GG) eine delegierte Gesetzgebung von der Regierung an die Behörden unmöglich machen, und schließlich würde dann ein Regierungswechsel immer auch ein Machtwechsel sein. In den USA werden durch die Wahlen etwa 0,75 Millionen Posten vergeben, während in der Bundesrepublik nur die Spitzenpositionen wie Staatssekretäre und Ministerialdirektoren politische Ämter sind. Alle Parteien benützen jedoch das Wachstum der Verwaltungsapparate, um ihre Parteileute unterzubringen. Das bedeutet, daß die Parteien über die Führungsmannschaft im Parlament hinaus noch Teile der vollziehenden Gewalt beherrschen, wodurch bei einem Regierungswechsel die unabsetzbaren Spitzenbeamten der Administration der neuen Oppositionspartei verpflichtet sind, ohne ausgewechselt werden zu können. Die Engländer haben deswegen an der Inkompatibilität zwischen »Civil Service« und Abgeordneten-Status festgehalten; die Kontinuität des Sachverstandes erschien ihnen unentbehrlich für das Funktionieren des parlamentarischen Spiels. Die staatlichen Behörden sollen der Gesellschaft dienen und dürfen ihr nicht ausgeliefert werden. Administration und Justiz müssen das Allgemeine gegenüber den Sonderinteressen vertreten. Sie unterliegen keiner demokratischen Abstimmung, und die Partizipationstheorien des herrschaftsfreien Diskurses sind auf sie nicht anwendbar. Es bleibt im parlamentarischen System »ein unvermeidlicher Dualismus« von Staat und Gesellschaft, der nicht eine Folge der bürgerlichen Epoche ist, sondern eine europäische Konstante der politischen Ideengeschichte darstellt[11]. Man kann auch sagen: Ohne ein ausgebildetes Berufsbeamtentum und ohne ausgebildete Juristen, die für ihren eigenen definierten Wirkungsbereich verantwortlich sind, kommt keine funktionsfähige parlamentarische Demokratie zustande. Ihr Sonderstatus gegenüber der Regierung ergibt sich daraus, daß sie das »General System« gegen den »particular conduct of the government« darstellen und die Handhabung und Anwendung der Verfassung besorgen sollen. Administration und Justiz repräsentieren die Konstitution und die überparteiliche Staatshoheit.

Ihnen gegenüber haben die Parteien bzw. das Parlament und die Regierung nur negative Kontroll- und Beschwerderechte, aber keine Befugnis, nach ihren Wünschen Stellenbesetzungen durchzusetzen. Die Regierung hat zwar eine prekäre Zwischenstellung, da sie im Parlament zur Legislative und außerhalb des Parlaments zur Exekutive gehört. Aber sie kann nur auf die Exekutive im ganzen wirken, über Gesetze, die für alle Behörden gelten. Es gibt zwar eine delegierte Gesetzgebung, die das Parlament entlasten soll und ein behördliches Verordnungsrecht zuläßt, aber eine solche Delegation verlangt eine Ausführungsethik und einen diskretionären Bereich der Gesetzesinterpretation, die mit einer Parteilichkeit der Beamtenschaft unvereinbar wären. Die parlamentarische Demokratie setzt neutrale Verwaltung und Justiz voraus, sonst würde jeder Regierungswechsel zu einem bethlehemitischen Beamtenmord ausarten. Das heißt aber auch, sie setzt den Staat voraus als Rechtsstaat und Verwaltungsstaat. In jedem gesellschaftlichen System muß es eine Steuerung von oben durch Instruktionen oder Befehle, ferner ein geregeltes Verfahren durch Meldungen nach oben und Weisungen nach unten geben und schließlich zum dritten ein verantwortliches Verhalten, welches nur politische Eingriffe gestattet, wenn es dem Gesamtzweck nicht zuwiderläuft (»management by exception«). Diese Hierarchie würde in einer Identitätsdemokratie im Interesse einer direkten Beteiligung aller Staatsbürger an den politischen Entscheidungen unter den Tisch fallen. Diese setzt eine Demokratisierung aller Bereiche voraus, die samt und sonders den Majoritätsbeschlüssen der Betroffenen ausgeliefert wären, was jede zurechenbare Verantwortung auflösen würde.

Das parlamentarische System verbleibt jedoch in seinen öffentlichen Entscheidungen auf der Ebene der Politik und läßt nichts zu, was sich nicht majorisieren läßt. Diskutabel sind nicht religiöse, weltanschauliche, nationale und kulturelle Vorgegebenheiten, sondern nur Fragen der Politik, des Miteinanderauskommens, des Interessenausgleichs, der Selbst- und Freiheitsbehauptung, der öffentlichen Ordnung und des Hier und Jetzt. Daran müssen sich auch die Parteien halten, die dem Gemeinwesen als solchen und dem, was seine Identität konstituiert, nicht den Krieg erklären dürfen. Parteien müssen in einem parlamentarischen System Volksparteien sein und die parlamentarische Demokratie akzeptieren, sich ferner an das Grundgesetz halten, die »Grundsätze des republikanischen, demokratischen und sozialen Rechtsstaates« (Art. 28 Abs. 1 GG) anerkennen und alle Kraft »dem Wohle des deutschen Volkes widmen« (Art. 56 GG). Parteien dienen nicht der Menschheit oder irgendeiner Religion oder Ideologie, sondern dem, was das Grundgesetz mit »deutschem Volk« bezeichnet. Die Partikularität dieses Volkes verweist eindeutig darauf, daß der grundgesetzliche Eid politisch gemeint ist, bezogen auf unsere gemeinsame Existenz geleistet wird, unbeschadet der Tatsache, daß das Grundgesetz auch Artikel hat, die universell zu verstehen sind.

10. Zum Gewaltenteilungsprinzip

10.1. Gewaltenteilung im Rechtsstaat

Die Frage der Zeitgemäßheit des Gewaltenteilungsprinzips wird zurecht gestellt, weil dieses Prinzip sich mit der Realität einer parteienstaatlichen Massendemokratie nicht ohne weiteres vereinbaren läßt. Das Bonner Grundgesetz hält jedoch an dem Gliederungssystem von Legislative, Exekutive und Judikative weiterhin fest. Es gilt sogar als Kernstück des Grundgesetzes und nach Art. 1 Abs. (3), Art. 20 und Art. 79 GG als Grundnorm des ganzen Verfassungswerkes. Diese trinitäre Gewaltenteilung ist ihrem Ursprung nach die Ausprägung einer grundgesetzlichen Entscheidung für den Rechtsstaat und Rechtsstaatlichkeit überhaupt, wonach alle Staatsfunktionen (nach Kelsen und Leibholz) Rechtsfunktionen sind, und alle drei Staatsgewalten Verwirklicher von Recht (nach Imboden) sind. Das ergibt sich auch aus der durchgehenden Geltung des Rechtsstaatsprinzips nach Art. 28 Abs. (1) und Art. 104 GG. Dahinter steht als vorjuristische Richtlinie die überkommene Wert- und Traditionswelt des ganzen Sozialverbandes, die durch die Wertentscheidungen im Grundgesetz bestätigt und in eine Rangordnung gebracht worden ist, welche für den Staat maßgebend sein soll und das Gemeinwesen auf ein bestimmtes Wertsystem festlegt. Dabei nahmen die Väter des Grundgesetzes an, daß damit dem Willen und dem Wertempfinden der überwältigenden Mehrheit der Bevölkerung entsprochen worden sei. Die Scheidung der drei staatlichen Grundfunktionen der Rechtsetzung, der Rechtsanwendung und der Rechtsprechung hat den Zweck, das im Grundgesetz niedergelegte Menschen- und Staatsrecht in seiner Verbindung von Freiheitsgarantien und Rechtsschutz zugunsten des einzelnen zu sichern.

Geschichtlich gesehen, ist das Gewaltenteilungsprinzip aus Prinzipien des Rechtsverfahrens entwickelt und ausgestaltet worden (vgl. Kap. 2.2.). Von Anfang an bedeutete es nicht Gewaltentrennung, sondern wechselseitige Einschränkung, Kontrolle und Verklammerung der drei angesprochenen Staatsorgane. Die Übernahme der einen Funktion durch die andere Funktion läßt keine radikale Trennung zu. Erst die beobachtende und korrigierende

Kontrolle der Staatsorgane untereinander hat die erwünschte temperierende Wirkung. Jede Funktion kann die andere behindern, aber nicht ersetzen.

Die Unabhängigkeit und Eigenständigkeit der drei Staatsgewalten ist schon deswegen zu fordern, weil ein politisches Organ ein anderes nur dann wirksam beschränken kann, wenn es selbst eine politische Kraft vertritt, die sich anderen Kräften gegenüber behaupten kann[1]. Die Zusammenarbeit ergibt sich schon daraus, daß von einem einzigen Bereich, vom Recht her, die Dreiteilung begründet wird, wonach niemand, weder der Kläger noch der Beklagte, Richter in eigener Sache sein darf. Die Rechtsetzung durch die Legislative, die nichtstreitige Rechtsanwendung durch die Exekutive und die streitige Rechtsanwendung durch die Judikative oder die Rechtsgestaltung, die Rechtsdurchsetzung und die Rechtswahrung oder auch die Rechtsbestimmung, die Rechtsausführung und die Rechtsauslegung lassen den Bedingungszusammenhang zur Verwirklichung von Recht überhaupt erkennen[2]. Jede Gewalt hat einen eigenen Zuständigkeitsbereich, kann aber den anderen in den Arm fallen und darf zumindest deren Verträglichkeit mit dem eigenen Kompetenzbereich überprüfen.

In bezug auf das Verhältnis zwischen Legislative und Exekutive ist es unbestritten, daß das parlamentarische Regierungssystem die vorgeschriebene Gewaltenteilung durchbricht. Wenn die Regierung nur Exekutivausschuß der Mehrheitspartei ist und ihre Mitglieder dem Parlament entstammen, kann von einer Gewaltentrennung keine Rede sein. Allerdings bleiben ihre Funktionen verschieden und wechselseitig sich einschränkend. Planung, Zielsetzung und Richtungsangabe ist Sache der Regierung; nur die Zustimmung ist Sache des Parlaments. Die Ausführung ist Sache der Verwaltung und deren Leitung Sache der Regierung. Durch ihre Planungsfunktion wird die Regierung im Funktionsbereich der Exekutive richtungsweisend tätig. Sie verfügt durch ihre Parlamentsmehrheit fast allein über das Recht der Gesetzesinitiative. Dem Parlament verbleibt neben der Zustimmung noch die Kontrolle, wobei direkte Verwaltungskontrolle ihm nur durch die Parlamentarischen Untersuchungsausschüsse möglich ist, die auch die Minderheit des Bundestages (ein Viertel) durchsetzen kann. Die Regierung als Planungs- und Weisungsinstanz ist das Bindeglied zwischen der zustimmenden Gewalt der Legislative und der Verwaltung[3].

Entscheidend für das parlamentarische Regierungssystem ist die Abberufbarkeit der Regierung (nach Scheuner), während die Regierungsbestellung mitunter auch vom Wähler entschieden werden kann. Die Volksvertretung behält in bezug auf die Gesetzgebung ein Initiativrecht, das etwa bei Regierungskrisen zum Zuge kommen kann, und sanktioniert jedes Gesetz durch ihre Zustimmung. Die Regierung benutzt ihr Initiativrecht als Mittel der politischen Führung; sie greift in den Ablauf des Gesetzgebungsverfahrens ein und wirkt bei der förmlichen Ausfertigung mit. Außerdem gibt es ein Mitwirkungsrecht der Verfassungsgerichtsbarkeit, die so weit gehen kann, daß das parlamentarische Monopol der Normsetzung durchbrochen wird[4]. Schließlich läßt die Entstehungsgeschichte des Art. 20 GG keinen Zweifel daran, daß der Parlamentarische Rat die strikte Trennung der drei Gewalten abgelehnt hat.

Auf die Selbständigkeit der staatlichen Machtträger kommt es an. Das Trennungsprinzip ist mehr als Inkompatibilität gemeint, durch welche das Hemmungsprinzip erst wirksam wird. Das vom Grundgesetz übernommene klassische Dreiteilungsschema nennt nur die elementarsten Äußerungsformen öffentlicher Gewalt, die im gewaltenteiligen Rechtsstaat unterscheidbar sind und eine wirksame Schutzfunktion ermöglichen. Hinzu kommen noch andere Machtfaktoren wie Parteien, Interessenverbände, Gewerkschaften oder sonstige Organisationsformen, deren Wirkungsweise nicht vorauszusehen ist, deren Verhältnis zur Macht aber in Analogie zu dem Gewaltenteilungsprinzip kanalisiert oder eingeschränkt werden kann.

Die klassische Dreiteilung rechnet mit *horizontal* gleichgeordneten staatlichen Machtträgern, die wechselseitig als Gegenkräfte wirken und einen Gewaltenmonismus ausschließen. Daneben gibt es eine Menge anderer Beziehungen, die ein Teilungsprinzip ermöglichen und auch im Grundgesetz eine Rolle spielen. Das Verhältnis zwischen Bund und Ländern, »die Gliederung des Bundes in Länder« sowie »die grundsätzliche Mitwirkung der Länder bei der Gesetzgebung« (Art. 79, Abs. (3) GG) ist ein föderatives oder vertikales Trennungsprinzip von Gewalten. Dazu kommt die ebenfalls vorgesehene innere Gliederung von inhaltlich einheitlichen Funktionen als einer dezisiven Teilungslehre wie etwa der Exekutive in Regierung und Staatsoberhaupt, der Legislative in Bundestag und Bundesrat; dann auch die politische Balance zwischen Parteien und Interessenverbänden oder zwischen den Sozialpartnern oder den Parteien untereinander als einer sozialen Teilungslehre[5].

Damit hätten wir vier Formen von Gewaltenteilungen auch im Grundgesetz, die zusammengenommen erst einen brauchbaren Aussagewert haben. Dazu kommt als fünfte Form die temporale Teilungslehre einer »Herrschaft auf Zeit«, einer zeitlichen Kompetenzbegrenzung oder Fristensetzung[6].

Die dezisive Teilungslehre ist das eigentliche Herzstück der politischen Gewaltenteilungslehre, weil in ihr der Willensbildungs- und Entscheidungsprozeß mehrere Ebenen durchlaufen muß, die alle an der Gestaltung von Recht und Gesetz beteiligt sind und als autonome Instanzen mitwirken. Regierung, Parlament, Parteien, Interessengruppen und öffentliche Meinung wirken im Handlungsgefüge mit, wobei die drei ersten im staatlichen Raum und die drei letzten im sozialen Raum wirksam sind. Die Parteien haben eine Brückenfunktion zwischen staatlichem und sozialem Bereich. Indessen wirken alle fünf Bereiche zusammen im Wahlakt des Bürgers als dem Kern, von dem aus sich der demokratische Staat entfaltet. Die Unterscheidung der wichtigsten politischen Entscheidungsebenen, von Regierung und Parlament im staatlichen Bereich und von Interessengruppen und öffentlicher Meinung im sozialen Bereich und von Parteien im Zwischenbereich, muß deutlich bleiben, damit ein freiheitssichernder Pluralismus erhalten bleibt. Dadurch wird zugleich eine »funktionsadäquate Relation« der Interdependenz gewährleistet als Freiheit auf allen Ebenen, die das Gewaltentrennungsprinzip als übergreifendes, staatlich geschütztes Organisationsprinzip und Regulativ für ein funktionierendes demokratisches Gemeinwesen versteht.

Die Berücksichtigung der hier genannten Formen der Gewaltenverteilung ist notwendig, wenn man die Außerachtlassung des Prinzips der Gewaltentrennung in der Institution des Bundesrats verstehen will. Dieser ist ein oberstes Bundesorgan, in welchem die Länder bei Gesetzgebung und Verwaltung mitwirken. Er gibt Zeugnis von der föderativen oder vertikalen Gewaltenteilung, ist aber eine Einrichtung, die nach Art. 50 GG Gesetzgebung und Verwaltung des Bundes in sich vereinigt. Er hat ein Mitwirkungsrecht bei der Exekutive. Seine Zustimmung ist bei Erlaß allgemeiner Verwaltungsvorschriften sowie der Ausübung der Bundesaufsicht durch die Bundesregierung (Art. 55; Art. 80; Art. 81;

Art. 84 GG) erforderlich. Politisch am bedeutsamsten ist[7], daß durch den Bundesrat hindurch die Verwaltungsbürokratie der Länder ihre sonst verfassungsmäßig nicht ausdrücklich vorgesehene Mitwirkung auf die Bildung des Bundeswillens zur Geltung bringen kann. Ferner sind die Mitglieder des Bundesrats trotz ihrer Mitwirkung bei der Gesetzgebung zugleich Mitglieder der Landesregierungen, der Exekutive in den Ländern. Im föderalistischen Bereich kann von einer Trennung zwischen Gesetzgebungsorganen des Bundes und Verwaltungsorganen der Länder keine Rede sein[8].

Dem könnten noch viele andere Beispiele hinzugefügt werden. Es gibt staatliches Handeln wie etwa bei der Finanzgewalt (Haushaltsrecht, Finanzverfassung, Steuerstrafrecht, Währungspolitik), die stets das Tätigwerden von zwei oder drei Funktionsträgern erfordert; dasselbe gilt für die auswärtige Gewalt. Noch deutlicher wird das bei der militärischen Kommandogewalt, die auf den ersten Blick das Reservat eines einzigen Machtträgers im Staat zu sein scheint, aber durch die Wahrung und übergreifende Geltung des Gewaltenteilungsprinzips wie jede Hoheitsgewalt einer Einschränkung unterliegt, also dem Eingriff des Gesetzgebers und der Überwachung durch Justiz oder Bundesverfassungsgericht nicht entzogen ist[9]. Gerade hier gilt noch ein weiteres Trennungs- oder Scheidungsmerkmal, das für den Bestand des Rechtsstaates bedeutsam ist und über jenes klassische Dreiteilungsschema innerhalb des Grundgesetzes hinausgeht. Nach Art. 25 GG sind nämlich auch die »allgemeinen Regeln des Völkerrechts . . . Bestandteil des Bundesrechtes. Sie gehen den Gesetzen vor und erzeugen Rechte und Pflichten unmittelbar für die Bewohner des Bundesgebietes.« Das bedeutet für die Bundeswehr nichts anderes, als daß der Kombattantenstatus nach Völkerrecht gewahrt bleiben muß, der für die Einhegung des Krieges lebenswichtig ist. Wenn die Soldaten im Ernstfall nur »Bürger in Uniform« wären, würde ein Krieg stets Bürgerkrieg bedeuten.

Es gibt ferner sogar die Ausgliederung von Staatsaufgaben in Form der Überantwortung von Kompetenzen wie bei der Bundesbank oder auch bei der Selbstverwaltung der Kommunen, die von der sinngemäßen Auslegung des Gewaltenteilungsprinzips begründbar ist. In allen Lebensbereichen, die politisch belangvoll sind, gibt es Entscheidungen, die aus der Balance gesellschaftlicher Machtträger, wie etwa der Sozialpartner, zustande gebracht werden und eine amtliche Mitwirkung erübrigen. Der Staat wacht lediglich über die Aufrechterhaltung des Rechts- und Sozialstaates sowie über den Schutz der Bürger. Hier erscheint die grundgesetzliche Gewaltenteilung als wirksames Regulativ gegen die Eigengesetzlichkeit gesellschaftlicher Kräfte oder gegen das Überhandnehmen der Macht organisierter Interessen. Die Wahrung der Balance der Machtträger in der Gesellschaft läßt sich aus der Gewaltentrennung als Organisationsprinzip des Gemeinwesens rechtfertigen und als Aufgabe der Behörden interpretieren (vgl. Kap. 8).

Wenn die öffentliche Gewalt sich nach dem Gewaltenteilungsprinzip nur in Rechtsetzung, Rechtsvollzug und Rechtsprechung äußern darf und dabei jeder Hoheitsträger Widerspruchs- und Mitwirkungsbefugnisse im Verhältnis zu den anderen Gewalten hat, ergibt sich, daß die gesamte Staatsapparatur »nicht als schlagkräftige Waffe, sondern nur in der komplizierten, überall auf Brechung ungehinderter Machtbetätigung bedachten Form zur Verfügung (steht), wie sie das Gewaltenteilungssystem mit einem beträchtlichen Arsenal juristischer Mittel kunstvoll ausgebildet hat«[10]. Das ist ungeheuer wichtig, weil die Parteien und Interessenverbände ihren Machtdrang nur durch das Medium der Staatsapparatur, durch Gesetze, Regierungs- und Verwaltungshandlungen, wirksam machen können. Durch das Gewaltenschema jedoch werden die herrschenden Gruppenmächte gezwungen, sich dem Funktionsmodus der staatlichen Behörden anzupassen und ihre Willensbildung in die Gestalt traditioneller Herrschaftsformen einzukleiden. Hier liegen »checks and balances« im Wege, die sich gegen eine »Gleichschaltung« sträuben und einen disziplinierenden und staatserhaltenden Wert haben. In gewisser Weise kann das Balancesystem im Pluralismus der oligarchischen Machtträger als eigenes Gewaltenteilungssystem aufgefaßt werden, das erst das Nebeneinander rivalisierender und konkurrierender Kräfte und Interessen lenkbar und durchschaubar macht. Allerdings ist dieses gewaltenteilende Gleichgewicht stets prekär und alles andere als ein sicherer Besitz[11]. Die Unbedingtheit und Unabänderbarkeit der letzten Wertentscheidungen des Grundgesetzes haben ihren tieferen Grund darin, daß das Funktionieren des gesellschaftlichen Kräftespiels auf einen erträglichen Ausgleich hin nicht alles ist, sondern gemeinsam anerkannte Sinn- und Wertbezüge voraussetzt. Es setzt voraus, daß die bundesdeutsche Bevölkerung ein Volk und die Bundesrepublik ein Vaterland ist.

Im ganzen läßt sich festhalten, daß das Gewaltenteilungsprinzip, im weitesten Sinne genommen und auf alle öffentlichen Bereiche angewendet, nichts anderes ist als die Aufrichtung und Behauptung von Recht überhaupt für jedermann und von Staats wegen. Die Gewaltenteilung im Grundgesetz ist eine Kriegserklärung an den Totalitarismus, gegen die Identifizierung von Staat und Gesellschaft und auch gegen die radikale Identitätsdemokratie eines »plébiscite de tous-les-jours«, in welchem Recht und Gesetz verschlungen werden[12]. Das wäre die Konsequenz, wenn man den Staat als Ausdruck von Klassenbeziehungen oder gesellschaftlichen Interessen auffaßt und nicht als Ausdruck einer sittlichen Entscheidung oder eines moralischen Prinzips von Recht und Gerechtigkeit versteht.

Natürlich wird damit nicht die rechtsschöpfende Funktion autonomer gesellschaftlicher Interessenorganisationen geleugnet, aber ihre Einbettung in die rechtliche und gesetzliche Ordnung als notwendig und möglich angesehen. Daran haben jedenfalls die Väter des deutschen Arbeitsrechts festgehalten, wie sich heute noch an der tarifpartnerschaftlichen Autonomie in der Bundesrepublik Deutschland zeigt[13]. Die dabei sich auftürmenden Schwierigkeiten werden nicht verkannt. Die Zustimmung aller als das wünschbare Höchstmaß an politischer Integration ist weder im »freien Spiel der Kräfte« noch im Sachzwang oder aus Staatsnotwendigkeit, aus technokratischer oder totalitärer Machtanmaßung zu erreichen, wohl aber über eine regulative Funktion der demokratisch zustande gekommenen staatlichen Instanzen. Es gibt jene, im Bereich des parlamentarischen Systems über die Entscheidung der Wählerschaft erreichte demokratische Legitimation von politischer Herrschaft, die in repräsentative Einrichtungen einmündet, die »im Namen des Volkes, jedoch ohne dessen bindenden Auftrag« hoheitliche Befugnisse ausüben dürfen[14]. Ihnen gegenüber sind die organisierten Interessen lediglich rechtliche und soziale »Interaktionssysteme«, die vom zugrundeliegenden Organisationszweck her gebildet werden und nicht mit der Summe der individuellen Willen ihrer Mitglieder in eins gesetzt werden können[15].

Diese Zweckverbände, die partikularen Interessen dienen, haben eigenständige Funktionen und nehmen – ähnlich wie die Parteien

– an der öffentlichen Willensbildung teil, gehören mithin zur pluralistischen Demokratie. Aber sie repräsentieren Interessen und keine Personen. Sie machen ferner deutlich, daß es keine Omnikompetenz des Staates gibt und die »Gleichschaltung« solcher Verbände und Gruppen dem wesentlichen Zweck des Staates widersprechen würde, jedem sein Recht zukommen zu lassen. Ohne den demokratischen Staat gäbe es keinen Anwalt und Hüter des Rechts. Die Rechtsgrundlage der Repräsentation ist eine andere als die der Interessenwahrnehmung; im Grunde sind Repräsentation und Interessenvertretung nicht auf einen Nenner zu bringen[16]. Nur das »repräsentative Prinzip« kann im Parlament kulminieren, da nur allgemeine gleiche Wahlen ihm genügen können[17]. Bei der aus ihnen sich ergebenden Regierung steht im Mittelpunkt ihre Verantwortlichkeit – für das Volk und vor dem Volk, wie das Grundgesetz es vorschreibt.

Die Gegenwärtigkeit des Prinzips der Repräsentation, »das sich immer zugleich in der Kontrolle der Regierungsgewalt und der Mitwirkung der Regierten kundtut, also die notwendige Synthese zwischen legitimer Vertretung der Teilinteressen und dem Gesamtinteresse herstellt«[18], gibt den entscheidenden Grund an für den Vorrang der aus der parlamentarischen Demokratie hervorgegangenen staatlichen Instanzen, die den gegenwärtigen Pluralismus in der Gesellschaft erhalten sollen, ohne sich ihm auszuliefern[19].

10.2. Justiz und Exekutive

Der politisch gestaltenden Funktion der beiden ersten Gewalten steht die bewahrende Funktion der dritten Gewalt gegenüber. Sie bringt nicht hervor, sondern hütet den Bestand des Geschaffenen und richtet sich nach dem vorgegebenen und auch fortzubildenden Rechtsbestand. Sowohl bei der Streiterledigung als auch bei der Normenkontrolle handelt es sich um »Bewahrung des Rechts« – nicht nur durch Subsumtion, sondern auch durch schöpferische Interpretation. Das Moment des Bewahrens schließt das Gestalten nicht ganz aus. Zum Normalfall der Gesetzesanwendung bei der Rechtsprechung kommt aufgrund der prinzipiellen Wertentscheidungen im Grundgesetz noch die Gesetzesinterpretation als Entfaltung inhaltlich fixierter Grundsätze hinzu, neben der Konkretisierung von Rechtssätzen auch die

Konkretisierung von Rechtsgrundsätzen.

Die »Unabhängigkeit« im Art. 97 GG ist dahin zu verstehen, daß der Richter nicht an Weisungen gebunden sein darf, und erstreckt sich vor allem im Sinne der horizontalen Gewaltentrennung auf die Unabhängigkeit der Richter gegenüber Regierung und Verwaltung. Sie bedeutet nicht persönliche Unabhängigkeit im Sinne lebenslänglicher Amtszeit oder besonders gearteter Disziplinarverfahren, wenn auch eine relative Unabsetzbarkeit und Unversetzbarkeit im Abs. (2) von Art. 97 GG den hauptamtlichen Richtern zuerkannt wird. Aber eine Unabhängigkeit von eigenen politischen oder anderen Vorurteilen wird verfassungsrechtlich nicht verlangt[20].

Aus der Kompetenz zur Konkretisierung von Rechtsgrundsätzen gipfelt die Bundesjustiz in der Verfassungsgerichtsbarkeit, die darüber wachen soll, daß die Grundform der Verfassung nicht durch Gesetze oder Verordnungen verletzt wird. Das Bundesverfassungsgericht ist darüber hinaus die zuständige Instanz für die Feststellung des Ausmaßes, des Mißbrauchs und der Verwirkung der Grundrechte (nach Art. 18 GG). Der Entzug der Grundrechte als Menschenrechte (nach Art. 1 GG) ist ihm nicht möglich, wohl aber die Beschränkung ihrer Ausübung. Außerdem liegt in seiner Hand die Entscheidung über die Verfassungswidrigkeit einer politischen Partei (nach Art. 21, Abs. (2) GG). In beiden Fällen handelt es sich um Exekutivakte, die noch keine Politisierung der Justiz nach sich ziehen, wohl aber einen politischen Kampf um die Richterstellen veranlassen können, da der Bundestag nach Art. 94 GG die Hälfte der Bundesverfassungsrichter, in einem Exekutivakt also, zu bestellen hat.

Die unmittelbare Zuständigkeit des Bundesverfassungsgerichts ist ein Schritt zur Verrechtlichung, der die Verwaltungsbehörden überspringt und die Justiz überfordert. Der normale Weg wäre eine Maßnahme des zuständigen Innenministers, wie etwa Parteiverbot oder Grundrechtsbeschränkung, und dann die Klage der Betroffenen gegen diese Entscheidung der Exekutive am Bundesverfassungsgericht. Statt dessen wird mit der Unmittelbarkeit des Bundesverfassungsgerichts eine zeitliche Verschleppung in Kauf genommen, die verhängnisvoll sein könnte. Es ergibt sich hieraus klar, daß die Gewaltentrennung kein Verfassungsgebot ist, aus dessen Verletzung die Nichtigkeit einer Vorschrift gefolgert werden könnte.

Das Bundesverfassungsgericht ist keine gesetzgebende Körperschaft, überprüft aber Gesetze auf ihre Verfassungsgemäßheit, wobei nicht nur der Rechtsstaat im Auge behalten wird, sondern auch der Sozialstaat, der jedoch im Gegensatz zum Rechtsstaat keinen ausformulierten Verfassungsrang hat. Die Rechtsstaatlichkeit als Normen- und Verfahrensordnung mit ihrer daraus sich ergebenden Logik muß respektiert werden[21]. Die relativierenden Maßnahmen der Behörden und die in jeden individuellen Vollzugsakt hineinreichenden diskretionären Befugnisse müssen sich jedoch auf das Prinzip einer sozialen Gerechtigkeit hin regulieren. Eine solche Gestaltung des Rechts geht streng genommen über die richterliche Stammfunktion hinaus. Sie teilt dieses Hinausgehen aber mit der Exekutive, die ebenfalls durch ihre diskretionären Befugnisse an einer gewissen Rechtsetzung von Fall zu Fall beteiligt ist. Für beide Gewalten sind Ermessensspielräume unumgänglich, und das Prinzip Menschlichkeit sollte nie ganz außer Geltung gesetzt werden. Die Ausübung des Ermessens unterliegt allerdings dem Willkür- und Mißbrauchsverbot, dessen Befolgung von der Justiz nachgeprüft werden kann[22]. Dabei müssen die im Grundgesetz erkennbaren Stammfunktionen gewahrt bleiben, jedoch berührt die Normenkontrolle der Justiz häufig Grenzbereiche, in denen politisch relevante Innovationen sich verändernd auswirken, was dann im Munde des Verfassungsrichters mehr auf Rechtsetzung als auf Rechtsprechung hinausläuft.

Ein Übergreifen auf die Exekutive stellt die *Verwaltungsgerichtsbarkeit* dar, die die Verwaltungsbehörden kontrollieren soll – und zwar auf die Gesetzmäßigkeit der Verwaltung und auf den »Vorbehalt des Gesetzes« hin, wonach Eingriffe in die Freiheit, in das Vermögen und die Sphäre des Bürgers nur aufgrund eines formellen Gesetzes, also eines Aktes des Gesetzgebers, und nicht aufgrund einer Verordnung der Behörden, von den Verwaltungsbehörden durchgeführt werden dürfen[23]. Im Bereich der Grundrechte darf es keine Individualvorteile geben, und die materielle Abgrenzung von Gesetz und Einzelakt nach Art. 19 Abs. (1) GG gewährleistet die unbedingte Beachtung der obersten Verfassungsprinzipien des Gemeinwesens. Außerdem steht jedem, der sich in seinen Rechten durch die öffentliche Gewalt verletzt fühlt (Art. 19, Abs. (4) GG), der ordentliche Rechtsweg offen.

Daraus wird erklärlich, daß die Verwaltungsgerichtsbarkeit im Vordringen begriffen ist und sich der Ermessensspielraum für Regierung und Verwaltung einengt. Der von ihr erstrebte lückenlose Rechtsschutz nimmt der Exekutive die Möglichkeit, den gegebenen Rahmen des Gesetzes selbständig auszufüllen. Das ist ohnehin erschwert, weil die Flut der Gesetze und deren oft mehrdeutig gelassenen Kompromißformeln es dem Gesetzesvollzug unmöglich machen, diesen Rahmen abzustecken und den Inhalt des Gesetzes verbindlich festzustellen. Aus diesem Grund errang die Verwaltungsgerichtsbarkeit schon früh die Anerkennung einer Alleinkompetenz für die rechtsverbindliche Auslegung »unbestimmter« Rechtsbegriffe. Die Ausweitung des Dienstleistungs- und Wohlfahrtsstaates steigert naturgemäß die Kontrollmacht der Verwaltungsgerichtsbarkeit gegenüber der Exekutive. Die völlig neuen Probleme unserer Lebenswelt in bezug auf Technologie oder Ökologie bewirken einen Vorrang der Justiz vor der Verwaltung. Ein solcher Vorrang führt aber nicht zum perfekten Rechtsstaat, sondern eher zu einem handlungsbehindernden Rechtsmittelstaat. Die gesteigerte Machtbefugnis der Verwaltungsgerichtsbarkeit ist mit der Eigenständigkeit der Exekutive unvereinbar.

Dazu kommt noch, daß die Menschenrechtsartikel im Grundgesetz für alle Menschen gelten und zugleich unmittelbar geltendes Recht sind, an welches Gesetzgebung, Verwaltung und Rechtsprechung gebunden sind (Art. 1 GG). Damit tritt der definite Zweck eines einfachen Gesetzes hinter den übergeordneten, den politischen Raum der Verfassung transzendierenden Wertentscheidungen des Grundgesetzes zurück.

An sich ist die Prüfung, ob übergeordnete Werte in einem Gesetz verletzt werden, Sache des Gesetzgebers. Wenn dies den Vollzugsbeamten überlassen bleibt, geht die Rechtsvermutung davon aus, daß Gesetz und Recht nicht identisch sind. Die Exekutive bleibt im Widerstreit zwischen der Sorge um das Grundrecht einerseits und der Sorge um Recht und Ordnung im Staat andererseits allein gelassen. Sie fühlt sich überfordert, weil ihr eine klar umschriebene Ausführungsverantwortung vorenthalten wird und gerade jenes Handeln ihr unmöglich wird, welches ein beherztes Durchgreifen und zeitgerechtes Zupacken verlangt.

Das führt im Endeffekt zu einem Dauerkonflikt zwischen Politik und Recht. Die Entartung des Rechtsstaates zu einem Rechtswege- und Richterstaat ergibt sich nicht nur aus der uferlosen Ausdehnung der Gesetzgebung auf alle Lebensbereiche, sondern mehr noch aus der Absicht, diese Lebensbereiche zu verändern, statt sie zu schützen, oder auch aus der Absicht, ein Maximum an Steuergerechtigkeit zu erreichen. Das sind Vorhaben, die der komplexen Materie, in welche sie eingreifen, meist nicht gerecht werden können. Die Unzulänglichkeit vieler Gesetze, die innovatorische Ziele verfolgen und vielfach gesellschaftliche Veränderungen einleiten, die von der Mehrheit der Bürger nicht gebilligt werden, führt dazu, daß die Verwaltungsgerichte, statt Verwaltungsrecht zu sprechen, Verwaltungspolitik machen.

Diese sich hier anmeldende und sehr weitreichende Verrechtlichung aller Lebensverhältnisse hängt offensichtlich mit der Heraufkunft des Fürsorge- und Dienstleistungsstaates zusammen, in welchem es angeblich unter der Parole einer emanzipatorischen und partizipatorischen Demokratie keine Staatsgewalt in Form der Exekutive mehr zu geben braucht. Das widerspricht nicht nur dem Grundgesetz, sondern den elementaren Daseinsbedingungen einer technisch-industriellen Zivilisation.

10.3. Plädoyer für die Exekutive

Die Eigenständigkeit der Exekutive gegenüber Gesetzgebung und Justiz ist der eigentliche Prüfstein für eine lebendige und zugleich wehrhafte Demokratie. Der hochgetriebene Horror vor der Staatsgewalt, vor der administrativen Bürokratie und vor polizeilichem Eingreifen geht heutzutage über die normale Abwehrreaktion des Bürgers gegen allzuviel staatliche Bevormundung weit hinaus und richtet sich gegen das Vorhandensein von Staat überhaupt. Indessen ist die Exekutive nach dem Grundgesetz eigenständiges Organ, das weder durch den Rechtsstaat noch den Sozialstaat oder den Industrie- und Dienstleistungsstaat ersetzt werden kann. Sie ist nicht ohne Schaden für die Gesellschaft zu beseitigen. Sie erst setzt die Gesetze durch und macht das Recht effektiv. Der Abscheu vor der Staatsgewalt verschuldet die Unfähigkeit westlicher Demokratien, für den inneren Frieden und die äußere Sicherheit das Notwendige zu tun.

Das Ausmaß dieser Eigenständigkeit ergibt sich aus Teil III »Ausführung der Bundesgesetze und die Bundesverwaltung« (Art. 83-91 GG) und aus Teil X »Das Finanzwesen« (Art. 105-115 GG). Es wird sogar deutlich gemacht, inwieweit die Bundesregierung als Exekutive ermächtigt ist, auch ohne und gegen das

Parlament zu handeln (Art. 111, Art. 112, Art. 113 GG) oder mit Zustimmung des Bundesrates allgemeine Verwaltungsvorschriften und Weisungen an die Landesbehörden zu erteilen oder Aufsichtsrechte bis hin zum »Bundeszwang« (Art. 37 GG) auszuüben. Darunter fallen auch – unterhalb der eigentlichen Gesetzgebung – Durchführungsverordnungen und Einzelentscheidungen. Hier sind sogar dem Bundesparlament Schranken seiner Maßnahmegesetzgebung gesetzt, die sich aus der grundsätzlichen Zuständigkeit der Länder zur Ausführung der Bundesgesetze (Art. 83 GG) ergeben und keinen Entzug der Exekutivbefugnisse der Länder – etwa über Individualgesetze – zulassen. Andererseits gilt die Exekutive heute als problematisch, da ihre Eingrenzung auf normengerechte Ausführungsverantwortlichkeit kaum mehr möglich ist. Ihre Bindung an Recht und Gesetz (Art. 20, Abs. (3) GG) ist nicht mehr nach den Vorstellungen des liberalen Verfassungs- und Rechtsstaates aufrechtzuerhalten. Das Leitprinzip der Exekutive, die Gesetzmäßigkeit der Regierung und Verwaltung, besagt daher nicht, daß jede administrative Maßnahme ausdrücklich erlaubt oder sogar vorgeschrieben sein müßte – das gilt nach dem »Vorbehalt des Gesetzes« nur bei Eingriffen in Freiheit und Eigentum der Bürger –, sondern nur, daß Verwaltungsmaßnahmen die gesetzlich gebotenen Schranken nicht überschreiten dürfen. Innerhalb dieser Schranken gibt es »Verwaltung ohne gesetzliche Ermächtigung« (Hans Peters), also einen Ermessensspielraum und eine diskretionäre Befugnis. Die Ausübung eines solchen Ermessens unterliegt dem allgemeinen Willkür- und Mißbrauchsverbot, dessen Befolgung von der Justiz nachgeprüft werden kann[24].

Für die Verwaltung ist ein überparteiliches Berufsbeamtentum vonnöten, das im Wechsel der Regierungen ein Element der Kontinuität ist und den Sachverstand gegen und für die Politiker darstellt. Im Art. 33 Abs. (5) GG wird ausdrücklich auf die »hergebrachten Grundsätze des Berufsbeamtentums« verwiesen. Die Angehörigen des öffentlichen Dienstes stehen »in einem öffentlich-rechtlichen Dienst- und Treueverhältnis«, aus dem ihnen »die Ausübung hoheitsrechtlicher Befugnisse« als ständige Aufgabe übertragen wird (Art. 33, Abs. (4) GG). Daraus ergibt sich eindeutig, daß ein identitätsbegründendes Merkmal des Beamtenverhältnisses die Verfassungstreupflicht ist, jedenfalls soweit Hoheitsbefugnisse übertragen werden. Diese Treuepflicht ist nicht nur eine Anweisung an den Gesetzgeber, sondern ein verfassungsrechtlich vorgesehenes Eignungsmerkmal. Jeder Bewerber für eine Beamtenlaufbahn muß die Gewähr bieten, jederzeit für die »freiheitlich-demokratische Grundordnung« einzutreten (§ 4, Abs. (1), Ziff. 2 BRRG). Die im Art. 33, Abs. (5) GG angesprochene deutsche Verwaltungstradition nimmt das Berufsbeamtentum als eine Verfassungsinstitution, die auf Sachwissen, fachliche Eignung und loyale Pflichterfüllung gegründet ist und die Stabilität und Kontinuität der Verwaltung sichern soll. Anders sind die »hergebrachten Grundsätze« nicht zu verstehen. Die Verwaltung soll nicht nur verwalten, sondern auch gegenüber den gestaltenden Kräften in der Gesellschaft einen ausgleichenden Faktor darstellen, was gewiß über die gesetzliche Ermächtigung hinausgeht.

Schon das Prinzip der Gleichbehandlung aller Bürger verlangt, daß der Beamte nicht im Auftrage eines sachfremden Interesses handeln darf, auch nicht aus seiner Weltanschauung oder Religion oder Überzeugung, sondern nur aus seinen amtlichen Befugnissen heraus. Bei der Übernahme in den öffentlichen Dienst und dem Erwerb der damit verbundenen Rechte wird ohnehin nicht nach Bekenntnis, Weltanschauung oder philosophischer Überzeugung gefragt (Art. 33, Abs. (3) GG) ebenso wenig nach privaten Interessen. Auch wenn die Bürger unter sich sind, bedarf es der schlichtenden Instanz, die den Schwachen gegen den Starken, den Unmündigen vor dem Mündigen, den Armen vor dem Reichen schützt. Es bedarf einer gesetzlichen, also von den Bürgern selber beauftragten Obrigkeit, die Macht ausübt.

Erst die Macht des Staates, der Arm der Exekutive, verwirklicht Recht und Gesetz. Selbst der Richter wäre ohnmächtig, wenn sein Urteil nicht effektiv würde durch Polizei und Urteilsvollzug. Die Staatsmacht ist ein höchst realer, für jeden erfahrbarer Gegenstand, ohne welchen mit relativ geringen Mitteln ein Kampf aller gegen alle inszenierbar wäre. Ohne mächtige Exekutive wäre kein bedeutender Industriestaat in der Lage, seine äußere und innere Sicherheit zu gewährleisten. Ihr Fehlen würde das Ende aller Sicherheit und auch das Ende von Recht, Eigentum und Leben bedeuten und daher genau so schlimm sein wie ihr Übermaß. Es muß nur eine legitimierte, also demokratisch zustande gekommene Exekutive sein. Dies ist nicht nur nötig angesichts der menschlichen Natur, sondern ergibt sich auch aus der Struktur des menschlichen Daseins überhaupt. Es gibt keine emanzipatorische und partizipatorische Demokratie ohne jegliche Exekutive, in der die »Betroffenen« selber alles regeln. Das widerspricht dem Grundprinzip aller Technologien, demzufolge der Mensch seine verfügbaren Kräfte über die Natur so steigern kann, daß jedermann, mit solchen Mitteln in der Hand, der Welt den Krieg erklären kann. Die Atombombe in der Hand des Attentäters wäre eine Schreckensvorstellung, gegen die eine verantwortliche Staatsgewalt Vorkehrungen treffen müßte.

Erst die Staatsgewalt schützt das Gemeinwesen vor solchen Untaten. Sie ist nicht Ergebnis der menschlichen Bosheit, sondern strukturell notwendig aus dem Übergewicht des Negativen, welches sich durch technisches Wissen noch steigert, da das Mißverhältnis von Ursache und Wirkung, vom Knopfdruck bis zur Atomexplosion, ins Unvorstellbare gewachsen ist. Die Ausdehnung der Staatsgewalt ist gerade heute eine absolute Notwendigkeit zur Aufrechterhaltung der öffentlichen Ordnung.

Es ist das eigentliche Problem des Sozialstaates, daß er in alle Lebensverhältnisse interveniert und die letzten Freiräume individueller Lebensbewältigung beseitigt. Es gibt informelle Handlungsbereiche, die sich politisch-administrativ nicht erfassen lassen und sich gegen eine Verrechtlichung sträuben. Die konkrete Lebenswelt wird in ein funktionierendes und kontrollierbares System verwandelt. Das Überwuchern der Bürokratie ist das Problem des Sozialstaates, der sich durch Überbelastung der Steuerzahler und durch das kunstvolle Sozialnetz bis zur Zahlungsunfähigkeit übernimmt und als überschuldeter Steuerstaat endet.

Die Kompetenz der Exekutive als der zweiten Gewalt darf nicht verloren gehen. Man kann nicht alles demokratisieren und politisieren, von Mehrheiten abhängig machen und damit auf simple numerische Größen reduzieren. Man kann und darf nicht die Exekutive in ein Rätesystem sowjetischer, faschistischer oder syndikalistischer Provenienz auflösen und damit vermeintlich Gewalt durch Diskussion und Mehrheitsbeschluß ersetzen. Man darf nicht den Staat als ein System mit Subsystemen und Funktionen begreifen und die älteren Grundbegriffe von Staat und Macht ihres Substanzcharakters entkleiden. Früher war das Wort »System« ein Schimpfwort, das besonders auf »Weimar« angewandt wurde. Heute soll damit ein Zentralbegriff der funktionalen Theorieansätze bezeichnet werden, man will Funktionalität ohne

Substantialität. Öffentliches Recht erscheint hier mehr als ein Beteiligungsrecht des Bürgers und nicht mehr als sein Abwehrrecht gegen staatliche Übergriffe. Das bedeutet den Schwund jeder Verantwortlichkeit. Der soziale Rechtsstaat ist zu einem rechtlich garantierten Sozialstaat entartet.

Die Aushöhlung der Exekutive ist in den Augen der Sozialideologen und -ingenieure die erste Stufe zum »Absterben des Staates«. Dieser Weg ist aber nicht nur ein Irrweg, sondern eine Irreführung. Es bedarf im Gegenteil der Stärkung des Staates durch seine Entlastung in Form der Beschränkung auf Politik. Gerade durch den Staat wird eine Gesellschaft erst konkretisiert als politisches Subjekt. Sie ist immer schon eine bestimmte Gesellschaft, aber erst als solche politisch definierbar, wenn sie sich Staatlichkeit zugeeignet hat. Der Staat verleiht erst dem global ausgeweiteten menschheitlichen Zusammenhang eine neue und unüberspringbare Qualität, und zwar durch Umwandlung aller Territorien in politische Subjekte. »Von jetzt an existiert die Menschheit in der Pluralität der Staatenwelt und prinzipiell ist kein Staat mehr Objekt in der Politik eines anderen. Politische Selbstbehauptung ist zu einer entwickelten Allgemeinheit geworden.« Der globale ökonomische Zusammenhang stellt zwar bereits »ein erweitertes Naturverhältnis« dar, das aber von sich selber her noch keine politischen Lösungen verwirklicht. Dazu bedarf es der politischen Subjekte, die sich in ihm behaupten. Heutzutage ist Weltpolitik nicht nur theoretischer Bezugsrahmen, sondern der Rahmen, »in bezug auf den die praktische Politik jedes politischen Subjekts (oder Staates) betrieben werden muß«[25]. Ohne diese Staatsgewalt bekäme die Politik nicht ihre Wahrheit als Moment weltpolitischen Handelns, als Subjekt unter Subjekten. Die Allgemeinheit der politischen Subjekte ist heute dabei, konkret zu werden, d. h., wirkliches Leben in einem globalen System der Anerkennung zu gewinnen.

Es war daher ein Irrtum zu meinen, daß der Staat absterben müsse, wenn es nur noch einen einzigen gäbe. Er findet weltpolitisch seine Vollendung im Einklang mit der Freiheit der Völker, wenn der Weltzusammenhang als System von Subjekten geschaffen ist. Die territoriale Umgrenzung einer Lebenswelt macht erst Parlamentarismus möglich und ist das Apriori einer Kommunikationsgemeinschaft, die politisch handlungsfähig sein soll. Der Begriff »politische Handlungsfähigkeit« ist das Stichwort für die

Rechtfertigung und Unentbehrlichkeit der Exekutive, schon zur Fixierung klarer Verantwortlichkeiten. Die Exekutive läßt sich nicht demokratisieren, da sie selber das Ergebnis eines demokratischen Prozesses ist. Nicht auf Demokratisierung aller Lebensbereiche kommt es an, sondern auf die demokratische Zustimmung zu Regierung und Parlament. Demokratisierung und Politisierung verlängern die Macht- und Interessenkämpfe nach unten und liefern jede Verantwortlichkeit anonymen Majoritätsbeschlüssen aus. In der Wirtschaft würden sie die Fortsetzung des ökonomischen Wettbewerbs mit anderen Mitteln sein und das Ende der freien Marktwirtschaft einläuten, welche bisher der täglichen Urabstimmung der Verbraucher überlassen war. Die Zerstörung der Gewaltenteilung wäre die Zerstörung des Rechtsstaates und auch der Voraussetzungen des Sozialstaates.

Die Exekutive macht deutlich, daß hinter der Gesetzgebung Entscheidungen stehen, deren Nachvollzug erzwungen werden muß. Die Beratung als »input« hat schon stattgefunden, und die Entscheidung als »output« ist in der Abstimmung gefallen. Die Exekutive ist Ausfluß des dezisionistischen Elements im Parlament. Die Formel »Decision by Discussion« ist irreführend. Die Debatte ist eine erste Phase und die Entscheidung eine zweite. Nur eine Debatte über theoretisch-wissenschaftliche Probleme kann auch zur Entscheidung hinführen. Dies wäre aber keine eigentliche Entscheidung, sondern ein Ergebnis der Debatte. Diese bringt nur Einstimmigkeit hervor. Die Dezision dagegen fällt in der Abstimmung, und diese wischt die Diskussion weg. Die Debatte hört einmal auf, und die Zeit drängt. Es gibt Abstimmung unter Zuhilfenahme einer vorhergehenden Beratung. Aber daß die Entscheidung etwas ganz anderes ist, nämlich Gewalt impliziert, macht die Exekutive erforderlich. Mit Argumenten kann man den Glauben, die Wissenschaft und die Politik verteidigen, aber das Gesetz gilt, auch wenn die Begründung nicht mitgeliefert wird.

Deshalb kann die Exekutive nicht missionieren oder argumentieren über das Gesetz selber, sondern muß ihm Geltung verschaffen. Damit sind freilich die selbstmörderischen Absurditäten des Wohlfahrtsstaates nicht aus der Welt zu bringen.

Die Flut seiner Gesetze ist schon Einbruch in die Exekutive und zielt auf eine Automatik der sozialen Symmetrie, die in Immobilismus endet. Weit besser als bürokratischer Dirigismus ist beispielsweise der Markt, der ex definitione eine Friedensordnung darstellt, die täglich Millionen Konflikte löst, etwa zwischen Käufer und Verkäufer, zwischen niedrigem und hohem Preis, wobei der Marktpreis Schiedsrichter ist. Die Funktionsfähigkeit dieses regulativen Ideals zu erhalten, ist Sache der Exekutive. Nur darf diese Konfliktlösungsfähigkeit nicht politisiert werden. Politisierung dieser am Markt ausgetragenen Konflikte würde ein Freund-Feindverhältnis substituieren und kann nicht die Fülle der Konflikte bewältigen, die das politische System an sich gezogen hat. Der Gesetzgeber kann nicht den Verteilungskampf übernehmen, sondern bestenfalls korrigieren.

Die Masse der heutigen Formen der Umverteilung, von welcher das halbe Volkseinkommen erfaßt wird, ist unübersehbar geworden. Die unglaubliche Ineffizienz dieses Systems einer Sozialisierung der Verluste und sein Verteuerungseffekt ist systeminhärent, wobei Kranksein, Arbeitslosigkeit und Unkosten zum guten Geschäft werden oder die erstrebte Totalversicherung als System der Ausbeutung aller durch alle erscheint, welches jede persönliche Verantwortung zerstört[26].

Dieses Ganze sieht auf den ersten Blick wie ein Überwuchern der Exekutive aus, ist aber ein Überwuchern der Gesetzgebung, die immer mehr ins Detail gehen muß und immer mehr am einzelnen zu korrigieren hat. Ihre Unzulänglichkeit überfordert die Verwaltungsgerichtsbarkeit und verursacht eine Überlastung des Petitionsausschusses (Art. 17 GG) allein schon durch die wenigen, die von dessen Existenz wissen. Das vorliegende Phänomen ist in seiner Allgemeinheit neuartig.

Am Ende der Weimarer Zeit war die Legislative blockiert und die Judikative in ihrer verdrossenen Distanz zur hinsiechenden Republik zurückhaltend. Sie überließ der Exekutive das Feld, deren Maßnahmen für die Zeitgenossen den Bankrott der Demokratie ankündigten und die Staatsgewalt den Rankünen und Manövern einzelner Gruppen und Hintermännern auslieferte. Sicherlich hat dieser Ereigniszusammenhang heute ein Ressentiment gegen Gewalt geweckt, welches dazu geführt hat, daß für manche Leute nur die wehrlose Demokratie eine wahre Demokratie ist. In Wirklichkeit verlangt die Demokratie zu ihrer Selbstbehauptung eine ihr untergeordnete und ergebene Gewalt, die selber nicht demokratisch sein kann, sondern der Staatsgewalt zu gehorchen hat.

Die allgemeine Wehrpflicht galt mit Recht als eine Errungenschaft des liberalen Staates im 19. Jahrhundert. Aber schon Machiavelli hat ausführlich beschrieben, daß Demokratie und Wehrverfassung sich widersprechen, was sich ihm gerade an der florentinischen Volksmiliz bestätigte[27]. Das besagt zumindest, daß die Demokratie nie auf ihren Lorbeeren einschlafen darf und ihre Wächter bewachen muß. Das militärische Instrumentarium wird durch innere Demokratisierung und Politisierung untauglich.

Die parlamentarische Demokratie ist eben keine Totaldemokratie, sondern das Gegenteil davon. Nicht nur die Wehrverfassung, sondern auch die Wirtschaftsverfassung und sogar die Grundlagen der Sozialverfassung würden zerrüttet werden, wenn alle Lebensformen, darunter auch die grundgesetzlich gesicherten Daseinswerte, einer Demokratisierung unterzogen würden. Man kann ja auch nicht eine Sprache, die alle sprechen, zum Inhalt von Majoritätsbeschlüssen machen.

Das beste Beispiel einer »totalen Mobilmachung« ohne Gefährdung des parlamentarischen Systems und über den Weg einer Ausdehnung der Exekutive unter Umgehung des Parlaments hat Lloyd George 1917 geliefert, als er mit seinem allmächtigen »Kriegskabinett« von etwa sechs Personen die Fäden in die Hand nahm, um die Nation auf eine große und allgemeine Anstrengung hinzuleiten. Das Arcanum Imperii seiner Politik war, daß er alle Kräfte der Produktion, des Handels, des Verkehrs, der Wissenschaft und des Pressewesens zusammenband, ohne die bisherigen Geschäftsgrundlagen des ganzen Systems, also den kapitalistischen und organisatorischen Zusammenhang, aufzulösen oder in Frage zu stellen (vgl. Kap. 5.5.). Die Regierung hielt dabei gewaltige Lenkungsmittel in der Hand wie das Währungswesen, den Arbeitsmarkt, die Rohstoffversorgung, die Rüstungsplanung und später die Abrüstungsplanung. Aber daß diese riesige Kollektivaktion reversibel war, wenn auch nicht ohne Krisen, über die Lloyd George stürzte, legt ein Zeugnis dafür ab, was eine strenge Scheidung von Exekutive und Gesetzgebung verhüten kann.

In Deutschland lagen die Dinge anders, weil hier mit der »Dritten Obersten Heeresleitung« (1916-1918) ein General wie Ludendorff und nicht ein Zivilist wie Lloyd George das Heft in der Hand hatte.

Der eigentliche Witz und, wenn man so will, die eigentliche Genialität Lloyd Georges lag darin, daß mitten im Kriege die

Politik stets die Oberhand behielt. Er stellte zwar die Verbände, die Gewerkschaften, die Konzerne, die organisierten Interessen sowie Heer und Flotte in seinen Dienst, aber diese waren für ihn keine politischen Einheiten, die der Repräsentation fähig gewesen wären. Hier waren Mandatare, Funktionäre, Manager, Anwälte, Agenten, Unternehmer, Generäle, Presse-Könige usw. Ausdruck eines »Pluralismus« von Interessen. Sie handelten und hafteten für ihre Ressorts oder ihre Betriebe. Nur die Regierung und das Kabinett repräsentierten das Volk und waren dem Ganzen verantwortlich. Von Repräsentativorganen der Verbände darf man nicht sprechen, da ihrem Repräsentationsmodus nur eine relative Verantwortlichkeit ohne exekutive Hoheitsbefugnisse zugeschrieben werden kann. Der politische Repräsentant allein vergegenwärtigt ein Potential, das ihm eine Legitimation zur Politik und zur Ausübung von Macht gibt.

Der Premierminister allein blieb völlig unabhängig und war eben deswegen öffentlich verantwortlich – gegenüber dem Parlament und dem Wählervolk. Es gab zwar eine Beteiligung oder ein Mitmachen der vielfältigen Gruppen und Institutionen, aber kein »sharing of power«. Das Einverständnis der sozialen Kräfte wurde gesucht, aber es wurden keine öffentlichen Funktionen verteilt. Am Ende gab es keinen Etatismus, sondern die Wiederherstellung des parlamentarischen Systems, das an einer Teilung der Aufgaben und Kompetenzen und an einer Trennung von gesellschaftlichen Kräften und staatlichen Befugnissen festhielt.

11. Umblick und Ausblick

11.1. Zur Pathologie der Gegenwart

Die Symptome vermehren sich, die neue Wertorientierungen in der Öffentlichkeit signalisieren und einen Umbruch bisheriger Verhaltensweisen und Aktionsmuster erkennen lassen. Es kündigt sich eine Fundamentalpolarisierung an, die sich nicht mit Systemkritik und Polemik gegen das Establishment begnügt, sondern ein anderes Leben will. Die Protest- und Widerstandsinitiativen haben eine programmatische Qualität und eine thematische Reichweite, die sich nicht an der Arbeitsgesellschaft und ihren alten sozialen Problemen orientiert, sondern an einer Wohlstands- und Freizeitwelt, jenseits von Arbeit und Leistung. Es sind keine Lohnfragen, sondern Lebensfragen, die weniger den Fortschritt als das Überleben angehen. Statt Verfassung und Wirtschaft werden die Realisierungsbedingungen für ein menschenwürdiges Leben diskutiert und Fragen nach einer »ökologisch-humanen Lebensordnung« gestellt und mit Direktaktionen verbunden, die die Handlungsunfähigkeit des parlamentarischen Systems demonstrieren sollen. Man wendet sich gegen die heutige Form der industriellen Arbeitsgesellschaft und sucht nach den verbleibenden Lebenschancen oder auch nach einer anderen immateriellen Lebensqualität.

Gegenüber diesen Aktivisten einer gelangweilten Freizeitgesellschaft reichen die üblichen konfliktkanalisierenden Pazifizierungsmuster unserer parlamentarisch-repräsentativen Parteiendemokratie kaum aus. Das Aufbegehren gegen das zunehmende Destruktionspotential im ökologischen, technischen und militärischen Bereich erschöpft sich in pathologischen Erregungszuständen, ohne eine politische Artikulation zu erreichen. Nun gab es immer schon Randgruppen, die unter psychosomatischen oder neurotischen Symptomen agierten wie die »Schwarmgeister« zu Thomas Münzers Zeiten, die Geißlerbewegungen, die »Große Furcht« in Frankreich und dergleichen Kollektivphänomene, darunter auch die »Studentenrevolution« von 1968 bis 1974. Vielleicht liegt den neuen Polarisationsweisen eine strukturelle Wandlung zugrunde: der Übergang von der industriellen Arbeitsgesellschaft zu einer Dienstleistungsgesellschaft oder auch vom Arbeits- und Sozialstaat zum Fürsorgestaat. Die ausgedehnten Umschichtungen in der Erwerbsstruktur, die Ausweitung des Dienstleistungssektors und die Schrumpfungstendenz in der Arbeiterschaft, das Überwuchern des Verwaltungsbereichs und der Steuerregie lassen die früheren Konfrontationen zurücktreten. Die heterogenen sozialen und ideologischen Bewegungen der sechziger und siebziger Jahre deuten auf eine pathologische Bewußtseinskonstellation hin, aus der die Aussteigerbewegungen mit Fluchtmentalität und Abwehrreaktionen zu erklären sind. Der Jugendprotest, die Studentenbewegung, die Terrorszene, die Bürgerinitiativen, welcher Couleur auch immer, die Umweltkämpfer, die Alternativen, die Frauenbewegungen, die Hausbesetzer haben eins gemeinsam: Eigentliche Interessen im üblichen Sinne und bezogen auf die nächsten Dinge spielen offensichtlich nur eine untergeordnete Rolle.

Man demonstriert für letzte Ziele und Zwecke, aber zugleich gegen die Mittel, ohne die jene nicht zu erreichen sind. Dies hat nichts mehr mit einer zwischen Proletariat und Kapitaleigentümern polarisierten Gesellschaft zu tun, obwohl derartige Begriffe nach Bedarf und Gutdünken ausgeliehen werden. Der Konsens soll vielmehr getroffen werden, auf dem im Grunde das ganze System beruht. Die Möglichkeit von Politik im Sinne unterschiedlicher Alternativen wird als Täuschungsmanöver hingestellt. Die Emanzipation als solche wird propagiert; ebenso die Überwindung der Gewalt als solcher, und schließlich auch wird der Friede als solcher gesucht; nicht etwa die Beendigung des vertragslosen Zustandes nach 1945 durch einen wirklichen, völkerrechtlich abgesicherten Friedensschluß wird gefordert, sondern die Magie des Wortes genügt den Schwarmgeistern, die sich um eine Parole versammeln, gegen welche niemand etwas haben kann, wenn er nicht als Friedensbrecher gelten will. Dahinter steckt eine subjektivistische *Gesinnungsethik,* deren Unbedingtheit mit Politik und politischem Handeln nichts mehr zu tun hat. Jedermann kann sich jeder Friedensbewegung anschließen, solange nicht von den Mitteln gesprochen wird, die den Frieden herbeiführen sollen. Die Absolutheit ihres Anspruchs macht die Bewegung konturenlos und unverbindlich. Ihr Universalismus liefert sie einer Beliebigkeit aus, die sie für die Techniker der Macht ausnutzbar macht.

Das Bedenkliche an diesem pathologischen Phänomen ist das Absehen von der eigenen Existenz und den Bedingungen menschlicher Selbstbehauptung. Man kann über vieles verhandeln, aber nicht über unaufgebbare Grundsätze der Lebensanschauung und höchste Lebenswerte, mit Berufung auf welche sich die modernen Massenbewegungen in Szene setzen. Ihre Aktionen sind von Tradition und Wissen eigentlich abgekoppelt und erschöpfen sich in heftiger Parteinahme für alles, was sich bewegt und hörbar zu machen versteht. Die Gebärde in eine Richtung, die den Zeithorizont hinter sich läßt, genügt schon. Es genügt die abstrakte Dezision, die jedes vermittelnde Wissen ausschließt. Hier irritiert die »radikale Entwertung des Logos« (Herbert Marcuse). Einerseits werden höchste Inbegriffe wie Friede, Gerechtigkeit, Menschlichkeit als Parolen vorausgetragen, andererseits wird einem Infantilismus der nächsten Dinge und des einfachen Lebens das Wort geredet, so daß man von einer Simplifikation, die auf Unwissen und Unvermögen beruht, sprechen kann. Magischer Verbalismus und primitiver Aktivismus werden von einem Veränderungswahn angetrieben, der nur noch Wille ohne Gedächtnis ist und auch Wille gegen die Gegenwart. Wie es zu einem solchen Verblendungszusammenhang gekommen ist, ist eine schwerwiegende und weitläufige Frage, die eine weitläufige Antwort erfordert, die zugleich eine Anklage werden könnte.

11.2. Zur Rekonstruktion gegenwärtiger Handlungsbedingungen

Die Frage nach den Handlungsbedingungen richtet sich auf die nicht selber gewählten, sondern »unmittelbar vorgefundenen, gegebenen und überlieferten Umstände« (Karl Marx), die jedermann oder auch jede Gruppe berücksichtigen muß, wenn konkrete Zielvorstellungen oder Handlungsweisen formuliert werden sollen. Es gibt biologische, soziokulturelle und historische Handlungsbedingungen, die vielfach so allgemein sind, daß sie außerhalb des Bewußtseins der Menschen liegen. Die Steuerung der biologischen und soziokulturellen Evolution vollzieht sich fast unabhängig von den Intentionen und Interessen handelnder Individuen und sozialer Gruppen, während die historischen Handlungsbedingungen sich in kulturspezifischen Entwicklungen ausgebildet haben und nicht in gleicher Weise für alle Menschen gelten können[1]. Hier kommt es auf die historisch vorgegebenen Handlungsbedingungen und auch Verhaltensnormen an, die sich im europäischen Kulturkreis ausgebildet hatten, in der alteuropäischen Gesellschaft maßgebend waren und in den Modernisierungsprozessen der letzten Jahrhunderte an Verbindlichkeit und Überzeugungskraft verloren haben.

Die Frage lautet daher: Wo stehen wir heute? Oder im Anschluß an Kant: Was können wir heute wissen? Was sollen wir heute tun? Was dürfen wir heute erwarten? Oder noch konkreter und politischer gefaßt: Wo stehen wir in der Bundesrepublik Deutschland heute? Was bietet uns hier die Verfassung und das parlamentarische System an Handlungsmöglichkeiten? Ist überhaupt eine historische Ortsbestimmung möglich, von der aus eine Orientierung auf verbindliche Handlungsnormen sinnvoll erscheint?

Die bisher in Europa maßgebenden Geschichtskonzepte von der Geschichtstheologie über die Aufklärungsphilosophie bis zu den bürgerlichen und sozialistischen Fortschrittstheorien und den naturwissenschaftlichen Evolutionstheorien sind nicht mehr selbstverständlich und müssen ihren Anspruch aufgeben, für Politik und Herrschaftsordnung letzte inhaltliche Orientierungen vorzuschreiben. Sie alle vermögen nicht mehr, für jedermann akzeptable Handlungsziele oder Entscheidungskriterien zu liefern.

Die heute oft geübte Reduktion auf eine wissenschaftlich auswertbare Orientierungsweise, die sich nur die meßbaren funktionellen Zusammenhänge vornimmt, verliert das konkrete Ganze eines Lebenszusammenhangs aus den Augen und verbleibt in einem defizienten Modus des Erkennens, der das ausläßt, worauf es dem Menschen innerhalb eines solchen Funktionsgefüges eigentlich ankommt.

Die gegenwärtige westliche Gesellschaft leidet an einer tiefgehenden Zerrissenheit. Die einen beklagen den Verfall der überkommenen Werte, die anderen preisen den Fortschritt auf eine neue Welt hin. Diese sind jedoch angesichts der Gefährdung der natürlichen Rahmenbedingungen des elementaren Lebens inzwischen kleinlaut geworden. Die Bedrohung der biologischen Reproduktion und der ökologischen Balance, die Möglichkeiten irreversibler Zerstörungen durch biochemische oder thermonukleare Techniken, der Verbrauch unserer Ressourcen und die Vergiftung der Umwelt zeigen erstmals die mögliche Vernichtung der ganzen Menschheit an. Hier stößt der Mensch an die Grenze seiner Möglichkeiten, welche Anlaß zu einem neuen Realismus sein sollte, der sich auf die nächsten Dinge beschränkt. Es ist heilsam zu wissen, daß der Untergang des Abendlandes nicht durch Verfall, sondern durch Fortschritt vorprogrammiert ist. Die Rückgewinnung der Menschlichkeit in den Maßen des Daseins erscheint als das Gebot der Stunde.

Hier tut sich eine allgemeine Bewegung auf, die nicht mehr den Bezug auf das Ganze sucht, sondern aus der Reduktion aller Verhältnisse auf die identitätsstiftenden Beziehungen zum Nächsten, zur nächsten Umwelt oder zum Partner das Heil erwartet. Alles wird von Zustimmung und Anerkennung der einzelnen abhängig gemacht und alles legitimiert aus Subjektivität und Innerlichkeit. Es kommt angeblich nur auf das unmittelbar Menschliche an, auf subjektivistische Erfüllung und Lebenssteigerung, auf Sensibilisierung und Solidarisierung, die sich allen nicht selber gewählten Lebensbedingungen entziehen.

Die Versuche einer Transformation des Orientierungsverfahrens aus Perspektiven des kritischen Rationalismus, der konstruktiven Wissenschaftstheorie oder der neuen Transzendentalphilosophie sind schon am Niveau und an der esoterischen Argumentationsweise ihrer Vertreter gescheitert. Andere Möglichkeiten einer Orientierung – etwa in Form einer Parteinahme für Ost oder West – stürzen den jungen Staatsbürger in die Wahl zwischen Scylla und Charybdis, zwischen der Supermacht, die als Exponent eines »organisierten bürgerlichen Kapitalismus« gilt, und der anderen Supermacht, die als Exponent des »organisierten sozialistischen Etatismus« erscheint, wobei beide für das Auge der Zeitgenossen als vergleichbare Größen gelten, was sie in Wirklichkeit nicht sind. Der Unterschied liegt darin, daß die westliche Macht die agonale Lebensform des Spätkapitalismus repräsentiert, während die östliche Macht die monolithische Weltanschauung des Marxismus-Leninismus verkörpert. Dies bedeutet, daß der Feind des Kapitalisten der andere Kapitalist und der Feind des Sozialisten der Nicht-Sozialist ist. Ein Strukturbegriff steht gegen ein ideologisches System, ein agonisches Prinzip gegen einen Dogmatismus. Dadurch kann sich dieser Gegensatz nicht in einem Dritten aufheben. Zwei Lager stehen einander gegenüber, ohne daß sich daraus die Möglichkeit einer Politik als dritter Kraft ergibt, weil eine Äquidistanz zu beiden Supermächten nicht praktikabel ist.

Die Gegenwart ist in einen Gegensatz verstrickt, der sich weltanschaulich-ideologisch gibt und für die aktuelle Politik nicht nur als Machtgegensatz genommen werden darf. Die Wahl zwischen Ost und West ist in Wirklichkeit keine Alternative, sondern gehorcht einer pragmatischen Notwendigkeit, oder besser: Das Westbündnis ist eine Forderung der Staatsräson, für die Bundesrepublik notwendig, um der bloßen Selbsterhaltung willen, um überhaupt noch politisches Subjekt bleiben zu können.

Der Dualismus der beiden Supermächte spielt im Widerstreit der Parteien lediglich eine propagandistische Rolle, weil deutsche Ostpolitik nur am Anfang der allgemeinen Ostpolitik möglich war, aber nicht mehr heutzutage, da es zu ihr keine Alternative gibt und sie weder besser noch schlechter betrieben werden kann. Im Grunde bewegt sich nichts mehr. Wenn man hinzunimmt, daß die Bundesrepublik Deutschland sich als Provisorium betrachten soll und die Bundesregierung außerdem verpflichtet ist, für die Deutschen jenseits der Mauer mitzuhandeln, fragt man sich, welche Handlungsbedingungen ihr in der Gegenwart noch geblieben sind. Die über den Bereich des politischen Gemeinwesens hinausgehenden Verpflichtungen auf die Menschenrechte und auf Asylgewährung für jedermann sowie der Vorrang des Völkerrechts vor den Gesetzen des Bundes sind schon nicht mehr politischer Natur, sondern transzendieren das Gemeinwesen auf einen Menschheitszusammenhang hin, der in dieser Bundesrepublik Deutschland seinen Ausdruck in einklagbaren Rechtsansprüchen für jedermann gefunden hat. Das ist etwas Außerordentliches und Rühmenswertes, konstituiert aber keine Politik mehr.

Bei der hier beabsichtigten Rekonstruktion der Handlungsbedingungen soll jedoch nicht das Staatswesen als politisches Subjekt zur Debatte stehen, sondern der Handlungsspielraum der Bundesbürger in einem parlamentarischen System, welches innerhalb der westlichen Welt aufgebaut worden ist und heute in eine finanzielle, wirtschaftliche und moralische Krise geraten ist.

Die eigentliche Chance der Bundesrepublik liegt darin, daß sie in ihrer Ohnmacht zur Politik verdammt ist, daß also jeder ideologische Schritt auf völlige Liberalisierung oder auf völlige Sozialisierung hin ihr zum Unheil ausschlagen muß. Ihre Rettung liegt darin, daß jeder Deutsche politisch zu denken lernt – statt in Schablonen, -ismen, Ideologien und Utopien. Eine solche Reduktion auf Politik wäre unerträglich für die beteiligten Bürger, wenn es nicht das parlamentarische System gäbe. Politik bezieht sich auf das Hier und Jetzt, also auf einen vorgefundenen, meist nicht selber gewählten, zeitlich und räumlich begrenzten Bedingungszusammenhang, der immer auch ein Lebenszusammenhang ist, welcher sich nicht auf ein System oder einen anonymen Mechanismus von Funktionen reduzieren läßt. Politik bezieht sich immer auf die menschliche Existenz und immer auf eine konkrete Lebenswelt. Sie verbleibt im Bedingten, und alles, was als Politik beschlossen oder getan wird, ist vielfach bedingt und dient der Selbst- oder Freiheitsbehauptung in einer bestimmten Situation. Politik stellt nicht die Wahrheitsfrage, sondern die Existenzfrage. Ihr erstes subjektives Motiv ist die »Sorge« und nicht der »Glaube«, wohl aber kann sie Sorge um den Glauben sein, also Sorge um dessen Fortbestand in einer feindlichen Welt.

Politik beruht nicht auf einem an letzten Werten ausgerichteten Orientierungssystem, auf einem Wesenswissen, sondern auf einer geschichtlichen Ortsbestimmung, auf einem Verwertungswissen, welches der Bewältigung bestimmter Aufgaben dient. Der Politiker fragt als Politiker nicht danach, wie wir zusammen leben sollen, sondern wie wir zusammen leben können. Die Friedensfrage ist ihm wichtiger als die Wahrheitsfrage, Recht und Ordnung wichtiger als die Freisetzung subjektiver Bedürfnisse.

Die Regierbarkeit unseres demokratischen Systems hängt davon ab, inwieweit es bereit ist, sich auf Politik zu beschränken. Andererseits ist das konkrete Gemeinwesen auch Inhalt der Politik, eingeschlossen jene Lebens- und Wertbereiche, die sich nicht politisieren lassen, jedoch durch Politik geschützt und gefördert werden sollen. Der demokratische Politiker muß Politik betreiben, die konsensfähig ist, wobei im Konsens auch andere als nur politische Wertungsweisen wirksam sind. Wahre Politik ist formal auf Selbstbehauptung gerichtet, material auf Freiheitsbehauptung. Die Verfassung macht ein Gemeinwesen politisch handlungsfähig, damit die in ihm verkörperte Lebens- und Wertwelt bewahrt wird. Die Vermittlung zwischen Staat und Gesellschaft ist die Aufgabe des parlamentarischen Systems, das der Form nach politisch, seinen Inhalten nach aber traditions-, wert- und güterbezogen ist.

Es gehört zum Wesen der Politik, daß sie aus der Partikularität einer politischen Existenz hervorgeht und dadurch erst kalkulierbar wird. Sie erhält ihre überpolitische Würde aus dem Dienst für eine vorgegebene Lebenswelt. Daran hält auch das Grundgesetz fest, wenn es als Eidesformel (Art. 56 GG) vorschreibt: »Ich schwöre, daß ich meine Kraft dem Wohle des deutschen Volkes widmen, seinen Nutzen mehren, Schaden von ihm wenden ... werde ...«. An erster Stelle steht das »Wohl des deutschen Volkes«, worin alles eingeschlossen ist, was die Bevölkerung zum Volk macht; und was dieses Wohl ist, bestimmt nicht irgendein Konsens von irgendwelchen Majoritäten, sondern eine Übereinstimmung der Deutschen von gestern, heute und morgen. Nur ein Teil dieses Ganzen, nämlich jenes parlamentarische System, beruht auf einem politischen Konsensus, der sich in den Wahlen ausdrückt, in einem Ja und Nein, dessen Gleichzeitigkeit unbedingt erforderlich ist, um Politik, und zwar demokratische Politik, zustande zu bringen. Erst der Zwiespalt der Wahlen, Zustimmung und Ablehnung, bringt die moralische Natur des Gemeinwesens zum Ausdruck, welche im parteilichen Widerstreit erst zur Artikulation eines politischen Willens gelangt. Zwischen der »volonté de tous« und der »volonté générale« gibt es deshalb eine »volonté politique«, die das besondere Ergebnis des parlamentarischen Systems ist. Die »volonté politique« ist nur bezogen auf solche Inhalte, die durch Abstimmung entschieden werden können und müssen. Die Einstimmigkeit der »volonté générale« bleibt immer Voraussetzung des Ganzen, in welchem – für sich genommen – kein Mensch wichtiger ist als der andere. Die Alternativen der »volonté politique« liefern erst die Voraussetzungen für politisches Handeln.

In gewisser Weise ist der einzelne immer mehr als das politische System, an welchem er beteiligt ist. Er zeichnet sich dadurch aus, daß er auf letzte Bezüge ausgerichtet ist, die sein zeitliches Ich transzendieren. Er sieht gerade das als Wichtiges und für sein Heil Wesentliches an, was in der Politik nichts verloren hat. Damit sind die letzten und ersten Dinge, die höchsten Wert- und Sinnbezüge des einzelnen gemeint. Die Rücksicht auf das Individuum ist oberstes Gebot des parlamentarischen Systems, welches von jenem erst bekommt, was ihm selber als politischem Instrumentarium abgeht. Kein Mensch kommt ohne ein Orientierungssystem aus, das an der Konstituierung seiner personalen, sozialen und politischen Identität beteiligt ist.

Jedermann hat ein Anrecht auf eine eigene Existenzgrundlage, auf eigene Wert- und Sinnbezüge, die ihm aus Sprache, Religion, Lebenslauf und Bildungsgang zugewachsen sind. Sie sind zwar nur subjektiv verbindlich und meist nicht allgemein begründbar, aber doch unantastbar, soweit sie der Wahrheit menschlichen Existierens nicht strikt widersprechen, also unmenschlich sind. Sie stehen im Dienst individueller Lebensgestaltung, ohne eine allgemeinverbindliche Daseinsordnung legitimieren zu können. Das Bedeutsame daran ist, daß alle Bürger Westeuropas die Freiheit haben, ihr individuelles Leben nach Gutdünken und nach Maßgabe sich bietender Handlungsbedingungen zu führen.

Die Identität des Individuums und auch die Identität des Gemeinwesens ist vorgegeben und beruht auf einheitstiftenden und konsensverbürgenden Strukturen und vereinbarten oder anerkannten Lebensverhältnissen. Nur die Sicherung dieser Identität und der für sie konstitutiven Werte rechtfertigt eine Institutionalisierung von Herrschaft und Recht. Diese Sicherung ist eigentlich und war immer schon im Grunde der demokratische Urakt, der ›tacitus consensus‹, von dem aus Politik zustande kommt.

Herrschaft und Recht legitimieren sich nicht mehr wie in »alteuropäischer Zeit« aus »letzten Gründen«, die den Bereich des Politischen transzendieren, sondern entweder aus der vorgegebenen geschichtlichen Individualität oder Identität des Gemeinwesens, wobei politisches Handeln sich am historisch gewachsenen Naturrecht orientiert, oder aus den formalen Bedingungen möglicher Konsensbildung in einer Gesellschaft, die in freier diskursiver Willensbildung diese in einer Verfassung eingebracht hat. In ihr legitimiert die Einhaltung der vorgeschriebenen Verfahren die politischen Entscheidungen – und zwar nur die politischen Entscheidungen.

Das muß hinzugefügt werden, sobald die Gemeinschaft ihr ursprüngliches Zusammengehörigkeitsgefühl und ihre weltanschauliche Einheit verloren hat. Man kann vielleicht sagen: Die unter Freien und Gleichen erzielte Übereinstimmung nach den Regeln und Voraussetzungen wirklicher Kommunikation ergibt einen legitimierenden Konsens[2]. Die »wirkliche Kommunikation« setzt hier schon einen Konsens voraus, eine Gemeinschaft, die diskussionswillig ist. Das Ergebnis müßte dann einstimmig sein, wenn nicht hinzugefügt wird, daß dieser Konsens auf Politik, auf eine Verhaltensweise oder eine Situation bezogen ist. Mehrheitsbeschlüsse können nicht für Religion, Wissenschaft und Kunst verbindlich sein, wohl aber für Politik, für das Gebiet, auf dem das Gemeinwesen selbst tätig werden soll. Schließlich ist auch der kontingente, nicht der Vernunft, sondern der Gewohnheit entsprungene Konsens, ohne den formalen Bedingungen wahrer Konsensbildung zu genügen, ein echter Konsens und – von Tag zu Tag betrachtet – auch der häufigste.

Ausgerechnet der Klassiker des englischen Parlamentarismus, John Locke, ist der Kronzeuge dafür, daß die prozedurale Legitimation, die Verfassungsgemäßheit, für sich genommen nicht genügt, jeden beliebigen Beschluß zu legitimieren, vor allem dann nicht, wenn noch keine Verfassung vorliegt, die Gesellschaft noch keine Konstitution hat, sondern Constituante ist. Locke ist zwar Naturrechtsdenker; aber für ihn hat die Fiktion des Naturzustandes nicht den Sinn, jene formalen Bedingungen zu spezifizieren, »unter denen eine Vereinbarung das gemeinsame Interesse aller Beteiligten ausdrücken wird – und insofern als vernünftig gelten darf«[3]. Sein Naturrecht geht nicht zurück auf einen recht- und herrschaftslosen Urzustand oder auf einen letzten Urvertrag, der den Bruch mit dem Naturzustand besiegelt, sondern der Fortbestand der englischen Gesellschaft ohne den König und ohne dessen Großes Siegel war für Locke bereits der Naturzustand. Er geht zurück auf die bestehende Eigentümer-, Geld- und Marktgesellschaft, kurz gesagt: auf »Property«, das auch bei Auflösung des »Government« unbehelligt bleibt. Der politische Zustand unterscheidet sich vom Naturzustand nur durch den unparteiischen Richter, der das »Property« schützt. Das »Government« erscheint später als das »Property«, dessen Treuhänder (trustee) es ist (vgl. Kap. 2.6.).

Bei Locke ist der unparteiische Richter die formale Bedingung dafür, daß ein Rechtsverfahren stattfinden kann und ein Urteil gefällt werden darf. Der konstituierende Konsens liegt vorher, in der Einsetzung des Schiedsrichters, welcher Treuhänder und Hüter des Status quo ist.

Der Konsens ist bei Locke affirmativ; dagegen bei Rousseau innovatorisch, da er mit dem Naturzustand bricht. Locke ist der Erzvater des modernen englischen Parlamentssystems und nicht Rousseau, dessen verfassungsfeindliche Identitätsdemokratie nur eine permanente Constituante zulassen will. Da hier die gegenwärtigen Handlungsbedingungen auf die Möglichkeit von Parlamentarismus heute hin zu rekonstruieren sind, ist Locke der Wegweiser zu einer Politik, die stets von dem Punkte ausgeht, der bereits erreicht ist und diskutable Alternativen offenläßt. Nach Locke hat die Regierung als Treuhänder einer Nation in erster Linie englische Politik zu treiben und englische Interessen zu wahren.

Damit kommt jene moderne Eigenständigkeit der Politik zum Zuge, die sich zuerst im »vivere civile« als säkulare Daseinsgestaltung bei den oberitalienischen Stadtrepubliken des Quattrocento durchgesetzt hatte. Hier gibt es erstmals Staat als politisches Notinstitut, das sich nur vom Freund-Feind-Verhältnis bestimmen läßt. Zu dieser neuen Politik gehören die Partikularität, die Säkularisierung, die Vorherrschaft eines Kalküls zur Selbstbehauptung, der Pragmatismus des Miteinanderauskommens und Aufeinanderangewiesenseins. Erst die Vernichtung dieser Staatenwelt ließ Politik als bloße Technik der Selbst- und Freiheitsbehauptung zurück. Sie verlor mit der Eigenständigkeit der Stadtrepubliken auch ihren Inhalt. Erst die Verbindung dieser Technizität mit der Identität einer Territorialherrschaft ergab moderne Politik aus Staatsräson und auf Souveränität hin.

Die modernen Staatsgewalten erkannten sich wechselseitig an und beanspruchten eine politische Autonomie, deren Souveränität durch die Beziehungen zur Souveränität der anderen Staaten definiert wurde. Der Anspruch auf Universalität war aufgegeben und hätte dem Anspruch auf rein politische Herrschaft widersprochen. Die Einschränkung auf Politik nach innen und außen ermöglichte erst Ordnungsleistungen, ohne welche das hochentwickelte marktwirtschaftliche Produktions- und Verteilungssystem sich nicht hätte entfalten können.

Die Neutralität des Staates in bezug auf Religion, Wissenschaft und andere Infrastrukturen ist Voraussetzung seiner politischen Allkompetenz. Er organisiert die Bedingungen für eine frei bewegliche Wirtschaft, für eine ungestörte Betätigung jener geistigen und ökonomischen Kräfte, deren Spielraum der Staat garantiert und die nicht zu einer verwalteten Welt werden können, ohne dabei ihren Geist aufzugeben. Er schützt Katheder, Kanzel, Markt, Straßen, Handel und Verkehr, aber auch das bürgerliche Privatrecht, den Geldmechanismus, die allgemeinen Geschäftsgrundlagen, den Freiraum, die Gesundheit – letzten Endes die ganze Gesellschaft vor Desintegration und Selbstzerstörung. Allerdings hat kein Staat Macht und Möglichkeit, alles in seinen

Bereich hineinzuziehen. Er muß sich sein Ansehen erwerben durch rigorose Ausgrenzung dessen, was ihm von Amts wegen zusteht.

Wenn dieser Staat ein parlamentarischer Gesetzgebungsstaat sein will, muß er alles das ausgrenzen, was sich einem parlamentarischen Verfahren und einer parlamentarischen Debatte entzieht. Man kann zwar auch über Religion und Offenbarung diskutieren, aber nicht zu einer Entscheidung kommen, da der Wahrheitsgehalt und die moralische Substanz zur Debatte stehen. Man kann auch nicht über Kunst und Wissenschaft abstimmen, wohl aber über deren Anspruch auf Schutz oder gar Förderung. Religion, Weltanschauung und Ideologie können nicht Gegenstand einer Abstimmung oder einer parlamentarischen Gesetzgebung sein. Inwieweit sie schutzbedürftig oder förderungsbedürftig sind, ist hingegen eine diskutierbare Frage. Staat und Regierung sind Treuhänder des Ganzen, damit auch der moralischen und religiösen Substanz einer Gesellschaft.

Der Parlamentarismus diente früher einmal als Instrument verschiedener Klassen; aber seine Identifikation mit einer Klasse läßt sich heutzutage nicht aufrechterhalten. Die Parteienkämpfe haben zwar immer noch, mehr oder minder deutlich, einen sozialen Charakter, und jeder Wahlkampf gebärdet sich häufig wie eine befristete Fortsetzung des Klassenkampfes; jedoch werden die Konflikte im Normalfall auf parlamentarischer Ebene ausgetragen, wobei sich ihr ideologisches Übersoll auf pragmatische Maße reduziert. Das sog. »Gleichgewicht der Klassen« ist dabei wohl nur eine Übergangserscheinung oder eine Fiktion, und das Verlangen nach sog. »Ausgewogenheit« des Sozialprogramms ist ein Nachhall des revolutionären Impetus von einst. Es ist nicht gelungen, die Minimalforderung vieler Sozialisten wahrzumachen, das »partei- und klassenneutrale Instrument des Parlamentarismus« (Kautsky) zum Werkzeug des Proletariats zu machen; und man war schon zufrieden, daß die Bourgeoisie nicht mehr allein das Sagen hatte[4]. In gewisser Weise hat sogar die Arbeiterschaft dem Bürgertum zur Durchsetzung parlamentarischer Grundsätze verholfen.

Auch die sozialen und ökonomischen Konflikte haben sich wie die konfessionellen, ständischen, groß- und kleinbürgerlichen Gegensätze auf der Ebene des parlamentarischen Systems zunehmend verflüchtigt. Der Pluralismus der Gruppen und Interessen, aber auch der Konfessionen, Berufsverbände, Gewerkschaften, Vereine, Parteien, Presse, Literatur- und Kunstzirkel wird im parlamentarischen System anerkannt. Die Anerkennung des parlamentarischen Systems durch diese Gruppen ist zugleich deren ausreichende Legitimation.

Entscheidend für den hohen Rang des parlamentarischen und demokratischen Verfassungsstaates ist, daß dieser Staatstyp die Bedingung für das Zustandekommen des rationalen politischen Diskurses ist. Die erste Bedingung eines solchen Diskurses ist »die Herstellung des inneren Friedens durch die Monopolisierung der Gewalt«. Die zweite Bedingung ist »die Grundregel, daß Freiheitsbeschränkungen in jedem Fall begründungsbedürftig sind«. Eine solche Grundregel ist nur effektiv, »wenn die Staatsgewalt normativ gebunden ist und die Bindung an die Normen judiziell abgesichert ist. Deswegen ist die dritte Bedingung die Gewaltenteilung. Die vierte Grundbedingung ist die Gleichberechtigung eines jeden.« Damit bezeichnet der Staatsrechtler Martin Kriele in lapidaren Worten die elementaren Grundbedingungen, unter denen ein rationaler Diskurs erst möglich gemacht wird; für ihn sind dies die »minimalen Bedingungen des herrschaftsfreien Diskurses« überhaupt[5].

Diese Bedingungen setzen jedoch eine normativ bestimmte Identität des Gemeinwesens voraus, deren konstitutive Werte bewahrt oder verwirklicht werden sollen und die politischen Maßnahmen erst legitimieren. Hier gibt es konsensverbürgende Strukturen wie Sprache, Volkszugehörigkeit, Tradition, Sozialzusammenhang, aber auch konsensverhindernde Strukturen wie Sprachenstreit, ethnische Gegensätze, soziale Gegensätze, die nicht durch Majorisierung aus der Welt geschafft werden dürfen. Die staatliche Organisation einer wirklichen »Res Publica« oberhalb der Interessen der Gesellschaft ist die wichtigste Bedingung für die Überwindung von Klassenkämpfen, welche politische Herrschaft und Klassenherrschaft in eins setzen wollen. Der verfassungsgemäße Auftrag einer parlamentarischen Regierung verträgt keine ideologische Zielsetzung, sondern findet sein einschränkendes Regulativ in der vorgegebenen Lebenswelt des Gemeinwesens, deren Identität die Basis demokratischer Politik sein sollte.

Das parlamentarische System ist nichts anderes als eine staatliche Organisation, welche den öffentlichen Diskurs als grundlegendes

Element der politischen Herrschaftsgestaltung und Willensbildung ermöglicht, indem es jene vier Minimalbedingungen erfüllt.

Nur eine weitere oberste Bedingung muß noch dazukommen, jene Bedingung, die das Miteinandersprechen überhaupt erst ermöglicht, nämlich die Sprache, deren Entwicklungsstand und Abstraktionsgrad hoch genug sein muß, um den rationalen Dialog zu erlauben. Dazu gehört ferner über die logische Sprachfähigkeit hinaus noch eine Verständigungsbereitschaft der Dialogpartner, für welche die Wahrheit höher steht als Irrtum oder Unwahrheit und welchen der Friede lieber ist als Zwietracht und Feindschaft. Ein moralisches Minimum wird bei den Dialogpartnern vorausgesetzt, und ohne guten Willen ist eine parlamentarische Demokratie nicht aufrechtzuerhalten. Eine Gesellschaft, in welcher nur gelogen wird, kann nicht mit Demokratie, sondern nur mit Lügen und Bajonetten zusammengehalten werden. Selbst eine Administration, in welcher alle Beamten auf die Verfassung vereidigt sind, kann nicht funktionieren, wenn diese Beamten darüber hinaus sich nicht auch noch auf Treu und Glauben verpflichtet fühlen. Darauf sollte die Zuverlässigkeit, die Objektivität und die relative Autorität der Behörden beruhen.

Der moderne Staat erfüllt die ihm zufallenden Ordnungsleistungen durch Ausgrenzung autonomer oder halbautonomer Bereiche aus seiner Verfügungsgewalt und dient damit der freien Ausdifferenzierung des kulturellen und ökonomischen Systems, von dem aus gesehen das parlamentarische System nur ein Subsystem ist, während umgekehrt vom parlamentarischen System aus gesehen die Gesellschaft aufgrund des Subsidiaritätsprinzips Handlungsspielraum gewinnt. Der Staat grenzt sogar oberste Organe aus, um ihnen Autonomie zu geben wie etwa der Bundesbank, den öffentlichen Versicherungsträgern, der Bundesanstalt für Arbeit u. a., was einer erweiterten Gewaltenteilung gleichkommt und der politischen Handlungsfähigkeit der parlamentarischen Regierung zugute kommt.

Der Staat organisiert lediglich die Bedingungen für Wettbewerb und Geschäftsgrundlagen; er garantiert das bürgerliche Privatrecht, das Geldwesen, den Marktmechanismus, aber auch den Markt der öffentlichen Meinung, das Bildungswesen und die freie Beweglichkeit des einzelnen. Er ist kompetent für politische Herrschaft nach Recht, Gesetz und Ordnung; in den anderen

Lebensbereichen ist er inkompetent. Hier muß er auf das »plébiscite de tous-les-jours« hören, welches für die verschiedenen Lebensbereiche täglich notwendig ist, aber mit Politik unmittelbar nichts zu tun hat. Eine Politisierung dieser Bereiche durch eine »Basisdemokratie« würde die repräsentative Demokratie zerstören.

Die Neutralität der Behörden gegenüber den gesellschaftlichen Kräften ist nicht Gleichgültigkeit, sondern gleichmäßige Verpflichtung für sie alle. Der Staat garantiert die von der Gesellschaft anerkannten und hochgehaltenen Werte. Was er garantiert, ist »Leben, Sicherheit und Eigentum« und immer für jeden auch seine Religion, sein Recht, sein Eigentum, seine Weltanschauung, seine Familie, sein Menschenrecht und für alle ihre Lebenswelt. Die wahre Demokratie liegt in der Anerkennung dieser Wertgehalte und Güter, in welcher Form auch immer sie im Gemeinwesen zur Geltung kommen. Das Wesen des demokratisch-parlamentarischen Staates liegt darin, daß die Inhalte des Gemeinwesens seine politischen Entscheidungen mitbestimmen.

Es gibt daher ein Zusammenspiel von parlamentarischer Demokratie und freier Gesellschaft, welches so weit geht, daß man von einer »polaren Legitimation im grundgesetzlichen Gemeinwesen« sprechen kann[6], insofern neben dem formellen Repräsentationssystem mit demokratischen Verfahren und Institutionen noch ein informelles offenes Plebiszitärsystem existiert, das sich aus den subjektiven Grundrechten des Grundgesetzes legitimiert. Es gibt einerseits eine demokratische Mitbestimmung der Bürger im Staatsverband, andererseits eine grundgesetzliche Selbstbestimmung eines jeden in der Gesellschaft. Diese zweifache, demokratische und grundrechtliche, Legitimation ist »eine Fundamentalalternative des Verfassungsrechts«, und »die Grundrechte bilden die Magna Carta der Privatheit«[7]. Aus der Freiheit aller Grundrechtssubjekte ergibt sich ein Gemeingeist, der die Möglichkeiten des politischen Gestaltens determiniert. John Locke bezeichnet ihn als »the Philosophical Law«, nach welchem sich die Politik zu richten habe, und meint damit das öffentliche Räsonnement. Jedenfalls kommt es aus der vielfältigen Tätigkeit der freien gesellschaftlichen Kräfte zu einer ständigen Vorklärung der politischen Interessen bis hin zu Vereinbarungen über politische Zielsetzungen und Parteibildungen. Was hier nach Durchsetzung strebt, entsteht aus den freien Äußerungen vieler und erreicht über die

Vermittlung des demokratisch-parlamentarischen Systems rechtliche Anerkennung. Von einem »Dezisionismus« der parlamentarischen Entscheidungen kann nur sehr eingeschränkt und nur formal betrachtet die Rede sein. Der unpolitische Universalismus der Grundrechte im Grundgesetz gewinnt von diesen Gedankengängen her tiefere Bedeutung und verfassungsrechtlichen Sinn.

Es stellt sich dem rückblickenden Beobachter die Frage, ob nicht die Väter des Grundgesetzes weiser gewesen sind, als sie selbst es wußten und wir es ahnen konnten.

Anmerkungen

Einleitung

1 C. Schmitt, Verfassungslehre, Berlin 1965⁴ (1928¹), 323.
2 W. Jäger, Öffentlichkeit u. Parlamentarismus. Eine Kritik an J. Habermas, Stuttgart 1973, 90 ff.
3 R. Marx, L'Angleterre des Révolutions. Courants et Mouvements, Paris 1971, 5.

Kapitel 1

1 G. O. Sayles, The King's Parliament, New York 1974, 27 f.
2 Text der Assisen von Clarendon und Southampton bei: C. Stephenson u. F. G. Marcham, Sources of English Constitutional History, New York 1937, 76-82.
3 F. M. Stenton, The First Century of English Feudalism, Oxford 1961².
4 Vgl. H. Potter, English Law and its Institutions, London 1943², 103-105.
5 Vgl. S. F. C. Milson, The Legal Framework of English Feudalism, Cambridge 1976, 36 f.
6 Vgl. F. Wieacker, Privatrechtsgeschichte der Neuzeit, Göttingen 1967², 498.
7 Vgl. dazu T. F. Tout, Chapters in the Administrative History of Mediaeval England, Manchester 1920/33, I, 239-43; H. Jenkinson u. B. Fermoy, Select Cases in the Exchequer of Pleas, London 1931, liii, lxxxvii.
8 Sayles, King's Parliament, 33, 36.
9 H. G. Richardson u. G. O. Sayles, The Earliest Known Official Use of the Term ›Parliament‹, in: English Historical Review (= EHR) 82. 1967, 747-50; Sayles, 40.
10 Sayles, 63. Vgl. A. B. White, Some Early Instances of Concentration of Representatives in England, in: American Historical Review 19. 1914, 735-50.
11 Sayles, 64.
12 Ebd., 64.
13 Ebd., 90 f.
14 Sayles, Representation of Cities and Boroughs in 1268, in: EHR 40. 1925, 580-85.
15 Stephenson u. Marcham, Sources of English Constitutional History,

152 f. (Engl. Übersetzung aus dem Lateinischen aus: EHR 40. 1925, 583 f.) Hier ist nur von einem ›Council‹ die Rede.

16 Sayles, King's Parliament, 88.

17 Vgl. über den Hintergrund dieses Satzes und die ›plena potestas‹: G. Post, Studies in Medieval Legal Thought: Public Law and the State, 1100-1322, Princeton 1964. Ob dieser rhetorische Bezug auf Justinian oder den Liber Sextus des Kanonischen Rechts konstitutionelle Bedeutung hatte, bleibt zweifelhaft.

18 G. L. Haskins, The Petitions of Representatives in the Parliaments of Edward I., in: EHR 53. 1938, 1-20; G. G. Haskins, Three Early Petitions of the Commonalty, in: Speculum 12. 1937, 314-18.

19 H. G. Richardson u. G. O. Sayles, The Governance of Mediaeval England from the Conquest to Magna Carta, Edinburgh 1963, ND 1964; Sayles, King's Parliament, 131 ff.

20 S. B. Chrimes, English Constitutional Ideas in the Fifteenth Century, Cambridge 1936, 311.

21 E. B. Fryde u. E. Miller Hg., Historical Studies of the English Parliament, II 1399-1603, Cambridge 1970, 12.

22 Ebd.

23 Ebd., 7.

24 Ebd., 300 f.

Kapitel 2

1 S. u. vollständiger Text.

2 G. R. Elton, The Tudor Constitution, Cambridge 1960, 270.

3 Sir Th. Smith, De Republica Anglorum, Hg. L. Aston, Cambridge 1906, 48.

4 Sir J. Fortescue, De Laudibus Legum Anglie, Hg. S. B. Chrimes, Cambridge 1942, 40.

5 Nach G. R. Elton in: Historical Studies of the English Parliament. Bd. II: 1399 to 1603, Hg. E. B. Fryde u. E. Miller, Cambridge 1970, 215 (»The Political Creed of Thomas Cromwell«, 193-216).

6 Ebd., 213.

7 Sir Th. Smith, 49. Deutsche Übersetzung nach K. Löwenstein, Der britische Parlamentarismus, Hamburg 1964, 41, Anm. 2.

8 M. A. R. Graves, The House of Lords in the Parliaments of Edward-VI. and Mary I., Cambridge 1981.

9 Historical Studies, Hg. Fryde u. Miller, Bd. II, 309 f.

10 Grundlegend jetzt: S. T. Bindoff, The House of Commons 1509-1558. 3 Bde., London 1982 (The History of Parliament; 2.263 Kurzbiographien und 218 Wahlbezirksdarstellungen); C. G. Ericson, Parliament

as a Legislative Institution in the Reign of Edward VI and Mary, phil. Diss. London 1973; J. E. Neale, Elizabeth I. and her Parliaments, 2 Bde., London 1953-1957, 1965.

11 T. F. T. Plucknett, Taswell-Langmead's English Constitutional History, London 1960¹¹, 408 f.

12 Zuerst am 29. März 1603 über »matter of Privileges«, vgl. ebd., 410 f.

13 J. Beauté, Un grand juriste anglais: Sir E. Coke, 1552-1634, Paris 1975.

14 Vgl. J. G. Bellamy, The Law of Treason in England in the later Middle Ages, Cambridge 1970, 177-205.

15 Vgl. R. C. van Caenegem, The Birth of English Common Law. Cambridge 1973. Über Writ of Right: 25 ff.; 33, 35, 42, 49, 116 Anm. 63; 123 Anm. 63; 124 Anm. 68; 125 Anm. 71.

16 Plucknett, 368.

17 Das ist die Grundthese des Buches von Beauté, dem eine ideengeschichtliche Ortsbestimmung von Sir Coke gelingt. Vgl. meine Besprechung in: Der Staat 16. 1977, 440-43.

18 Plucknett, 368.

19 Vgl. Beauté, 68.

20 Vgl. A. Palister, Magna Charta, Oxford 1971.

21 Vgl. A. Woolrych, Commonwealth to Protectorate, Oxford 1982, 393, 396 u. a.

22 C. Roberts, The Growth of Responsible Government in Stuart England, Cambridge 1966, 144 ff.

23 Zit. nach ebd., 147.

24 Ebd.

25 Ebd., 148.

26 Zit. nach ebd., 149.

27 Ebd., 1501.

28 Ebd., 151.

29 Zit. ebd.

30 Ebd., 152.

31 Vgl. dazu: K. Kluxen, Die Herkunft der Lehre von der Gewaltentrennung, in: H. Rausch Hg., Zur heutigen Problematik der Gewaltentrennung, Darmstadt 1969, 131-52.

32 So etwa J. W. Gough, Fundamental Law in English History, Oxford 1955.

33 F. D. Wormuth, The Origins of Modern Constitutionalism, New York 1949, 60 ff.

34 Zit. nach Kluxen, 140.

35 Ebd., 141.

36 Zit. ebd.

37 Ebd., 142.

38 J. D. Jones, The English Revolution 1603-1714, London 1931, 58.
39 Kluxen, 145.
40 Vgl. J. R. Tanner, English Constitutional Conflicts, London 1928, 289; Allg. K. H. D. Haley, The First Earl of Shaftesbury, Oxford 1968; K. Kluxen, Das Problem der politischen Opposition, München 1956, 51 f.

Kapitel 3

1 H. Wellenreuther, Repräsentation u. Großgrundbesitz in England, 1730-1770, Stuttgart 1979. Hier werden anhand der »Estate Papers« aus den »County Record Offices« Verwaltung und Management der Großgüter sowie Formen und Effizienz der Wahlbeeinflussung untersucht. Vgl. auch A. Briggs, The Age of Improvement, 1783-1876, London (1959), 1962², 100-05.
2 Wellenreuther, 296, 306 f., 311 f., 313 ff.
3 Kluxen, Problem der politischen Opposition, 159.
4 P. D. G. Thomas, The House of Commons in the 18th Century, Oxford 1971, Kap. 3, 45 ff.
5 Ebd., 338 ff.
6 J. Redlich, Recht u. Technik des englischen Parlamentarismus, Leipzig 1905, 66, 67, 75-78.
7 Thomas, 345, 351-57.
8 Vgl. Kluxen, Opposition, 160 ff.
9 Ebd., 198 f.
10 Ebd., 200 f.
11 Ebd., 202 f.
12 Ebd., 209.
13 Ebd., 220.
14 Ebd., 220 ff.
15 Ebd., 229, 288.
16 D. Hume, Essay IV »On the Independance of Parliament« (Theory of Politics, Hg. F. Watkins), Edinburgh 1951, 161.

Kapitel 4

1 Vgl. dazu P. Frazer, Public Petitioning and Parliament, in: History 46. 1961, 199.
2 Vgl. B. Guttmann, England im Zeitalter der bürgerlichen Reform, Stuttgart 1940².
3 K. Loewenstein, Zur Soziologie der parlamentarischen Repräsentation in England nach der großen Reform: Das Zeitalter der Parlamentssou-

veränität (1832-1867), in: ders., Beiträge zur Staatssoziologie, Tübingen 1961, 65 ff.

4 K. Löwenstein, Der britische Parlamentarismus, Reinbek 1964, 91.

5 R. T. MacKenzie, Politische Parteien in England, Köln 1961, 11.

6 Vgl. N. Gash, Politics in the Age of Peel, London 1953, 440 f.

7 McCalmont's Parliamentary Poll Book: British Election Results, 1832-1918. Hg. J. Vincent u. M. Stenton, Brighton 1971[8], xix.

8 D. Butler u. J. Freeman, British Political Facts, 1900-1960, London 1963[8], 122-24.

9 D. L. Keir, The Constitutional History of Modern Britain, 1485-1937, London 1948, 466.

10 Ebd., 470.

11 Vgl. N. Gash, Reaction and Reconstruction in English Politics, 1832-1852, Oxford 1965. Hier findet sich eine synoptische Betrachtung einer zwanzigjährigen Krisis, die die verschlungenen Wege freilegt, auf denen der alte Whiggismus zum Liberalismus und das Torytum zum Konservativismus sich fortgebildet haben.

12 Vgl. allg. J. B. Cronacher, The Emergence of British Parliamentary Democracy in the 19th Century: The Passing of the Reformacts of 1832, 1867 and 1884/85, London 1971.

13 N. Blewett, The Franchise in the United Kingdom, 1885-1918, in: Past and Present 32, 1965, 27-56.

14 Butler u. Freeman, 122, 221.

15 A. J. P. Taylor, English History, 1914-1945, Oxford 1965, 262.

16 Löwenstein, Zur Soziologie, 171.

17 Vgl. A. H. Birch, Representative and Responsible Government, London 1964, Kap. VII u. VIII. – Über den Wandel der Repräsentationsidee vgl. E. Fraenkel, Deutschland u. die westlichen Demokratien, Stuttgart 1964, 76 ff., 79 f.; R. T. McKenzie, Probleme der englischen Demokratie, in: R. Löwenthal Hg., Die Demokratie im Wandel der Gesellschaft, Berlin 1963, 56 f.

18 McKenzie, 58 (Über das Gesetz der dritten Potenz).

19 Vgl. J. Redlich, Recht u. Technik des englischen Parlamentarismus. Die Geschäftsführung des House of Commons in ihrer geschichtlichen Entwicklung u. gegenwärtigen Gestalt, Leipzig 1905; Lord Campion, An Introduction to the Procedure of the House of Commons, London 1958[3].

20 P. Frazer, The Growth of Ministerial Control in the 19th Century House of Commons, in: EHR 75. 1960, 444 f., 451 f.

21 O. Mac Donagh, The 19th Century Revolution in Government: A Reappraisal, in: Historical Journal 1. 1958, 52-67; E. Hughes, Sir Ch. Trevelyan and Civil Service Reform, 1853-55, in: EHR 64. 1949, 53 ff.

22 McKenzie, 60.   23 Ebd., 64.   24 Ebd., 67.

Kapitel 5

1 D. Lloyd George, War Memorials, 6 Bde., London 1933-36; Th. Jones, D. Lloyd George, London 1951.

2 J. Harris, Unemployment and Politics, 1886-1914, Oxford 1972, 276 f., 226; B. B. Gilbert, The Evolution of National Insurance in Britain. The Origins of the Welfare State, London 1966.

3 H. V. Emy, Liberals, Radicals, and Social Politics, 1892-1914, Cambridge 1973.

4 Text in: I. Jennings u. G. A. Ritter, Das Britische Regierungssystem, Opladen 1970², 168-71.

5 A. Marwick, The Deluge. British Society and World War I, London 1965.

6 R. Fulford, Votes for Women. The Story of a Struggle, London 1957.

7 M. Cole, The Story of Fabian Socialism, 1963².

8 H. Pelling, The Origins of the Labour Party, 1880-1900, Oxford 1965².

9 D. Marquand, R. MacDonald, ND London 1977.

10 R. M. Kibbin, The Evolution of the Labour Party, 1910-1924, Oxford 1974.

11 G. D. H. Cole, A History of the Labour Party from 1914, London 1948²; M. Cowling, The Impact of Labour 1920-1924. The Beginning of Modern British Politics, Cambridge 1971.

12 Vgl. R. Martin, Communism and the British Trade Unions, 1924-1933, Oxford 1979.

13 Marquand, 206, 544.

14 P. Gregg, The Welfare State: A Social and Economic History of Britain from 1945 to the Present, London 1957.

15 Text in: Jennings u. Ritter, 171. Vgl. H. Morrison, Government and Parliament, Oxford 1964³, 184, 194, 198.

16 S. Pollard, The Development of the British Economy, 1914-1967, 1969².

Kapitel 6

1 J. S. Mill, Betrachtungen über die repräsentative Demokratie (Considerations on Representative Government), Hg. K. L. Shell, Paderborn 1971, 98.

2 Ebd., 99. Vgl. Sir I. Jennings, Cabinet Government, 1965³; P. Mackintosh, The British Cabinet, 1968².

3 Vgl. H. Boldt, Parlamentarismustheorie. Bemerkungen zu ihrer Geschichte in Deutschland, in: Der Staat 19. 1980, 390 f.

4 Ebd., 401 f.

5 R. Redslob, Die parlamentarische Regierung in ihrer wahren u. unechten Form, Tübingen 1918.

6 H. Preuß, Das deutsche Volk u. die Politik, Jena 1919.

7 M. Weber, Parlament u. Regierung im neugeordneten Deutschland (1917).

8 Vgl. K. Kluxen Hg., Parlamentarismus, Königstein 1980⁵, 19-21.

9 H. Kelsen, Allg. Staatslehre, 1925; ders., Reine Rechtslehre (1934), 1967³; ders., Demokratie u. Sozialismus, Hg. N. Leser, Wien 1967/68.

10 C. Schmitt, Die geistesgeschichtliche Lage des heutigen Parlamentarismus (1923), Berlin 1969⁴; ders., Legalität u. Legitimität, München 1932.

11 C. Schmitt, Der Hüter der Verfassung, Tübingen 1931/ND Berlin 1969, 78 f.; 82 f.

12 Ebd., 89.

13 R. Smend, Verfassung u. Verfassungsrecht, 1928.

14 E. Barker, Essays on Government, Oxford 1965, 67-74.

15 K. Löwenstein, Zum Begriff des Parlamentarismus, in: Kluxen Hg., Parlamentarismus, 68 f.

16 Ebd., 69.

17 Nach Th. Eschenburg, Staat u. Gesellschaft in Deutschland, Stuttgart 1956, 742.

18 J. A. Schumpeter, Kapitalismus, Sozialismus u. Demokratie, (1942), Bern 1950.

19 G. Leibholz, Strukturprobleme der modernen Demokratie, Stuttgart 1958; ders., Repräsentativer Parlamentarismus u. parteienstaatliche Demokratie, in: Kluxen Hg., Parlamentarismus 349-60; 353, 357.

20 W. Hennis, Politik als praktische Wissenschaft, München 1968, 60; ders., Politik u. praktische Philosophie, Stuttgart 1982.

21 J. Agnoli, Die Transformation der Demokratie, Berlin 1967, 56.

22 J. Agnoli, Thesen zur Transformation der Demokratie und zur außerparlamentarischen Opposition, in: neue kritik 47, 1968/4, 25.

23 C. Schmitt, Hüter, 89.

24 Ebd., 78 ff.

25 Vgl. C. Schmitt, Staatsethik u. pluralistischer Staat, in: Kant Studien 35. 1930, 29.

26 E. Fraenkel, Deutschland u. die westlichen Demokratien, 178 ff.; vgl. auch: F. Nuscheler u. W. Steffani Hg., Pluralismus, München 1972; E. Fraenkel, Reformismus u. Pluralismus, Hg. F. Esche u. F. Grube, Hamburg 1973.

27 H. Laski, Studies in the Problem of Sovereignty, London 1917, bes. Kap. II.

28 Vgl. dazu A. M. Birke, Pluralismus u. Gewerkschaftsautonomie in

England, Entstehungsgeschichte einer politischen Theorie, Stuttgart 1979, 204 ff.

Kapitel 7

1 Vgl. dazu bes. W. Frauendienst, Demokratisierung des deutschen Konstitutionalismus in der Zeit Wilhelms II., in: Zeitschrift für die Gesamte Staatswissenschaft, 113; 1957, 721-46; M. Rauh, Föderalismus u. Parlamentarismus im Wilhelminischen Reich, Düsseldorf 1973; ders., Die Parlamentarisierung des Deutschen Reiches, ebd. 1977, 7 f.

2 Rauh, Parlamentarisierung, 476 f.

3 Vgl. über das Problem der Selbstauflösung des Bundestages die verfassungsrechtlichen Gutachten von M. Kriele, J. Isensee, F. Assenbühl, J. M. Mössner, R. Herzog und D. Blumenwitz in: Die Welt Nr. 234 vom 8. 10. 1982, 7 (»Zwei Wege zur Wahl – beide sind umstritten«).

4 Vgl. W. Steffani, Über die parlamentarischen Untersuchungsausschüsse, in: Kluxen Hg., Parlamentarismus, 249-71.

Kapitel 8

1 H. Lübbe, Dezisionismus – eine kompromittierte politische Theorie, in: W. Oelmüller, u. a., Diskurs-Politik, Paderborn 1977, 290.

2 W. Benjamin, Zur Kritik der Gewalt, Frankfurt 1971, 46.

3 Vgl. dazu Benjamin, 31. Das Naturrecht strebt danach, durch Gerechtigkeit der Zwecke die Mittel zu rechtfertigen, und das positive Recht sucht durch die Gerechtigkeit der Mittel die Gerechtigkeit der Zwecke zu garantieren.

4 U. K. Preuß, Politische Ordnungskonzepte für die Massengesellschaft, in: J. Habermas Hg., Stichworte zur ›Geistigen Situation der Zeit‹, I: Nation u. Republik, Frankfurt 1980³, 376.

5 Eschenburg, Staat u. Gesellschaft, 17.

6 Preuß, 353-57. Vgl. U. Scheuner, Das Mehrheitsprinzip in der Demokratie, Opladen 1973; ders., Die Rolle der Sozialpartner in Staat u. Gesellschaft, Stuttgart 1973.

7 Nach Preuß, 359.

8 Steffani u. Nuscheler, Pluralismus.

9 Kelsen, Demokratie u. Sozialismus, 68.

10 W. Weber, Die Teilung der Gewalten als Gegenwartsproblem, in: Rausch Hg., 200 f.

11 Th. Eschenburg, Herrschaft der Verbände? 1955, 87.

Kapitel 9

1 K. v. Beyme, Die Parlamentarischen Regierungssysteme in Europa, München 1970, 782-83.

2 Ebd., 481-83.

3 Ebd., 515.

4 Ebd., 892.

5 Ebd., 816.

6 Vgl. E. H. M. Lange, Wahlrecht u. Innenpolitik, Meisenheim 1975, 4. und 5. Teil (Bundestagswahlgesetz v. 7. 5. 1956; Wahlrechtsdiskussion 1945-1957; hier auch Vorschläge der Enquête-Kommission Verfassungsreform betr. Kandidatenauswahl durch die Parteien).

7 Vgl. M. Duverger, Les deux faces de l'Occident, Paris 1972; dt. Demokratie im technischen Zeitalter, München 1973, 99 f.

8 Zit. nach J. Juhnke, Ein deutscher Weg – Nation im geteilten Vaterland, Düsseldorf 1981, 82 f.

9 Vgl. D. Buchhaas, Die Volkspartei. Programmatische Entwicklung der CDU, Düsseldorf 1982.

10 Vgl. E. Lemberg, Ideologie u. Gesellschaft, Stuttgart, 1971. Zitiert nach: Steinbuch, Kurskorrektur, 41 ff.

11 Vgl. P. Koslowski, Gesellschaft u. Staat, Stuttgart 1982.

Kapitel 10

1 Nach G. Mosca, Die herrschende Klasse. Grundlagen der Politischen Wissenschaft, München 1950, 121.

2 W. Steffani, Gewaltenteilung im pluralistischen Rechtsstaat, in: Rausch Hg., Gewaltentrennung, 330.

3 Nach Steffani, ebd., 332.

4 Ebd., 468.

5 Nach H. J. Hahn, Gewaltenteilung in der Wertwelt des Grundgesetzes, in: Rausch, Hg., Gewaltentrennung, 447 f.

6 W. Steffani, Gewaltenteilung, in: ebd., 329, 344 f.

7 Nach H. Peters, Die Gewaltentrennung in moderner Sicht, in: ebd., 90.

8 Ebd., 91.

9 Ebd., 454.

10 W. Weber, Teilung, 198.

11 Ebd., 201.

12 Vgl. dazu H. Schelsky, Systemüberwindung, Demokratisierung u. Gewaltenteilung, 1973; ders., Die Soziologen u. das Recht, 1980.

13 Vgl. H. Krehmendahl, Pluralismustheorien in Deutschland, Leverkusen 1977, 147 ff.

14 Fraenkel, Deutschland, 81.

15 Birke, 234.

16 Nach G. Leibholz, Die Repräsentation in der Demokratie, Berlin 1974[4].

17 U. Scheuner, Das repräsentative Prinzip in der modernen Demokratie, in: Festschrift für H. Huber, Bern 1961, 222 ff.

18 K. Bosl Hg., Der moderne Parlamentarismus u. seine Grundlagen in der ständischen Repräsentation, Berlin 1977, 7.

19 Nach H. Kollreuter, Kann der Parlamentarismus überleben? Zürich 1977, zit. nach: H. Rausch Hg., Die geschichtlichen Grundlagen der modernen Volksvertretung, I, Darmstadt 1980, 13.

20 Peters, Gewaltentrennung, in: Rausch Hg., Gewaltentrennung, 95.

21 P. Schneider, Die Problematik der Gewaltenteilung im Rechtsstaat der Gegenwart, in: ebd., 167 f.

22 H. J. Wolff, Verwaltungsrecht, I, 1961[4], 141 f.

23 Peters, Gewaltentrennung, 85.

24 Vgl. Wolff, 141 f.

25 B. Willms, Einführung in die Staatslehre, Paderborn 1979, 188 f.

26 W. Engel, »Wer nimmt hier wem wieviel aus welcher Tasche«, in: Die Welt Nr. 13, 16. 1. 82 »Geistige Welt«. Vgl. auch ders., »Kritik des Wohlfahrtsstaates« (1979); »Mehr Markt« (1976) u. a.

27 Vgl. K. Kluxen, Demokratie u. Wehrverfassung – dargestellt an der Heeresreform Machiavellis in Florenz, in: Festschrift für G. Raederscheidt, Ratingen 1962, 510-20.

Kapitel 11

1 Nach W. Oelmüller, Zur Rekonstruktion unserer historisch vorgegebenen Handlungsbedingungen, in: ders. Hg., Transzendentalphilosophische Normenbegründungen, Paderborn 1978, 50 f.

2 J. Habermas, Legitimationsprobleme im modernen Staat, in: Oelmüller u. a., 266-82.

3 Habermas, 273.

4 Nach v. Beyme, 492.

5 Nach M. Kriele, in: W. Oelmüller Hg., Normen u. Geschichte, Paderborn 1979, in der Schlußdiskussion, 396 f.

6 J. Isensee, Grundrechte u. Demokratie. Die polare Legitimation im grundgesetzlichen Gemeinwesen, in: Der Staat 20. 1981, 161-76.

7 Ebd., 172.

Ausgewählte Bibliographie

Zu Traktat I

W. Aiken u. B. D. Henning, Conflict in Stuart England: Essays in Honour of W. Notestein, London 1960

J. Beauté, Un grand juriste anglais: Sir E. Coke, 1553-1634. Ses idées politiques et constitutionelles, Paris 1975

S. T. Bindoff, The House of Commons 1509-1558, 3 Bde., London 1982 (The History of Parliament; 2263 Kurzbiographien u. 218 Wahlbezirksdarstellungen)

A. M. Birke, Pluralismus u. Gewerkschaftsautonomie in England. Entstehungsgeschichte einer politischen Theorie, Stuttgart 1978

A. Briggs, The Age of Improvement, 1783-1876, London 1962²

I. Bulmer-Thomas, The Growth of the British Party System, 1640-1964, 2 Bde., 1965

D. E. Butler, The Electoral System in Britain since 1918, London 1963

R. C. van Caenegem, The Birth of the English Common Law, Cambridge 1973 (Nach ihm hat König Heinrich II. das ags. »Writ« [Mandat] zum Rechtsinstrument entwickelt und dadurch den Schritt zum Common Law getan)

Lord Campion, An Introduction to the Procedure of the House of Commons, London 1958³

J. Cannon, Parliamentary Reform 1640-1832, Cambridge 1973

S. B. Chrimes, English Constitutional Ideas in the 15th Century, Cambridge 1936

G. H. D. Cole, A History of the Labour Party from 1914, London 1948²

M. Cowling, The Impact of Labour, 1920-1924. The Beginning of Modern British Politics, Cambridge 1971

G. N. Clark Hg., The Oxford History of England, 15 Bde.

–, English History, Oxford 1971

J. B. Cronacher, The Emergence of British Parliamentary Democracy in the 19th Century: The Passing of the Reformacts of 1832, 1867, and 1884, London 1971

H. T. Dickinson, Liberty and Property. Political Ideology in 18th Century England, London 1977

G. R. Elton, The Body of the Realm: Parliament and Representation in

Medieval and Tudor England, Charlottesville 1969

–, The Tudor Constitution, Cambridge 1960

C. S. Emden, The People and the Constitution: Being a history of the Development of the People's Influence in British government, Oxford 1933

K. G. Feiling, A History of the Tory Party, 1640-1714, Oxford 1924

–, The Second Tory Party, 1714-1832, London 1938

A. S. Foord, His Majesty's Opposition 1714-1830, Oxford 1964

J. H. Franklin, J. Locke and the Theory of Sovereignty. Mixed Monarchy and the Right of Resistance in the Political Thought of the English Revolution, Cambridge 1978

E. Fryde u. E. Miller Hg., Historical Studies of the English Parliament, Bd. 1: Origins to 1399; Bd. 2: 1399-1603, Cambridge 1970

R. Fulford, Votes for Women. The Story of a Struggle, London 1957

P. Fussell, The Rhetorical World of Augustan Humanism, Oxford 1965

N. Gash, Politics in the Age of Peel, London 1953

–, Reaction and Reconstruction in English Politics, 1832-1852, Oxford 1965

B. B. Gilbert, The Evolution of National Insurance in Britain. The Origins of the Welfare State, London 1966

J. W. Gough, Fundamental Law in English History, Oxford 1955

P. Gregg, The Welfare State: A Social and Economic History of Britain from 1945 to the Present, London 1957

B. Guttmann, England im Zeitalter der bürgerlichen Reform, Stuttgart 1940²

W. B. Gwyn, The Meaning of the Separation of Powers, New Orleans 1965

E. Halévy, History of the English People in the 19th Century, 6 Bde., London 1949-1952²

K. H. D. Haley, The First Earl of Shaftesbury, Oxford 1968

J. Hatschek, Englische Verfassungsgeschichte bis zum Regierungsantritt der Königin Viktoria. 2. Aufl. Neudruck mit umfangreichen Literaturnachträgen hg. von W. Kienast u. G. A. Ritter, Aalen 1978 (Die Neubearbeitung bringt besonders für das Mittelalter beträchtliche Ergänzungen)

W. Holdsworth, A History of the English Law, 16 Bde., London 1903-1966

–, A History of the English Law, Bd. I, London, 1956⁷ (mit einführendem Essay von S. B. Chrimes, der einen Überblick über die neuere Forschung zur mittelalterlichen englischen Gerichtsverfassung gibt)

I. Jennings u. G. A. Ritter, Das britische Regierungssystem, Köln 1971²

I. Jennings, The British Constitution I (1966⁵); Cabinet Government (1959³); Party Politics, 3 Bde, 1960-1962

J. E. A. Joliffe, The Constitutional History of Medieval History of England from the English Settlement to 1485, London 1961⁴ (umstritten, aber originell)

J. D. Jones, The English Revolution 1603-1714, London 1931

J. R. Jones, The First Whigs: the Politics of the Exclusion Crisis, 1678-1683, Oxford 1961

D. L. Keir, The Constitutional History of Modern Britain since 1495, London 1966⁸

B. Kemp, King and Commons, 1660-1832, London 1957

J. Kenyon, The Stuart Constitution, 1603-1688, Cambridge 1966

R. M. Kibbin, The Evolution of the Labour Party, 1910-1924, Oxford 1974

K. Kluxen, Das Problem der politischen Opposition. Entwicklung und Wesen der englischen Zweiparteienpolitik im 18. Jahrhundert, Freiburg 1956

D. R. Lacey, Dissent and Parliamentary Politics in England, 1661-1689: A Study in the Perpetuation and Tempering of Parliamentarism, New Brunswick 1969

St. E. Lehmberg, The Reformation Parliament, 1529-1536, Cambridge 1970

K. Löwenstein, Der britische Parlamentarismus, Hamburg 1964

–, Beiträge zur Staatssoziologie, Tübingen 1961

G. Lottes, Elisabeth I., Göttingen 1981

R. T. MacKenzie, Politische Parteien in England, Köln 1961

F. W. Maitland, The Constitutional History of England, Cambridge 1965 (16. Ausgabe hg. von H. A. L. Fisher. Die 1887 und 1888 an der Universität Cambridge gehaltenen Vorlesungen Maitlands sind immer noch die beste Hinführung zum Themenkreis für Anfänger)

D. Marquand, Ramsay MacDonald, ND. London 1977

F. G. Marsham, A Constitutional History of Modern England, London 1960

A. Marwick, The Deluge. British Society and World War I., London 1965

R. Marx, L'Angleterre des Révolutions, Paris 1971

E. May, Treatise on the Law, Privileges, Proceedings and Usage of Parliament, 1964¹⁷ (Das 1844 erstmals erschienene klassische Werk über den englischen Parlamentarismus ist hier auf den neuesten Stand gebracht)

S. F. C. Milson, The Legal Framework of English Feudalism, Oxford 1961[2]

H. Morrison, Government and Parliament. A Survey from the Inside, Oxford 1964[3]

J. E. Neale, The Elizabethan House of Commons, London 1949
–, Elizabeth I. and Her Parliaments, 2 Bde., London 1953/1957; 1965
W. Notestein, The Winning of the Initiative by the House of Commons, in: Proceedings of the British Academy, Bd. 9, London 1923
Th. Oppermann, Britisches Unterhauswahlrecht und Zweiparteiensystem, Frankfurt 1961
The Oxford History of England, Hg. G. N. Clark, 15 Bde.

J. H. Palmer, Government and Parliament in Britain, London 1964[2] (mit kurzer Bibliographie)
H. Pelling, The Origins of the Labour Party, 1880-1900, Oxford 1965[2]
T. F. T. Plucknett, A Concise History of the Common Law, London 1956[5]
J. H. Plumb, The Growth of Political Stability in England, 1675-1725, London 1967
–, England in the 18th Century (1714-1815), 1964[10]
J. G. A. Pocock, Politics, Language and Time, London 1971
–, The Machiavellian Moment, London 1975
A. F. Pollard, The Evolution of Parliament, London 1926[2]
S. Pollard, The Development of the British Economy, 1914-1967, London 1969[2]
F. Pollock u. F. W. Maitland, The History of English Law before the Time of Edward I., 2 Bde. (1898), Cambridge 1968 (Grundlage aller späteren Forschung über das Common Law; nur die Skizze der frühen engl. Rechtsgeschichte ist überholt)

H. Rausch Hg., Zur heutigen Problematik der Gewaltentrennung, Darmstadt 1969
J. Redlich, Recht u. Technik des englischen Parlamentarismus. Die Geschäftsführung des House of Commons in ihrer geschichtlichen Entwicklung u. gegenwärtigen Gestalt, Leipzig 1905
H. G. Richardson u. G. O. Sayles, Law and Legislation from Aethelbert to Magna Carta, Edinburgh 1966
–, The Governance of Mediaeval England from the Conquest to Magna Carta, Edinburgh 1963, ND 1964
G. A. Ritter, Parlament u. Demokratie in Großbritannien. Studien zur Entwicklung u. Struktur des politischen Systems, Göttingen 1972
C. Roberts, The Growth of Responsible Government in Stuart England, Cambridge 1966

D. Rubini, Court and Country, 1688-1702, London 1968

C. Russell, The Crisis of Parliaments: English History 1509-1660, Oxford 1971

G. H. Sabine, A History of Political Theory, New York 1950²

G. O. Sayles, The King's Parliament of England, New York 1974

F. M. Stenton, The First Century of English Feudalism, Oxford 1961²

C. Stevenson u. F. G. Marsham, Sources of English Constitutional History, New York 1937

J. R. Tanner, English Constitutional Conflicts, London 1928

T. P. Taswell-Langdmead, English Constitutional History from the Teutonic Conquest to the Present Times, London 1960¹¹

A. J. P. Taylor, English History, 1914-1945, Oxford 1965

P. D. G. Thomas, The House of Commons in the Eighteenth Century, Oxford 1971

F. Trautz, Literaturbericht über die Geschichte Englands im Mittelalter. Veröffentlichungen 1945-1962/63, in: Historische Zeitschrift, Sonderheft 2, München 1965

H. Wellenreuther, Repräsentation u. Großgrundbesitz in England, 1730-1770, Stuttgart 1979 (hier werden anhand der »Estate Papers« Formen und Effizienz der Wahlbeeinflussung im Zusammenhang mit Verwaltung und Management der Großgüter untersucht)

J. R. Western, Monarchy and Revolution: The English State in the 1680s, London 1972

B. Wilkinson, Constitutional History of England, 1216-1485, 4 Bde., London 1948, 1952, 1958, 1964

O. C. Williams, The Historical Development of Private Bill Procedures and Standing Orders in the House of Commons, 2 Bde., London 1948/49

A. Woolrych, Commonwealth to Protectorate, Oxford 1982

F. D. Wormuth, The Origins of Modern Constitutionalism, New York 1949

P. Zagorin, The Court and the Country: The Beginning of the English Revolution, London 1969

Zu Traktat II

J. Agnoli, Die Transformation der Demokratie, Frankfurt 1968 (Der Autor schreibt vom marxistischen Standpunkt aus und genießt in linken Kreisen kanonische Geltung)

U. v. Alemann, Parteiensystem im Parlamentarismus. Eine Einführung und Kritik von Parlamentarismustheorien, Düsseldorf 1973

J. Becker u. a. Hg., Vorgeschichte der Bundesrepublik Deutschland. Zwischen Kapitulation und Grundgesetz, München 1979

U. Bermbach u. a. Hg., Hamburger Bibliographie zum parlamentarischen System der Bundesrepublik Deutschland, Opladen 1973; Ergänzungslieferungen 1976; 1978; 1980 (schon 1973 waren 10 000 Titel aufgeführt)

K. v. Beyme, Die Parlamentarischen Regierungssysteme in Europa, München 1973[2] (Dieses Standardwerk hat vor allem die Entwicklung auf dem Kontinent im Auge und richtet sich vorwiegend auf das Problem und den Begriff einer parlamentarischen Regierung. Es sieht das parlamentarische System als Subsystem des politischen Gesamtsystems, dessen Funktionsweise an Hand von Regierungsbildung, Kabinettsauflösung und Parlamentsauflösung erkennbar gemacht wird. Im Vergleich zeigt sich, daß die kontinentalen Systeme weitgehend andere Verhaltensmuster zur Lösung parlamentarischer Konflikte entwickelt haben als Großbritannien)

–, Das politische System der Bundesrepublik Deutschland, München 1980[2]

E.-W. Böckenförde u. a., Die sozialen Grundrechte, Heidelberg 1981

C. Boehret u. a., Innenpolitik und politische Theorie, Opladen 1979

K. D. Bracher, Zeitgeschichtliche Kontroversen. Um Faschismus, Totalitarismus, Demokratie, München 1976[2]

R. Dahrendorf, Die Staatsräson der Bundesrepublik Deutschland, Konstanz 1976 (fragt nach der politischen Identität Westdeutschlands)

E. Denninger Hg., Freiheitliche demokratische Grundordnung. Materialien zum Staatsverständnis und zur Verfassungswirklichkeit in der Bundesrepublik, 2 Bde., Frankfurt 1977

Th. Ellwein, Das Regierungssystem der Bundesrepublik Deutschland, Opladen 1977

Th. Eschenburg, Staat u. Gesellschaft in Deutschland, München 1963[6]

–, Zur politischen Praxis in der Bundesrepublik, 3 Bde., München 1964, [2]1967; 1966; 1972

H. Fenske, Strukturprobleme der deutschen Parteiengeschichte. Wahlrecht u. Parteiensystem vom Vormärz bis heute, Frankfurt 1974

E. Forsthoff, Der Staat der Industriegesellschaft. Dargestellt am Beispiel der Bundesrepublik Deutschland, München 1971

E. Fraenkel, Deutschland u. die westlichen Demokratien, Stuttgart 1979[7]

–, Reformismus u. Pluralismus. Materialien zu einer ungeschriebenen politischen Autobiographie, Hamburg 1973

H. Friedrich, Kulturverfall u. Umweltkrise, eine Denkwende, München 1982

N. Gehrig, Parlament-Regierung-Opposition. Dualismus als Voraussetzung für eine parlamentarische Kontrolle der Regierung, München 1969 (überwiegend dogmatisch-juristisch)

F. Glum, Die staatsrechtliche Struktur der Bundesrepublik Deutschland, Bonn 1965

A. Görlitz Hg., Handlexikon zur Politikwissenschaft, München 1970

P. Häberle, Die Verfassung des Pluralismus, Königstein 1980

J. Hatschek, Das Parlamentsrecht des Deutschen Reiches (1915), Berlin 1973 (handelt auch über andere Staaten)

P. Haungs, Parteiendemokratie in der Bundesrepublik Deutschland, Berlin 1980

W. Hennis, Politik u. praktische Philosophie, Stuttgart (1977) 1982

–, Niedergang der praktischen Vernunft. Über den Rationalismus u. seine Wirkungen in der Politik, in: Die Politische Meinung, 191. 1980

J. Henkel, Die Auswahl der Parlamentsbewerber. Grundfragen-Verfahrensmodelle, Berlin 1976

M. Hereth, Die parlamentarische Opposition in der Bundesrepublik Deutschland, München 1969

W. Hollstein, Die Gegengesellschaft, Bonn 1982 (über Verhalten u. Hintergründe der Beat-, Hippie-, Digger- und Gammlerbewegungen)

W. Jäger, Öffentlichkeit u. Parlamentarismus. Eine Kritik an J. Habermas, Stuttgart 1973

E. Jesse, Literaturführer: Parlamentarische Demokratie, Opladen 1981 (Überblick über den neuesten Forschungsstand; zwei Drittel der 100 besprochenen Werke stammen aus den Jahren 1977-1980)

–, Einführung in das politische System. Die Demokratie der Bundesrepublik Deutschland, Berlin 1981[5]

–, Streitbare Demokratie. Theorie, Praxis u. Herausforderung in der Bundesrepublik Deutschland, 2 Bde., Frankfurt 1977

H. Kaack u. R. Roth Hg., Handbuch des deutschen Parteiensystems. Struktur u. Politik der Bundesrepublik zu Beginn der 80er Jahre, 2 Bde.,

Opladen 1980

K. Kluxen Hg., Parlamentarismus, Königstein 1980[5]

M. Kriele, Legitimitätsprobleme der Bundesrepublik, München 1977

G. Lehmbruck, Parteienwettbewerb im Bundesstaat, Stuttgart 1976

G. Leibholz, Strukturprobleme der modernen Demokratie, Frankfurt 1974[3]

–, Verfassungsstaat – Verfassungsrecht, Stuttgart 1973

G. Loewenberg, Parlamentarismus im politischen System der Bundesrepublik Deutschland, Tübingen 1971 (älteres Standardwerk über den Deutschen Bundestag)

R. Loewenthal u. H.-P. Schwarz Hg., Die Zweite Republik. 25 Jahre Bundesrepublik Deutschland – Eine Bilanz, Stuttgart 1974 (eine repräsentative Aufsatzsammlung)

H. D. Loock u. H. Schulze Hg., Parlamentarismus u. Demokratie im Europa des 19. Jahrhunderts, München 1982 (ein Beitrag zur Diskussion um den »deutschen Sonderweg«)

U. Matz, Grundprobleme der Demokratie, Darmstadt 1973

H. Meyer, Wahlsystem u. Verfassungsordnung. Bedeutung u. Grenzen wahlsystematischer Gestaltung nach dem Grundgesetz, Frankfurt 1973

W. D. Narr u. D. Thränhardt Hg., Die Bundesrepublik Deutschland. Entstehung – Entwicklung – Struktur, Königstein 1979

H. Oberreuther Hg., Parlamentarische Opposition. Ein internationaler Vergleich, Hamburg 1975

Th. Oppermann u. Hans Meyer, Das parlamentarische Regierungssystem des Grundgesetzes, Berlin 1975

H. Rausch, Bundestag und Bundesregierung. Eine Institutionenkunde, München 1976[4]

– Hg., Zur heutigen Problematik der Gewaltentrennung, Darmstadt 1969

–, Die geschichtlichen Grundlagen der modernen Volksvertretung. Die Entwicklung von den mittelalterlichen Korporationen zu den modernen Parlamenten, 1. Bd.: Allgemeine Fragen u. europäischer Überblick, Darmstadt 1980

G. A. Ritter Hg., Gesellschaft, Parlament u. Regierung. Zur Geschichte des Parlamentarismus in Deutschland, Düsseldorf 1974

M. E. Ritterbach, Repräsentative u. direkte Demokratie, Bonn 1976

H.-H. Röhring u. K. Sontheimer Hg., Handbuch des deutschen Parlamentarismus, München 1970 (270 Stichworte behandeln das parlamentarische Regierungssystem der Bundesrepublik; dazu Spezialliteratur, Übersichten u. Statistiken)

H. Schelsky, Systemüberwindung, Demokratisierung, Gewaltenteilung, München 1973
C. Schmitt, Die geistesgeschichtliche Lage des heutigen Parlamentarismus (1923/1926), Berlin 1969[4]
–, Der Hüter der Verfassung, Tübingen 1931
–, Der Begriff des Politischen, Hamburg 1933
–, Legalität u. Legitimität, München 1932
H.-P. Schneider, Die parlamentarische Opposition im Verfassungsrecht der Bundesrepublik, 1. Bd.: Grundlagen, Frankfurt 1974
H.-G. Schumann Hg., Die Rolle der Opposition in der Bundesrepublik Deutschland, Darmstadt 1976
W. Schreiber, Handbuch des Wahlrechts zum Deutschen Bundestag, 1. Bd., Köln 1980[2]
A. Schwan, Grundwerte der Demokratie. Orientierungsversuche im Pluralismus, München 1978
J. Seifert, Grundgesetz u. Restauration. Verfassungsrechtliche Analysen u. dokumentarische Darstellung des Textes des Grundgesetzes mit sämtlichen Änderungen, Darmstadt 1977[3]
K. Sontheimer, Deutschland zwischen Demokratie u. Antidemokratie, München 1971 •
–, Die verunsicherte Republik. Die Bundesrepublik nach dreißig Jahren, München 1979
(Die Diskrepanz zwischen Demokratie und Intellektuellen sowie die Entfremdung zwischen Parteien und Bürgern werden herausgestellt, desgleichen die Stabilität der Strukturen gegen die Unsicherheit des politischen Bewußtseins)
–, Der unbehagliche Bürger. Vom deutschen Umgang mit der Demokratie, Zürich 1980 (Hier wird auf Parallelen zu Weimar warnend hingewiesen)
–, u. H.-H. Röhring Hg., Handbuch des politischen Systems der Bundesrepublik Deutschland, München 1977
W. Steffani Hg., Parlamentarismus ohne Transparenz, Opladen 1973[2] (zehn Aufsätze über bundesdeutschen Parlamentarismus)
U. Steinforth, Stationen der politischen Theorie, Stuttgart 1982 (Schwerpunkte der Darstellung, die nur bis Max Weber reicht, sind Hegel und Marx.

D. Thränhardt, Bibliographie Bundesrepublik Deutschland, Göttingen 1980
H. Troßmann, Parlamentsrecht des Deutschen Bundestages. Kommentar zur Geschäftsordnung des Deutschen Bundestages unter Berücksichti-

gung des Verfassungsrechts, München 1977

H. Wasser, Parlamentarismuskritik vom Kaiserreich zur Bundesrepublik, Stuttgart 1974 (Gezeigt wird die Kontinuität der Parlamentsverdrossenheit)

F. Wende, Lexikon zur Geschichte der politischen Parteien, Stuttgart 1982 (Dieses Lexikon ist ein Ergebnis internationaler Zusammenarbeit, wobei 700 Parteien in Geschichte und Zielsetzung erfaßt sind; mit vielen Literaturnachweisen)

W. Zapf Hg., Theorien des sozialen Wandels, Köln 1969

Neue Historische Bibliothek in der edition suhrkamp

Herausgegeben von Hans-Ulrich Wehler

Die ersten 6 Bände:

Werner Abelshauser, Wirtschaftsgeschichte der Bundesrepublik Deutschland
Dirk Blasius, Die Geschichte der politischen Kriminalität in Deutschland 1800–1980
Volker Hentschel, Geschichte der deutschen Sozialpolitik 1880–1980
Kurt Kluxen, Geschichte und Problematik des Parlamentarismus
Detlef Lehnert, Sozialdemokratie zwischen Protestbewegung und Regierungspartei 1848–1983
Wolfgang Wippermann, Europäischer Faschismus im Vergleich 1922–1982

Im Oktober 1983 erscheinen:

Michael Geyer, Deutsche Rüstungspolitik 1860–1980
Peter Marschalck, Bevölkerungsgeschichte Deutschlands im 19. und 20. Jahrhundert
Hans-Ulrich Wehler, Grundzüge der amerikanischen Außenpolitik 1750–1900

Die weiteren Titel der Neuen Historischen Bibliothek:

Klaus Bade, Europäischer Imperialismus
Helmut Berding, Antisemitismus 1870–1980
Volker R. Berghahn, Unternehmer und Politik in der Bundesrepublik 1949–1979
Gisela Bock, Internationale Frauenbewegung
Manfred Botzenhart, Deutschland 1789–1848
Rüdiger vom Bruch, Deutsche Universitäten 1734–1980